O AMIGO AMERICANO

A marca FSC® é a garantia de que a madeira utilizada na fabricação do papel deste livro provém de florestas que foram gerenciadas de maneira ambientalmente correta, socialmente justa e economicamente viável, além de outras fontes de origem controlada.

ANTONIO PEDRO TOTA

O amigo americano
Nelson Rockefeller e o Brasil

Copyright © 2014 by Antonio Pedro Tota

Grafia atualizada segundo o Acordo Ortográfico da Língua Portuguesa de 1990, que entrou em vigor no Brasil em 2009.

Capa
Rita da Costa Aguiar

Foto de capa
O político americano Nelson Rockefeller no almoço oferecido pelos "Diários Associados" no Rio de Janeiro. Na foto, Rockefeller com as senhoras Jorge Guinle e Mercedes Fontana. 06/12/1952.
Acervo jornal *Estado de Minas*/ Utaro Kanai/ Arquivo *O Cruzeiro*

Preparação
Officina de Criação

Índice remissivo
Luciano Marchiori

Revisão
Jane Pessoa
Marise Leal

Dados Internacionais de Catalogação na Publicação (CIP)
(Câmara Brasileira do Livro, SP, Brasil)

Tota, Antonio Pedro
    O amigo americano : Nelson Rockefeller e o Brasil / Antonio Pedro Tota — 1ª ed. — São Paulo : Companhia das Letras, 2014.

    Bibliografia
    ISBN 978-85-359-2429-9

    1. Brasil — História 2. Brasil — Relações exteriores — Estados Unidos 3. Guerra Mundial, 1939-1945 — História diplomática 4. Rockefeller, Nelson Aldrich, 1908-1979 I. Título.

14-03771	CDD-327.81

Índice para catálogo sistemático:
1. Brasil : Relações políticas : Estados Unidos   327.81

[2014]
Todos os direitos desta edição reservados à
EDITORA SCHWARCZ S.A.
Rua Bandeira Paulista, 702, cj. 32
04532-002 — São Paulo — SP
Telefone: (11) 3707-3500
Fax: (11) 3707-3501
www.companhiadasletras.com.br
www.blogdacompanhia.com.br

Em memória de meu pai, João A. Pedro

Grab your coat and get your hat
Leave your worries on the doorstep
Life can be so sweet
On the sunny side of the street

[…]

Now if I never made one cent
I'd still be rich as Rockefeller
There will be goldust at my feet
On the sunny
On the sunny, sunny side of the street

"On the Sunny Side of the Street" (1930), de Dorothy Fields e
Jimmy McHugh, gravada por Louis Armstrong em 1934.

Sumário

Prólogo: o amigo americano 11

1. A formação de um predestinado 21
2. A descoberta do Brasil 64
3. A redescoberta do Brasil 101
4. A salvação da lavoura (I): semeando o bem-estar 168
5. A salvação da lavoura (II): anticomunismo e negócios .. 228
6. Cartas a um milionário: um americano na terra
    do favor 301
7. Arte e cultura: receitas para a elite brasileira 340

Epílogo: missão cumprida? 369
Agradecimentos 401
Notas 407
Referências bibliográficas e fontes 431
Cronologia 443
Créditos das imagens 451
Índice remissivo 453

Prólogo: o amigo americano

Na madrugada de 28 de novembro de 1944, o submarino alemão U-1230 começou a emergir das águas turvas da baía Frenchman, no estado do Maine, extremo norte da costa atlântica dos Estados Unidos. O comandante fez o barco subir o suficiente para acionar o periscópio e confirmou sua localização graças ao farol da península de Seal Harbour, centro de veraneio da aristocracia americana da Costa Leste. Navegavam nas águas profundas na região da ilha Mont Desert. A tripulação falava muito baixo ou mantinha-se em silêncio. Os alemães temiam ser detectados pelos aparelhos de escuta das Forças Armadas americanas. Um sonar bem que poderia estar vasculhando a área.

Nessa época, as forças aliadas avançavam por França, Bélgica e Holanda e se aproximavam do Reno. Na frente oriental, o Exército Vermelho já havia libertado a maior parte do território, tomado algum tempo antes pelos nazistas, e se dirigia, célere, para Varsóvia, capital da Polônia. Por isso, os americanos nem mesmo cogitavam que um submarino alemão se atrevesse, em fins de 1944, a se aproximar de suas praias. Principalmente porque, além das derrotas das forças terrestres, a maior parte da outrora poderosa frota de submarinos da Kriegsmarine, a Marinha de guerra alemã, estava fora de combate em função das bombas de profundidades lançadas por aviões, barcos patrulheiros e contratorpedeiros da Marinha americana.

O comandante posicionou o U-1230 no fundo lodoso da baía. O dia clareava e ele teria de esperar pelo anoitecer para cumprir as ordens recebidas: desembarcar dois homens, Erich Gimpel e William Curtis Colepaugh, nos Estados Unidos. A missão dos dois era obter informações variadas sobre o país inimigo. Os chefões na Alemanha queriam saber, por exemplo, se Roosevelt era popular entre as minorias de imigrantes, se a propaganda antinazista poderia ser combatida de algum modo, se o racionamento provocara descontentamento entre os americanos. As informações seriam transmitidas por rádio para a Alemanha. A presença dos dois agentes nos Estados Unidos talvez fizesse parte de uma tática desviacionista para a preparação do contra-ataque alemão nas Ardenas, a última e inútil tentativa dos nazistas, que seria realizada no gelado dezembro daquele ano. Uma coisa era certa: a missão era um sinal dos desesperados planos de Hitler para reverter a crítica situação militar da Alemanha àquela altura da guerra.

Erich Gimpel era alemão e William Colepaugh, americano nascido e criado em Connecticut. O primeiro, militante nazista, já havia feito alguns trabalhos de informação; o americano, neto de alemães, se encantou com as propostas do regime de Hitler e conseguiu chegar à Alemanha para contribuir com a construção do "império de mil anos". Antes de embarcar para a missão nos Estados Unidos, os dois receberam treinamento intensivo do major da ss Otto Skorzeny, mundialmente famoso por ter resgatado Mussolini da prisão em setembro de 1943. Na "escola" da ss aprenderam, por exemplo, a manipular explosivos, atirar com diferentes armas de fabricação alemã e americana, usar tinta invisível para escrever relatórios e passar informações.

O americano e o alemão deviam estar um pouco nervosos quando o submarino emergiu naquela noite. Em roupas civis, pegaram suas malas e pularam para o bote inflável que a tripulação tinha amarrado na proa. Embarcaram com certa dificuldade e rumaram para a praia. Sessenta mil dólares (uma fortuna para a época), munição, duas pistolas Colt automáticas calibre .32, cem pedras de diamante, dois vidros de tinta invisível, uma câmara Leica, uma muda de roupas era o que levavam os dois espiões a serviço da agonizante Alemanha nazista. Pelas regras de guerra, não eram considerados combatentes e estavam sujeitos à pena de morte se fossem pegos. Tomaram muito cuidado ao chegar à praia de Crabtree Neck, vilazinha habitada por poucas famílias de pescadores. O bote de borracha foi puxado de volta para o submarino, que fez meia-volta, tomou o rumo leste e sumiu na escuridão do Atlântico Norte.

Colepaugh e Gimpel conseguiram pegar um táxi e, em meio à neve que caía, chegaram à estação de Bangor, cidade situada no coração do estado do Maine. Tomaram um trem, rumaram para Boston e de lá para Nova York, onde alugaram um estúdio e compraram um rádio que Gimpel transformaria num aparelho transmissor. Estava montado o quartel-general da espionagem.

Nova York se preparava para o Natal. Para Colepaugh, o cenário era familiar; parecia estar matando a saudade de casa. Para o alemão Gimpel, as luzes, a grande árvore de natal iluminada do Rockefeller Plaza, a pista de patinação e o colorido das roupas devem ter causado algum impacto. A guerra tinha provocado restrições, mas mesmo o racionamento, ainda em vigor, não era suficiente para ofuscar a exuberância americana. Os dois entraram nas lojas, compraram sobretudos elegantes, sapatos de boa qualidade, gravatas e camisas finas. O objetivo era passar despercebidos na sociedade nova-iorquina. Entretanto, talvez o reencontro com o *American way of life* tenha afetado o americano William Colepaugh, pois ele acabou tendo uma crise de consciência: não queria mais a vitória da Alemanha; não imaginava o fim da América da liberdade e, principalmente, o fim da América da abundância. Despistou o alemão e entregou-se à polícia federal americana, o FBI.

Colepaugh passou parte do Natal de 1944 com os investigadores americanos. Dois dias depois, Erich Gimpel foi preso e não escondeu nada, falou tudo o que sabia. Os dois foram julgados, considerados culpados e condenados à morte. Em meados de 1945, a pena comutada pelo recém-empossado presidente Harry Truman deu liberdade aos ex-espiões.[1]

Durante a investigação, nos primeiros dias de 1945, os detetives recolheram o que havia sobrado dos 60 mil dólares, o aparelho de rádio, os vidros de tinta secreta, os diamantes. Na bagagem, havia ainda documentos falsos de identidade e, junto com os papéis de Erich Gimpel, uma carta de uma certa "*Frau* Haeff" dirigida à própria filha, que vivia em algum lugar do continente americano. Até aí, nada de muito estranho, pois havia muitos alemães e descendentes de alemães vivendo nos Estados Unidos, no Brasil e em outras partes do continente. O correio entre a Alemanha e a América era quase inexistente. O problema era que a destinatária, a filha da senhora Haeff, carregava o sobrenome do chefe de governo de um país-chave nas relações entre os Estados Unidos e a América Latina. Tratava-se de Ingeborg Anna Elizabeth Tenn Haeff Vargas, nora do presidente Getúlio Vargas, e foi então que os problemas começaram.

Os Estados Unidos viviam sob um clima de crescente paranoia. Todos eram suspeitos de atividades antiamericanas, principalmente os alemães exilados. Nessa época viviam em Nova York e na Califórnia escritores, intelectuais e artistas como Thomas Mann, Heinrich Mann, Klaus Mann, Bertold Brecht, Arnold Schönberg,

Theodor Adorno, Herbert Marcuse e Erich Maria Remarque, entre tantos outros que conseguiram escapar das perseguições nazistas. Todos eram vigiados de perto pelo FBI e por outras agências dos serviços secretos da Marinha e do Exército. Tinham suas correspondências violadas, telefones grampeados, lixo vasculhado à procura de qualquer sinal de simpatia por ideias socialistas, comunistas e, claro, nazistas. Por isso, os órgãos de segurança, em especial o FBI, os chamavam de "*communazis*".[2] Não era de estranhar, portanto, que desconfiassem de Ingeborg.

Por que um espião, em missão considerada muito secreta e de alto risco, com uma bagagem exígua, havia servido de portador de mensagens de uma senhora desesperada pelas circunstâncias da guerra? Talvez isso pudesse ser atribuído a uma suposta amizade de Gimpel com a família Haeff; talvez Gimpel não tivesse feito tanto segredo de sua viagem e *Frau* Haeff, sabendo da sua missão, houvesse pedido o favor. De todo modo, era uma situação bastante estranha e que revelava certa displicência do serviço secreto alemão, na época já em crise com a prisão e a subsequente execução do almirante Canaris, chefe do serviço de informação e de contraespionagem (*Abwehr*), suspeito de participar do atentado contra Hitler em meados de 1944.

Mas havia outras perguntas que ficavam sem respostas: *Frau* Haeff estava segura de que a carta chegaria às mãos da filha? Será que Ingeborg tinha alguma ligação com os espiões? Mesmo que houvesse condições de enviar a correspondência pelas vias normais, isto é, pelo correio, todas as cartas passavam pela censura (Office of Censorship), que abria as cartas provenientes dos países beligerantes. O recado dizia que ela, a mãe, estava bem, mesmo depois de ter sido presa por causa de um protesto contra um funcionário do governo nazista.

Getúlio Vargas não fazia a menor ideia de que estava sendo envolvido em uma trama de espionagem nos Estados Unidos naquele complicado começo de 1945, isto é, no exato momento em que se ocupava intensamente da articulação para a transição política que poria fim ao Estado Novo. O caso beirou uma crise diplomática e mais tarde desdobrou-se em um escândalo de infidelidade conjugal, como veremos adiante. Por sorte, quem se ocupou de tudo nos Estados Unidos foi um americano considerado amigo do Brasil.

Numa correspondência confidencial, datada de 8 de fevereiro de 1945, assinada simplesmente "Edgar" — que não era outro senão o temido Jr. Edgar Hoover, diretor do FBI —, o nome de Getúlio era citado: "Ele [Gimpel] pediu a agentes desta repartição que passassem essas informações ao presidente Getúlio Vargas ou a seu filho, e que eles avisassem a senhora Vargas [Ingeborg]".[3] O documento era endereçado ao "Honorável Nelson A. Rockefeller, subsecretário do Departamento de Estado Americano". O destinatário tinha um posto equivalente ao de um vice-ministro para assuntos de relações com a América Latina. Hoover já havia telefonado a Nelson, falando da suspeita sobre Ingeborg. O chefão do FBI mostrava certa intimidade com o subsecretário. Não é comum em documentos oficiais, principalmente os secretos, o missivista assinar seu primeiro nome.

Mas por que o diretor da mais temida agência americana, famoso por ter perseguido anarquistas, sindicalistas e comunistas na década de 1920, eliminado gângsteres como Al Capone, Baby Face, Machine Gun Kelly, telefonava e escrevia para Nelson A. Rockefeller ao tratar do caso dos dois espiões nazistas que levavam uma pequena carta para a nora do presidente do Brasil?

Depois de Edward Stettinius, secretário de Estado, Nelson Aldrich Rockefeller era o funcionário mais graduado nas relações dos Estados Unidos com a América Latina. Era um dos raros americanos que acreditava em contatos e amizades pessoais como via de boas relações internacionais, e nisso ele se aproximava do presidente Franklin Roosevelt. Na política internacional, dizia Roosevelt, uma "diplomacia pessoal" funcionava mais do que os caminhos tortuosos do Departamento de Estado. Um dos motivos pelos quais Roosevelt contratou Nelson, em agosto de 1940, para trabalhar em seu governo como coordenador do Office of the Coordinator of Inter-American Affairs, a agência para assuntos interamericanos dos Estados Unidos, nada teve a ver com o fato de ele ser herdeiro de uma das maiores fortunas do mundo, mas sim com o bom trânsito que mantinha com a elite latino-americana.

Em fevereiro de 1945, Roosevelt, acompanhado do secretário de Estado, estava em Ialta, na gélida Crimeia, no Mar Negro, conferenciando com Stálin, o líder soviético, e Churchill, o primeiro-ministro britânico. O encontro dos três grandes, quase no fim da guerra, era um último esforço para traçar o perfil de um mundo novo e para redesenhar sem conflitos o mapa da Europa. Nelson Aldrich Rockefeller tinha ficado nos Estados Unidos e se comunicava com o FBI para tratar do episódio da nora de Vargas no mesmo momento que os chefes de Estado conferenciavam no outro lado do globo. Ele comandava aquilo que os americanos chamam de "show de um homem só". Ou seja, era a única — e portanto a mais poderosa — autoridade da política americana para a América Latina, em especial para com o Brasil, o parceiro preferencial dos americanos ao sul do rio Grande.

Entende-se por que J. Edgar Hoover contatou Nelson assim que soube da notícia das relações entre os espiões vindos da Alemanha e a nora de Getúlio Vargas. Tratava-se de mais um caso envolvendo os dois países levado ao conhecimento de Nelson. Durante toda a guerra ele cuidou de manter o Brasil ao lado dos Estados Unidos, com ações que iam além das questões formais. O interesse do jovem milionário pelo Brasil vinha desde antes da guerra. Em 1937, antes do golpe do Estado Novo, ele passou alguns dias entre Recife, São Paulo e Rio de Janeiro. Durante o conflito mundial manteve estreitos contatos governamentais com o Brasil de Vargas. Depois da guerra, aproximou-se ainda mais de nosso país. Manteve contato com intelectuais de esquerda, de direita e independentes, fez amizade com políticos, artistas, agricultores, fazendeiros, banqueiros, escritores, jornalistas, cientistas, arquitetos e simples empregados de suas empresas. Seu irmão mais novo, David Rockefeller, afirmou:

> [...] não houve outro americano tão popular entre os latinos da época. Nelson demonstrava grande satisfação pelo seu envolvimento e pelos vários amigos que fez lá. Minha impressão é que ele, quase no fim da vida, olhava para os anos que dedicou à América Latina como os mais felizes de sua existência.[4]

Nelson veio dez vezes ao Brasil, a maioria delas para tratar de negócios vinculados a um grande projeto econômico, político e social destinado a manter o país a salvo das tentações socialistas, comunistas e mesmo nacionalistas.

Ainda quando chefe do Office of the Coordinator of Inter--American Affairs, uma obsessão anticomunista já o dominava. Depois da guerra ele passou a contar com argumentos historicamente inquestionáveis: o nazismo foi, na primeira metade da década de 1940, o inimigo real a ser combatido. No entanto, era um inimigo que estava com os dias contados, pois não tinha como expandir-se. Só proliferou em um mundo tomado pelo racismo e pelo nacionalismo doentio, excludente. O comunismo soviético, outrora aliado de circunstância, dava, ao contrário, claros sinais de longa vida: parecia cada vez mais saudável. Era esse, portanto, o adversário a ser temido e combatido de todas as formas. Os apelos dos comunistas eram internacionalistas, com promessas de um mundo sem classes, sem pobres e, evidentemente, sem ricos. Nada de chamamentos esotéricos como uma suposta superioridade racial dos nazistas. Os comunistas ofereciam um mundo concreto, uma alternativa ao liberalismo capitalista. Ou seja, o comunismo era o principal inimigo e devia ser combatido mais com inteligência e argúcia do que com força.

Nelson Rockefeller temia que o governo norte-americano não reconhecesse a importância das repúblicas latino-americanas no combate ao comunismo. Ele parecia dizer: "Cuidado, podemos perder os vizinhos mais próximos, o nosso *backyard*", como diziam os americanos. Para ele, era aqui, na América Latina, e não somente na Europa, que poderia ser garantida a segurança e, portanto, o futuro dos Estados Unidos. E, se os órgãos governamentais norte-americanos não pretendiam fazer muita coisa nesse sentido, ele o faria. Era seu destino, sua missão. Sentia-se predestinado a realizá-la. Tinha planos especiais para o nosso país.

A atuação de Nelson Rockefeller no Brasil é o objeto deste livro.

1. A formação de um predestinado

RIQUEZA E PETRÓLEO

Nelson pertencia a uma família de predestinados. O avô, batista, acreditava que sua fortuna fora uma dádiva de Deus. John Davison Rockefeller, mais do que seus "colegas" contemporâneos, gigantes dos negócios, considerava-se rico por graça divina; achava que as ações de suas empresas eram endossadas pelo Soberano e sentia-se protegido por anjos.[1] Foi o fundador da dinastia americana que descendia dos Roquefeuille, huguenotes franceses. Perseguidos por questões religiosas, eles fugiram para a Alemanha, mudaram o nome para Rockefeller e, no século XVIII, migraram para a América.

John Davison Rockefeller, ou John D. Rockefeller Sênior, nasceu em 1839 e foi criado numa pequena propriedade rural na região norte do estado de Nova York, educado sob a austeridade da religião batista. Aos onze anos, trabalhava como vendedor de perus e já emprestava dinheiro a juros para outros sitiantes.

Quando a família se mudou para Cleveland, ele deixou a escola e foi trabalhar num grande armazém que vendia cereais no atacado. Como todo dono de grande fortuna, Rockefeller repetia a tradição do homem que se fez por si mesmo. Assim, a história oficial garante que ele começava a trabalhar às 6h30 todas as manhãs num pequeno escritório iluminado por lampiões de óleo de baleia. Dotado de arguta inteligência, percebeu que a Guerra Civil, que se avizinhava, era uma ótima oportunidade para tocar seu próprio negócio. Pediu demissão e, com um sócio, começou a receber encomenda de cereais e outros produtos para suprir a necessidade do Exército da União, que não demoraria a atingir o fantástico número, para a época, de cerca de 2 milhões de soldados. Os preços subiam e os lucros também. O trabalho árduo só era interrompido aos domingos para o culto na Igreja Batista de Cleveland.

Em 1858, três anos antes de a guerra entre o sul e o norte ensanguentar os Estados Unidos, Edwin Drake, um antigo funcionário de ferrovia, furou o primeiro poço de petróleo em Titusville, na Pensilvânia, usando uma técnica semelhante à da exploração do sal. Com cerca de 21 metros de profundidade, o poço fez jorrar óleo. A técnica logo foi adotada por uma multidão à procura de oportunidades de enriquecimento rápido. Experiências com o fracionamento do petróleo por meio de destilação resultaram em alguns produtos que se adaptaram perfeitamente à fase da rápida expansão da Revolução Industrial. As máquinas, até então lubrificadas com graxa de origem animal, passaram a ser tratadas com derivados de petróleo. A iluminação dos centros urbanos, à época, era feita com gás de carvão. Mas tratava-se de privilégio de poucos. Nos bairros afastados, as lamparinas eram alimentadas com o cada vez mais raro óleo extraído da gordura da baleia. O querosene, outro produto obtido da destilação do petróleo, passou a ser usado na iluminação das casas.

John D. Rockefeller e seus sócios compreenderam o potencial econômico do novo produto. Graças à aguda percepção de Rockefeller, combinada com intuição, habilidade e devoção batista, ele e seus associados entenderam que a parte mais lucrativa não estava na prospecção dos poços de petróleo. O lucro se concentrava no refino, no armazenamento, no transporte e, evidentemente, na distribuição. As condições históricas americanas deram o empurrão necessário para os negócios de Rockefeller. As ferrovias ligaram Cleveland a Nova York e à Pensilvânia. Os trens transformaram completamente a vida nos Estados Unidos. A matéria-prima estava, agora, estritamente ligada ao centro de processamento e à urbe consumidora.[2] Intermediar o transporte do óleo e depois refinar e embalar querosene, óleo lubrificante e graxa para vender no mercado dava lucros fabulosos.

John D. acreditava que a capacidade de ganhar dinheiro era "uma dádiva de Deus, exatamente como são os instintos para a arte, a música, a literatura e o talento de um médico".[3] E como ele havia sido agraciado por essa dádiva, sua tarefa era ganhar dinheiro, muito dinheiro, e usar tudo de acordo com a própria consciência. Ficou rico mas não trocou a religião batista, simples e popular, pela igreja episcopal, opção das classes mais abastadas.

O filho de John D. Rockefeller chamava-se John Davison Rockefeller Jr. ou simplesmente Júnior, como era conhecido na intimidade e como aparecerá neste livro. Júnior foi educado mais sob a severidade religiosa da mãe do que do pai, que se ausentava frequentemente por causa dos negócios. Era o único homem dos cinco filhos do casal Rockefeller e teve uma infância sem amigos ou colegas de escola. As irmãs eram as companheiras dos jogos infantis.[4] A família seguia os preceitos calvinistas-batistas que recomendavam precaução e desconfiança até do mais íntimo amigo, assim como nunca dizer a ninguém algo que pudesse ser comprometedor.[5]

Os muros da casa em Cleveland, na Euclid Avenue — conhecida como Millionaire's Row (o Corredor dos Milionários) —, ajudavam a manter as crianças distantes de um mundo exterior cheio de pecados, como os jogos de cartas, a dança, o teatro, a ópera e, fundamentalmente, o álcool e o tabaco. Os jovens aprenderam também a repudiar a vaidade, pecado fácil para as crianças ricas que eram. Eles tiveram, por exemplo, uma só bicicleta para passear nos amplos jardins da propriedade.[6] Passavam grande parte do verão em Forest Hill, uma casa de campo não muito distante da cidade. Certa vez, Júnior ficou doente e seu pai recomendou algumas semanas em Forest Hill, rachando lenha, cuidando da horta, fazendo exercícios físicos e orações diárias, respirando o ar puro do campo, distante do ar carregado (e pecaminoso) da cidade. Ele voltou revigorado.

A formação batista dos Rockefeller os mantinha afastados da vida social dos ricos da Costa Leste. Esse modelo de educação moldou o caráter do jovem Rockefeller, que mais tarde administraria a fortuna da família.

Certamente, o momento histórico ajudou John D. Rockefeller a acumular sua indescritível riqueza. O período depois da Guerra da Secessão, em especial a partir da presidência de Ulisses Grant (1869-1877), general nortista vencedor da guerra, ficou conhecido como o momento de grande expansão da indústria americana, das invenções e das inovações técnicas. A historiografia do país chama essa época de *gilded age,* idade dourada, mas ela também ficou conhecida como um dos períodos mais corruptos da história dos Estados Unidos, o que beneficiou bastante os grandes negócios. Foi nesse período, mais precisamente no dia 10 de janeiro de 1870, que John D. Rockefeller e seus sócios fundaram a Standard Oil. Em 1882 foi criado o primeiro truste: a maior parte dos acionistas das maiores refinarias trocaram suas ações com direito de voto por certificados da Standard Oil. Ou seja, 90% da indústria de refino de petróleo do país foi transferida para um conselho de fideicomissários. O negócio de John D. transformou-se na poderosa e temida Standard Oil, a companhia que monopolizou por longos anos a venda de querosene, lubrificantes e depois gasolina nos Estados Unidos e em boa parte do mundo.

A própria palavra "standard", que já foi assimilada por nossa língua, permite entender como se formou a corporação criada por Rockefeller. *Standard* significa "padrão", "padronizar", e era justamente isso que o fundador da Standard Oil tinha em mente: padronizar o que era sinônimo de confusão no crescente mercado dos produtos refinados do petróleo, racionalizar a produção e a distribuição da mercadoria, acabando com a competição entre as várias pequenas refinarias, além de disciplinar e dominar todas as etapas, da prospecção ao refino e à fabricação dos barris, dos oleodutos, dos vagões-tanques e de tudo o que fosse necessário para baratear o custo dos subprodutos do óleo. Em outras palavras, atuar no mercado sob o monopólio de uma corporação.

John Davison Rockefeller soube aproveitar os momentos de depressão da década de 1870 para comprar a preço baixo, construir novas refinarias e expandir os negócios. Foi impiedoso com os concorrentes e forçou as empresas de transporte ferroviário a dar grandes descontos, podendo assim vender seus produtos mais barato e comprar a maioria dos pequenos comércios que desorganizavam o mercado. Apesar da violência no trato com os opositores, o processo de estandardização fez baixar os preços, reorganizou o mercado e instituiu um sistema eficiente de distribuição. Rockefeller não acreditava na livre concorrência. O monopólio, e não a competição, era, segundo ele, o caminho para uma sociedade mais estável, impedindo as flutuações de preço e as crises.

Mesmo que ele estivesse cuidando do jardim, almoçando ou dormindo, sua fortuna continuava a crescer. Ele recebia cerca de 3 milhões de dólares por ano em dividendos da Standard Oil. Ele reinvestia esses dividendos em outras áreas [...] Assim, possuía ações em dezesseis companhias ferroviárias, nove empresas imobiliárias, seis empresas de aço, seis de navegação a vapor, nove bancos e financeiras e duas plantações de laranja.[7]

Toda essa inovação no mercado feria um dos princípios fundadores da história americana. Vale lembrar que a guerra que levou as treze colônias à independência começou contra as tentativas da coroa inglesa de restaurar práticas mercantilistas, especialmente quando o governo inglês concedeu à Companhia das Índias Ocidentais o direito de monopólio sobre o chá, o que encareceu a popular e barata bebida da época. Podemos dizer que a luta contra o monopólio estava impressa no DNA dos americanos, de modo que é compreensível que aos poucos surgissem movimentos de políticos que se opunham ao crescente monopólio da Standard Oil, ainda que a tendência do preço dos produtos fosse de baixa.

A SOCIEDADE CONTRA A STANDARD OIL

Quando a sede da Standard mudou-se para a cidade de Nova York, a empresa já era considerada um dos maiores conglomerados industriais dos Estados Unidos e do mundo. A nova sede estava localizada quase no fim da ilha de Manhattan, na Avenida Broadway, 26, e a nova casa de quatro andares da família ficava na rua 54, no lado oeste da cidade, onde hoje está localizada uma parte do Museu de Arte Moderna, o MoMA. No começo da década de 1910, os Rockefeller adquiriram uma grande e aprazível propriedade em Pocantico Hills, distante menos de uma hora de Nova York, próximo da atual Tarrytown, às margens do rio Hudson. Sessenta e seis anos depois, mais precisamente em novembro de 1976, Gerald

Ford seria o presidente dos Estados Unidos e Nelson Rockefeller seu vice. Ambos ocupariam esses cargos sem nunca terem sido eleitos. Foram indicados no momento da crise de Watergate, que resultou na renúncia de Richard Nixon. Nelson convenceu Ford a visitar a propriedade da família e aproveitou para arrancar um decreto presidencial tombando Pocantico, que se transformou num marco histórico, num local a ser visitado pela população. A família Rockefeller garantia assim um lugar no panteão dos heróis da história americana. O privado tornava-se público.

As dimensões dos negócios da Standard eram tão grandes que o escritório da Broadway ficou marcado como um endereço famoso e temido. Muitos empresários e executivos, no início do século XX, costumavam dizer que ali morava o perigo, que o tal escritório mais se assemelhava a um valhacouto de piratas e degoladores de homens de negócios que se atrevessem a entrar no ramo do petróleo ou similares. Em fins do século XIX, Henry Demarest Lloyd, rico e conhecido por suas tendências reformistas com traços socialistas, escreveu um verdadeiro manifesto contra Rockefeller:

> Ele é [...] um depredador [...] um tzar da plutocracia, um venerador do poder de seu próprio dinheiro sobre a raça humana. Ele nunca sacrificará seus planos em nome da lei, do patriotismo ou da filantropia [...] Sua rapacidade e sua ganância atuam como uma poção mágica transformando tudo em ouro para ele próprio [...] Ele só vai parar se for combatido.[8]

Antevendo os problemas que o monopólio poderia trazer, os dirigentes da Standard reorganizaram a companhia sob o sistema de holding, cuja sede jurídica ficava no estado de Nova Jersey, com leis mais flexíveis. Por isso a empresa passou a chamar-se Standard Oil of New Jersey, enfeixando o maior número de ações do grupo.

Mas a fama de John D. Rockefeller como homem de negócios impiedoso iria persegui-lo até que seu filho Júnior começasse a "limpar" o nome da família.

O velho Rockefeller já não aparecia com frequência em Nova York, sede da Standard Oil, e Júnior, sem nenhum treinamento prévio, começou a trabalhar nos escritórios como office boy. Aprendeu o ofício de administrador, passando por diferentes experiências dentro da sede da Standard, seguindo a cartilha de princípios criada pelo pai nas décadas precedentes.

O surto de invenções que caracterizou a industrialização e a modernização dos Estados Unidos impulsionava atividades como a da Standard Oil. O querosene produzido pela empresa de Rockefeller monopolizava o campo da iluminação no país e uma grande parte do mercado mundial. Mas, numa tarde de setembro de 1882, o escritório de um famoso homem de negócios, em Nova York, foi iluminado por cerca de 106 lâmpadas elétricas. Era a invenção de Thomas Edison que, em pouco tempo, deixou de ser um simples experimento e transformou-se em um objeto indispensável na vida da cidade. A esmaecida luz dos lampiões a gás foi suplantada pela clara iluminação das lâmpadas incandescentes.[9] O inabalável mundo da Standard Oil estava ameaçado.

Mas, como o velho John D. gostava de afirmar, Deus era acionista de sua empresa. Na mesma época, os motores à explosão começaram a ser testados em bicicletas, triciclos e outros veículos. Embora os primeiros testes tenham sido feitos com álcool, foi com a gasolina, vinda do refino do petróleo, que os motores funcionaram melhor.

Já em 1910 a venda da gasolina ultrapassava a do querosene. As primeiras bombas do combustível apareceram na Califórnia, e o produto da Standard Oil abastecia os automóveis que saíam da General Motors e, principalmente, os modelos T da Ford, que depois da Primeira Guerra já se contavam aos milhões. Os Estados

Unidos eram, como se costumava dizer, um país sobre rodas. Em pleno século XXI, a gasolina ainda é o combustível mais usado pelo meio de transporte mais difundido no mundo, o automóvel. O velho Rockefeller passou a ser o dono de um império que simbolizava um capitalismo selvagem, insensível, voraz, virulento, explorador. E nisso não estava sozinho: tinha alguns "colegas" em grandes empresas, como os donos da American Tobacco Company, DuPont Corporation, J.P. Morgan, Swift, entre outras.

Mas, no começo do século XX, o povo americano parecia cansado da "farra" promovida pelos donos das grandes fortunas, farto de presidentes que favoreciam as gigantescas corporações. Quando Theodore Roosevelt assumiu a presidência, depois do assassinato do presidente McKinley, o Estado começou a tomar medidas para frear a ganância dos grandes empresários. Na América Latina, Roosevelt ficou mais conhecido pelo aforismo *"speak softly and carry a big stick"*, ou seja, "fale manso e tenha sempre à mão um grande porrete". A política externa de Roosevelt ficou marcada por várias intervenções imperialistas no subcontinente, em especial na América Central e no Caribe. O canal do Panamá, por exemplo, foi construído em território da Colômbia, obrigada a reconhecer a independência da região por pressão dos Estados Unidos. Os jornais americanos da época estão cheios de caricaturas mostrando um Teddy Roosevelt forte, musculoso, ensinando noções de civilização e bom comportamento a índios, negros e mestiços da América Latina. De modo geral, as caricaturas representavam os latinos como crianças malcriadas à espera de algum corretivo, de um puxão de orelhas, para aprenderem a ser educadas. A intervenção de uma nação civilizada mostraria o caminho certo para aqueles que se desviassem das bases da civilidade. Esse era o princípio que orientava a política externa de Roosevelt.

Internamente, Roosevelt ficou conhecido como alguém preocupado com os problemas do meio ambiente e com a difícil situação dos mais pobres do país, inaugurando a chamada era do "progressivismo" americano. Segundo o dicionário Houaiss, progressivismo significa "defesa da progressividade", mas tal acepção não dá conta do sentido desse conceito para a cultura americana, na qual o termo está associado ao racionalismo e à capacidade inventiva do americano de criar um mundo de abundância. É uma das dimensões do americanismo que enaltece o homem cheio de energia, dinâmico, livre, capaz de admirar e, ao mesmo tempo, transformar o mundo natural.

O movimento progressivista teve, nas primeiras décadas do século passado, dois grandes nomes: Roosevelt e Woodrow Wilson. O primeiro, sem dúvida, enquadrava-se perfeitamente na dimensão progressivista do americanismo, até mesmo fisicamente: forte, dinâmico e aventureiro. Embora um fosse republicano e outro, democrata, o movimento encarnado por eles tinha como fim democratizar as instituições políticas e econômicas americanas com o apoio do povo. Aspiravam estender essas bases para além das fronteiras do país e construir um mundo seguro para a democracia. O que pretendiam era, em suma, estabelecer um governo racional, eficiente, e desencadear a luta contra a corrupção. Não se propunham a combater diretamente a pobreza e a desigualdade, mas esperavam que as medidas de um governo forte pudessem diminuir as dificuldades dos setores desfavorecidos da sociedade. Roosevelt, por exemplo, não permitiu que se usasse a força, como os empresários queriam, para acabar com uma grande greve de mineiros em fins de 1902. Várias tendências do movimento operário americano o apoiavam.

Uma de suas primeiras medidas foi a criação de leis de caráter disciplinador e fiscalizador dos trustes. No dia 18 de novembro de 1906, depois de longa batalha judicial, o governo conseguiu, na corte do estado do Missouri, processar a Standard Oil. Ela deveria ser desmembrada, pois dominava 87% do mercado do querosene, ou seja, vinte vezes mais do que o concorrente mais próximo. John D. Rockefeller, como presidente nominal da Standard Oil, possuía 27,4% das ações, cerca de três vezes mais do que o segundo maior acionista da empresa.

Mas foi somente no governo seguinte, do presidente William Howard Taft, que o processo contra a Standard Oil foi concluído. Na primeira metade de 1911, a Suprema Corte americana ordenou a divisão da corporação. Dela surgiram cerca de trinta novas empresas: Standard Oil de Nova Jersey, Standard Oil da Califórnia, Standard Oil de Indiana etc. No entanto, a ação do governo não afetou a fortuna de Rockefeller. Pouco tempo depois John D. estava duas vezes mais rico, por causa da valorização de suas ações.[10]

O velho Rockefeller sabia multiplicar sua fortuna jogando na bolsa de Nova York com a voracidade e a assiduidade de um "dependente". Um jornalista da época achava que havia poucas distinções éticas entre jogar na roleta de um cassino e subscrever uma apólice de seguro ou comprar e vender ações. A fina ironia do periodista crítico mostrava o paradoxo do comportamento religioso austero de John Davison Rockefeller e suas atividades de "apostas" no mundo dos negócios.[11] Alguns religiosos ainda acreditavam ser possível separar uma coisa da outra, proibindo a prática especulativa. Essa controvérsia trouxe problemas nas relações dos Rockefeller com algumas denominações batistas.

ROCKEFELLER, ESSO, BRASIL E FILANTROPIA

Em 1913, a fortuna dos Rockefeller somava cerca de 1 bilhão de dólares. Em um artigo intitulado "The Richest of the Rich, Proud of a New Gilded Age", de Louis Uchitelle, publicado na edição eletrônica do *New York Times* de 15 de julho de 2007, John Davison Rockefeller aparece como o homem mais rico da história americana — leia-se do mundo moderno —, com 192 bilhões de dólares em valores atualizados. Bill Gates, o dono da Microsoft, aparece bem atrás, com "módicos" 76 bilhões de dólares. O velho Rockefeller foi considerado o homem mais rico do mundo até pelo *Guiness*, o livro dos recordes.

A Standard Oil de Nova Jersey era a maior empresa de petróleo do mundo. As demais, nascidas do "esfacelamento" de 1911, não pararam de prosperar, controlando, hoje, uma fração significativa do mercado petrolífero. Exxon, Mobil, Chevron, Atlantic, Amoco e outras preservam o legado dos Rockefeller até que o petróleo desapareça do subsolo do planeta.

No Brasil, por exemplo, o nome da mitológica empresa ficou associado à palavra Esso, grafada dentro de um oval azul. "Esso" vem da grafia fonética, em inglês, das duas primeiras letras das palavras "Standard" e "Oil": S e O. A marca chegou aqui em 1912, como Standard Oil of Brazil. O nome logo se tornou popular e estava sempre relacionado aos derivados de petróleo, especialmente ao querosene, vendido em latas e tambores. As latas traziam — e ainda trazem — o desenho de um crocodilo, dando origem ao apelido de "querosene jacaré". Eram tão populares as tais latas que muitas vezes serviam para fins inusitados. A alagoana Maria da Rocha Cavalcanti Accioly nos conta uma história macabra do uso das latas com a famosa marca:

> No dia 28 de junho de 1938 correu a notícia que Lampião, Maria Bonita e seu bando haviam sido mortos pela polícia alagoana. Suas cabeças — Troféu de Guerra — viriam para o quartel de polícia. A praça encheu-se de gente. Nós íamos e vínhamos para saber quando Lampião ia chegar. Só à tardinha parou um caminhão em frente ao quartel. As cabeças degoladas vinham em latas de querosene "Jacaré". Os soldados iam suspendendo uma a uma e nomeando: Lampião, Maria Bonita, Candeeiro, Sereno, Cobra Verde e mais e

mais... Espetáculo chocante, que nunca se apagou da memória de uma menina de oito anos![12]

Irônica metáfora: as cabeças de Lampião e Candeeiro dentro de latas de querosene. Um amigo meu diria que se trata de uma metáfora que ilustra o conceito de imperialismo: Lampião, o herói popular, saindo de um filme de Glauber Rocha, derrotado pelo truste internacional do combustível fóssil, adiando, por muitas décadas, o aparecimento do combustível renovável e nacional da biomassa.

Mas as relações entre o famoso nome Rockefeller e o nosso país não se limitaram ao setor da indústria petrolífera. Em 1915, por exemplo, a recém-fundada Faculdade de Medicina de São Paulo e o Departamento de Higiene, que se transformou na atual Faculdade de Saúde Pública, receberam uma comissão da Fundação Rockefeller, que preparou o caminho para, nos anos seguintes, serem adotados os critérios de excelência que iriam prevalecer nos estudos médicos de São Paulo.[13] Também na filantropia o nome Rockefeller se fazia conhecer, não só nos Estados Unidos mas ainda em várias outras partes do mundo.

A filantropia foi, aliás, a área das atividades da família em que Júnior atuou de modo mais independente depois que se afastou das atividades ligadas à Standard. Com a ajuda do reverendo batista Frederick Taylor Gates, conseguiu impor uma "marca" pessoal, mais autônoma, em relação às atividades do pai. A filantropia encarnada pela família pode ser mais bem compreendida numa análise weberiana. A fé calvinista, segundo Max Weber, empurra o indivíduo para um brutal isolamento, já que o cristão eleito está no mundo tão somente para glorificar a Deus, cumprindo seus mandamentos ao máximo. A glorificação é medida por obras — não as do catolicismo, mas obras sociais. Daí a anuência do pai ao filho quando foi criada, em 1913, a fundação que até hoje leva o nome Rockefeller, com uma dotação inicial de 182 milhões de dólares vinda dos bolsos do patriarca.

Na verdade, algumas instituições filantrópicas da família precederam a Fundação Rockefeller. A Rockefeller Sanitary Commission trabalhava no Tennessee e em outros estados do Sul dos Estados Unidos para combater a ancilostomíase — parasita intestinal contagioso. O Rockefeller Institute for Medical Research (mais tarde Rockefeller University) fazia pesquisas em medicina. O General Education Board tinha como objetivo expandir um sistema de educação para as populações pobres do Sul, o que necessariamente incluía os negros, ainda muito longe da integração na vida dos Estados Unidos. A base da filantropia de Rockefeller e sua doutrina de gerenciamento sustentavam o senso de santificação do dinheiro, uma verdadeira fetichização sob uma ordem providencial — uma espécie de lavagem espiritual do dinheiro.[14] Havia, certamente, muitas vantagens materiais, além das espirituais. Na política filantrópica, a família podia contar como certa a isenção da fabulosa carga do imposto de renda que recaía sobre a riqueza.

A Fundação Rockefeller financiava grandes obras pelo mundo, em especial na área da saúde. Nos Estados Unidos, essas obras tiveram um tremendo impacto, com repercussões até hoje. Essa foi a grande contribuição de Júnior para mudar a imagem de capitalista voraz que o pai carregava.[15] Mas havia muito mais trabalho a ser feito.

O MASSACRE DE LUDLOW E A LUTA PARA
RECONSTRUIR O NOME

O maior serviço que Júnior prestou ao pai foi a difícil tarefa de melhorar as relações entre patrões e empregados depois de um banho de sangue numa greve em minas de carvão no Colorado.

Em setembro do ano em que foi criada a Fundação Rockefeller, cerca de 9 mil trabalhadores entraram em greve nas minas de carvão no sul do Colorado, com total apoio do United Mine Workers of America, o sindicato dos mineiros americanos. A greve durou mais de um ano e foi marcada por episódios violentos. Dentre as diversas empresas da região envolvidas no caso estava a Colorado Fuel and Iron Company, cujo maior acionista era John D. Rockefeller. O fato coincidiu com a transferência da direção dos negócios da família do pai para o filho John D. Rockefeller Jr. Os trabalhadores reivindicavam diminuição da jornada de trabalho, melhores salários, o direito de comprar em armazéns que não pertencessem às companhias e participar de sindicatos. Os executivos recusavam-se a atender a maioria das reivindicações. Como Júnior não participava diretamente da direção da empresa, não se preocupou com o caso e deixou-o nas mãos dos gestores locais. Os empregados, acampados nos arredores, fizeram uma demonstração de força e foram reprimidos pela polícia e pela Guarda Nacional. Na luta, os policiais usaram metralhadoras e depois puseram fogo nas barracas. Vários trabalhadores morreram, inclusive mulheres e crianças. John D. Rockefeller Júnior foi responsabilizado e teve de enfrentar a fúria do país, em protesto contra o que ficou conhecido como Massacre de Ludlow, a repressão aos operários das minas do Colorado.

A pressão por parte dos sindicatos, em particular, e da opinião pública, em geral, foi muito grande. Júnior, num primeiro momento, recusou-se a reconhecer os erros que cometeu, mas precisou encarar as consequências e achar uma solução para a difícil questão. Uma primeira providência foi buscar apoio do canadense Mackenzie King, ex-ministro do Trabalho em seu país e considerado grande especialista em relações de trabalho. Aconselhado por King, Júnior viajou ao Colorado para falar diretamente com os empregados.

Em setembro de 1915, assim que chegou à região, iniciou contatos pessoais com os mineiros. Visitou suas casas e perguntou sobre as condições de higiene. Queria saber como era feito o fornecimento de água, conversou com crianças e com centenas de empregados. Assim nascia um projeto de relacionamento que previa o atendimento das reivindicações dos trabalhadores. Logo depois dessa visita, por exemplo, foi permitida a sindicalização dos mineiros, cujos líderes eram eleitos por voto secreto, algo muito avançado para os padrões americanos da época. Depois de Ludlow, John D. Rockefeller Jr. foi convidado a participar de uma reunião com o presidente Woodrow Wilson para discutir novas formas de cooperação entre capital e trabalho, visando um futuro estado de bem-estar (*welfare state*).[16]

Além de ter prestado um grande serviço ao pai, a superação do problema do Massacre de Ludlow garantiu a Júnior maior liberdade de ação em relação ao velho Rockefeller. Com a ajuda de Mackenzie King, ele adquiriu autoconfiança e começou a tomar providências racionais e eficazes para gerir a fortuna da família. Depois que King ajudou a aparar as arestas entre os Rockefeller e os trabalhadores, voltou ao Canadá, foi eleito primeiro-ministro em 1921 e iniciou a construção de um estado de bem-estar.

Algum tempo depois dos acordos entre Rockefeller e os trabalhadores, um pequeno jornal do Arkansas publicou uma charge em que se via um gordo capitalista, surpreso, com a cartola caindo, olhando para John D. Rockefeller Jr. abraçado a um operário sorridente, andando e deixando para trás, num segundo plano, o capitalista, que pergunta "*Who's your friend, John?*".[17] Júnior pretendia levar para um plano nacional suas propostas de novas relações entre o capital e o trabalho e escreveu para o presidente do American Petroleum Institute pedindo que mudasse o regime de trabalho de sete dias por semana dos empregados no setor.[18] Pouco menos de um século depois, um dos filhos de Júnior, David Rockefeller, visitou o Brasil, mais precisamente em setembro de 2006, e fez uma interessante declaração:

> Todas as empresas devem ser responsáveis pelo bem-estar de sua comunidade. Esse princípio deveria ser prioridade de todas as companhias, juntamente com a rentabilidade e o crescimento a longo prazo. Milton Friedman, o grande economista da Universidade de Chicago, que morreu recentemente, e eu discordávamos bastante nesse ponto. Ele acreditava que as corporações tinham apenas uma responsabilidade: gerar lucros. Eu penso que é possível ganhar dinheiro e ao mesmo tempo preocupar-se com a qualidade da vida da sociedade.[19]

Júnior lutou a vida inteira para eliminar a imagem do homem de negócios obsessivo e avarento. Sempre preocupado com valores religiosos, condenava o consumo do álcool, fez parte da liga *anti-saloon*, mas tinha posições liberais na sua igreja. Quando os Estados Unidos entraram diretamente na guerra, em 1917, ele fez um discurso contra a ortodoxia dos credos, pedindo que as igrejas fossem mais tolerantes. Isso teria profunda influência sobre Nelson, aquele que, entre os filhos de Júnior, apresentava comportamentos mais independentes.

NASCIMENTO, INFÂNCIA E JUVENTUDE DE NELSON ROCKEFELLER

Quando aconteceu o Massacre de Ludlow, Júnior já era casado e acrescentava a educação dos filhos às suas responsabilidades na direção dos negócios da família. Casou-se em 1901 com Abigail Aldrich, mais conhecida como Abby, filha de um senador milionário, Nelson Aldrich. O casal teve a primeira filha, que recebeu o

John D. Rockefeller pai e filho: Júnior, à esquerda, demonstra determinação para manter a fortuna amealhada pelo pai, à direita.

nome da mãe, em 1903, e o primeiro filho homem, batizado John D. Rockefeller III, em 1906.* O terceiro filho, Nelson Aldrich Rockefeller, recebeu o nome do avô materno e nasceu em 8 de julho de 1908, no mesmo dia em que seu avô paterno completava 69 anos. Ele veio ao mundo numa casa alugada em Bar Harbor, na costa do Maine, praia frequentada pela alta sociedade da Costa Leste americana. Tudo isso porque o obstetra da família costumava passar as férias lá e Abby quis ficar perto de seu médico de confiança. O nascimento de Nelson foi anunciado em cinco linhas na primeira página do *New York Times*. No futuro, seus feitos ocupariam um espaço bem maior. Nos anos seguintes nasceram mais três meninos, Laurance, Winthrop e David.

Para a educação dos filhos, Júnior e Abby instituíram uma filosofia baseada em preceitos religiosos com traços liberais. Na casa de Pocantico Hills, por exemplo, uma vez por semana, eles dispensavam as cozinheiras e copeiras e passavam a tarefa de preparar o almoço ou o jantar para as crianças. Nelson lavava e picava os vegetais, John III arrumava a mesa, Babs, como a irmã ficou conhecida, preparava uma torta, os outros se encarregavam da sobremesa e assim por diante. Tudo isso com um claro objetivo: saber sair-se bem em situações de emergência e estar em contato com o trabalho manual. Mas a base da educação doméstica assentava-se em dois pontos: primeiro, ser temente a Deus e frequentar a igreja todos os finais de semana; segundo, aprender a não ser perdulário. Em inglês, a palavra "thrift" sintetiza melhor a ideia do segundo ponto. De sentido amplo e de difícil tradução para ser bem compreendida na cultura brasileira, *thrift* designa a ideia daquele que é adepto da frugalidade, da arte de saber econo-

---

* Nos Estados Unidos não se usa o posposto "Neto" para identificar o filho que recebeu o nome do avô.

mizar. Não gastar, não desperdiçar, reaproveitar: eis as palavras--chave do bom seguidor da *thrift*.

Quando jovem, Júnior tomava conta da jardinagem da casa de veraneio de Forest Hill. Sob a orientação do velho Rockefeller, vigiava os empregados para que não gastassem muito material e não desperdiçassem dinheiro. Para o avô, as pessoas cujos meios são inexauríveis devem tomar muito cuidado com os próprios bens e, por isso mesmo, têm a obrigação de manter sob rigorosa contabilidade cada centavo. Extravagância e prodigalidade eram os pecados cardeais; economia, sobriedade e controle rígido dos gastos, as virtudes fundamentais. Ao lado disso tudo havia a rígida condenação ao consumo do álcool e ao fumo. Júnior nunca provou uma gota de bebida alcoólica e foi um dos grandes defensores da Emenda número 18 — Eighteenth Amendment — que instaurou a chamada Lei Seca. Mais tarde convenceu-se de que a proibição só fizera crescer o crime e o aumento do consumo de álcool, mas continuou combatendo tanto a bebida quanto o tabaco. Chegou a instituir um prêmio, de mais de 2 mil dólares, para os filhos que chegassem aos 21 anos sem fumar.

Júnior tentava impor esses princípios às suas crianças. Cada uma delas recebia uma mesada de trinta centavos por semana. O controle desse valor era rigorosamente seguido e anotado num "livro-caixa" que cada um possuía. Todos precisavam economizar 30% da mesada e destinar outros 30% para caridade. Os 40% restantes poderiam ser gastos com parcimônia. Se soubessem controlar direito os gastos, conseguiriam tomar um sorvete por mês. Isso significa que os filhos do homem mais rico do mundo não podiam comprar o que quisessem. Não possuíam dinheiro para isso e, quando começaram a ir à escola, viviam emprestando centavos dos colegas para comprar algum doce. O nome da família parecia servir de fiança. Se por acaso as contas não batessem, o faltoso era penalizado em cinco centavos. Nelson ficava sempre devendo.

Para completar essa exígua renda, as crianças eram incentivadas, ou condicionadas, a exercer atividades que podem soar estranhas para uma cultura ibérica e católica. Poderiam aumentar a renda em dez centavos se matassem um lote de cem moscas, ou cinco centavos se caçassem um rato, ou ainda cinco centavos para cada par de sapatos engraxados. Tudo isso somado a exercícios diários feitos sob o comando do pai. Eles percorriam a imensa propriedade de Pocantico e recebiam dez centavos a cada milha percorrida. Alguns anos mais tarde, Laurance, o irmão mais novo de Nelson, resumiu a infância deles da seguinte forma: na igreja, eles tinham a orientação espiritual, e no pai, o guia fiscal.[20]

Por outro lado, Júnior tentava, por diferentes meios, incutir nas crianças a ideia de que, pelo fato de eles serem muito ricos, não deveriam considerar os outros inferiores, nem ser arrogantes com empregados e pessoas de outras etnias. Na verdade, essa parte da educação era bastante reforçada por Abby, a mãe, de formação bem mais liberal, ligada às artes e à cultura. Sua família tinha tradição antirracista; a bisavó havia sido uma ardente abolicionista.

Quando as crianças iniciaram o ensino médio, a mãe foi mais enfática e escreveu uma carta para Nelson e os irmãos, falando sobre racismo:

> Eu quero fazer um apelo ao senso de justiça que existe em vocês. Vocês devem tratar os outros jovens, sejam eles negros, judeus ou de outra raça, com decência e respeito. É uma desgraça para a América esses linchamentos que vemos acontecer.[21]

A preleção antirracista da mãe, nos anos 1920, reverberou, quarenta anos depois, num episódio que envolveu Martin Luther King e Nelson Rockefeller. Na primavera de 1963, King liderou um movimento de pais e estudantes em Birmingham, cidade segregacionista do estado de Alabama. O resultado foi uma violenta repressão, com centenas de prisões entre crianças, adultos e o próprio King. Não havia dinheiro para pagar a fiança e libertar os prisioneiros, sob a vigilância de um comissário simpatizante da Ku Klux Klan. Foi então que Clarence Jones, braço direito de King, voou para Nova York. Em Manhattan encontrou-se com Nelson Rockefeller, que já era governador do estado, num sábado de manhã, na porta do Chase Bank — que estava, evidentemente, fechado. Rockefeller, acompanhado de um alto funcionário do Chase e de dois guarda-costas, mandou abrir a porta do banco. Clarence Jones, Nelson e o funcionário entraram e desceram uma escada até um cofre, com uma imensa e pesada porta circular. Pilhas de dólares iam até o teto do grande depósito de dinheiro. Nelson foi apanhando pacotes de notas e pondo numa sacola até completar 100 mil dólares — o valor da fiança — e entregou a Jones para que pagasse a fiança de King.[22] Nelson nunca pediu a devolução do dinheiro.

Nelson oferecia certa resistência às ideias de ordem que imperavam no projeto educacional familiar ditado pelo pai. Mas sua rebeldia era sutil e até mesmo irônica, o que deixava o pai irritado. Nelson era disléxico e canhoto. Usando um método bastante repressivo, o pai tentava corrigir o que considerava um defeito, um erro no comportamento do filho. Na hora do jantar ou do almoço, amarrava um elástico no pulso esquerdo do menino, e quando ele intuitivamente ia pegar o talher com a mão esquerda o pai dava uma espécie de estilingada na mão do garoto. Por isso, Nelson acabou por ser hábil com as duas mãos.

Na casa em Pocantico, os rituais diários incluíam orações antes do café da manhã, rigorosamente às 7h45. Antes do jantar, as orações se repetiam. Cantar hinos religiosos cansava as crianças, e Nelson reclamava com a mãe. Como parte da política pedagógica, em julho de 1924, Júnior levou os filhos para uma longa viagem pelo Oeste americano. Algo como uma viagem ao passado dos pioneiros que desbravaram o *wild west*, só que com meios modernos de transporte, ou seja, automóveis e trens. No Novo México, visitaram uma tribo de índios pueblos, que dançaram e fizeram rituais para as crianças, maravilhadas. John, o mais velho e mais reservado, estava com dezoito anos e Laurance, com catorze. Nelson, de dezesseis, era o mais animado e entusiasmado, exibindo sempre um sorriso simpático. O pai os levou para o Oeste bravio com a intenção de ensinar como essa região selvagem havia sido domesticada pela atuação dos colonos, que haviam empurrado a fronteira do país até o Pacífico. Mas a viagem tinha também o didático fim de "domar" o mais rebelde de seus filhos.

Eles continuaram a viagem pelo interior dos Estados Unidos, passando pelo Yellowstone National Park, no estado de Wyoming, famoso pelo conhecido gêiser e pelos animais selvagens. Chegaram até Montana, na fronteira com o Canadá, onde visitaram a tribo dos índios pé-preto. Visitaram também as minas do Colorado que pertenciam ao grupo das empresas da família. Foi uma verdadeira aventura para os jovens mais ricos do mundo. Vestindo as roupas dos mineiros, capacetes e lanternas, eles percorreram os túneis, entrando em contato com a dura rotina dos trabalhadores.

John D. Rockefeller Júnior não era um simples frequentador da igreja, ele exercia ali forte liderança e proferia palestras na chamada escola dominical. No entanto, era um adepto das ciências modernas, o que o afastava dos fundamentalistas; assim, a educação dessa geração dos Rockefeller foi de matiz mais liberal e urbano do que a das anteriores. O próprio Júnior graduou-se na Universidade Brown, uma das mais conceituadas dos Estados Unidos. Embora fosse batista, a família, em especial a segunda e principalmente a terceira geração, não tinha uma visão ortodoxa do mundo. As interpretações religiosas eram mescladas com análises científicas, como a explicação darwinista da origem da vida humana. Tudo isso era visto com extremo horror pelos fundamentalistas do interior, que continuavam entendendo que a cultura urbana das metrópoles era a fonte de todos os pecados humanos. Entre 1919 e 1929, os batistas linha-dura difundiram as bases a serem seguidas pelos "verdadeiros" batistas num panfleto intitulado *Fundamental*; daí passarem a ser designados por *fundamentalistas*.[23]

Rockefeller e a família eram vistos por esses religiosos como verdadeiros inimigos, acusados de serem "modernos", de racionalizar e estandardizar a religião, da mesma maneira como tinham feito com a indústria do petróleo. A ira deles aumentou quando Júnior construiu a Riverside Church, uma igreja ecumênica, até hoje ponto de referência de Nova York. Não era difícil para alguns fanáticos identificar na postura dos Rockefeller atitudes ligadas a um complô comunista internacional que visava destruir a vida e a religião nos Estados Unidos. Esse tipo de manifestação estava perfeitamente afinado com o clima do "medo vermelho" (em inglês, *red scare*). Nos anos 1920, muitos atentados contra os direitos humanos e contra os direitos de livre manifestação, teoricamente garantidos pela Constituição americana, foram cometidos em nome do combate ao comunismo. O procurador-geral da República, A. Mitchell Palmer, perseguiu trabalhadores e intelectuais acusados de pertencer ao movimento comunista, socialista ou anarquista. Na esteira da paranoia anticomunista, a Ku Klux Klan renasceu como a grande organização defensora da verdadeira cultura americana. Estrangeiros, negros, judeus e católicos eram vistos com suspeitas. O caso mais radical de conservadorismo foi a famosa execução de dois militantes anarquistas, Nicola Sacco e Bartolomeo Vanzetti, em 1927.

Anticomunistas convictos, os membros da família Rockefeller, entretanto, não comungavam exatamente dos laivos radicais e reacionários do clima paranoico que imperava na época.

ESCOLAS E CASAMENTO DO ESCOLHIDO

O escritor F. Scott Fitzgerald costumava dizer que os muito ricos não são nem um pouco parecidos conosco. Os jovens Rockefeller sabiam que eram muito ricos e muito diferentes dos outros, mas se esforçavam para parecer um pouco mais iguais a todos.

Os pais exigiam que os filhos mantivessem um comportamento discreto. A residência urbana da família ocupava os nove andares do edifício número 10 da rua 54, no lado oeste de Nova York. A residência tinha uma quadra de squash na cobertura, um quarto para cada criança, um ginásio de esportes, uma enfermaria, uma sala de música, suítes para convidados, entre outros confortos. A casa de praia de Seal Harbor possuía mais de uma centena de quartos. E havia ainda, como vimos, a grande propriedade de Pocantico Hills, localizada ao norte de Tarrytown, a cerca de cinquenta quilômetros da cidade de Nova York. Essa propriedade tinha várias mansões, duas quadras de tênis cobertas e com lareiras, cercadas de jardins com obras de artistas famosos. Alguém na época disse que aquele seria o lugar onde Deus moraria, se tivesse dinheiro. Acrescente-se aos sinais exteriores de riqueza o *Pioneer*, o vagão que a família usava para viagens pelo país, que tinha um restaurante, cinco quartos, acomodações para os empregados e um observatório de onde os viajantes podiam admirar a paisagem.

Ao mesmo tempo que exigiam simplicidade, Júnior e Abby lembravam aos filhos que eles eram Rockefeller e que havia nesse nome o peso de uma grande responsabilidade. Assim, as crianças raramente iam para a escola com guarda-costas, enquanto outros pais menos ricos e importantes mostravam-se muito mais preocupados do que Abby e Júnior com o quesito segurança.

Os primeiros anos da educação formal de Nelson aconteceram na Lincoln School, ligada à Faculdade de Educação da Universidade Columbia. Não era uma escola exclusiva para a elite,

45

pois admitia estudantes judeus, italianos e outros imigrantes, embora não se tenha notícia da presença de crianças negras. Nelson era o protótipo do aluno comum e misturava-se com facilidade a outras crianças. Chegou até a namorar a filha de um italiano, fabricante de violinos. Ele e o irmão mais novo, Laurance, voltavam para casa de ônibus.

Nelson tinha dificuldades de aprendizagem. Entre as razões para isso estão provavelmente a hiperatividade e a dislexia. Ele era mais comunicativo e gregário que o irmão mais velho, John D. Rockefeller III, que representava mais o silente puritano do que o expansivo Nelson, namorador e exímio dançarino. Embora não fumasse nem bebesse, ele deixava para trás muitas das proibições moralistas puritanas. O irmão mais velho dizia que Nelson era o centro das atrações na Lincoln School. A escola escolhida para os filhos tinha como orientação básica as teorias de John Dewey, o educador progressista da Universidade Columbia, e foi de grande importância na educação dos Rockefeller. O caráter liberal da escola reforçava a educação humanista que eles recebiam em casa. As pessoas deviam ser julgadas pelo mérito e pelo caráter, não pela etnia ou pela classe social. A escola também ensinou a superar problemas mais simples da vida cotidiana. Durante uma de suas viagens em campanha política, em 1970, Nelson, ao entrar no avião, foi alertado por um de seus auxiliares de que o fundilho de sua calça estava rasgado: "Ei, governador, o senhor está deixando sua imagem muito à mostra". Ele entendeu, sentou-se na poltrona, tirou a calça, pediu um jogo de linha e agulha e a costurou. "Viu? Eu frequentei uma escola progressista", explicou Nelson.[24] Para um jovem como ele, criado no meio da imensa riqueza dos Rockefeller e atendido por um verdadeiro séquito de assistentes, empregados, servidores e conselheiros — que mais lembravam uma corte da nobreza europeia —, as lições de independência da escola secundária foram fundamentais.[25]

Nelson não aparentava pertencer a uma família afluente. Vestia-se com certo desleixo, com as camisas em parte fora das calças. Ele e os irmãos brincavam no ônibus quando voltavam para casa, como qualquer criança. Ao contrário do que aconteceu na infância do pai, os meninos tinham amigos. Quando Nelson levava algum colega para jantar na mansão da rua 54, os mordomos e serviçais impressionavam as outras crianças. Afinal, por mais que tentasse não parecer, ele era um Rockefeller.

Uma coisa tornava Nelson diferente dos amigos. Ele preferia o nosso futebol (*soccer*) ao que chamamos de futebol americano. Quando completou dezessete anos, ganhou dos pais uma "baratinha" Ford conversível, nada discreto, sobretudo depois que ele o encheu de acessórios. O carro acrescentou ainda mais charme à já charmosa figura de Nelson, e a tarefa de manter a discrição pregada pelos pais se tornava cada vez mais difícil.

Quando Nelson ia passar as férias de verão na casa de Seal Harbor, o espírito aventureiro se acentuava com o uso do carro: ele andava pelas praias com vários amigos adolescentes pendurados no automóvel, fazendo alarido com as diferentes buzinas. Findo o período de férias, o Ford substituiu os trajetos de ônibus entre a casa e a escola, o que "economizava quarenta centavos por dia",[26] segundo ele escreveu ao pai, em sintonia com o espírito de contenção pregado pela família.

Em uma das férias de verão da Lincoln School, ele e o irmão mais velho, John, fizeram uma viagem pela França. Percorreram parte da Normandia de bicicleta. Sem isso, diziam eles, não teriam o senso de independência e experiência que ganhariam com seus erros e dificuldades.[27] Manter a discrição do nome já famoso no mundo inteiro foi uma tarefa difícil para os dois jovens. "Aventuraram-se" sozinhos, com bastante segurança, dormindo em hotéis de primeira classe e contando, em caso de necessidade, com o apoio dos escritórios locais da Standard Oil. É interessante

Nelson A. Rockefeller é o segundo da esquerda; há quem afirme que, aos dez anos, já liderava os irmãos.

perceber como, ao longo de sua vida, Nelson agiria de acordo com esse padrão. Embora paradoxal, essa parece ter sido uma fórmula encontrada pelo jovem "príncipe" do petróleo para suas realizações: aventurar-se, mas de forma planejada e segura.

O planejamento fazia parte da própria essência da família. O pai não pretendia interferir diretamente no futuro profissional e, portanto, na escolha da faculdade dos filhos, mas escreveu um memorando sugerindo critérios para a busca de uma boa escola. Ele dizia que não fazia questão de que os filhos fossem os melhores da classe, os líderes, mas ao menos acima da média. Para Nelson, que tinha algumas dificuldades motoras, o memorando do pai significava grande responsabilidade. No período em que estudou na escola secundária, seu problema havia sido o espanhol. Irônico para um líder político que, na maturidade, iria desempenhar papel fundamental na política externa dos Estados Unidos para a América Latina. Para superar a dificuldade, passou um verão sem férias, estudando o idioma. Mesmo assim, ele deixou para fazer os exames mais tarde, o que o impossibilitou de ir para Harvard, onde estava seu irmão mais velho, ou Princeton, as universidades da elite americana.

Por isso, a opção foi o Dartmouth College, uma faculdade menor e menos concorrida que Harvard e Princeton. Dartmouth, também frequentada pela elite americana, era considerada uma Ivy League — nome pela qual são designadas as melhores escolas superiores dos Estados Unidos — menor e não tão famosa e exigente como outras grandes universidades da época. O reitor de Dartmouth era amigo da família e passava os verões na mesma região do Maine.

Nelson teve de se submeter às regras do trote, como qualquer outro jovem. Os rituais de entrada nas universidades americanas variam, mas de modo geral, o *sophomore*, um aluno do segundo ano, mantém, sob sua autoridade, um *freshman*, o calouro, até que este se transforme num veterano. O calouro era obrigado a servir o veterano, fazer piadas para ele rir, limpar o quarto e arrumar a cama, cantar. A tudo isso, Nelson, o "príncipe" nascido na maior fortuna do mundo, submeteu-se com estoicismo. No fim do curso universitário, não se destacou e nem recebeu nenhum grau de mérito. Conforme o desejo do pai, tirava boas notas, especialmente em arte, embora não fosse o primeiro da classe. Mostrou-se sempre forte, um líder, empreendedor e aventureiro. Escalava montanhas e procurava manter uma relação constante com a natureza. Solidário, ajudou as vítimas de uma enchente na Nova Inglaterra. Dedicava-se a atividades acadêmicas trazendo palestrantes do porte de Bertrand Russell ou Thorstein Veblen para complementação de várias disciplinas.

Na época em que completava o penúltimo ano da faculdade, Nelson escolheu a cadeira de economia para o trabalho final do semestre, cujo tema era a história da Standard Oil. A interpretação que o jovem Nelson deu ao empreendimento feito pelo avô foi, como não podia deixar de ser, bastante favorável ao feito do velho John D. Rockefeller.

Depois de completar o ano, ele embarcou com o irmão mais novo, Laurance, para uma viagem de férias e de estudos. Visitaram Labrador, no extremo nordeste do Canadá, para tomar conhecimento da vida dos esquimós. Lá Nelson formulou uma importante questão que, no futuro, iria ajudá-lo na "missão" de promover o progresso entre povos mais "atrasados": "Por que será que eles ficam sentados ali sem fazer nada, até que dê na telha de um deles sair e pescar? Por que será? Bastava só um deles, com um pouco de ambição, para ganhar algum".[28]

Terminado o período de férias, Nelson continuou os estudos. Como trabalho de conclusão de curso, escolheu um tema ligado à arte e não à economia, como se supunha. Na verdade, a escolha não causa surpresa. Bastante influenciado pela mãe, ele sempre teve inclinação para a arte. Havia se destacado como editor de uma revista de fotografia chamada *Pictorial's*, que fez sucesso na escola e acabou se transformando em uma pequena fonte de renda; a revista é tida como seu primeiro empreendimento. Num artigo publicado na revista na primavera de 1930, Nelson resumiu sua concepção de arte, em sintonia com a visão política que tinha: liberdade de se dedicar à arte sem interferência ou censuras. Tudo isso indicava suas qualidades para uma crescente liderança entre os irmãos. O velho patriarca da família declarou que John D. Rockefeller III deveria se preparar para dar continuidade à sua obra e de Júnior. Mas John ia sendo ofuscado pela figura de Nelson, que paulatinamente se transformava no neto querido do poderoso avô.

O casamento de Nelson Rockefeller com Mary Todhunter Clark foi um acontecimento.

A quebra da Bolsa de Nova York, que espalhou depressão, pânico e pobreza por toda a nação norte-americana e pelo mundo, pouco afetou, ao menos aparentemente, a vida dos rapazes que estudavam em Dartmouth. No verão de 1930, Nelson Rockefeller casou-se com Mary Todhunter Clark, de uma família do patriciado da Costa Leste. Ele foi o primeiro dos irmãos a se casar. Grande comemoração, regada a incontáveis garrafas de champanhe, apesar da Lei Seca e da desaprovação do pai de Nelson quanto às bebidas alcoólicas, a festa contou com a presença de políticos e representantes de praticamente toda a elite americana. Uma foto do casamento mostra um Nelson sorridente e uma noiva não muito à vontade.

A casa dos noivos localizava-se na imensa propriedade de Pocantico Hills. O presente de casamento dos pais do noivo foi uma viagem de quase um ano ao redor do mundo. De Nova York, o jovem casal partiu para a Europa e em seguida visitou o Himalaia, a Índia — onde estiveram em contato com Gandhi —, Java, o sítio arqueológico de Angkor, no Camboja, o Japão e mais alguns outros países. Toda a aventura da viagem contou com o suporte "técnico" e o planejamento das diversas filiais da Standard Oil ou das agências da Fundação Rockefeller. Na verdade, durante a viagem de lua de mel, Nelson se comportou como um diplomata ou um político em contato com homens de negócios, chefes de Estado, líderes políticos, intelectuais e artistas; os noivos tiveram pouco tempo a sós. Mas eles não eram um casal comum; pareciam membros da realeza que se destacavam pela força da personalidade de Nelson Aldrich Rockefeller.

A viagem foi uma lição de política externa que o jovem Rockefeller fez grandes esforços para pôr em prática ao longo da vida. Quando Nelson acompanhou uma festa promovida pela representação americana em Bangkok, viu o embaixador distribuir sorvetes para centenas de crianças pobres. O que mais lhe chamou a atenção foi a alegria das crianças, e ele entendeu com isso que havia uma forma mais amena e direta de manter contato com as massas e demonstrar gestos de boa vontade com os povos de outros países. Pôde também ver o tratamento dispensado pelos funcionários das potências colonialistas europeias aos habitantes de seus domínios imperiais no Oriente. Lembrando os ensinamentos da mãe, Nelson ficou revoltado com a relação que percebeu entre os colonizadores ingleses e os indianos submetidos ao domínio britânico.

Na volta, o jovem casal encontrou uma casa mobiliada e decorada em Pocantico e um apartamento na rua 67, do lado leste de Manhattan.

O ROCKEFELLER CENTER E O EMPREENDEDOR

O que fazer para "ganhar a vida"? Nelson sabia que, como homem casado, precisava ter uma ocupação. Num primeiro momento, demonstrou dúvidas se deveria seguir o destino de homem de negócios, como o pai. Chegou a pensar em ser arquiteto, coisa impensável para alguém com o nome que ele tinha.

Uma grande oportunidade surgiu quando o pai iniciou um projeto para construir o famoso Rockefeller Center, um conjunto de catorze edifícios que ocupa várias quadras no centro de Nova York, entre a Sexta e a Quinta Avenidas. Nelson viu aí a oportunidade de unir o útil ao agradável: fazer negócios e lidar com a arte e a arquitetura. Mas, acima de tudo, animou-se com o desafio de se envolver com grandes problemas e buscar soluções.

Conhecidos nomes da arquitetura, da administração e da engenharia participaram do projeto. Nelson fazia parte da comissão que discutia os problemas, mas sem nenhum cargo de poder, pois a maioria das decisões passava por Júnior e seu exército de assessores. De início, Nelson tinha uma participação reduzida no projeto. Como fonte de renda para "sustentar" a família, recebia uma mesada anual de 17 mil dólares, mais 75 dólares por semana por sua atividade na administração da construção do Rockefeller Center.

Paralelamente, envolvia-se cada vez mais com atividades relacionadas à arte. Aos 23 anos de idade, aceitou o convite para participar do comitê administrativo do Metropolitan Museum of Art. Era uma atitude que demonstrava certa rebeldia diante dos conselhos do pai. Nelson, ao contrário do irmão mais velho John D. Rockefeller III, sempre enfrentou o pai, mas de maneira respeitosa. O próprio Júnior reconhecia que o filho só se sentia bem quando estava realizando algum projeto com sua marca pessoal. Queria ser sempre criativo e não se sentia confortável quando recebia ordens.

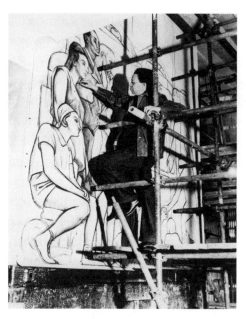

Diego Rivera e seu mural inacabado: o vanguardismo de Nelson tinha limites.

Uma das ideias de Nelson, apoiada pela mãe, foi mandar pintar murais nas diversas torres que fazem parte do complexo. Um dos afrescos foi encomendado a Diego Rivera, o famoso muralista mexicano, conhecido também por sua posição política de esquerda. O mural, pelo qual se pagaria o significativo valor de 21500 dólares, intitulava-se *O homem na encruzilhada* e deveria ser pintado no edifício que em pouco tempo receberia as instalações da RCA, Radio Corporation of America, a grande empresa de rádio e discos. O quadro foi tomando forma: sugestões de conflito de classes, opressão, guerras, revoluções. Destacavam-se imagens que sugeriam a ciência e a tecnologia como salvadoras da espécie humana, como cabe a um militante de esquerda (ou a um capitalista, em especial o americano).

O problema foi quando Rivera começou a esboçar no mural

a figura em destaque de Lênin. O jovem Nelson Rockefeller ficou um pouco surpreso e contrariado: não podia aceitar que ali, na "catedral" mundial do capitalismo, sobressaísse a imagem de um comunista. Decidiu pedir a Rivera que mudasse a figura. O pintor ignorou o pedido. Nelson então pagou o combinado, mas demitiu o artista antes que ele acabasse a obra. O mural foi destruído, o que provocou uma onda de protestos de artistas, liberais, democratas, republicanos e comunistas. A liberdade na arte pregada por Nelson nos tempos de faculdade tinha limites.

O projeto da construção do conjunto de edifícios começou em 1928, no ponto alto dos "fabulosos anos 1920". No começo de 1929 iniciou-se a demolição de velhos prédios. No plano inicial estava prevista a construção de uma nova Opera House. Quando a crise de 1929, que praticamente paralisou os Estados Unidos, ameaçou estancar o projeto, Júnior decidiu ir adiante com as obras. Essa decisão contribuiu para minimizar o desemprego provocado pela crise. Considerando o tempo despendido na construção do conglomerado, estima-se que foram empregados mais de 225 mil trabalhadores.

Em pouco tempo Nelson começou a se destacar como intermediário na locação dos grandes escritórios e lojas do Rockefeller Center. Um dos mais notáveis e famosos empreendimentos foi a construção do Radio City Music Hall, que ironicamente tomou o lugar da Opera House que constava do projeto original. A chamada "alta cultura" deu lugar a uma cultura de massas, de entretenimento.

Mais irônico ainda é que John D. Rockefeller Júnior não suportava a "arte de entretenimento". David, o filho, conta uma passagem curiosa: o pai havia proibido que se usasse rádio nas residências da família. Só concordou depois que todos aceitaram a exigência de que o aparelho ficasse em dependências secundárias das casas. O Radio City Music Hall era o centro da cultura de entretenimento radiofonizada. Até hoje o local é famoso pela apre-

Júnior parece ter controlado seu moralismo entre as dançarinas do Radio City Music Hall.

sentação de um show de final de ano estrelado pelas *rockettes*, dançarinas profissionais de grandes musicais populares de sucesso. Uma foto de 1937 retrata o austero e contido John D. Rockefeller Júnior entre as lindas vedetes com decotes arrojados.

Nelson, por sua vez, parecia estar em seu elemento ao sugerir, planejar e fazer negócios relacionados ao Rockefeller Center. Tornou-se muito amigo de Wallace Harrison, um dos principais arquitetos do projeto, e fez vários negócios com empresas que alugaram escritórios nos diferentes edifícios da construção. Entre elas, claro, estavam a Standard Oil, a Fundação Rockefeller, o Chase Bank, mas também os estúdios da National Brodcasting Corporation (NBC), a RCA, os escritórios da RKO, produtora de Hollywood, entre tantas outras marcas e nomes famosos. Os escritórios centrais localizavam-se na "sala" 5600 do número 30 do complexo Rockefeller Plaza. O *room* 5600, como ficou conhecido o quartel-general da família, era, na verdade, um conjunto que ocupava os andares 54, 55 e 56 de um dos prédios. Ali se resolviam as questões relacionadas aos interesses da família. Um visitante se surpreenderia com a simplicidade da ornamentação. Uma grossa porta de vidro, vigiada por um segurança, separava o elevador da recepção. Na área de espera não havia nem revistas nem jornais para os visitantes. Os corredores tinham obras de arte que lembravam uma galeria clean. As salas pareciam desabitadas. No entanto, atrás das portas trabalhavam mais de duzentos funcionários para resolver os mais variados problemas relacionados aos Rockefeller e a seus empregados. De impostos a doações, de divórcios a dificuldades com a construção e decoração de uma casa, tudo era resolvido por um verdadeiro exército de advogados trabalhando em tempo integral.[29]

Em 1932 nasceu Rodnan Clark Rockefeller, primeiro filho de Nelson — que se firmava cada vez mais como o verdadeiro herdeiro da fortuna da família. O irmão mais velho, com quem ele tinha profundas diferenças, não se casara ainda. As divergências se acentuaram quando Nelson, sedutor nato, tentou conquistar (ou conquistou, não se sabe) a noiva do irmão.

Ambicioso, nos primeiros anos da década de 1930 Nelson contou a um amigo seus planos para o futuro: tinha o perfil, argumentou, para ser secretário de Estado ou presidente dos Estados Unidos. A mãe aconselhava-o a não se deixar dominar pela soberba e pela estupidez que a riqueza poderia provocar. Nelson lutou a vida toda para parecer interessante, intelectualmente forte e esperto. Já a arrogância era um pouco mais difícil de controlar. Atrevido, deu seus primeiros passos na política no município onde estava localizada a propriedade de Pocantico. Ofereceu-se para participar do Westchester County Board of Health, o conselho municipal de saúde, e foi aceito.

*Quatro gerações da poderosa família americana:
Nelson, com o filho Rodnan no colo.*

ATRAÍDO PELA POLÍTICA: ROCKEFELLER E O NEW DEAL

Os americanos não suportavam mais as medidas paliativas tomadas pelo governo republicano de Herbert Hoover para sanar a crise que se iniciou com a quebra da Bolsa de Nova York em outubro de 1929. As eleições de novembro de 1932 demonstraram o repúdio do povo à recessão e ao governo republicano. Franklin Delano Roosevelt foi eleito com grande maioria de votos populares e do colégio eleitoral. Os democratas levaram, além da presidência, a maioria das cadeiras do Senado e da Câmara de Deputados.

Vale lembrar que o Partido Democrata, que elegeu Roosevelt, tinha pouca ou quase nenhuma semelhança com o partido que cerca de setenta anos antes tinha começado a Guerra Civil. Os democratas da época do conflito eram defensores do escravismo e, depois que a guerra acabou, tornaram-se fervorosos segregacionistas e violentos conservadores. Esse perfil começou a mudar nos últimos anos do século XIX. No governo de Woodrow Wilson, às vésperas da Primeira Guerra Mundial, o partido já era outro. O presidente democrata foi um progressista, um liberal, isto é, preocupou-se em controlar a ganância das grandes corporações, promulgou leis regulando o trabalho infantil e instituiu a jornada de oito horas para alguns ramos profissionais. Apesar do seu progressismo, Wilson não moveu um dedo para diminuir a segregação da população negra. Isso iria demorar mais algumas décadas. Depois de seu governo, os conservadores republicanos voltaram ao poder e ficaram até 1933. Nesse período, eles tentaram refrear as poucas medidas consideradas progressistas adotadas no governo anterior. De certa forma, os republicanos foram responsabilizados pela crise de 1929, o que ajudou a eleger Roosevelt.

Vale também uma ressalva. O termo "progressista" não pode ser aplicado unicamente aos democratas. O governo republicano de Theodor Roosevelt era considerado progressista também. O mesmo pode-se dizer de ampla parcela da família Rockefeller, em especial Nelson, como veremos.

No famoso discurso de posse, no crítico inverno do começo de 1933, Roosevelt ofereceu, pela primeira vez desde que a crise começara, alguma esperança ao povo americano: "a única coisa que devemos temer é o próprio medo, o terror sem nome, que não raciocina [...] que paralisa os esforços necessários para converter a retirada em avanço". E fazendo uma advertência contra os especuladores inescrupulosos, disse que o povo rejeitava esse tipo de comportamento ganancioso. Eles "conhecem apenas as regras de uma geração de egoístas [...]". Os Estados Unidos só se salvariam se aplicassem "valores sociais mais nobres do que o simples lucro monetário". Roosevelt preparava o país para uma guerra contra a pobreza e a ganância. E, se precisasse de poderes extraordinários, não hesitaria em pedir "amplo poder Executivo, tão amplo quanto o que me será concedido se fôssemos, de fato, invadidos por um inimigo estrangeiro".[30]

Foi o que ele disse no dia 4 de março de 1933. Com isso, inaugurou a política de reformas urgentes — e, de certa forma, radicais — conhecida como New Deal. Tratou também das relações externas e prometeu dedicar-se a uma política voltada aos "vizinhos que respeitam suas obrigações e respeitam a santidade de seus acordos num mundo de vizinhos".[31] Estava inaugurada a política da boa vizinhança.

O novo líder americano trazia o mesmo sobrenome do primo distante, o presidente que iniciara o processo contra a Standard no começo do século. Durante a campanha, o novo Roosevelt, da mesma forma que o primeiro, havia feito alusões às grandes fortunas e sugerido que alguma coisa precisava ser feita para organizar novas formas de tributação. John D. Rockefeller Júnior, cauteloso, resolveu distribuir parte da fortuna para os filhos. Inicialmente John III, a irmã, Babs, e Nelson receberam, cada um, 200 mil ações (o que equivalia a cerca de 3 milhões de dólares) da Socony-Vacuum, uma das grandes "herdeiras" da Standard. Isso dava 120 mil dólares de dividendos anuais. Bem mais do que os 17 mil dólares de "começo de carreira" de quase dois anos antes. Em 1934, Júnior aumentou ainda mais a transferência de valores. Nelson recebeu mais 12 milhões de dólares em ações, o que rendia quase 500 mil dólares por ano.

Com o futuro garantido, muito bem assegurado, Nelson resolveu comprar um novo apartamento para acomodar a família, que crescia. O imóvel escolhido ficava na Quinta Avenida, na esquina da rua 62, próximo do famoso hotel Plaza. O que mais chamava a atenção era a visão cinematográfica do Central Park.

Decoração e reforma ficaram por conta do amigo e arquiteto Wallace Harrison. O apartamento transformou-se numa verdadeira obra de arte.

Parte das pinturas e esculturas primitivas que decoravam o novo lar de Nelson haviam sido adquiridas um ano antes, em 1933, numa viagem de férias ao México. Durante um mês ele, a esposa e amigos andaram pelo país vizinho em companhia de artistas e intelectuais mexicanos, entre eles Diego Rivera, que pouco depois iria envolver-se no já mencionado episódio do mural no Rockefeller Center. Alguns biógrafos asseguram que foi a partir daí que Nelson desenvolveu o gosto pela arte moderna, em especial pelo cubismo e pela arte abstrata. E daí também sua atuação, ao lado da mãe, na tarefa de reerguer o Museu de Arte Moderna de Nova York. A nova sede do museu estava sendo construída no lugar do prédio que pertencia à família na rua 53, doado por Júnior para satisfazer o grande projeto de vida da esposa.

Em 1937, Nelson era, sem dúvida, o homem mais importante do Rockefeller Center, que ele mesmo considerava sua primeira grande vitória política. Como executivo do complexo imobiliário da família, enfrentou a grave crise trabalhista que estourou entre os empregados do conjunto de edifícios. Em fins de 1937, a American Federation of Labor, a AFL, a grande central sindical americana, pressionava para que Nelson reconhecesse a necessidade de sindicalização dos funcionários do Rockefeller Center. Assim como o pai havia buscado a ajuda de Mackenzie King 24 anos antes, no conflito de Ludlow, Nelson procurou alguém com experiência em negociações sindicais. Anna Rosenberg era o nome da grande negociadora, especialista em conflitos trabalhistas. Acontece que ela era funcionária do National Recovery Administration, uma das mais fortes agências do New Deal, que estava implantando o salário mínimo, incentivando a sindicalização e estabelecendo um limite de horas de trabalho para todo o país. A NRA, como ficou conhecida a repartição, era

Os trabalhadores de limpeza do Rockefeller Center mais pareciam um exército sob o comando de Nelson.

combatida por empresários e políticos conservadores. Graças à intermediação de Anna Rosenberg, Nelson conseguiu um acordo com os funcionários e, de certa forma, abriu uma avenida de contato com o governo Roosevelt. A partir daí, Nelson ficou conhecido como um patrão com quem se podia negociar. Ele era, como sabemos, um republicano, mas de perfil progressista e liberal, e, principalmente, apoiava as medidas do governo democrata.

    O liberal, no sentido empregado pela cultura política americana, é aquele que apoia reformas sociais e é partidário da intervenção do Estado nas reformas propostas. O liberal também é considerado aberto a novas ideias e a mudanças que tragam melhorias às condições sociais. O conservador, ao contrário, opõe-se à intervenção do Estado e é partidário do "governo mínimo", não quer pagar impostos, deseja conservar as tradições e é avesso às mudanças.

No discurso que fez aos altos executivos da Standard Oil, depois de voltar da América do Sul, em 1937, Nelson defendeu o New Deal de Roosevelt:

> Quando o colapso chegou, em 1929, a indústria não estava afinada com uma política de boa vontade para com o país e por isso tornou-se o alvo da indignação pública. O presidente Roosevelt e sua administração aproveitaram a oportunidade para tomar medidas corajosas para corrigir a situação de grande perigo em que a indústria se envolveu, o que nunca deveria ter acontecido.[32]

Nelson Rockefeller já tinha a sensibilidade de um político para saber que suas empresas não podiam continuar se comportando como se o mundo fosse um mar de tranquilidade para grandes corporações como a Standard Oil e associadas, que exploravam as riquezas do próprio país e da América Latina quase sem serem importunadas. Quando mencionou a "situação de grande perigo em que a indústria se envolveu", pareceu sugerir que, se os grandes empresários não tomassem medidas de caráter social, distribuindo ao menos uma fração da imensa riqueza que tinham em mãos, poderia haver grandes revoltas e até rebeliões incontroláveis.

Nelson tinha consciência dos riscos que sua classe corria. Seu pensamento político e social, inicialmente um tanto quanto rústico, foi aos poucos ganhando sofisticação, em grande parte graças às experiências que viveu em sua primeira viagem à América do Sul, em 1937.

2. A descoberta do Brasil

A PREPARAÇÃO DE UMA AVENTURA

Primeiros dias de primavera no hemisfério Norte, 28 de março de 1937,13h15. Cumprindo rigorosamente o horário, o *Florida Special*, trem com destino a Miami, partiu da Pennsylvania Station, a conhecida estação do centro de Nova York. O comboio levava passageiros especiais: Nelson Aldrich Rockefeller, acompanhado pela esposa Mary Todhunter Clark, o irmão Winthrop Rockefeller, Eleanor Clark, irmã de Mary, Jay Crane, tesoureiro assistente da Standard Oil, J. C. Rovensky, vice-presidente e responsável pelos negócios estrangeiros do Chase National Bank e seu assessor Louis Albarracin. Iniciavam a primeira etapa de uma viagem que os levaria para a América do Sul. Em Miami, embarcaram num clíper da Pan American Airways. Esses aviões foram assim batizados em homenagem aos velozes navios a vela de vários mastros, que circularam entre fins do século XVIII e começo do XIX. Os modernos viajantes do imenso avião precisaram ser vacinados contra tifo. Não era seguro viajar por regiões onde as doenças não estavam devidamente controladas, em especial por falta de higiene.

Levava-os um gigantesco hidroavião Sikorsky S42 B, com quatro motores de mais de 760 cv cada um. Voando a 240 quilômetros por hora, eles saíram de Miami em 30 de março de 1937 às 7h30 e chegaram a Barranquilla, na Colômbia, às 17h. Não havia voos comerciais noturnos na época. Na manhã seguinte, o grupo saiu da Colômbia e chegou a Maracaibo, na Venezuela.

Nelson já havia passado rapidamente por Caracas em 1935, para examinar a situação de um museu de arte moderna feito nos moldes do seu MoMA nova-iorquino, com o objetivo de iniciar um programa de troca de obras latino-americanas.[1] Agora era diferente. Nelson visitaria os campos de petróleo da Creole Petroleum Corporation, uma das subsidiárias da Standard Oil, com poços na região do lago Maracaibo. Ele havia trocado, com autorização do pai, as ações da Standard Oil of New York (Socony) pelas da Creole porque conseguira informações sobre a boa qualidade e a fartura do óleo dos novos campos venezuelanos. Queria inspecionar pessoalmente seus investimentos na América do Sul.

Viajou pelo rio Orinoco, no iate da Standard Oil, e escreveu aos pais:

> Este é um país com muita água, a densa floresta vai mudando de cor e de características, as árvores estão cheias de macacos e os mais diferentes pássaros; os jacarés ficam nas margens esperando alguma presa. Mas o que mais me chamou a atenção foram os índios. Eles vivem em choças feitas de folhas de coqueiros e praticamente não usam roupas [...] gastam seu tempo [...] pescando. Ah! e isto aqui está transbordando de petróleo.[2]

Nelson pretendia analisar e registrar as condições de vida dos executivos, engenheiros americanos e dos trabalhadores comuns na Venezuela. Prestou bastante atenção na situação dos operários e peões nativos. Ficou muito impressionado com o que viu. Na verdade, ficou mais preocupado do que impressionado. As relações de trabalho indicavam fontes de tensão e davam claros indícios de possíveis distúrbios. Numa cidade que visitou, conversou com a esposa de um alto executivo americano que morava na Venezuela havia mais de doze anos e que tinha vivido no México outros oito. Ela não falava espanhol. Bastante intrigado, Nelson perguntou por quê, ao que ela respondeu, de forma bastante ingênua, que não via nenhuma necessidade, pois não tinha com quem falar a língua. O jovem milionário ficou perplexo. Ele mesmo arranhava um espanhol básico, lembrança da época de colégio, quando apresentava dificuldades com a língua de Cervantes. Para Nelson, um funcionário americano não podia demonstrar arrogância, ignorando a cultura do país hospedeiro.

Ficou ainda mais perturbado, e preocupado, quando examinou as condições de trabalho da Creole Petroleum Corporation. As instalações eram separadas do resto do mundo por altas cercas de arame farpado. Parecia um campo de concentração às avessas: os "prisioneiros" ficavam do lado de fora, morando em favelas sem nenhuma infraestrutura, sem escolas, hospitais, esgoto, água encanada. Do lado de dentro moravam os executivos americanos, em ótimas casas, com proteção contra os insetos, água encanada, esgoto e energia elétrica gerada pela própria companhia; ficavam também as modernas instalações necessárias à prospecção e à industrialização do petróleo. Para não falar da alimentação, importada dos Estados Unidos. Nos banheiros da companhia, lia-se o aviso "Toalete unicamente para americanos",[3] escrito em espanhol. Os trabalhadores só entravam nessa área protegida durante o turno de trabalho, e depois voltavam para casa. Nelson tinha se revoltado ao testemunhar situação semelhante nas colônias inglesas, sete anos antes, na viagem de lua de mel. Os britânicos construíram um império; criaram governos locais e dominavam, como se sabe, as populações nativas. A rainha Vitória era a imperatriz da Índia. Winston Churchill lutou até o fim de suas forças para não perder esse controle, pautado por relações imperialistas. Nelson parecia querer desvincular suas empresas e seu próprio país dessa imagem.

O curioso é que, na mesma época, a Ford Motor Company, que já estava no Brasil havia alguns anos, fundara a cidade Fordlândia, uma plantation de seringueiras para atender às demandas da indústria automobilística de Detroit. Construída às margens do rio Tapajós, em plena selva amazônica, a cidade equatorial de Henry Ford também apresentava marcadas distinções sociais. No entanto, a área destinada aos trabalhadores tinha condições de infraestrutura relativamente boas. Ainda hoje podemos observar o que restou, na Fordlândia, do sistema de encanamentos; havia sanitários com água corrente, escola, um bom hospital.[4] Não se sabe se Nelson tinha ciência do que acontecia na Amazônia brasileira. Sabe-se apenas que a situação nos campos petrolíferos da Venezuela lhe pareceu insustentável, o que, para alguns de seus biógrafos, ajudou a moldar seu caráter liberal. Na posição de acionista e diretor da Creole, ele superou as resistências dos executivos e começou uma singular "revolução". Enviou para a Venezuela doze professores de espanhol da escola de idiomas Berlitz e mandou arrancar as cercas de arame farpado das instalações e moradias às margens do lago Maracaibo. Iniciou a construção de casas populares, igrejas e capelas católicas. Com a ajuda e a experiência da Fundação Rockefeller, instituiu programas de combate à malária e outros parasitas. Pavimentou ruas, construiu escolas para as crianças, criou um sistema de água encanada e esgoto nos bairros pobres de algumas cidades venezuelanas. Em Carapito, onde havia uma refinaria, construiu um hospital para atender funcionários da empresa e membros da comunidade local. Precisou convencer a Gulf e a Shell, as outras duas companhias que dividiam o monopólio com a Creole, que tais medidas visavam o bem dos próprios empresários.[5]

Demonstrou que era preciso mudar profundamente as relações entre o capital e o trabalho. "Precisamos reconhecer as responsabilidades sociais de uma grande corporação, e ela deve usar o potencial de seus bens para atender aos interesses da população. Se não fizermos assim, eles tomarão de nossas mãos o que nos pertence." Segundo Nelson, os empregados americanos deviam aprender a língua do país para onde iam, além de entender melhor costumes, hábitos e psicologia dos povos com os quais conviviam.

O jovem Nelson Rockefeller tinha clara consciência de que deveria haver mudanças nas relações entre seu país e a América Latina. Ele mesmo, para começar, retomou os estudos de espanhol. Disse aos executivos da Standard Oil que a situação era diferente dos tempos em que os americanos imperavam, superando a Inglaterra nos negócios com as "outras Américas". Havia, no subtexto, referência à crescente presença da Alemanha nos países da América Latina. Ele parecia ver-se como um verdadeiro messias, salvador do investimento e das relações trabalhistas mais humanizadas pela graça de Deus. Não fazia isso exatamente pelo bem comum. Fazia por interesse próprio, de sua família e de seu país. Mas sabia que, para isso, devia dividir, com os menos afortunados, parte de seus ganhos, de seu modo de vida. A chave para entendermos as relações de Rockefeller com o Brasil talvez esteja numa passagem do clássico *A democracia na América*, de Alexis Tocqueville, publicado cem anos antes da viagem de Nelson à América do Sul.

> Nos Estados Unidos, a virtude quase nunca é bela. Afirma-se que ela é útil... Os moralistas americanos não pregam o sacrifício por outros porque é um ato de nobreza fazer sacrifícios. Mas dizem, de forma ousada, que tais sacrifícios são tão necessários para os que se

beneficiam deles como para aqueles que fazem tais sacrifícios [...] Essa é a doutrina do interesse próprio bem entendido.[6]

Para o estudioso francês do século XIX, os europeus de cultura católica não eram muito sinceros quando, aparentemente, faziam algum sacrifício em favor de seus semelhantes. Ou seja, não se ganha a graça pelas boas ações. Tocqueville discute essas questões num notável capítulo com o significativo título "Como os americanos combatem o individualismo pela doutrina do interesse próprio bem entendido".

No fim da década de 1930, as grandes empresas dos Estados Unidos afastavam-se da tradição dessa doutrina, tão cara ao espírito calvinista americano sugerido por Tocqueville. Nelson acreditava que talvez tivesse vindo ao mundo para colocar os homens de negócios no seu lugar; moldar-lhes uma alma com mais responsabilidade social; fazer sacrifícios pelo "interesse próprio bem compreendido".

Foi na América do Sul, em especial no Brasil, que ele teve seu rito de iniciação. A partir daí procurou, ao longo de sua história, convencer seus iguais da necessidade de mudar de atitude.

CRUZANDO O EQUADOR: RUMO AO BRASIL

O grupo saiu da Venezuela para Port of Spain, capital da caribenha Trinidad e Tobago, onde ficou até 13 de abril de 1937, partindo dali às 6h rumo ao Brasil. Durante o voo, Nelson examinou documentos produzidos pelo pessoal do Chase e do *room* 5600 sobre o maior país da América Latina.

A calma da viagem entre Port of Spain e Belém foi quebrada apenas quando o avião se aproximou do equador. Tripulantes e passageiros de navios costumavam comemorar a travessia da linha

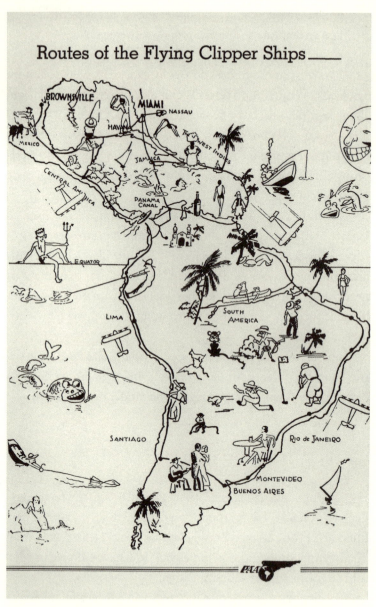

Roteiro de voo para Nelson e comitiva atravessarem o equador com a pioneira Pan American World Airways. Sentiam-se como descobridores de um novo mundo.

que divide o hemisfério Norte do Sul, e foi o que aconteceu no clíper da Pan American, o mesmo modelo em que o grupo viajou de Miami para a Venezuela, comandado agora pelo capitão H. Turner, primeiro oficial aviador. O cardápio de bordo indica que a travessia do equador foi saudada em grande estilo. O "navio voador" da Pan Am ofereceu aos passageiros o *Equator-Crossing Dinner in Honor of Jupiter Rex, King of the Heavens, Lord of the Winds* [jantar de travessia do equador em honra de Júpiter, rei dos firmamentos e senhor dos ventos]. A entrada era um Trinidad Fruit Cocktail, seguido de pratos como creme português, filé-mignon orinoco, batatas paranaibo, espinafre suriname. Na sobremesa *flanc au caramel* e café cayene.[7]

Ao cardápio foi anexado o prospecto de propaganda da viagem, com um curioso desenho da América Latina, representando as rotas dos clíper da Pan Am. O mapa funcionava como uma carta de navegação nos moldes dos documentos dos descobridores do Brasil. O desenho incluía um pedacinho da Flórida, como se o calor tropical da América do Sul começasse em território norte-americano. Sobre Cuba, o desenho de uma garrafa de rum; no litoral norte e nordeste brasileiro, palmeiras, uma moça de maiô, um homem, quase mexicano, dormindo à sombra de um coqueiro; sobre a cidade do Rio de Janeiro, outra moça, agora vestida, à mesa de um bar, sob um guarda-sol, com um copo na mão; em Buenos Aires, um casal dançando tango. Assim era apresentada a "*nuestra América*" para o viajante norte-americano: por meio de imagens que os americanos haviam visto nos filmes de Walt Disney e em tantos outros nos anos da Segunda Guerra, principalmente os estrelados por Carmen Miranda. Curiosamente, aliás, o itinerário da viagem de Nelson tinha certa semelhança com o périplo que as personagens do filme *Alô, amigos*, de Disney, fizeram pela América do Sul quase seis anos depois.

A chegada a Belém deu-se por volta das 17h30 do mesmo dia

da partida. O grupo pernoitou na cidade e na madrugada seguinte rumou para Recife, onde Nelson, o irmão Winthrop e Rovensky encontraram-se com representantes da Anderson, Clayton & Co. para ouvir relatos sobre a cultura do algodão do Nordeste. Dali os viajantes voaram para o Rio de Janeiro. Entre os dias 15 e 23 de abril, visitaram a capital federal, São Paulo e parte do interior paulista.

O *Diário da Noite* de 25 de abril parece ter sido o único jornal brasileiro a anunciar a chegada dos "Dois netos de Rockfeller [sic] em viagem pela América do Sul". A pequena matéria de primeira página no jornal de Assis Chateaubriand não conseguiu ir além de informações vagas e superficiais. A própria grafia errada do famoso sobrenome atesta a pouca familiaridade dos repórteres com o assunto. Eles sabiam, ao menos, que os recém-chegados eram netos do criador da poderosa Standard Oil e que vinham em "viagem de turismo e observação". Nenhuma explicação sobre que tipo de observação realizariam ou que lugares turísticos planejavam visitar. A matéria informava ao leitor que em 23 de abril o grupo embarcou num "flutuante da Panair" (hidroavião), em Santos, com destino a Buenos Aires. Ao embarque compareceram altos funcionários da Standard Oil e P. J. Mulcahy, gerente da American Coffee Corporation no Brasil. A documentação do arquivo da família, ao contrário do jornal, dá uma clara ideia do alto grau de planejamento da viagem, esclarece detalhes da primeira visita de um Rockefeller ao Brasil e permite reconstruir parte das atividades de Nelson no país.

Uma carta de 15 de março de 1937 para Mr. Warren Simonson, da Standard Oil Co. of Brazil, no Rio de Janeiro, classificada como *personal*, anunciava a vinda de Nelson e grupo à capital brasileira. O grupo chegaria, de avião, em 15 de abril, e partiria dia 23. Na carta, pedia-se que Mr. Simonson reservasse acomodações em bons hotéis com "living room" para o casal Rockefeller, que os esperasse pessoalmente no aeroporto e providenciasse automóveis para a locomoção do grupo pela cidade. Mas além de acomodar o "patrão", Warren Simonson deveria, "para conforto de nossos amigos, não [dar] nenhuma informação a quem se aproximar" e fazer tudo para manter a privacidade deles. "Por essa razão, eu sugiro que você faça as reservas de hotel em seu próprio nome."[8]

Por que os viajantes desejavam manter a viagem em segredo?

UMA VIAGEM SIGILOSA

A preparação da viagem foi cercada de cuidados e mistérios, e talvez por isso a estada dos Rockefeller no Brasil praticamente não tenha sido notada. Com uma única exceção, como vimos, nossos jornais não noticiaram a presença do filho do maior acionista da maior empresa de petróleo do mundo. Nos documentos consultados no Arquivo Nacional, no Rio de Janeiro, não há nenhuma pista sobre a entrada e a saída dos netos do homem mais rico do mundo aqui. Ou seja, oficialmente eles não estiveram no país. A viagem foi mantida em sigilo. Poucos vestígios foram deixados, ao contrário das viagens posteriores, quando Nelson parecia querer toda a publicidade possível. Um papel timbrado do Esplanada Hotel de São Paulo, com algumas anotações na letra errática de Nelson, é a única prova de que ele se hospedou na capital paulista.

O Hotel Copacabana Palace, do Rio de Janeiro, não guardou as listas de seus hóspedes e, mesmo que o tivesse feito, seria inútil procurar o nome de Nelson ou de qualquer um dos acompanhantes, já que a reserva havia sido feita no nome de Warren Simonson. Tudo foi organizado para não chamar a atenção de curiosos e, principalmente, de pessoas ou entidades que pudessem pedir algum tipo de auxílio. Afinal, a Fundação Rockefeller já era conhecida por sua atuação na área da saúde.

Um memorando,[9] datado de 25 de janeiro de 1937, contém uma recomendação de Joseph Rovensky, vice-presidente do Chase Bank: todos os membros do grupo deveriam ter um *free entry*, ou seja, vistos especiais com passe livre, o que seria possível por meio de contatos com o serviço diplomático em Nova York ou Washington. Ao mesmo tempo, Rovensky pedia segredo sobre a visita do grupo aos diferentes países, privilégio reservado aos homens de Estado ou a pessoas importantes.

Na minuciosa lista de despesas feitas durante a viagem de cerca de dois meses pela América do Sul, um item chama a atenção: na Venezuela, Nelson pagou a um certo "A. T. Cortez, Venezuela Secret Service", cerca de trezentos bolívares, o equivalente, à época, a 75 dólares. A lista não especifica se ele encomendou alguma informação ou proteção pessoal ao *señor* Cortez. Nelson se esmerou, ao longo de sua vida, em manter boas relações com diversos serviços secretos dos Estados Unidos e de outros países.

Se na época da viagem ele ainda não era exatamente uma figura pública, por que toda essa preocupação? Segurança pessoal? Temor de ser importunado? Ou Nelson vinha para o Brasil em busca de informações sobre o nosso petróleo, como fez na Venezuela?

A última hipótese pode agradar uma importante corrente dos que estudam — e ainda pensam — a independência energética do Brasil, mas as evidências mostram que a resposta não é tão simples e direta assim.

O PETRÓLEO ERA NOSSO OU DELES?

Quando Nelson desembarcou no Rio de Janeiro, ainda repercutia nos meios decisórios do país o documento escrito, menos de um ano antes, pelo general Júlio Caetano Horta Barbosa, diretor de engenharia do Exército. O general citava o nome da família Rockefeller entre aqueles que tinham como objetivo "único a volúpia de acumularem mais milhões às colossais fortunas".[10] Ele enfatizava também o esforço das nações pequenas e fracas em se defender do avanço dos "magnatas do petróleo", embora reconhecesse a dificuldade de enfrentar o enorme poder das empresas petrolíferas.

As pesquisas do nosso subsolo estavam em fase preliminar. Sabia-se que havia petróleo. Mas até que ponto sua exploração poderia ser economicamente viável? Só dispúnhamos de respostas contraditórias, imprecisas. No entanto, o nacionalismo que marcou a época já tinha preocupações estratégicas perfeitamente cabíveis nos projetos de industrialização do país. Em abril de 1938, cinco meses depois da instalação do Estado Novo, foi criado o Conselho Nacional do Petróleo, que regulamentou a exploração do subsolo. No artigo 3º, nacionalizava a indústria e o refino do óleo importado ou de produção nacional e fixava que as empresas só poderiam ser dirigidas por brasileiros natos.[11]

Para alguns analistas brasileiros, a Standard Oil não tinha interesse em explorar "nosso ouro negro. Mantinha-o como reserva para quando acabasse o da Venezuela".[12] Afinal, havia ou não evidências, na época, de petróleo que pudesse ser economicamente aproveitado?

Jesus Soares Pereira, um dos mais importantes assessores técnicos de Vargas durante o Estado Novo e em seu segundo governo, afirmou que o Brasil continental era pobre em petróleo.[13] Para ele, "quando as condições naturais não são favoráveis, temos que contorná-las"; portanto, não bastava ter vontade patriótica e recusar a cooperação técnica vinda de fora. "Os estudos geológicos no Brasil se processaram desde o seu surgimento na base da contribuição de estrangeiros. A nossa cultura, a cultura luso-brasileira, não tem grande tradição científica."[14] Carecíamos de uma cultura de alta tecnologia num país que desconheceu a Revolução Industrial. Culturalmente éramos mais aventureiros do que empreendedores. Menos afeitos à ética do trabalho, preferíamos explorar em vez de produzir. "Colher o fruto, sem plantar a árvore."[15] Por isso, qualquer estudo de geologia, análise técnica das condições do solo, requeria a contribuição de especialistas, "cientistas e pesquisadores estrangeiros, principalmente de língua anglo-saxônica".[16]

Mas a contribuição de técnicos estrangeiros não queria dizer que o governo estava abrindo mão dos interesses nacionais, o que não significava ausência de conflitos. O Conselho Nacional do Petróleo foi criado em 1938; no ano seguinte encontrou-se petróleo em Lobato, na Bahia. Os planos do Conselho incluíam a participação de grupos privados, tanto nacionais como estrangeiros. Nos dois primeiros anos da década de 1940, a própria Standard Oil fez propostas de instalação de companhias de capital misto para pesquisa e extração. Os interventores do estado do Rio de Janeiro e da Bahia, que equivaliam a governadores, também fizeram propostas semelhantes. A maior parte do gabinete de Getúlio apoiava a iniciativa. No entanto, militares e setores do Ministério da Fazenda se opuseram. Os primeiros por razões de segurança nacional, como declarou o ministro da Guerra, general Dutra; os segundos, por razões financeiras e burocráticas. Em 1944, o presidente Getúlio Vargas sancionou um decreto segundo o qual o capital estrangeiro poderia subscrever até 50% das ações. O nacionalismo só iria encampar a questão com a famosa campanha "O petróleo é nosso", no começo da década de 1950.[17]

As transformações estruturais que aconteciam no Brasil na década de 1930 estavam em sintonia com o que ocorria em grande parte da América Latina. O México de Cárdenas consolidava as conquistas da Revolução Mexicana do começo do século, nacionalizando o petróleo. Sismos políticos faziam todo o continente latino-americano tremer. Em algumas regiões, tremores suaves;

em outras, mais violentos. Eram os sinais de mudanças provocados pela ânsia de modernização. Ainda hoje estamos empenhados nessa luta.

O grupo que trabalhava para Rockefeller produziu um texto sobre a "onda" de nacionalismo que tomava conta do subcontinente na década de 1930. No Brasil, em especial.

O BRASIL QUE NELSON VIU

Para planejar sua viagem, Nelson recebeu valiosa ajuda de William Clayton, presidente da Anderson, Clayton & Co., a gigante do algodão e derivados do Texas. Algum tempo antes da viagem, os dois homens de negócios trocaram correspondências. Clayton, conhecedor do Sul do continente, deu informações preciosas para o enfrentamento dos trópicos, como a melhor época para evitar o calor. Segundo ele, "entre janeiro e março é muito quente lá embaixo",[18] de modo que os melhores meses para a viagem seriam abril e maio. O documento era acompanhado de cartas de apresentação para que Nelson, o irmão e os acompanhantes se valessem da rede de escritórios e agentes que a Anderson Clayton possuía por aqui.

Nelson teve uma agenda bastante movimentada em nosso país. Assim como no Recife, contou com a ajuda dos funcionários da Anderson Clayton de São Paulo para conhecer plantações de algodão e usinas de beneficiamento. Em companhia de cafeicultores, visitou também algumas fazendas e procurou obter informações sobre as técnicas de plantio, manipulação e industrialização do principal produto de exportação brasileiro. E soube usar muito bem esse aprendizado quando, a partir do fim da década de 1940, como se verá adiante, envolveu-se em negócios agrícolas no Brasil.

A ansiedade em saber mais sobre a nossa agricultura era tamanha que Rovensky, o verdadeiro planejador da viagem, havia deixado claro que uma semana no Brasil não seria suficiente para visitar propriedades no Rio de Janeiro e as plantações de café e algodão no interior de São Paulo. Quando o grupo estava aqui, Louis Albarracin, ligado ao banco Chase, fez um relatório analítico bem geral que circulou em forma de memorando entre o pessoal do Rockefeller Center depois que eles voltaram para os Estados Unidos. O texto revelava uma visão positiva do avanço da economia e da sociedade brasileiras:

> o país está passando por um novo boom.... O Rio de Janeiro está crescendo num ritmo surpreendente. Em todos os lugares veem-se novos apartamentos e casas, prédios de escritórios e suntuosas residências, a maior parte delas construída com dinheiro emprestado pela Caixa Econômica ou de investidores estrangeiros, em especial franceses.[19]

Nelson parecia participar do entusiasmo que os dados sobre a situação brasileira mostravam; aprendeu que diversificávamos a produção para o mercado externo, que ia além dos tradicionais óleos de babaçu, de mamona e madeiras, sem falar no café. Nossas fábricas estavam capacitadas a produzir os têxteis vendidos para Argentina e Uruguai. A industrialização alcançava níveis sem precedentes, coincidindo com o embargo de certos produtos importados. Ou seja, substituíamos as importações.

"Em relação ao algodão, eles gostam de falar em grandes números e calculam que dentro de dois ou três anos vão produzir cerca de 3 milhões de fardos", produção que será mantida "mesmo depois que os Estados Unidos fecharem o guarda-chuva protetor americano sobre a cabeça deles [do Brasil]".[20]

O termo "guarda-chuva" fazia referência aos acordos comerciais assinados em 1935, pelos quais os Estados Unidos baixaram os tributos sobre o manganês, o mate e a castanha, por exemplo, e isentaram o café e o cacau comprados do Brasil. Do lado brasileiro, a diminuição dos impostos recaía sobre caminhões, máquinas, metais, ou seja, somente sobre bens de capital que pudessem incrementar nossa industrialização, o que estava em sintonia com o projeto desenvolvimentista do governo Vargas. Claro que não era possível impedir a importação de bens de consumo, mas procurava-se dificultá-la.[21] O que importa aqui é que a nova política de Roosevelt, baseada nos preceitos da boa vizinhança, evitava a retaliação caso os homens de negócios americanos se considerassem prejudicados em alguma transação comercial. Os Estados Unidos olhavam com apreensão a crescente possibilidade de guerra na Europa e por isso queriam contar com o apoio do Brasil. Tomar medidas drásticas e de força contra o governo nacionalista de Vargas, que trabalhava muito para superar a crise de nossa balança desequilibrada desde 1929, não fazia parte da política externa americana do governo Roosevelt para a América Latina.

De fato, os americanos não retaliaram nem mesmo quando a Alemanha superou os Estados Unidos como país exportador para o Brasil. Graças ao sistema de compensação, os alemães compravam produtos brasileiros não com a moeda corrente, mas sim com o marco compensado (*aski*), que por sua vez seria usado pelos brasileiros para adquirir produtos alemães. Isto é, esse "dinheiro" não poderia ser utilizado para a compra de produtos de outros países e muito menos para pagar a dívida externa. Mesmo sob protestos e algumas ameaças dos Estados Unidos, sugerindo que seria mais lucrativo comprar café da Colômbia, os americanos mantiveram uma posição conciliatória.

As medidas para regular o câmbio, segundo o documento, favoreciam o aumento de nossas reservas em moeda estrangeira, avaliada em mais de 20 milhões de dólares pelo Banco do Brasil e cerca de 50 milhões de dólares em ouro depositados na Inglaterra.

A análise política tentou entender a peculiaridade do sistema brasileiro na conturbada segunda metade da década de 1930. Fazendo uma comparação com os Estados Unidos, o autor do relatório demonstrava surpresa ao observar que aqui não havia convenção de partidos, pela simples razão de que não existiam partidos políticos nacionais, só agremiações regionais. Na época em que o grupo de Nelson esteve no Brasil eram esperadas eleições para dezembro de 1938, mas até o dia em que eles deixaram o país (22 de abril de 1937), não havia nenhum candidato com claras intenções de disputar a presidência. Havia, sim, fortes indícios de que Vargas continuaria no poder, o que a Constituição não permitia. Outro sinal de que Getúlio não sairia tão cedo era o estado de exceção em que o país vivia desde a criação, em fins de 1935, do Tribunal de Segurança Nacional.

Em meados daquele ano, a esquerda, a baixa oficialidade do Exército, alguns políticos e intelectuais, setores populares e da classe média formaram a chamada Aliança Nacional Libertadora, a ANL, cuja presidência foi dada a Luís Carlos Prestes, que se encontrava clandestino no Brasil, vindo da União Soviética e convertido ao marxismo. A ANL tinha uma plataforma ampla e bastante vaga, que exigia a reforma agrária, o cancelamento das dívidas externas ("imperialistas"), a nacionalização de empresas estrangeiras e a garantia de um salário mínimo para os trabalhadores. Em algumas das manifestações da Aliança houve tumulto e luta com os integralistas. O clima de agitação só poderia ser resolvido com o estabelecimento de "um Estado forte com um Exército forte", no dizer do general Góes Monteiro, ministro da Guerra.

Em 4 de abril de 1935, alguns dias depois de um comício da ANL, Getúlio conseguiu do Congresso, depois de muitas discussões e pressões da oposição, a aprovação da Lei de Segurança Nacional. Eram as leis de exceção às quais o grupo de Nelson se referia no relatório. O levante armado, conhecido como Intentona Comunista, que esperava transformar o Brasil num país socialista, teve início em Natal e no Rio de Janeiro em fins de 1935 e foi rapidamente debelado, justificando o endurecimento do regime, num ensaio do que viria a ser o golpe do Estado Novo em novembro de 1937. Além dos mecanismos políticos que estavam sendo preparados para a instauração de um governo forte, Vargas, segundo o relatório — que nesse trecho parece levemente irônico —, poderia argumentar que não vinha tomando as medidas de exceção por vontade própria, mas por dever patriótico e espírito público.

Além da situação política, o tema "nacionalismo econômico" fazia parte das análises de Nelson sobre o país.

> Aqui e em outras partes da América do Sul há uma onda de nacionalismo e o capital estrangeiro é bem-vindo somente se estiver disposto a pagar e receber na mesma proporção. Empresas estrangeiras estão tendo grandes dificuldades em trazer pessoal especializado e treinado ao país e, se assim o fizerem, os salários dos estrangeiros não podem ser maiores dos que são pagos a brasileiros por trabalho similar.[22]

Outro trecho da mesma análise revela surpresa diante de nossa legislação trabalhista. "Eles foram a extremos em relação às leis trabalhistas. Por exemplo, os empregados em bancos não podem trabalhar mais do que seis horas."[23] Nelson ainda não estava muito familiarizado com a multifacetada política de reformas de Roosevelt, e o que acontecia aqui tinha semelhanças com a legislação trabalhista rooseveltiana. Nos chamados "cem dias de Roosevelt", isto é, os três primeiros meses da política do New Deal, foram implantadas medidas para a recuperação do país afetado pela crise. Em novembro de 1932 havia perto de 11 milhões de desempregados. Roosevelt tomou posse em março do ano seguinte, arregaçou as mangas, cercou-se de jovens assessores, fez alianças políticas e começou a trabalhar.

O New Deal parecia uma revolução radical com jovens idealistas trabalhando coletivamente pelo país. Um deles era Harry Hopkins, o assistente social que idealizou e chefiou a Civilian Conservation Corps (CCC), uma organização de moldes militares que deu trabalho a mais de 2 milhões de jovens, principalmente no reflorestamento de extensas áreas dos Estados Unidos.

O presidente americano tirou o país da letargia e da incerteza. Uma das primeiras medidas foi abolir a Lei Seca. As cervejarias voltaram a trabalhar, gerando empregos e diminuindo as atividades de gângsteres que tinham dominado o comércio clandestino de bebidas alcóolicas. Seguro-desemprego, salário mínimo, industrialização e eletrificação da região pobre do vale do rio Tennessee foram outras medidas tomadas pelo governo Roosevelt. As filas nos pontos distribuidores da "sopa dos pobres" encolheram e pouco depois desapareceram. Vivia-se num outro mundo. Não mais o da prosperidade fácil e individualista que marcara os anos subsequentes à Primeira Guerra, quando a sociedade parecia consumir desenfreadamente. Com o New Deal começava a construção do estado de bem-estar, isto é, a forte presença do Estado na sociedade com o objetivo de planejar e regular o sistema capitalista americano no interesse geral da nação, como nunca ocorrera na história dos norte-americanos.[24]

Em 1935, Hugh S. Johnson, um dos assessores de Roosevelt para a política de reforma industrial, dizia que a única maneira de o país se recuperar da crise era acabar com as doutrinas do individualismo selvagem e voraz. No Brasil, ouviam-se discursos com apelos semelhantes. Getúlio Vargas usou, inúmeras vezes, a ideia de que o movimento de 1930 viera para conter os "individualismos imprevidentes". Era por isso acusado de inspirar-se no modelo fascista.

Nos Estados Unidos, as reformas de Roosevelt sofriam as mesmas críticas. O CCC, por exemplo, era, segundo os conservadores antagônicos ao New Deal, inspirado na estrutura dos *balilas* de Mussolini. Entretanto, quando Vargas e o presidente americano encontraram-se no Rio de Janeiro, em dezembro de 1936, não havia muita coisa nos discursos que pudesse ser identificada com ideologias totalitárias e fascistas. Os dois trocaram experiências sobre medidas para gerar uma sociedade mais justa. Roosevelt chegou a pedir que o Brasil de Vargas olhasse para os erros cometidos pelos Estados Unidos no processo de industrialização e procurasse um caminho menos predatório.

Foi, portanto, com o intuito de entender melhor o quadro geral do nosso desenvolvimento político, econômico e social que Nelson, na sua viagem de 1937 ao Brasil, usou Mr. Waddell, representante da Anderson Clayton do Brasil, como cicerone, para conhecer plantações de algodão e algumas fábricas de beneficiamento pelo interior de São Paulo. Nelson e o vice-presidente do Chase Bank estavam ansiosos para obter mais informações sobre o algodão no Brasil. Havia uma preocupação velada em relação à presença do algodão brasileiro no mercado americano. Havia também um grande interesse pela cultura do café. Coletaram grande variedade de informações sobre a agricultura paulista.

Em São Paulo, hospedados no Esplanada Hotel, fizeram compras. No Mappin, adquiriram peças de prata no valor de 193 dólares (em valores da época), debitados na conta da Standard Oil. Todos os objetos iam sendo despachados para Nova York, entre eles uma caixa de antiguidades.

Nelson, entretanto, passou a maior parte do tempo falando a empresários e banqueiros ligados a atividades agrícolas. Os documentos do Rockefeller Archive Center mostram, em detalhes, que, conforme a viagem avançava, ficava mais claro que a preocupação do americano era a situação agrícola do Brasil. Nelson parecia ter

Fachada do Mappin, na década de 1930.

começado a ver o país como um celeiro que poderia abastecer a população brasileira e — por que não? — os Estados Unidos em épocas de crise. Como veremos, ele chegou a propor uma forma muito particular de regime de terras, que se assemelhava a uma reforma agrária.

Em São Paulo e no Rio de Janeiro, Nelson e Rovensky trocaram informações com Martin Sprenger e Wilhelm Schmitt, ambos do Banco Alemão Transatlântico. O jovem Rockefeller, futuro funcionário do governo americano, já antevia o conflito, em campos brasileiros, entre o imperialismo alemão e o americano.

Aliás, é notável a consciência da família em relação aos acontecimentos na Europa. O irmão mais novo, David, tinha feito uma viagem pelo Velho Mundo na primavera de 1935. Ficou duas semanas na Alemanha. Ouviu programas de rádio, conversou com pessoas na rua e convenceu-se de que, mais dia menos dia, os Estados Unidos teriam de intervir para frear as ambições da Alemanha. Nelson ficou impressionado com o relato do irmão caçula. Curioso lembrar, entretanto, que o chamado movimento isolacionista, capitaneado por Charles Lindberg e o ex-presidente Hoover, não via a questão da mesma maneira e até mesmo mostrava certa simpatia pela "Nova Alemanha". Além disso, uma parcela significativa do povo americano achava que os Estados Unidos deveriam ficar afastados dos problemas europeus.

Nelson, quando encontrou os banqueiros alemães em São Paulo e no Rio, em 1937, sabia que eles eram os obstáculos à expansão dos interesses americanos ao Sul do equador. A partir de agosto de 1940, já em tempos de guerra europeia, ele, como alto funcionário do governo Roosevelt, fez pressão para impedir que o Brasil mantivesse relações comerciais com a Alemanha nazista, a "concorrente" dos Estados Unidos em nosso país.

Para consolidar a posição americana junto aos homens de negócios brasileiros, Nelson e Rovensky mantiveram longas conversações com Wallace Simonsen, diretor do Banco Noroeste de São Paulo e exportador de café; com José Maria Whitaker, do Banco Comercial do Estado de São Paulo e com Valentim F. Bouças, secretário técnico da Comissão de Estudos Financeiros e Econômicos dos Estados e Municípios. Bouças era também o representante da IBM do Brasil (como presidente da Hollerith do Brasil) que, pouco tempo depois, desempenhou importante papel nas negociações de empréstimos e pagamento de nossas dívidas com os americanos, defendendo, muitas vezes, as medidas nacionalistas de Vargas. No encontro de 1937, Rovensky, o homem do Chase, teve uma longa conversa com ele sobre a dívida externa do Brasil.

A preocupação com a produção cafeeira, como se disse, sempre voltava à pauta das curiosidades do grupo. Segundo as anotações de Nelson, eles ouviam muito falar em grandes negócios com o café. "Mas uma coisa é certa, o governo está comprando mais do que o mercado."[25] O maior mercado eram os Estados Unidos: o representante de um grande importador americano afirmou que sua empresa havia, em 1936, comprado cerca de 1 milhão de sacas e que, no período em que Nelson esteve no Brasil, isto é, abril de 1937, não adquirira uma saca sequer. O mercado colombiano oferecia o produto a um preço mais barato e de melhor qualidade.

O SENTIDO DA VIAGEM

De Santos, o grupo partiu, segundo a reportagem do *Diário*, num "flutuante", às 5h30, com destino a Buenos Aires, onde chegaram às 16h10 e ficaram até 30 de abril. De Buenos Aires, passando por Bariloche, com uma paisagem quase familiar de montanhas, foram para Santiago do Chile. Em 6 de maio partiram para Arica e de lá para La Paz, onde ficaram até o dia 11.

De La Paz para Guaqui, nas margens do lago Titicaca, foram de trem, cruzando o lago por barco à noite e chegando no dia seguinte ao Peru, onde ficaram até o dia 20. Outro trem os levou a Cuzco. Foi na capital peruana que Nelson encontrou-se com Júlio Cesar Tello, que lhe pediu ajuda para salvar as múmias com mais de mil anos encontradas na tumba de Paracas. Rockefeller ofereceu-se para financiar a manutenção das peças arqueológicas que ficaram no Peru. De Lima, o grupo seguiu para o Panamá, chegando no dia 23. Deveriam partir de navio, o *S.S. Santa Barbara*, para estar em Nova York em 2 de junho. Mas um telegrama avisou Nelson da morte do avô. Ele, o irmão e a esposa fretaram um avião que os levou para os Estados Unidos.

Nelson, ao centro, espera, com o pai e os irmãos, o corpo do avô; parece querer garantir sua posição de liderança na família.

A morte do velho John foi anunciada no Brasil. Valentim F. Bouças foi um dos primeiros a manifestar pesar pelo passamento do magnata. "Meu país nunca vai esquecer a assistência que ele nos prestou por meio da Fundação Rockefeller..."[26] Uma foto mostra todos os netos do velho Rockefeller esperando pelos restos mortais do avô na estação de Tarrytown.

Pouco depois do enterro, vieram as prestações de conta da viagem. Controle minucioso. Alguns gastos precisaram ser esclarecidos por Nelson a seu pai. Em fevereiro de 1938, portanto aproximadamente um ano depois, ele fez um relatório financeiro das próprias despesas, dos gastos da esposa e do irmão, pedindo desculpas pela demora. A conta atingiu 12 345,12 dólares. O item mais caro foi o custo do voo especial do Panamá até Nova York, o que se justificava pela urgência em chegar para o funeral do avô. Seguindo a tradição da família, Nelson fez os cálculos das perdas e dos ganhos:

> Trata-se de um gasto muito alto se comparado às despesas com nossa lua de mel. No entanto, isso pode ser entendido se pensarmos que a maior parte da viagem de pouco mais de dois meses foi feita quase que totalmente de avião. Cobrimos 29 mil quilômetros nesse período. Se tivéssemos ido por mar ou trem levaríamos mais de seis meses. [...] Eu quero aproveitar a oportunidade para dizer quanto foi proveitosa e prazerosa essa viagem para nós três. E o senhor foi muito generoso em torná-la possível.
>
> Afetuosamente,
> Nelson.[27]

O pai respondeu em 8 de fevereiro:

Caro Nelson,

> Li com grande interesse sua carta de 1º de fevereiro com um sumário das despesas na América do Sul. Como é típico nos dias de hoje, viagens de avião custam mais de 5 mil dólares enquanto o trem custa somente 250. No item sobre "entretenimento e miscelâneas", você gastou 465 dólares, o que me parece pouco para uma viagem desse tipo.
>
> O custo diário foi bastante alto, como você mesmo disse. Você poderia ter ficado muitos dias a mais se tivesse usado navios. De qualquer forma, parece que a viagem valeu a pena por vários motivos. Um deles é que isso pode redundar na melhoria da educação de vocês, rapazes [Nelson e Wintropp]; ao mesmo tempo, vocês prestaram um grande serviço ao nome da família e, mais ainda,

proporcionaram uma melhoria nas condições de entendimento entre nós e os países da América do Sul.

Afetuosamente,

Pai.[28]

Considerando a "melhoria da educação dos filhos", a viagem foi sem dúvida profícua, em especial para Nelson. O jovem milionário aproveitou tudo o que conseguiu aprender aqui para, mais tarde, montar uma das mais poderosas máquinas do governo Roosevelt durante a guerra.

Mas ele era um dos herdeiros não só da fortuna da família, como também de uma visão de mundo aprendida com o pai, a mãe e as escolas que frequentou. Sempre considerava as atividades do setor privado inspiradoras para o mundo público. O individualismo liberal americano não era incompatível com sua atuação como homem público de ideias progressistas; pelo contrário, de acordo com sua formação, o primeiro aspecto poderia complementar o segundo.

Ele fazia parte de uma espécie de intelligentsia não oriunda de meios acadêmicos intelectualizados, mas endinheirada, culta e sustentada no espírito religioso protestante como base para as ações filantrópicas, entendidas como realizações de Deus na Terra, pelas mãos de alguns escolhidos. Tratava-se, sem arrogância, de oferecer uma pequena parte da fortuna para os mais necessitados. Nelson já havia mostrado interesse na conduta das empresas da família e do governo americano na América Latina, um continente repleto de "mais necessitados". Sua visita aconteceu no momento da expansão do nacionalismo, aqui e na Europa. Alguns países europeus procuravam recuperar a condição que tinham antes da Primeira Guerra, provocando fortes tensões políticas e sociais. Foi esse clima tenso que instigou "o jovem e idealista Nelson Rockefeller [...] a investir na ideia de uma aproximação entre os Estados Unidos e América Latina".[29]

Depois que voltou da viagem, Nelson era outro homem. A mudança começou com a viagem e se manifestou de forma mais clara, como vimos, quando ele negociou a sindicalização dos trabalhadores do Rockefeller Center, em fins de 1937. Quase simultaneamente fez também a "revolução" nos campos da Creole, na Venezuela. Entendeu melhor as propostas do New Deal de Roosevelt e mudou muitas das opiniões que tinha sobre as transformações que ocorriam na América Latina, em especial no Brasil. Depois das negociações com a American Federation of Labor e da sindicalização dos trabalhadores do Rockefeller Center, dificilmente ele se mostraria surpreso em relação às leis trabalhistas brasileiras, que não permitiam aos bancários trabalhar mais do que seis horas diárias.

Tudo isso contou para que Roosevelt, com a Europa já em guerra, escolhesse Nelson Rockefeller para dirigir uma repartição especial de relacionamento com a América Latina. Sob seu comando, o órgão esmerou-se em conquistar o subcontinente através do mercado e, principalmente, por meio de corações e mentes.

COMO NELSON FOI TRABALHAR COM ROOSEVELT

Na Europa, a Alemanha nazista acelerava seu plano de expansão em busca do espaço vital. Já em março de 1936, Hitler havia denunciado os Tratados de Locarno e invadido o território situado à margem esquerda do rio Reno. As tropas alemãs foram recebidas com chuvas de flores. A conquista da região do Reno pelas tropas nazistas foi o sinal inequívoco de que a Alemanha já estava em guerra. O Departamento de Estado americano já alertara: era, sem dúvida, um claro desafio da Alemanha nacional-

-socialista ao Tratado de Versalhes. Hitler pararia por aí? Roosevelt e seus *policymakers* sabiam que não. Sabiam que o ditador alemão não pretendia se contentar com tão pouco. Uma nova guerra europeia era uma questão de tempo.

O Estado Maior do Exército brasileiro fez uma análise semelhante, em maio de 1936: "para efeitos práticos, a guerra já começou".[30] Dois anos depois, tropas nazistas cruzaram a fronteira com a Áustria, anexando-a ao Reich nazista. Com o conhecido Tratado de Munique, de setembro de 1938 — entre a Alemanha, a Inglaterra e a França —, a Tchecoslováquia desaparecia como Estado autônomo. Quando a Alemanha nazista assinou o Tratado de Não Agressão com a União Soviética, em agosto de 1939, livrou-se do perigo de uma guerra em duas frentes e invadiu a Polônia em setembro, começando a fase europeia da Segunda Guerra Mundial. A França e a Inglaterra, honrando o protocolo de ajuda em caso de agressão, declararam guerra à Alemanha. A Polônia sucumbiu em cerca de três semanas. Combates entre franceses e ingleses e os inimigos alemães foram muito restritos no fim do outono e durante todo o inverno europeu, com exceção dos enfrentamentos das forças navais. O imobilismo foi rompido na primavera de 1940, quando uma força de tanques e divisões blindadas alemãs invadiu Noruega, Bélgica e Holanda num ataque fulminante, que só parou com a rendição da França, em junho de 1940. Foi uma vitória que surpreendeu o Ocidente.

Os ingleses teriam de resistir sozinhos, agora sob a liderança do combativo Winston Churchill. "Os alemães, sob a liderança de Hitler, conseguiram em onze dias o que não haviam conseguido em quatro anos de sangrentos combates durante a Primeira Guerra Mundial",[31] disse um assessor do presidente americano.

Os quadros do governo americano acompanhavam com apreensão a situação na Europa. O clima de crise foi percebido por Nelson Rockefeller, que soube aproveitar a situação tensa para insinuar que os americanos não estavam dando a devida atenção aos vizinhos da América Latina, considerados indispensáveis para a defesa de todo o continente. O próprio general George Marshall, do Estado-Maior das Forças Armadas americanas, já havia declarado que os Estados Unidos deveriam se preocupar mais com a América do Sul. Por essa época, Nelson organizou um grupo de estudos, um *think tank,* para pensar a relação entre os Estados Unidos e os vizinhos latino-americanos numa conjuntura de crise internacional. O grupo — ou Junta, como eles se autodenominavam — formado por J. C. Rovensky do Chase; Jay Crane, da Standard Oil; Wally Harrison, o arquiteto do Rockefeller Center e Beardsley Ruml, de origem tcheca e alto funcionário da Macy's, reunia-se em Manhattan, às vezes numa casa no Greenwich Village, outras no apartamento de Nelson na Quinta Avenida. Estudavam a situação e produziam papers. A liderança do grupo, ninguém duvidava, era de Nelson, que sempre tinha novas ideias para entender melhor o papel da América Latina na política dos Estados Unidos. Era como se ele estivesse num processo de acumulação primitiva de inteligências, de cérebros, para, no caso de necessidade, passar do plano à prática.

Nelson queria levar as ideias do grupo para a Casa Branca e o fez por meio de Harry Hopkins, o "quebra-galhos", confidente e alter ego de Roosevelt, aproximando-se mais oficialmente do governo. Hopkins tinha sido nomeado secretário de Comércio e Rulm, que era amigo do secretário, havia mandado um recado para ele: "Se você passar por Nova York, perca um tempinho para conversar com meu amigo Nelson Rockefeller, que tem boas ideias sobre nossas relações comerciais com a América do Sul".[32] Nelson já sabia que os Estados Unidos precisavam ir além da política da boa vizinhança.

Ele havia se encontrado com Roosevelt um ano antes, em maio de 1939, quando o presidente foi convidado para abrir oficialmente o novo prédio do Museu de Arte Moderna, o MoMA. Na noite da inauguração, Roosevelt fez um emblemático discurso intitulado "Cidadelas da civilização", transmitido em cadeia para quase todo o país. Falou da liberdade de criação nas artes como decorrência de sociedades democráticas. Era um recado aos nazistas, que haviam promovido a chamada Exposição da Arte Degenerada, anatemizando o movimento expressionista weimariano.

A partir daí a correspondência entre Rockefeller e Roosevelt tornou-se mais frequente, mas Nelson ansiava por discutir mais detalhadamente a situação das relações comerciais dos Estados Unidos com a América Latina. Suas chances tornaram-se mais concretas quando as tropas nazistas invadiram a França.[33] Mais dia, menos dia, Roosevelt teria que ajudar os ingleses. E, sem nenhuma autorização prévia do Senado, o presidente assumiu um compromisso:

> Seguiremos duas linhas óbvias e simultâneas. Colocaremos à disposição dos que se opõem à força os recursos materiais desta nação e, ao mesmo tempo, estaremos nos equipando e aperfeiçoando o uso desses recursos, a fim de que nós mesmos, nas Américas, possamos dispor dos meios e do adestramento com que enfrentar qualquer emergência com toda a capacidade de defesa.[34]

É interessante notar o plural usado por Roosevelt: "nós mesmos, nas Américas". A América do Sul fazia parte da estratégia de defesa dos Estados Unidos. Os isolacionistas republicanos fizeram um grande estardalhaço, dizendo que Roosevelt estava empurrando os americanos para a guerra. O presidente usou toda sua habilidade política para garantir a eles — e ao povo americano em geral — que faria todo o possível para manter os Estados Unidos fora das complicações europeias. Já no começo da guerra ele deu uma declaração que poderia ser interpretada de várias maneiras: "Esta nação permanecerá neutra, mas não posso exigir que todos os americanos tenham uma posição de neutralidade também".[35] No mesmo momento em que Roosevelt fazia a declaração, vários jovens pilotos americanos voluntários já estavam se alistando na RAF (Força Aérea inglesa) para defender a ilha britânica dos ataques aéreos da Luftwaffe, a Força Aérea alemã. O presidente satisfazia assim àqueles que queriam lutar contra o totalitarismo nazista e, em menor medida, aos que queriam que o país norte-americano não se envolvesse no conflito europeu. Ele não escondia a simpatia pelo primeiro grupo. Nelson Rockefeller concordava com Roosevelt e achava que todo o continente devia se preparar para a guerra.

Entretanto, o presidente americano, o Departamento de Estado e o grupo de Nelson sabiam que em vários países latino--americanos havia demonstrações, se não de simpatia, ao menos de admiração pelas fantásticas vitórias nazistas. No Brasil, em especial, um pronunciamento de Vargas criou algumas suspeitas: em 11 de junho de 1940, a bordo do encouraçado *Minas Gerais*, nas comemorações do aniversário da Batalha de Riachuelo da guerra com o Paraguai, o presidente brasileiro declarou que o antagonismo entre os países americanos já não existia. Agora, disse ele, "estamos unidos por vínculos de estreita solidariedade a todos os países americanos, em torno de ideias e aspirações e no interesse comum da nossa defesa".[36] Vargas deixava claro o seu apoio à causa defendida pelos Estados Unidos. Para ele, as Américas deveriam permanecer juntas. Entretanto, em um trecho do discurso, ele afirmou que já havia passado "a época dos liberalismos imprevidentes, das demagogias estéreis, dos personalismos inúteis e semeadores de desordem".[37] Com isso, quis dizer que o "liberalismo imprevidente" havia provocado uma crise global. Bastou essa afirmação para que vários jornais e alguns homens públicos norte-americanos interpretassem o discurso como uma declaração explícita de apoio às potências nazifascistas. Uma leitura cuidadosa do pronunciamento, entretanto, mostra que não era bem assim, pois o presidente brasileiro estava quase que repetindo algumas das ideias de Roosevelt. Ele de fato atacou os liberalismos imprevidentes, mas não o liberalismo; condenou a exacerbação dos nacionalismos, mas não o nacionalismo. Mesmo assim, alguns políticos dos Estados Unidos queriam comparar Vargas a um Mussolini da América do Sul. Outro trecho do discurso que pode ter causado temores nos americanos foi quando ele declarou que era hora de os povos vigorosos lutarem pelo seu futuro, removendo o "entulho das ideias mortas e dos ideais estéreis".

Na verdade, o discurso de Vargas foi mais uma espécie de alerta ao próprio presidente Roosevelt e a setores do governo americano que haviam demorado a dar resposta ao pedido de financiamento para a usina siderúrgica brasileira. Seja como for, Errol Flynn, o conhecido ator de Hollywood, que estava no Brasil na época, encontrou-se com o presidente brasileiro e declarou, em carta a Roosevelt, datada de 15 de junho, não ter dúvidas de que o Brasil era o maior amigo que os Estados Unidos tinham na América Latina.[38]

O conflito na Europa só confirmava o recado do ator americano. As esmagadoras vitórias alemãs transformaram a América do Sul em uma importante peça da estratégia dos Estados Unidos. Pensava-se que, com a França dominada, a Alemanha chegaria até a Espanha, com ou sem a ajuda do governo franquista. De lá os nazistas seguiriam para o Senegal, na África. Dacar se transformaria no trampolim da derrota da América do Sul; os alemães chegariam facilmente a Natal, no Rio Grande do Norte, uma via "segura" para atingir Miami. Esse era o rumor que, na verdade, rimava com terror...

Desde os anos 1930 os Estados Unidos e a Alemanha estavam em guerra econômica pelo mercado brasileiro. Hopkins pediu a Nelson e Ruml que pusessem suas ideias sobre relações com a América Latina num memorando e que fossem vê-lo na Casa Branca. Numa sexta-feira, dia 14 de junho de 1940, no mesmo dia em que Vargas encontrava Errol Flynn, Nelson foi recebido por Hopkins em seu quarto. O secretário era um dos poucos que morava na sede do governo, mais precisamente no quarto vizinho ao do presidente.

É de imaginar a cena: Rockefeller, bem-nascido, bem-apessoado, bonito, com uma saúde de ferro, sentado no quarto de Harry Hopkins, um homem pobre, nada atraente, que morreu com dívidas, filho de um entregador de jornais em Sioux City, no remoto estado de Iowa, doente de um câncer no estômago. No entanto, era Hopkins que estava na Casa Branca, o lugar almejado por Nelson; era Hopkins que iria decidir o futuro político do jovem milionário, ansioso por cooperar com seu país em tempos de crise.

Hopkins pediu que Nelson lesse o documento. "Os Estados Unidos precisam proteger sua posição por meio de medidas econômicas efetivas contra as técnicas totalitárias". O governo americano deveria comprar muito mais dos países latino-americanos; ajudá-los a reorganizar a produção e reduzir ou eliminar a maior parte das tarifas aos produtos comprados das outras repúblicas do hemisfério; cooperar com a industrialização e a expansão da agricultura; comprar o máximo de matérias-primas necessárias. A dívida deveria ser repensada em termos mais políticos, facilitando novas relações financeiras e comerciais; a diplomacia precisava ser reformulada. O corpo de funcionários do Departamento de Estado teria de estar bem mais preparado e familiarizado com a realidade histórica e cultural de cada país latino-americano. Evitar gafes e mal-entendidos que pudessem ser ofensivos era o conselho de quem sabia como se relacionar com os habitantes ao sul do rio Grande, fronteira entre a América anglo-saxônica e a Ibero-América.

Para que essa proposta funcionasse, Nelson era da opinião de que deveriam ser criadas duas comissões, uma de caráter governamental e outra privada. Sugeria ainda que Roosevelt nomeasse um coordenador-geral para dirigir os trabalhos. Acabada a leitura do documento, falou de sua experiência na Venezuela na criação das instituições e nas reformas que realizou no campo social e econômico. A experiência poderia servir de modelo para criar condições de melhorar a infraestrutura na América do Sul.[39]

Para Hopkins, aquele era o momento apropriado: os Departamentos de Estado, da Agricultura, do Tesouro e o seu, do Comércio, estavam em busca de um canal mais seguro de relações com a América Latina para manter o hemisfério unido. Nos estudos realizados para encontrar o melhor caminho, havia, cada vez mais, choque de interpretações e interesses entre os departamentos; não se chegava a lugar nenhum. No dia seguinte, o presidente Roosevelt ordenou que fossem tomadas providências imediatas para a formação de uma comissão interdepartamental que deveria pôr as ideias de Nelson a serviço do governo americano.

Roosevelt, evidentemente, escolheu Nelson para coordenar as relações com a América Latina. O herdeiro de uma das maiores fortunas do mundo era republicano, mas um republicano mais progressista que outros de seu partido, e Nelson aceitou a nomeação no dia 14 de julho de 1940. A criação da nova agência foi oficializada em 16 de agosto. "Por meio deste ato, Nelson A. Rockefeller é indicado para o cargo de Coordenador das Relações Comerciais e Culturais entre as Repúblicas Americanas". Assinavam Henry L. Stimson, secretário da Guerra, Frank Knox, secretário da Marinha, Harold L. Ickes, secretário do Interior, Henry A. Wallace, secretário da Agricultura, Robert H. Hinyley, secretário do Comércio em exercício, e C. V. McLaughlin, secretário do Trabalho. A assinatura de Franklin D. Roosevelt vinha por último, referendando a nomeação. Hopkins havia deixado a Secretaria do Comércio para ser o faz-tudo de Roosevelt.

No entanto, apesar de todo o esforço diplomático, o presidente americano via com reservas a ajuda aos países da América

Roosevelt e Churchill, em agosto de 1941, no encontro secreto no Canadá. Era a guerra não declarada dos Estados Unidos ao Eixo. Só faltava um motivo que o Japão deu ao atacar Pearl Harbor em dezembro do mesmo ano.

Latina. Temia que o padrão de vida americano, reconquistado, em parte, a duras penas pelo New Deal, fosse sacrificado: "já foi discutido que nossas promessas de ajudar os países latino-americanos a melhorar a produtividade e o nível de vida vão acabar baixando os nossos próprios níveis", escreveu ele num memorando confidencial ao Departamento de Estado e a outros setores do governo.[40] Muitas vezes, as autoridades americanas retardaram a concessão de crédito ao Brasil, como ocorreu no caso da siderurgia.

Nelson foi contratado com o salário simbólico de um dólar por ano. Era mais um dos *one dollar a year man* do governo americano. Multimilionário, não precisava de salário, mas era proibido trabalhar de graça. Formalizada sua nomeação, ele iniciou a montagem de uma das maiores e mais complexas agências do governo Roosevelt: o Office of the Coordinator of Inter-American Affairs, ou simplesmente Office.

Nelson mudou-se para Washington, que já não era uma cidade pacata mas um dinâmico centro administrativo. Escolheu uma casa na Foxhall Road, perto do aristocrático bairro de Georgetown, com quadras de tênis e espaço suficiente para acomodar suas obras de arte, convidados e futuros moradores, já que a família só viria mais tarde.

Ele não fazia distinção entre o espaço da casa e o do trabalho: onde quer que estivesse, parecia sempre cumprir sua missão. Promovia festas temáticas elegendo o folclore de um país latino-americano como mote; os convidados participavam entoando canções típicas na língua original a partir de letras transcritas foneticamente, previamente distribuídas. O resultado não devia ser muito agradável aos ouvidos, mas trazia dividendos para os investimentos políticos de Rockefeller. Tudo parecia correr muito bem para o novo coordenador.

Entretanto, na hora do almoço do domingo, 7 de dezembro de 1941, os habitantes da Costa Leste dos Estados Unidos, e em especial os políticos de Washington, foram surpreendidos com a notícia de que uma força aeronaval japonesa atacava a base de Pearl Harbor, na ilha de Oahu, no Havaí. Roosevelt estava almoçando com Harry Hopkins, discutindo os caminhos da guerra que ocorria lá longe, quando Frank Knox, secretário da Marinha, telefonou, dando a notícia. Hopkins não acreditava que os japoneses pudessem atacar uma base americana tão distante. Mas atacaram. Com isso os Estados Unidos entravam na guerra, ao lado da Inglaterra e da União Soviética, formando a Grande Aliança. As responsabilidades de Nelson Rockefeller aumentaram rapidamente. O vice-presidente Henry Wallace chegou a dizer a Nelson que a situação mundial, com milhões de pessoas passando fome e levando uma vida miserável, requeria um novo tipo de atuação: a de um homem de negócios com espírito missionário-religioso.[41] E esse homem era Nelson. O cenário havia mudado, mas o papel descrito pelo vice-presidente parecia ter sido talhado para ele. Assim, o homem de negócios, político e missionário viajou para o Brasil nove meses depois do ataque japonês a Pearl Harbor.

3. A redescoberta do Brasil

O HOMEM DE ROOSEVELT NO BRASIL

No dia 1º de setembro de 1942, Nelson A. Rockefeller chegou novamente ao Brasil. As manchetes dos jornais da época anunciavam que estávamos "em estado de guerra". No aeroporto Santos Dumont, no Rio de Janeiro, Nelson foi recebido por jornalistas, intelectuais e representantes de vários setores do governo. Declarou aos repórteres, numa mistura de espanhol com português, que era a segunda vez que pisava em solo brasileiro e que o "Brasil e os Estados Unidos saberão, juntos, alcançar a vitória".

Pelas ruas da capital do país, a comitiva de Rockefeller viu pirâmides de panelas velhas de alumínio, pedaços de metal e pneus usados. Era uma primeira demonstração simbólica do esforço de guerra brasileiro, material recolhido por uma campanha nacional para contribuir com as forças aliadas. Esperava-se ajudar, ainda que modestamente, com a construção de máquinas de guerra que lutariam contra o Eixo. A base aérea e naval de Natal, que já

Nelson pisava pela segunda vez em território brasileiro; agora, para garantir nosso apoio na luta contra o nazifascismo.

começara a funcionar, dava importante apoio logístico e estratégico às forças americanas.

Vindo do aeroporto, Nelson passou também pelos cines Plaza, Olinda, Ritz e Parisiense, cujos cartazes anunciavam *Alô, amigos*, filme de animação de Walt Disney que deu vida a Joe Carioca, ou melhor, Zé Carioca, que apresentava a Cidade Maravilhosa ao "bom vizinho" Pato Donald. O filme, em cartaz havia duas semanas, era um sucesso absoluto e tinha sido patrocinado pelo Office de Rockefeller.

No percurso, Nelson e seus assessores viram também um grande barril em forma de cofre, na Cinelândia, para receber contribuições de qualquer quantia em réis. O cruzeiro, a nova moeda brasileira, só começaria a circular em fins de outubro. O dinheiro se destinava aos parentes das vítimas da "sanha assassina dos submarinos do Eixo", como anunciava o nosso ministro do Exterior, Osvaldo Aranha.

O Nelson Aldrich Rockefeller que viu os cartazes dos cinemas, as manchetes dos jornais e a campanha para ajudar as vítimas dos torpedos nazistas não era o mesmo que estivera aqui cerca de cinco anos antes. Havia uma diferença entre a visita de 1937 e a de 1942. Da primeira vez ele veio quase clandestino, discreto, reuniu-se com poucas autoridades e homens de negócios; veio como um viajante rico e diletante, interessado em obter informações sobre nossa agricultura. Em setembro de 1942 ele desembarcou como representante especial do presidente Franklin Delano Roosevelt e precisava de muita publicidade. A guerra deixara de ser europeia e se alastrara pelo mundo. Ele era agora o funcionário mais graduado de uma nova agência, criada especialmente para tratar das relações com a América Latina. Nelson veio redescobrir o Brasil como enviado especial em busca de solidariedade na luta contra o nazismo, solidariedade das democracias contra as ditaduras. Como veremos, ele vai batizar o governo de Vargas de "ditadura esclarecida" — na sua visão, quase uma democracia.

Nessa condição Nelson Rockefeller foi recebido pelos brasileiros e oficialmente reconhecido pelo governo como grande amigo do Brasil, onde permaneceu por doze dias, entre Rio de Janeiro, Belo Horizonte e São Paulo. Na capital federal, o "dinâmico visitante" cumpriu um calendário bastante apertado. No dia da chegada, os funcionários do Palácio Guanabara mandaram rezar uma missa, nos jardins, para o pronto restabelecimento de Vargas, que havia sofrido um acidente de automóvel na praia do Flamengo. Em respeito à situação do presidente, Nelson fez uma breve visita a Getúlio. No Copacabana Palace Hotel, o representante americano ofereceu a "mais concorrida de todas as [recepções à imprensa] nestes últimos tempos", como anunciou o *Jornal do Brasil*.[1] A coletiva aconteceu às sete horas da noite. Não era só uma visita formal de solidariedade: Nelson trazia sugestões e projetos para ajudar o Brasil a superar a categoria de gigante atrasado e pobre.

No segundo dia, o chanceler Osvaldo Aranha ofereceu um banquete no Palácio Itamaraty, o edifício de arquitetura neoclássica construído na segunda metade do século XIX que abrigava o Ministério das Relações Exteriores. Na ocasião, foi assinado um acordo entre o ministro da Agricultura e o Office para a produção de alimentos na Amazônia, no Nordeste e na Bahia. "Estou aqui como convidado de vosso governo [...]. Senti-me de novo profundamente impressionado ao sobrevoar, vindo do Norte, durante dois dias vosso imenso país com sua vastidão, seus grandes recursos naturais, seu enorme potencial humano",[2] disse Nelson. Na foto da recepção no Itamaraty, ele está em pé, de punho fechado, discursando com semblante sério e determinado. Osvaldo Aranha, sentado diante de três taças de vinho e água, ouve como se estivesse assentindo, concordando com as palavras do amigo de um par de anos. Ao lado de Aranha está o embaixador Jefferson Caffery, fumando, parecendo não dar muita importância ao discurso. Nelson, que sempre desafiava os funcionários de carreira do Departamento de Estado, não se entendia muito bem com Caffery.

Nelson Rockefeller chegou aqui no início da Semana da Pátria. Durante o Estado Novo, as comemorações da data faziam parte do projeto de enaltecimento do país. O enviado americano

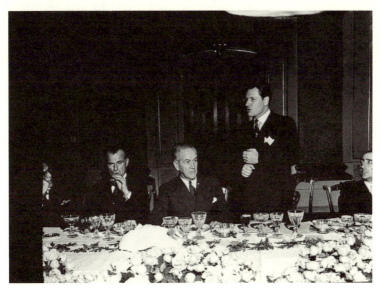

Gestos fortes para demonstrar a amizade entre Estados Unidos e Brasil.

soube aproveitar as festividades patrióticas e deixou-se fotografar ao lado do chefe da nação em algumas ocasiões, em especial no Jockey Clube, numa corrida em benefício das vítimas do afundamento dos navios *Baependi, Arará, Aníbal Benévolo, Itagiba* e *Araraquara* por submarinos do Eixo. Depois, foi ao desfile de Sete de Setembro no centro da capital. Em várias fotos dessa ocasião, aparece ao lado de d. Darcy Vargas, a primeira-dama, segurando um menino de aproximadamente seis anos. O presidente está sentado, provavelmente por causa do acidente sofrido pouco antes, ladeado pela esposa e por Gustavo Capanema, ministro da Educação e Saúde Pública. Nelson parecia ensaiar a carreira de político: ao mesmo tempo que segura a criança, aplaude com entusiasmo os soldados do desfile patriótico. Dutra está próximo de Capanema.

O presidente Roosevelt enviou a Vargas uma mensagem cumprimentando o Brasil pelos 120 anos de nossa independência. "O povo brasileiro celebra hoje o aniversário de seu dia de inde-

Nelson com uma criança da família Vargas: intimidade e carinho com os brasileiros no desfile de Sete de setembro.

pendência [e] luta lado a lado, hoje, com os Estados Unidos e com outros membros das nações unidas para preservar esta independência".[3] Roosevelt sabia como juntar a ideia da independência do passado colonial com a nova luta pela liberdade contra as ameaças de nações totalitárias. Todos teriam de cerrar fileiras. Nos Estados Unidos isso já acontecia: dos simples servidores públicos à famosa personagem Rosie, the Riveter, ícone da operária que trabalhava nas fábricas de aviões como metalúrgica arrebatadeira; dos milhões de trabalhadores nas forjas de Detroit ou nos campos petrolíferos ao simples garoto que levava recados, todos estavam no mesmo barco, isto é, realizavam um esforço de guerra para combater os hitleristas com planos de conquistar o mundo.

E qual o papel do Brasil nesse esforço gigantesco? Dos mais importantes. As palavras de Roosevelt tinham por escopo manter o espírito de solidariedade no continente e no mundo, firmar uma aliança inédita na história. "Realizando a tarefa que nos compete, tendo em vista os sagrados interesses do Brasil e, nesse sentido orientados, estaremos cumprindo o nosso dever."[4]

Depois das comemorações, à noite, a praia de Copacabana ficou às escuras por causa do blecaute então praticado para evitar o bombardeio de algum cruzador ou submarino alemão. Nessa mesma noite, a mata ressequida pela falta de chuva do morro do Cantagalo pegou fogo, iluminando toda a região, que podia ser vista a uma grande distância da costa. Rumores logo correram pela cidade: a presença do americano ilustre fizera a quinta-coluna sabotar o plano do blecaute para que o Rio fosse bombardeado. Mas tudo não passara de um pequeno acidente causado pela seca.

Coincidência ou não, no dia seguinte Nelson almoçou com o ministro da Guerra. Em mais um discurso, outra vez de pé, ele fala diante dos copos de vinho e água. O vinho parecia não ter sido tocado. Nelson Rockefeller não bebia. Dutra o ouvia com expressão aborrecida. Depois, numa das salas do grande edifício do Ministério da Guerra, inaugurado no ano anterior, Nelson teve uma reunião com o ministro general Eurico Gaspar Dutra e o chefe do Estado-Maior das Forças Armadas, general Góes Monteiro. No registro fotográfico do encontro, Góes está ajoelhado num tapete, apontando para um grande mapa da América do Sul. Nelson e Dutra, sentados num sofá, seguem atentos as explicações gerais sobre a estratégia conjunta para proteger o Atlântico dos submarinos alemães que "atacavam como uma alcateia de lobos", como diziam os americanos na época. Mais uma vez Nelson acabou se intrometendo em uma área que não era exatamente de sua "jurisdição", como acontecia com frequência. Atento a isso, Góes dava noções mais didáticas e menos técnicas do ponto de vista militar. Pouco depois as reais discussões sobre a preparação militar do Brasil para a guerra foram tratadas pelo mesmo general Góes

O general Góes Monteiro dá uma aula de geopolítica a Nelson.

Nelson e o almirante Ernani Amaral Peixoto.

Monteiro e pela numerosa comitiva do alto oficialato americano que acompanhava o secretário da Marinha Frank Knox. Góes, em declaração muitos anos depois, afirmou que havia sido apanhado de surpresa quando o almirante Jonas H. Ingram, comandante das operações navais no Atlântico Sul, pediu que ele mostrasse os planos de guerra do Brasil. Góes pediu para que se encontrassem doze horas depois e passou a noite preparando um "esquema meio artificioso de guerra", segundo suas próprias palavras.[5] Quando ele apresentou o plano aos americanos, o almirante Ingram teria declarado: "Se o Brasil for capaz de realizar esse programa de guerra, os Estados Unidos nada mais querem".[6]

Embora Nelson desconhecesse essas tratativas, parecia à vontade entre os militares. Numa das fotos, aparece sentado, conversando animadamente, segurando o braço do almirante Ernani do Amaral Peixoto, que sorria de forma simpática. Mostrava-se à vontade também quando visitou, em companhia de d. Darcy Vargas, as instalações da Casa do Pequeno Jornaleiro, parte de uma fundação que levava o nome da primeira-dama brasileira. Ali Nelson pôde verificar o esforço da esposa do presidente em dar trabalho aos jovens desempregados e desamparados. De fábricas de sapatos a hortas bem cuidadas, d. Darcy mostrava, orgulhosa, os frutos de sua fundação. Nelson não resistiu e apertou a mão de um jovem uniformizado, sendo observado por d. Darcy e outros membros da instituição. Estaria se lembrando do Civilian Conservation Corps, formado pelo governo Roosevelt para treinar e dar trabalho a milhões de jovens, também uniformizados à moda militar, desempregados pela crise? Parecia completamente integrado, partilhando o prazer de tomar um cafezinho com operários, num organizado e higiênico restaurante do SAPS, o Serviço de Alimentação da Previdência Social, criado dois anos antes. Parecia também em seu elemento ao examinar um estaleiro onde eram montados barcos de porte médio, projetados para ajudar a Mari-

Nelson prestigia iniciativas da primeira-dama brasileira.

Nelson deixava qualquer trabalhador sentir-se à vontade a seu lado.

nha americana na patrulha do nosso litoral. Conversou com operários de macacões sujos de graxa; tinha ares de político em busca de votos em plena campanha. Um jantar na Associação Brasileira de Imprensa oferecido pelo seu presidente, Herbert Moses, em nome dos jornalistas brasileiros, encerrou mais uma noite do enviado americano na capital brasileira.

Poucos dias depois, ele teve um encontro mais demorado com o presidente do Brasil e declarou que Getúlio Vargas lhe causara ótima impressão:

> [...] com larga visão de estadista, serenidade e tato seguiu os acontecimentos que se desenrolavam no cenário mundial, antevendo as suas desastrosas consequências e agindo na ocasião oportuna. O presidente Vargas, tal como o presidente Roosevelt, previu a catástrofe que haveria de atingir o nosso continente.[7]

No dia 10 de setembro Nelson chegou a São Paulo e foi recebido no aeroporto de Congonhas por autoridades paulistas, pelo cônsul americano Cecil Cross, por muitos jornalistas e pelos aplausos da multidão que o aguardava. Ele já estava se tornando bastante famoso no Brasil.

Saudou o povo de São Paulo e do Brasil pelas rádios Cosmos e Nacional, salientando sua satisfação pela missão de que o incumbira o governo americano: "Minha alegria, meu contentamento por estar em São Paulo são indescritíveis. O Brasil e os Estados Unidos caminham juntos. E juntos lutamos e juntos venceremos".[8]

Pouco depois reuniu-se com o prefeito Prestes Maia e o interventor Fernando Costa. Estavam presentes também o professor Cândido da Mota Filho, diretor-geral do Departamento Estadual de Imprensa e Propaganda; o cônsul-geral dos Estados Unidos; o professor Jorge Americano, reitor da Universidade de São Paulo;

Arnold Tschudy, presidente da Câmara Americana de Comércio; Roberto Simonsen e Lauro Cardoso de Almeida, presidentes, respectivamente, da Federação das Indústrias e da Associação Comercial; João Ferreira Fontes, representando a Federação Paulista de Sociedades de Rádio e o Sindicato das Empresas de Rádio; Nicolau Mario Centola, delegado adjunto de Ordem Política e Social, representantes de associações de classe, jornalistas e pessoas de destaque da sociedade paulistana e das colônias britânica e norte-americana domiciliadas na capital paulista.[9]

Os jornais do estado publicaram quase tudo sobre Nelson: data e local de nascimento, filiação, com destaque à "boa família" a que pertencia, as escolas que frequentara, sua participação na seletiva sociedade Phi Beta Kappa, conhecida instituição de estudantes universitários com origens no século XVIII. Explicaram também que Nelson era diretor do Rockefeller Center e da Creole Petroleum Corporation; coordenador do Conselho de Defesa Nacional (Council of National Defense); membro do Conselho de Defesa Econômica desde novembro de 1941; do Museu de Arte Moderna desde 1932 (tesoureiro de 1937 a 1939 e presidente de 1939 a 1941); do Museu Metropolitano de Arte; vice-presidente do Westchester Country Board of Health; da Câmara de Comércio do Estado de Nova York etc.

Os paulistas devem ter ficado impressionados ao constatar como alguém com tantas ocupações envolvera-se com o governo. Uma explicação plausível era que os Estados Unidos estavam em guerra e os norte-americanos demonstravam nessa ocasião um notável caráter patriótico. Nelson era um dos jovens que lutavam para manter os países latino-americanos ao lado dos Estados Unidos no combate aos regimes ditatoriais da Europa. Como que traduzindo esse espírito que parecia envolver o jovem americano, o jornal *O Estado de S. Paulo* publicou um artigo do secretário-geral da União Cultural Brasil-Estados Unidos sobre a visita do coordenador do Office que resumia o que pensava a elite paulista: "[...] o sr. Nelson A. Rockefeller, jovem milionário que se dedica à causa pública, lutando tão galhardamente como generais e soldados para ganhar esta guerra pela liberdade". O artigo acrescentava que ele havia abandonado os negócios para construir a solidariedade continental.[10] Para essa pesada tarefa Nelson contava com a ajuda de Berent Friele, seu homem de confiança no Brasil. Noruguês de nascimento, Friele imigrara muito jovem para os Estados Unidos e seguira a tradição da família com negócios de café. Trabalhou para a American Coffee Corporation, uma gigante compradora de café do Brasil. Passou um bom tempo no país e acabou casando-se com uma brasileira. Falava português fluentemente e fez muitos amigos aqui, em especial entre os cafeicultores. Nelson o contratou e ele foi o representante do Office no Rio de Janeiro por quase toda a guerra. Tornou-se um grande amigo do milionário, com quem continuou trabalhando mesmo depois que Rockefeller deixou o governo. Friele era muito importante na estrutura montada por Nelson, em especial nas relações com São Paulo. Quando foram recebidos para um jantar no Palácio dos Campos Elíseos, o governador/ interventor Fernando Costa destacou em seu discurso o papel "histórico" de Berent:

> Quero também aproveitar a oportunidade para aliar seu nome ao de nosso velho amigo sr. Berent Friele, que vem também, de longa data, auxiliando nosso país em suas relações comerciais, de maneira especial na expansão de nosso principal produto, que é o café. Tem sido ele o seu maior propagandista nos Estados Unidos e sua casa tem sido a maior compradora do nosso principal produto, chegando às vezes a atingir mais de 1 milhão de sacas.[11]

Nelson, em um de seus discursos, fez eco às palavras do presidente americano:

Amigos e unidos, o Brasil e os Estados Unidos, depois de ganharem a guerra, hão de ganhar a paz. São grandes as suas responsabilidades, não só agora, mas depois da conflagração. Como já disse, o jornal e o rádio são as primeiras trincheiras desta guerra. Portanto, vós sois também soldados da Liberdade e defensores da América. Nossa vitória comum também depende de vós.[12]

Meios de comunicação como armas tão poderosas quanto as bombas de alto teor destrutivo, essa parecia ser a tônica de Nelson.

Compareceram ao almoço oferecido pela Câmara Americana de Comércio no Automóvel Clube de São Paulo cerca "de quatrocentos convidados, americanos e brasileiros, representativos da alta administração, da indústria, do comércio, das artes, das ciências e das letras paulistas".[13] O discurso de boas-vindas coube a Arnold Tschudy, presidente da Câmara Americana de Comércio. A ele seguiu-se o interventor do governo paulista, que chamou a atenção para o importante papel que o Brasil desempenhava no conflito mundial, "quer no tocante à produção industrial, quer na agrícola". No final, Fernando Costa trocou um forte e comovido abraço com Nelson.[14]

À tarde, mais entrevistas e mais visitas. Ele rumou para a faculdade de direito da Universidade de São Paulo (USP), no largo São Francisco, onde foi recebido pelo reitor da universidade, professor Jorge Americano, por diretores e professores de todas as escolas, assim como pelos presidentes dos centros acadêmicos.

Numas das entrevistas, Nelson se mostrou hábil o suficiente para enaltecer Rio de Janeiro e São Paulo, destacando as diferenças entre as duas maiores cidades brasileiras, como as belezas naturais do Rio e a pujança industrial de São Paulo e seu promissor futuro. As duas grandes cidades tinham em comum o afeto demostrado na recepção a ele.[15] Muitos estudantes da USP estavam na plateia e aplaudiram com entusiasmo o discurso de Nelson quando ele destacou o papel da universidade na luta pela causa da liberdade defendida por norte-americanos e brasileiros.

Na Feira Nacional das Indústrias, Nelson reuniu-se com Roberto Simonsen, que conhecia da visita anterior, em 1937, e com João Artacho Jurado, que coordenava o evento. Na década de 1950, Artacho ficou conhecido como empreendedor e construtor de edifícios que revelavam uma interpretação própria da estética que, ainda hoje, alguns chamam de americanizada-hollywoodiana. Nelson hospedou-se no seu já conhecido Esplanada Hotel; não se tem registro de que tenha tido tempo de repetir as compras que fez no passado. Visitou ainda o estádio do Pacaembu, inaugurado dois anos antes. Encontrou-se com a família de Roberto Alves de Lima, grande cafeicultor paulista, e, no dia seguinte, estava pronto para continuar a maratona político-ideológica. Poucos dias depois a esposa de Alves Lima escreveu-lhe, no bom francês da aristocracia paulista, dizendo-se encantada com a visita. Mas chamou a atenção para que Nelson lesse a obra de Stefan Zweig, "*cet écrivain très connu*" [este conhecido escritor], pois ele explicava bem o Brasil que Rockefeller ainda não conhecia.[16]

O *AMERICAN WAY OF LIFE* COMO MODELO PARA OS BRASILEIROS

Nelson parecia sentir-se em casa em São Paulo. Nos pronunciamentos, não resistia à tentação de comparar o dinamismo dos paulistas ao empreendedorismo americano. Os próprios anfitriões o incentivavam às comparações. O interventor Fernando Costa, no jantar oferecido na noite de 10 de setembro, no Palácio dos Campos Elíseos, com convidados que iam de Gofredo da Silva Teles, conhecido jurista e professor da Faculdade de Direito do largo São Francisco, a Anhaia Melo, antigo prefeito da cidade de

São Paulo e professor da Escola Politécnica da USP, disse que São Paulo seguia o exemplo dos pioneiros americanos, expandindo e diversificando a agricultura. Mesmo assim, ainda precisávamos fazer mais; precisávamos estudar e aprender com os americanos a dinamizar e a modernizar nosso sistema de transporte e de logística para não deixar nossos produtos apodrecerem nos armazéns, à espera de algum meio de transporte moderno. Só assim "poderá a nossa terra, como centro produtor, cooperar em grande escala para a obra da libertação dos povos".[17]

Nelson foi muito franco ao analisar a situação de crise provocada pelo conflito.

> Para falar francamente, nenhum de nossos países está em condições de fornecer a outro todo o material que desejaria, mas devemos proceder de sorte que todo auxílio possível chegue àqueles que lutam na frente da batalha [...] Como se sabe, a presente guerra é total, de povos contra povos, e por isso deve ser total a mobilização de todos os nossos recursos. [...] Nesse sentido, é admirável o esforço que vem fazendo para a guerra o grande parque industrial de São Paulo.[18]

No banquete oferecido no Automóvel Clube de São Paulo por um consórcio de instituições — formado pela Associação Comercial, a Federação das Indústrias, a Bolsa de Mercadorias, a Sociedade Rural Brasileira e a União dos Lavradores de Algodão, além da Associação Comercial de Santos —, pronunciou-se uma verdadeira profissão de fé das chamadas classes conservadoras do Estado. A palavra coube a Gastão Vidigal, na época presidente da Carteira de Importação e Exportação do Banco do Brasil. O tema era um só: a ideia de progresso e modernização do modelo americano deveria servir de inspiração para o Brasil.

Tal modelo estava como que encarnado no próprio Nelson

Rockefeller, disposto a nos ensinar o caminho da salvação modernizadora. "Vós mesmos [...] nos indicastes que se oferece uma oportunidade para, irmãos americanos que somos, tirarmos deste encontro, que vós nos prodigalizais, as vantagens e as utilidades que ele nos pode proporcionar." Não era muito fácil para Nelson entender o barroquismo do discurso de Vidigal, mas ele captou a mensagem quando o brasileiro disse que estávamos ansiosos para ouvir e aprender do irmão "que tão alto elevou o nome da América". "Nós, brasileiros, precisamos e queremos vos seguir."[19] No momento, estávamos propensos à total colaboração para as necessidades da guerra. Infelizmente não podíamos cumprir com todas as obrigações. Não tínhamos, por exemplo, sistema de transporte e muito menos o combustível necessário para movimentar as mercadorias produzidas. Nossas minas não produziam carvão suficiente para mover os trens; as matas próximas às estradas de ferro que poderiam fornecer lenha estavam desaparecendo; os produtos em grande parte eram perdidos na própria fonte. Vidigal falou até da solução do gasogênio, mas seria uma alternativa paliativa. Chapas de aço, combustível, locomotivas, caminhões; precisávamos de tudo. Nelson parecia ser a última e grande esperança para que deixássemos nossa condição de atraso. Na época da visita, em 1942, a produção agrícola nacional, destinada, quase na totalidade, para os Estados Unidos, corria o risco de ir para o fundo dos mares, vítima da ação dos submarinos do Eixo. Precisávamos de comboio para proteger nossos navios de carga. Será que Nelson não poderia pressionar a Marinha americana? Vidigal fazia também um apelo para que os Estados Unidos aumentassem ao máximo as exportações de bens de produção para o Brasil.

Nelson respondeu ao discurso de Gastão Vidigal tentando garantir, sem se comprometer muito, as demandas brasileiras. Disse também que a guerra exigia esforços especiais na luta contra "as forças selvagens, bestiais, lançadas sobre nós em atos de agressão, pirataria e traição [...] até que as possamos banir da face da Terra". E isso só seria possível com a máxima cooperação entre os aliados.[20]

Ele fez uma análise geral bastante otimista da situação dos Estados Unidos e das possibilidades e vantagens que o Brasil poderia ter na parceria com o país. Destacou o potencial americano em capital, recursos técnicos, competência para a fabricação de ferramentas e máquinas para a guerra e certamente para a paz que estava por vir. O Brasil, dizia, possuía recursos imensos: a capacidade dos seus homens, os metais estratégicos, os produtos tropicais — café e borracha — e uma imensa possibilidade de crescimento industrial para suprir os Estados Unidos no que não podiam produzir dentro de suas fronteiras. "Não há, certamente, em todo o mundo, dois maiores mercados destinados a se beneficiar mutuamente, em cooperação numa batalha de produção, como o Brasil e os Estados Unidos."[21]

Buenos Aires foi o destino seguinte de Nelson. A Argentina continuava a ser a peça mais difícil de mover no xadrez do pan-americanismo dos Estados Unidos, já que, ao lado do Chile, não tinha apoiado as propostas americanas de rompimento coletivo com o Eixo. Aliás, foi graças a um telegrama de Osvaldo Aranha a Buenos Aires que o avião de Nelson Rockefeller obteve autorização do governo para aterrissagem em solo argentino.[22] O Brasil, ao contrário, podia contribuir com lideranças nos moldes de homens que forjaram os próprios Estados Unidos. Pelo menos foi o que Nelson sugeriu quando se despediu oficialmente de São Paulo. Soube agradecer a recepção prestada pelas autoridades paulistas. De Fernando Costa, disse que era um homem de ação que não perdia muito tempo com palavras, pois tinha "a volúpia da realização. Pertence à categoria de homens de que o Brasil necessita: a dos construtores, dos empreendedores e [...] encara as questões com objetividade para dar-lhes solução completa". Era como se visse no interventor paulista a reprodução do homem dinâmico e criativo, ou seja, a essência do americanismo.

O FUNCIONAMENTO DO OFFICE

Nelson Rockefeller deixou o Brasil, mas seus representantes que ficaram aqui ou nos escritórios dos Estados Unidos atuaram com dedicação em áreas tão distintas como filmes de animação, produção de borracha da Amazônia, espetáculos musicais, combate a doenças tropicais, projetos de largo espectro econômico para o progresso da sociedade brasileira, encontros e contatos com a chamada *high society* etc. Essa era a missão da agência liderada por Nelson Rockefeller. O paradigma era o *American way of life*. Os meios, os mais diversos possíveis.

O Office de Nelson era uma das maiores agências do governo Roosevelt, pelo menos em número de auxiliares diretos e indiretos. Havia quase tantas subagências quanto as diferentes repartições públicas do governo federal americano. Os auxiliares de Rockefeller eram altamente qualificados e tinham alguma liberdade de ação, mas as decisões quase sempre passavam diretamente pelo crivo do chefe. O diretor de produção era Kenneth MacGowan, que começou sua carreira como editor de scripts da RKO, o conhecido estúdio de Hollywood, e logo depois já era produtor associado da empresa, currículo suficiente para ser convocado para servir no exército de Nelson para o esforço de guerra. Jock Whitney, também ligado à indústria do cinema, foi recrutado como diretor da divisão de cinema (Motion Picture Section) da agência. Ele havia produzido ... *E o vento levou* e era amigo de Nelson. Foi essa divisão que contratou Walt Disney para fazer os filmes *Alô, amigos* e *Os três cavaleiros*. No primeiro, de 1942, Disney criou o "embaixador da boa vizinhança" Zé Carioca, ou Joe Carioca. Os filmes, segundo um documento do Office, eram produzidos em estreita colaboração com o Departamento de Estado para exibição não só no circuito comercial, mas também em universidades, escolas e instituições culturais dos países da América Latina.[23]

A América do Norte era modelar e deveria ser "exposta" a visitantes das outras Américas. O Conselho de Defesa Nacional recebeu um memorando do próprio Nelson anunciando a formação de um Comitê Interamericano de Viagens (Inter-American Travel Committee). Se hoje a construção de um muro separando a América mestiça, pobre, católica, da América branca, rica e protestante é bandeira de um setor conservador considerável da sociedade americana, em 1941 a orientação era bem diferente. Em abril daquele ano, Nelson A. Rockefeller foi muito claro e direto. Disse, sem meias palavras, que o objetivo do Comitê de Viagens era divulgar, por meio de anúncios em 350 dos maiores jornais de todas as Américas, "convites" para que os povos do continente fossem aos Estados Unidos. Para quê? Para que os visitantes pudessem observar com seus próprios olhos o "milagre" do modo de vida dos americanos e a qualidade de suas instituições, capazes de manter o imenso país funcionando e garantindo a total liberdade do seu povo. Tratava-se de mostrar como aquele era, enfim, um sistema confiável.[24]

Nelson convocou para chefiar a Divisão de Comunicação da sua agência Don Francisco, presidente da Lord & Thomas, uma das maiores e mais antigas agências de publicidade do mundo.[25] Revelava-se a importância da propaganda para a política americana. Francisco era mais um dos grandes empresários americanos a deixar suas funções de homem de negócios para contribuir com o esforço da guerra.

Rockefeller expandiu bastante a área de atuação do Office, mas, muitas vezes, a cada passo que dava para satisfazer sua imensa ambição e sede de poder, chocava-se de modo violento com

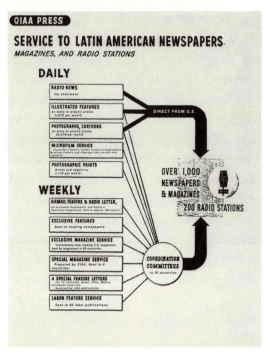

O Office de Nelson tinha uma complexa estrutura dos meios de comunicação.

chefes de outros importantes setores do governo. Foi o caso do conflito com uma das agências mais conhecidas: o Office of Strategic Service, OSS, precursor da CIA, sob o comando do coronel William J. Donovan — ou "Wild" Bill, como era conhecido. A agência de Donovan interagia com as outras, por vezes colidindo, por vezes cooperando. Inicialmente suas relações com Nelson foram amistosas. Num memorando que enviou a Bill Donovan alguns meses antes de os Estados Unidos entrarem na guerra, Nelson afirmava o seguinte: "para situações incomuns devemos usar medidas incomuns [...]. No meu entender, a tarefa de realizar transmissões de programas de rádio em ondas curtas é de vital importância para nossa nação, o que sem dúvida apressará o fim dessa guerra".[26] Por isso mesmo, Rockefeller valia-se de intelectuais e artistas dos Estados Unidos e da América Latina — em especial do Brasil, como Orígenes Lessa, Marcelino de Carvalho, Raimundo Magalhães, Carlos Cavalcante e locutores como Luís Jatobá, entre outros — para redigir roteiros de programas de rádio que tivessem boa penetração entre os ouvintes de todas as Américas. Mas a cooperação entre as agências de Rockefeller e Donovan tinha limites, e a "lua de mel" entre os dois acabou pouco antes de Pearl Harbor. Quando Rockefeller criou uma divisão de rádio do Office para transmitir programas culturais, científicos, notícias e, em especial, músicas e informações veiculando o *American way of life* para a América Latina, teve de duelar com o chefe da espionagem norte-americana. Este tinha uma folha de serviços que amedrontava qualquer um, menos Nelson. Donovan não queria que o rico funcionário de Roosevelt se metesse nas transmissões para a América Latina, que considerava área de sua jurisdição. Rockefeller usou toda sua influência e poder para derrotá-lo. Promoveu jantares e encontros secretos com os mais próximos colaboradores de Roosevelt. Em outubro de 1941, Roosevelt escreveu a "Wild" Bill:

> [...] nosso programa no hemisfério Ocidental é muito diferente dos aplicados na Europa e no Extremo Oriente [...]. Informações, notícias para as outras Américas [...] transmitidas por rádio ou por outros meios devem ser cuidadosamente adaptadas às necessidades do hemisfério e administradas exclusivamente pelo coordenador dos Assuntos Interamericanos.[27]

Depois da vitória sobre Donovan, Nelson parecia sentir-se mais forte do que nunca. Comportava-se como se Roosevelt tivesse lhe passado um cheque em branco. Decidia quais filmes deveriam ser mostrados no Brasil; nos comerciais, apresentados nos circuitos de cinema, não interferia diretamente, mas fazia sugestões para trabalhos como os de Disney. Claro que a liberdade era do artista, do diretor, mas o tema, muitas vezes, vinha dele próprio ou do seu staff.

A ida de músicos e artistas brasileiros para os Estados Unidos era incentivada. Francisco Mignone, o conhecido maestro e músico brasileiro, foi para Nova York a convite do Departamento de Estado. Chegou em abril de 1942 para fazer visitas a diferentes centros de estudos musicais no país. Já era conhecido do público americano, em especial o nova-iorquino, por ter participado, três anos antes, da Feira Internacional com outros músicos brasileiros. A peça que apresentara na ocasião, "Congada" da ópera *O contratador de diamantes*, continuava a ser ouvida nos rádios e em discos.

Mas a ação do Office era centrada principalmente na situação econômica e financeira do Brasil. Os projetos econômicos passavam pelo crivo de uma comissão de especialistas, que examinava cuidadosamente as condições de desenvolvimento do projeto, avaliava o potencial da nossa grande produção mineral, estudava os problemas de extração de outros ricos materiais estratégicos necessários ao esforço de guerra e ao planejamento de um Brasil mais organizado no pós-guerra. O governo brasileiro, segundo um documento, acompanhava com satisfação os trabalhos da comissão econômica do Office.

A agricultura ocupava um lugar de destaque no relatório e era tratada com o rigor científico que marcaria a revolução verde das décadas seguintes. Havia estudos sobre diferentes maneiras de fortalecer os setores industriais e comerciais com capacidade de competitividade, meios de aumentar a produtividade e incentivar novas técnicas agrícolas e industriais. Uma das prioridades era o intercâmbio de estudantes, técnicos e professores, para melhorar a experiência e a capacidade de conhecimento em diferentes áreas. Os candidatos deveriam ter noções da língua inglesa e ser engenheiros, técnicos em comércio internacional ou estudantes de áreas técnicas, como construção naval, metalurgia e siderurgia. Agrônomos formados pela Escola Superior de Agronomia Luiz de Queiroz (Esalq), situada em Piracicaba, iam para as escolas americanas e voltavam maravilhados com a América, trazendo novidades que incentivavam a aplicação de técnicas modernas na agricultura.

Também a pecuária era parte importante do projeto do Office e do Departamento de Estado. Técnicos vieram estudar o cruzamento de raças já existentes com novos plantéis de gado adequados às diferentes condições climáticas do Brasil. A experiência americana na área era famosa. Matrizes de raça *jersey* foram apresentadas em uma exposição em Petrópolis. O presidente Getúlio Vargas gostou dos animais, considerando-os de alta qualidade. Estava prevista a instalação de uma escola especializada em experiências genéticas para a melhoria dos plantéis brasileiros, em especial no Rio Grande do Sul e em Minas Gerais. O modelo vinha do sistema de escolas técnicas americanas, que, acreditava-se, daria oportunidades ilimitadas aos jovens trabalhadores do campo. Muitos brasileiros foram enviados para os Estados Unidos a fim de estudar com técnicos do Exército americano os sistemas de previsão do tempo e os métodos de navegação com tempo adverso, com a colaboração da Marinha brasileira. Escolas vocacionais eram outro destino, para a formação de técnicos em construção naval em madeira, ferro e outras especialidades ligadas à indústria bélica.[28] Era através da cooperação com os Estados Unidos que o Brasil estaria aparelhado para enfrentar os tempos de guerra e, principalmente, preparar-se para a paz, a caminho de uma "sociedade moderna".[29]

No mesmo ano em que Nelson desembarcou no Rio de Janeiro, instalou-se uma missão chefiada por Morris Cooke, um especialista em planejamento econômico do New Deal. A delegação americana ficou várias semanas examinando as condições rurais, agrícolas e industriais com especialistas em hidrelétrica, indústria têxtil, petróleo, metalurgia etc. O relatório chegou a sugerir a construção de uma hidrelétrica no rio São Francisco, nos moldes da Tennessee Valley Authority, um projeto gigante em andamento nos Estados Unidos. Roosevelt acreditava que o mesmo remédio aplicado na salvação da economia americana poderia transformar nosso país em uma potência moderna regional. A ideia de industrialização do Brasil poderia aliviar o parque industrial americano, dedicado em sua quase totalidade à produção bélica. Vários produtos que comprávamos dos americanos poderiam ser produzidos aqui. Como resumiu a historiadora Elizabeth A. Cobbs, "a conveniência dos Estados Unidos era a necessidade do Brasil".[30] Especialistas em diversas áreas começaram a levantar o potencial das indústrias brasileiras. O pano de fundo era a ideia de que o país podia muito bem repetir, com uma pequena ajuda, o que os Estados Unidos haviam feito no século XIX e no começo do XX, isto é, um tremendo impulso modernizante, e industrial urbano. A missão Cooke veio com a autorização do Departamento de Estado. Mas Hull, o secretário de Estado, achava que, embora as intenções americanas para ajudar o Brasil fossem as melhores possíveis, o fundamental no momento era que os Estados Unidos concentrassem seus esforços de guerra no combate ao inimigo, o Eixo. O futuro do Brasil? Que ficasse para o futuro. Por isso, o Departamento de Estado engavetou o projeto.

Nelson não concordou totalmente com o engavetamento. Considerava que alguns itens da missão Cooke poderiam ser implementados, mas, para não criar mais atritos com o Departamento de Estado, não fez comentários quando o projeto foi parar na gaveta. Na verdade, nos Estados Unidos, ele permaneceu ignorado e foi considerado *classified*, isto é, de consulta proibida.[31] Mesmo assim, mais tarde, Nelson soube aproveitar algumas ideias do projeto.

Para manter todos os projetos e pesquisas em andamento, a

agência de Nelson criou um comitê de especialistas de áreas que iam da metalurgia a plantações de juta, da indústria naval à criação de gado. O comitê reunia-se semanalmente. Na primeira meia hora, cada membro fazia um rápido relato do que se passava em sua área. A etapa seguinte era dedicada ao esclarecimento de problemas e à exposição de ideias, à detecção de erros comuns, à sugestão de soluções que deveriam ser discutidas cuidadosamente. Para implementar um projeto novo, o grupo deveria obter a aprovação por maioria. Nos primeiros momentos dos encontros, trocavam-se ideias gerais para depois focalizar os casos mais específicos. Os esforços e as experiências eram trocados com outros membros da equipe. Em seguida, detectavam-se problemas, erros e gargalos que impediam o fluxo de mercadorias ou ideias. As trocas de informação serviam também para impedir a colisão de interesses ou a duplicação de tarefas nas equipes. Uma nova ideia ou solução poderia ser sugerida e discutida para que todos pudessem empregá-la na resolução de problemas semelhantes em diversas áreas.[32]

A marca de Nelson Aldrich Rockefeller estava nesse formato de funcionamento do Office, quase uma reprodução do que acontecia no seu *think tank*, na Junta, como era conhecido o grupo que se reunia no Rockefeller Center: planejamento cuidadoso, troca de ideias, divisão de responsabilidades para solucionar problemas, cuidados para não malbaratar fundos e materiais. Poucos anos depois da guerra, Nelson estava em Jacarezinho, no norte do Paraná, visitando as oficinas da EMA, Empresa de Mecanização Agrícola, quando viu um parafuso jogado no chão. Abaixou-se, recolheu o parafuso, ficou com a peça por alguns segundos na mão, olhou para José Eugênio Silva Sobrinho, tratorista que acompanhava o patrão na tarefa de vistoria, e fez uma longa peroração:

Vocês devem tomar cuidado e não deixar peças jogadas no chão. Elas significam o resultado de pesquisas de equipes técnicas altamente especializadas, que trocaram ideias, informações e gastaram longas horas de trabalho para produzir um simples parafuso.[33]

Estava no DNA da família. No fim do século XIX, o avô ensinara o pai de Nelson a cuidar para que os jardineiros da casa não fossem perdulários com material de trabalho. O neto só fez sofisticar a ideia do gerenciamento dos bens.

BORRACHA, UM TEMA DELICADO

Amazônia e borracha eram, na época, temas caros à política do Brasil e dos Estados Unidos. Além dos interesses estratégicos e econômicos, a Amazônia representava aos americanos uma redenção, a possibilidade de realizar aquilo que eles não podiam mais fazer em seu território, isto é, conquistar o *wilderness*.

Palavra de difícil tradução para o português, o "wilderness" é, na verdade, um conceito que se aproxima da ideia de *frontier*, caro aos princípios do americanismo: região selvagem, bruta, desconhecida, mas pronta para ser "salva" pela missão civilizadora do homem branco.

No final do século XIX, segundo o historiador Frederick Jackson Turner, a fronteira, o *wilderness* havia se esgotado no território americano. Permaneceu, no entanto, entranhado na cultura americana, especialmente no plano das representações, divulgado pelos filmes de bangue-bangue produzidos em Hollywood ou nas antigas apresentações circenses ao estilo Buffalo Bill. Daí a Amazônia exercer tamanho fascínio em certos americanos.

O velho Teddy Roosevelt, o presidente caubói, veio até o "inferno verde", na expressão etnocêntrica da época, e, na companhia do terena coronel Rondon, às vésperas da Primeira Guerra Mundial, explorou regiões desconhecidas. Acabou batizando um rio com seu nome. O próprio primo distante de Teddy, o presidente Franklin D. Roosevelt, em companhia de seu homem de confiança Harry Hopkins, passou pelo Amazonas em janeiro de 1943 e parou em Belém. Ao sobrevoar a região, Hopkins, falando sobre a selva, anotou em seu diário: "Não entendo por que ninguém quer explorá-la. O delta do Amazonas é uma vista maravilhosa, com a boca do rio atingindo uma largura de 150 quilômetros".[34] Roosevelt confessou a Nelson Rockefeller que gostaria de ser jovem para explorar a região.

Mas na conjuntura da crise do começo da década de 1940, a fantasia era superada pela dura realidade estratégica. Em 1939, o economista Eliot Janeway fez uma análise com uma previsão assustadora para a política de segurança nacional dos Estados Unidos:

> A economia americana e, com ela, a defesa americana não podem operar sem borracha, e é estranho que, atualmente, ela não possa ser obtida em quantidade adequada senão das colônias britânicas e holandesas do Sudeste Asiático. E, hoje, o Japão controla as rotas comerciais entre a Costa Leste dos Estados Unidos e os Estreitos da Malásia. Lá se encontra, pronta para ser entregue ao Japão, uma arma mais segura e mais poderosa do que um ataque naval imprudente.[35]

Os Estados Unidos consumiam muita borracha na época. Mais de 75% dos veículos motorizados de todo o mundo rodava em território estadunidense. Os americanos tinham tanta sede de borracha como tinham de petróleo. Consumiam mais borracha do que todo o resto do mundo junto. Petróleo, eles tinham de sobra no Texas, na Califórnia, em Oklahoma. Mas o látex vinha da Ásia, que estava quase toda nas mãos do Japão. E se havia uma coisa que os japoneses não pretendiam era facilitar o comércio desse produto para um inimigo. Só restava, portanto, retomar o desarticulado mercado produtor da América do Sul, em especial da Amazônia brasileira.

Por isso, em abril de 1942, o Office de Nelson assinou com o governo brasileiro o Amazon Development Sanitary Project, pensado para combater várias doenças tropicais, facilitando assim a abertura de novas frentes de trabalho. Na verdade, desde o encontro dos ministros das Américas no Rio de Janeiro, em janeiro de 1942, projetos de desenvolvimento da Amazônia estiveram na pauta.[36]

Os médicos do Amazon Development Project trabalhavam em parceria com o Instituto Brasileiro Agronômico do Norte, coordenados por John Caldwell King. Pouco tempo antes, o próprio King, coronel e vice-presidente da Johnson & Johnson, a gigante da indústria farmacêutica, havia mandado um memorando para Nelson Rockefeller:

A Bacia Amazônica, com quase 3 milhões de milhas quadradas (cerca de 4 milhões de quilômetros quadrados), subdesenvolvida, quase sem população, oferece-nos grandes desafios e esperanças. Uma região que poderia, facilmente, abrigar mais de 100 milhões de pessoas que tirariam dali seu sustento [...] uma vasta área para novas atividades industriais americanas, uma gigantesca e inesgotável reserva de matérias-primas tropicais, a Amazônia é, hoje, a maior prova da falha do homem branco.

Não há planos para o desenvolvimento do vale amazônico. No entanto, pelo menos em teoria, um projeto pode ser bem-sucedido se houver uma infusão, um forte contingente de [...] sangue novo, de imigrantes selecionados em grande escala, vindo da empobrecida Europa, sob o comando de homens honestos, inteligentes, com espírito público, livre de egoísmos, indiferença e crueldade.

Nós, os Estados Unidos, estamos diante de uma das maiores oportunidades da história — a oportunidade de mudar o equilíbrio entre o bem e o mal —, construindo uma força vital, criada pela energia, pela capacidade e pelo gênio de milhões de pessoas oprimidas cujo amor pela liberdade e pela força de espírito as impelem a procurar novos horizontes.[37]

O lamento de King era praticamente um mea-culpa. O homem americano não havia cumprido seu "destino manifesto" de civilizar a região, mas a quase elegia de King converteu-se numa ode. A Amazônia seria a verdadeira revelação: transformar o homem pobre e sofredor da região num virtuoso vivente de novos tempos, onde o maná, o leite e o mel seriam abundantes. Era como se King estivesse no púlpito de uma igreja batista pregando os caminhos da salvação. Era como se o forte imigrante europeu estivesse pronto para os pesados trabalhos que o esperavam na tarefa de civilizar a Amazônia. Como isso tudo era impossível, já que a Europa não podia enviar seus melhores homens — eles estavam sendo devorados pela máquina de guerra de nações militarizadas —, o melhor era transformar o caboclo brasileiro em um homem mais saudável e apto para colher o látex das árvores espalhadas pela imensidão da Floresta Amazônica. Um cronista da época, Frances Ahl, escreveu, bastante entusiasmado, sobre os nossos caboclos seringueiros conquistando a floresta: "eles são os William Beans e James Harrods, os John Seviers e James Robertsons, os Daniel Boones e David Crocketts, os Marcus Whitmans e Kit Carsons. Estão avançando, conquistando lentamente as vastas fronteiras da Amazônia".[38] Em resumo, os caboclos brasileiros foram transformados, na visão de Ahl, em heróis míticos, domadores do "Oeste bravio", do *wilderness* americano.

Muitos técnicos de indústrias da borracha dos Estados Unidos começaram a chegar à Amazônia. Dos mais de vinte especialistas em agricultura, cerca de dezesseis dedicavam-se à borracha. Antropólogos do porte de Charles Wagley, da Universidade Columbia, vieram estudar índios e caboclos e ajudar a desmitificar a visão criada por literaturas como a de Ahl.

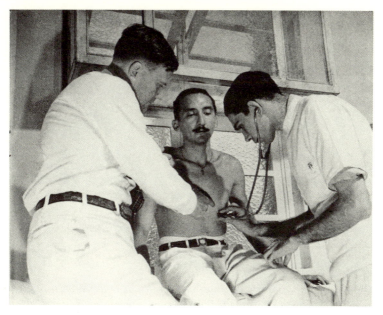

Cooperação entre médicos brasileiros e americanos para garantir a saúde dos nossos cidadãos.

O Office de Nelson não estava suficientemente aparelhado para dar conta de uma tarefa de tamanha envergadura como era a da borracha na Amazônia. Assim, a maior parte dessas atividades passou a ser de responsabilidade de Henry Wallace, vice-presidente dos Estados Unidos e técnico altamente qualificado em questões agrícolas e aproveitamento florestal.

Nelson continuou fascinado pela Amazônia, só que num plano mais cultural do que econômico: sob a batuta do Office, a região foi objeto da curiosidade de Walt Disney.

A CULTURA COMO ARMA

O governo Roosevelt tinha confiança no trabalho de Nelson,

Três nações das Américas aliadas, na representação de Walt Disney. Na miopia etnocêntrica do famoso diretor, éramos todos mexicanos.

em especial quando tratava de usar os meios de comunicação como arma nessa "guerra total", como ele mesmo dizia.

Disney foi um grande colaborador no esforço de guerra. Muitos dos seus desenhos animados foram financiados pelo Office de Rockefeller. Ao menos dois de seus filmes comerciais envolveram a América Latina. Ambos fazem um tour pelo subcontinente, com uma parada mais demorada no Brasil. O primeiro foi *Alô, amigos*, que entrou em cartaz em 1942 nos cinemas das grandes cidades brasileiras. Foi nesse filme que Donald apareceu contracenando com Zé Carioca pela primeira vez. Um ano depois, o estúdio de Disney lançou *Os três cavaleiros*, com vários animais representando regiões da América Latina, mas com destaque para Donald e Zé Carioca. Nos dois filmes sobre o Brasil, o "nosso esforço de guerra" era reduzido a aulas de manuseio de chocalhos, reco-recos, tamborins e pandeiros. No segundo deles, Zé Carioca leva Donald para a Bahia. Aurora Miranda, que aparece vestida como uma iaiá vendedora de quindins, saúda Zé Carioca e Donald com um "Alôôôô!". Não era — e não é — comum usarmos essa expressão para saudações. Aurora não seguiu o conselho de Noel Rosa, que, criticando a americanização que começava a aparecer na cultura brasileira já na década de 1930, dizia, na sua famosa canção "Não tem tradução", que "esse negócio de 'alô', 'alô, boy',/ 'Alô, Johnny'" era "conversa de telefone".

Se compararmos com o filme analisado a seguir, sobre Donald pagando imposto de renda nos Estados Unidos, os que representam o Brasil podem ser interpretados como uma forma de "divisão internacional" do esforço de guerra. Nós contribuíamos com bens simbólicos que remetiam ao prazer, numa espécie de sociologia da preguiça; e eles, com bens materiais identificados com o trabalho, com o vigor das fábricas. Os dois, aparentemente, indispensáveis para a vitória sobre o Eixo. Havia outras produções de Disney voltadas mais para o público americano, como um clássico chamado *The Spirit of '43* [O espírito de 1943]. Nesse desenho, Donald representa um operário comum; quando vai receber o salário, pensa que precisa reservar uma parte para pagar o imposto de renda. Uma figura, que poderíamos chamar de "má consciência", sugere que ele gaste o dinheiro em vez de pagar o imposto; em outras palavras, que sonegue. Donald luta contra a má consciência, que acaba se transformando numa caricatura de Hitler. Vitória do bem. Os impostos viravam aviões, milhares de aviões, bombardeiros, caças, navios, cargueiros, porta-aviões. As fábricas não paravam. Era o esforço de guerra.

Quem conseguiria derrotar tamanha potência? O Eixo não tinha a menor ideia do que havia despertado. Este era o recado: forças poderosas do bem estão prontas para destruir, de uma vez por todas, o mal. Não houve uma única menção às vitórias do Exército Vermelho e ao papel da União Soviética na guerra contra os nazistas. Quando o filme *The Spirit of '43* foi lançado, os alemães tinham sido derrotados em Stalingrado e a Batalha de Kursk já estava no final, dois momentos que marcaram o fim da iniciativa dos Exércitos nazistas na Europa. Os alemães só iriam parar com o wagneriano *Götterdämmerung* de Berlim em maio de 1945.

Um filme pouco conhecido de Disney foi o *The Amazon Awakens* [A Amazônia acorda], feito em 1944, que parece nunca ter sido exibido aqui. Era mais uma síntese de informações sobre a Amazônia, com cenas do exotismo das florestas amazonenses até informações estratégicas sobres riquezas minerais inexploradas. Era uma mistura de filme e animação. Divertido e sério. "*History: Present and Future of the Amazon Basin*" [História: presente e futuro da Bacia Amazônica], como dizia o subtítulo do filme. Tratava da lenda do Eldorado, com um didático mapa e a história dos pioneiros exploradores da região. O rio era um verdadeiro Eldorado. O mítico e o real. Sobre o mapa da Bacia Amazônica, Disney sobrepôs o contorno do mapa dos Estados Unidos. Quase todos os estados americanos cabiam na região da floresta, com pequenas partes ocupando os Andes. O Amazonas, diz o narrador, é cerca de cinco vezes maior que o Mississippi. A imagem começa na nascente do rio e vai descendo, mostrando muita riqueza: cores, flores, pássaros, animais como o bicho-preguiça, a lontra, a enguia, o pirarucu, a piranha. E a pobreza das palafitas. Aos poucos, uma música e o som de um tambor transformam o filme real numa animação e aparece o ubíquo Pato. Havia muito aqui a ser explorado; a redenção do homem norte-americano poderia ser retomada pela civilização desse *wilderness*. Parecia um grande pecado deixar a natureza fora do alcance da civilização. A gigante Ford Motors Company, às margens do Tapajós, encarnava a ideia de que a Amazônia era a última fronteira americana, no sentido usado por Frederick Jackson Turner no seu conhecido artigo de 1893, "O significado da fronteira na história americana".

No filme, a beleza da Amazônia não se esgota. Entre as riquezas retratadas estão o látex, indispensável em tempos de guerra e paz, a água em abundância, a fauna exuberante, com macaquinhos sendo acariciados pelas belas americanas da equipe da Disney, a exploração do mogno, ingredientes exóticos, como a mandioca e a farinha, o cacau, a papaia, a andiroba, o óleo de babaçu e a *brazilian nuts*, ou castanha-do-pará, que nos Estados Unidos também era conhecida pelo nome racista de *negger toes* [dedões de negro].* Até os azulejos do casario de Manaus foram retratados no filme. Em uma cena, um médico visita e examina crianças com suspeita de malária. Um hospital-escola em Manaus prepara enfermeiras. E já se falava em reflorestamento da Amazônia, inspirado nos programas do New Deal que salvaram partes do Centro-Oeste americano devastado pela erosão. É retratada ainda uma escola em que os novos conquistadores da Amazônia são formados. Os padrões de educação do fordismo patrocinados pela agência de Nelson Rockefeller eram a prova maior da fé no sistema americano como patrocinador de civilizações. *Country builders.*

Belém é retratada no filme como a maior cidade da bacia. O "Tico-tico no fubá" tocado pelo Bando da Lua vulgarizava ainda mais a imagem de um Brasil musical e alegre, já divulgada entre os americanos pelos "malabarismos" de Carmen Miranda e por outros filmes de Disney. No movimentado mercado da cidade, peixes exóticos, carnes, farinhas, frutas e utensílios de barro. A natureza à espera da civilização que, no filme, é representada pelos DC-3, os aviões mais populares da época, como o grande condutor para a modernidade e para o futuro da região. A Amazônia era uma Bela Adormecida esperando o beijo do príncipe encantado para despertar para o progresso.[39]

---

* Essa curiosa informação foi apresentada pelo saudoso Gary Shirts, em uma de suas viagens ao Brasil.

O Institute of Inter-American Affairs, que funcionava como uma espécie de filial do Office, cuidava da produção de alimentos. Sob o comando do agrônomo John Griffing, que já havia dirigido a Escola Superior de Agricultura e Veterinária de Viçosa (ESAV) em Minas Gerais no fim da década de 1930, foram organizados os chamados Victory Garden. Eram gigantescas hortas localizadas próximas às bases americanas no Brasil. Este foi o caso da Fazenda Nelson Rockefeller, de trezentos hectares, localizada próxima de Natal, comprada pela Comissão Brasileiro-Americana de Produção de Gêneros Alimentícios, que produzia tomate, mandioca, pimenta, milho, feijão, frutas, além de criar porcos, bois, frangos e perus. Era também uma fazenda-escola que alimentava a base americana e parte da população de Natal.[40]

Além das referências à produção na Amazônia e nas fazendas experimentais, o trabalho de Disney também pretendia oferecer soluções para graves problemas da nossa sociedade, como o analfabetismo infantil e adulto, que poderia ser combatido com a ajuda do criador de Mickey Mouse. Hernane Tavares, um dos vários funcionários do Office, escreveu para Nelson em 21 de março de 1943, sobre uma proposta de convidar Walt Disney para participar de um projeto de combate em massa ao analfabetismo em nosso país. A ideia foi compartilhada em Hollywood com o próprio Disney, que impressionou os colaboradores de Nelson com seus conhecimentos sobre os problemas dos países da América do Sul. Fazer um filme educacional para superar o analfabetismo parecia uma das melhores soluções. Ninguém apontou como operacionalizar o tema, mas Tavares soube muito bem fazer uma análise sociopolítica da situação. O analfabetismo impedia as populações de entenderem em termos práticos o funcionamento de um governo democrático. A democracia seria impossível num país em que mais da metade da população não soubesse ler e escrever. Um projeto como o proposto iria fertilizar um campo pronto para o nascedouro de um corpo de políticos capazes de exercitar e exigir o cumprimento das responsabilidades de um governo representativo.[41]

A cultura, a propaganda e os meios de comunicação, indissociáveis, eram armas tão poderosas quanto os caças, os bombardeiros, os porta-aviões, submarinos, canhões, granadas. Eram armas para derrotar inimigos, assim como para ganhar e manter amigos. Nelson Rockefeller mostrava-se, cada vez mais, um mestre no manuseio dessas armas. Já usava o cinema, o rádio, a imprensa, mas precisava de um estudo mais profundo para conhecer bem o brasileiro e assim conquistar mais fortemente nossos corações. Por isso sua agência encomendou um estudo antropológico que realizasse um mergulho na alma latino-americana.

A prática de estudar outros povos por relatórios de antropólogos já era empregada pelo governo americano. Uma das mais conhecidas pesquisas do tipo resultou no livro *O crisântemo e a espada*, da antropóloga americana Ruth Benedict, contemporânea de Franz Boas, professora da Universidade Columbia. A pesquisa foi encomendada pelo governo para entender a cultura dos japoneses e encontrar "pontos fracos" para atingi-los. Foi a partir de uma sugestão de Ruth que Roosevelt resolveu manter a figura popular e sagrada do imperador e seu governo imperial na eventual rendição dos japoneses.

O coordenador Nelson Rockefeller tinha em mente algo semelhante para solidificar a presença dos Estados Unidos na América Latina. Não se tratava de combater um inimigo, mas de conquistar e manter um amigo empregando todos os meios para consolidar a imagem dos Estados Unidos como um país paradigmático. Liberalismo e democracia: dois motes que precisavam ser mais bem entendidos pela cultura ibero-americana. A fórmula talvez não fosse totalmente adequada aos nossos países, precisava ser burilada para adaptar-se a culturas de raízes diferentes. Foi para adicionar mais ferramentas ao vasto repertório de estudos sobre o subcontinente que Nelson pediu que se realizasse um estudo semelhante ao de Ruth Benedict. Os antropólogos, sociólogos e arqueólogos Wendell C. Bennett, John Gillin e Alfred Metraux,[42] todos altamente qualificados e experientes em cultura latino-americana, cumpriram a tarefa. Quais eram os objetivos do estudo? Uma ampla compreensão da nossa cultura, para possibilitar um contato mais íntimo entre norte e sul-americanos por meio de trabalho de campo feito por pesquisadores americanos com auxílio de cientistas sul-americanos. Conhecer o nosso presente para enfrentar o futuro. Um dos pontos mais importantes era ajudar a liderança da América do Sul a promover o progresso e a modernização.

A antropologia física era vista como um instrumento para explicar a convivência das diferentes etnias na maioria dos países da América do Sul. "Como as etnias se adaptaram ao meio ambiente?" era uma das perguntas dos cientistas. A mistura de brancos com índios ou negros facilitou a adaptação nos ambientes naturais hostis? O estudo visava produzir dados que pudessem interferir na realidade dos povos para melhorar seu padrão de vida. Para isso, discutiram conceitos de cultura e padrão cultural. "O comportamento de indivíduos ou de grupo (incluindo sociedades) só pode ser entendido em relação a seu condicionamento cultural."[43]

Um ponto importante, que não deve ter surpreendido Nelson, foi a conclusão do estudo sobre as relações inter-raciais. O "'problema de raça'" [assim mesmo, aspeado], como "nós pensamos nos Estados Unidos, é de menor importância na maior parte dos países da América do Sul".[44] Claro que há diferenças, dizia o documento, mas elas são de caráter cultural e não étnico. Em grande parte, isso se deveu aos quatrocentos anos de mistura racial. E poderia servir como inspiração para os Estados Unidos reverterem o racismo presente na cultura americana. "É, portanto,

Orson Welles e o seu It's All True *inacabado.*

recomendado que a formação de um bureau ou escritório permanente seja considerada", concluía o documento. Foram feitas considerações sobre as peculiaridades de várias regiões da Amazônia, em especial a cidade de Santarém, o rio Tapajós e a experiência da Fordlândia.[45] Os antropólogos ficaram surpresos com a presença de descendentes de sulistas americanos derrotados na Guerra de Secessão, ocorrida cerca de oitenta anos antes, que se exilaram na Amazônia. Além da análise antropológica, os cientistas lembravam que na ilha de Marajó havia uma estratégica estação de telégrafo sem fio, orientando os navegantes do grande rio Amazonas. Belém tinha uma base aérea e naval americana.

Orson Welles foi um dos "soldados" da batalha cultural para salvar o mundo da tirania. O controvertido filme inacabado *It's All*

True já foi bastante estudado. Os fragmentos que ainda existem foram recuperados em parte pelo trabalho da pesquisadora Catherine Benamou. Welles andou pelo Brasil durante vários meses à procura dos temas ideais para retratar a vida do povo, das pessoas comuns. No Ceará, filmou o cotidiano de uma vila de pescadores. O episódio da morte de Jacaré, líder dos jangadeiros, abreviou sua estada no Brasil. Paralelamente à conturbada produção do filme, Welles fez palestras, promoveu uma festa em homenagem ao aniversário de Vargas, namorou brasileiras; conheceu Minas Gerais e filmou Ouro Preto. Continuou colaborando com o esforço de guerra num programa de rádio chamado *Alô! América*. Entrevistou Osvaldo Aranha, então ministro das Relações Exteriores, e fez um pequeno show com Carmen Miranda. Mas o filme de Welles teve o mérito de mostrar um Brasil que até então era ofuscado pela produção da indústria cinematográfica pasteurizada de Hollywood. O povo e as paisagens brasileiras aparecem como eram e não como o estereótipo típico dos filmes da época. Isso agradou grande parte das pessoas que colaboraram com o cineasta.[46] Ele mostrou talentos locais e muitos artistas já populares como Pixinguinha e Grande Otelo, além de bandas conhecidas.[47]

Outra contribuição de Welles para manter o Brasil como aliado preferencial dos Estados Unidos foi a transformação do aniversário de Vargas em uma data a ser oficialmente comemorada. A ideia era inspirada no Dia do Presidente, nos Estados Unidos. Tanto o Office quanto o Departamento de Imprensa e Propaganda (DIP) aprovaram; a festa foi uma iniciativa da Sociedade Americana do Rio de Janeiro, realizada no Cassino da Urca, com transmissão de uma cadeia de rádio para a sociedade americana. O programa teve como mestre de cerimônia o próprio Welles. Naquela noite os ouvintes americanos e brasileiros acompanharam pelo rádio vários artistas e orquestras nacionais e internacionais. "Dificilmente poderemos encontrar outra prova de perfeita sintonia e cordialidade entre os membros do governo brasileiro e os da agência do Inter-American Affairs."[48]

Enquanto isso, as tropas americanas ainda não tinham enfrentado nenhum soldado nazista e o Exército Vermelho se preparava, vagarosamente, para atrair os alemães para a armadilha de Stalingrado. Coincidentemente, nesse mesmo dia o tenente-coronel James "Jimmy" Doolittle comandou um esquadrão de dezesseis bombardeiros B-25, que, pela primeira vez, levantaram voo de um porta-aviões e bombardearam algumas cidades japonesas, entre elas Tóquio. O ataque teve mais efeito moral do que militar, mas foi um sinal de que os americanos iriam colocar todo seu potencial para participar da guerra.

Enquanto a notícia da ação de Doolittle não chegava ao Ocidente, Orson Welles iniciava o show em homenagem a Vargas. Uma orquestra abriu a noite com uma canção lenta, em ritmo de foxtrote. Seria uma festa de solidariedade de todas as repúblicas latino-americanas. Mas o Chile e a Argentina não romperam relações com o Eixo; essas eram as vozes destoantes que os americanos tiveram de engolir.

A orquestra da casa era a de Carlos Machado, o show teve a participação de Grande Otelo, amigo de Welles, de Jararaca e Ratinho, que faziam blagues de Getúlio Vargas sem serem censurados, da orquestra do maestro francês Ray Ventura, de Linda Batista, Emilinha Borba e tantos outros artistas brasileiros que se esforçavam para demonstrar uma alegria difícil de ser mantida no clima incerto da guerra que se alastrava pelo mundo.

A guerra foi lembrada quando Linda Batista encerrou o programa cantado "Sabemos lutar", marcha patriótica de Nássara, Frazão, R. Magalhães Jr. e P. Frischauer:

Na gueeeerra! Se eu tiver que combater
Minha terra

Juro que hei de defender
Com amor, com ardor...
Hei de defender o céu azul
Que cobre de esperança...
A América do Sul
Nós somos ordeiros
E gostamos da paz
Amamos a beleza
Da nossa natureza
Mas se há gente
Que vier nos desrespeitar
Nós mostraremos que sabemos lutar...

A amizade entre os Estados Unidos e o Brasil aparecia, cada vez mais, nos documentos da agência de Nelson e da própria embaixada.

Todas as atividades propostas pela divisão brasileira do Office estão sendo feitas com total cooperação e assentimento do governo do presidente Vargas. E isso significa a consolidação do caminho para relações sinceras de mútuo entendimento. Isso pode ser traduzido em esperanças de uma relação com resultados concretos para incrementar o crescimento industrial.[49]

Para os analistas, praticamente não existiam sentimentos antiamericanos no Brasil, o que parecia traduzir a fé que eles depositavam em seu sistema: era impossível ser antiamericano.

Uma relação de tamanha amizade podia ser demonstrada em diversos níveis. Presentear autoridades brasileiras era uma das formas de demonstração de sincera amizade. Para cada um, presentes adequados. Nelson presenteou nosso ministro das Relações Exteriores com uma edição refinada, em capa dura, de fotografias de obras e maquetes em homenagem à arquitetura brasileira que foi exposta no MoMA de Nova York. Osvaldo Aranha ficou lisonjeado quando pôs as mãos no luxuoso volume do *Brazil Builders*. As construções brasileiras eram feitas e planejadas por técnicos e artistas altamente qualificados: esse era o recado. A exposição itinerante percorreu várias cidades americanas.

Já o general Dutra, que não se preocupava com arquitetura, recebeu um aparelho de rádio portátil e ficou maravilhado com a técnica americana. Disse que iria pessoalmente agradecer a Nelson quando viajasse aos Estados Unidos. Berent Friele, o responsável pelo Office no Brasil, ofertou, em nome de Nelson e senhora, um grande buquê de flores a Zizi Aranha, a filha dileta do ministro brasileiro que se casara em meados de 1943.

O FIM DA GUERRA: NELSON COMO SUBSECRETÁRIO DE ESTADO PARA A AMÉRICA LATINA

Aos poucos, o papel da agência dirigida por Nelson Rockefeller foi perdendo importância para os altos funcionários do Departamento de Estado. Os Estados Unidos, segundo eles, deveriam agora centrar todas as forças e atenções no teatro europeu e no Pacífico. O orçamento do Office encolhia na mesma medida em que a guerra se definia; os senadores mais conservadores queriam limitar os gastos. Nelson e seu grupo lutavam e insistiam que esse não era argumento suficiente para interromper as atividades relacionadas à América Latina.

Gerar condições para uma transição paulatina e criar algum outro organismo talvez fosse uma saída. Isso poderia dar continuidade às difíceis tarefas impostas pelas adversidades da passagem de um mundo em guerra para um mundo de paz. As forças para reconstruir um mundo do bem-estar eram tão monumentais

A revista Em Guarda *fazia parte do arsenal
"soft power" do Office de Nelson.*

quanto as usadas para a guerra. "É de grande importância que os Estados Unidos mantenham sua política de bom relacionamento com o hemisfério", disse Nelson em uma de suas audiências no Senado, tentando se defender das crescentes críticas. Alguns senadores achavam, por exemplo, que os gastos com uma revista como *Em Guarda*, uma das "joias" da divisão de comunicação, eram desnecessários. Era uma revista muito bem-feita, cara, de boa qualidade, que vendia a ideia da democracia americana e da sociedade do bem-estar, do *American way of life*. Mas não era papel do Estado e sim da iniciativa privada publicar "magazines", dizia um senador conservador.[50]

Ao lado da questão dos gastos, os conservadores do Congresso achavam que Nelson ganhava, cada vez mais, notoriedade política. Não era mais visto como o rico filantropo, o jovem mimado, mas como um homem de ação, ideias e soluções, sempre fazendo apresentações com seus mapas, organogramas, slides, um batalhão de assessores altamente competentes, conferencistas e auxiliares.

Quando a guerra se aproximava do fim, havia uma crescente preocupação dos *policymakers* americanos sobre como seria o "grande desenho" do mundo. A América Latina não aparecia com muita nitidez nesse quadro. O grupo de Nelson procurava elementos para entender a complexa situação, especialmente em relação ao Brasil. Os nacionalistas eram contra Vargas? Em vários relatórios e documentos enviados aos escritórios do Office havia algumas indicações de que sim. Quando a guerra acabasse, as bases americanas seriam desmontadas e vários contratos terminariam. Vargas, para alguns brasileiros, tinha ficado muito dependente dos Estados Unidos. Num dos relatórios, produzidos provavelmente no começo de 1945, havia uma clara preocupação com a possibilidade de setores nacionalistas brasileiros aliarem-se à Argentina, que ainda não havia rompido com a Alemanha, e formar um forte bloco antiamericano:

> Existe no Brasil uma crescente agitação política relacionada às incertezas econômicas que poderiam resultar até na deposição de Vargas. Existe ainda uma forte possibilidade de cooperação entre elementos nacionalistas do Brasil e seus pares argentinos. A possibilidade de formar-se um forte bloco argentino-brasileiro seria uma grande ameaça à liderança dos Estados Unidos no hemisfério Ocidental.[51]

Não havia soluções claras para esses problemas. Divisavam-se complicações no futuro de nossas relações que se intensificavam com a ameaça da inflação, fonte recorrente de insatisfação.

Levando em conta que o Brasil é de longe o país mais rico do hemisfério depois dos Estados Unidos, os americanos preferiam os brasileiros como parceiros e não como oponentes. O grande objetivo de Nelson era a solidariedade continental. Fazia de tudo para entender os problemas e as exigências de longo prazo do Brasil.

Desde que o conflito começara, na Europa, muitos políticos e pensadores idealistas do pan-americanismo viam a oportunidade única de uma grande união de todo o continente americano; depois do ataque a Pearl Harbor, isso parecia estar ao alcance da mão. Roosevelt soube aproveitá-la fazendo, em 10 de dezembro de 1941, uma convocação de emergência de ministros do Exterior de todos os países do continente americano. O Rio de Janeiro foi a cidade escolhida como sede do encontro, por ser a capital do parceiro mais tradicional da política externa norte-americana.

No dia 15 de janeiro as delegações começaram a chegar ao Palácio Tiradentes. O representante americano era Sumner Welles, amigo de Roosevelt e subsecretário para assuntos relacionados à América Latina. Welles e Osvaldo Aranha concordavam que só uma solução unânime agradaria a todos, o que significava aceitar integralmente a proposta dos Estados Unidos, que exigia o rompimento de relações com os países do Eixo.

O obstáculo a esse projeto estava na resistência argentina. Enrique Ruiz Guiñazú, ministro argentino, tido como pró-fascista pelos americanos, argumentou que o ataque a Pearl Harbor não podia ser considerado uma ofensa às Américas e por isso não poderia levar ao rompimento com as potências do Eixo. Ou seja, não ia ser muito fácil conseguir a unanimidade exigida pelos estrategistas americanos. Para piorar a situação, a Argentina era apoiada pelo Chile. Mas Welles, com a ajuda de Aranha, tinha esperanças de conseguir atingir seus objetivos. As reuniões se prolongaram por exaustivos oito dias. Em certa ocasião, Welles e Aranha ficaram 48 horas trabalhando sem descanso. O delegado brasileiro, com recomendações de Vargas e do alto escalão militar, aproveitou para exigir o reequipamento de nossas Forças Armadas. Welles conseguiu o comprometimento de Roosevelt, que deu sinal verde para a remessa de certos materiais militares. O curioso é que o general Marshall tentou impedir o envio da encomenda e, para isso, usou dois argumentos: primeiro, disse que os Estados Unidos estavam muito aquém de equipar suas próprias forças; segundo, que se ocorresse uma "revolução" inspirada no modelo do Eixo, as armas poderiam ser usadas contra os próprios americanos.[52] Roosevelt ignorou os argumentos de Marshall.

Finalmente, na noite de sexta-feira, 23 de janeiro, os delegados de todo o continente chegaram a um documento comum, muito distante do que os Estados Unidos esperavam. O documento recomendava o rompimento de relações com o Eixo. Recomendar não significava exigir. Quando Sumner Welles telegrafou para Cordell Hull e comunicou o resultado, o secretário de Estado ligou de Washington para o Rio, repreendendo duramente a falta de firmeza do subalterno. Roosevelt apoiou Welles e desautorizou Hull. Os vencedores foram os argentinos, que esperavam com isso aumentar sua liderança na região. O anti-ianquismo até podia fazer sentido numa época anterior, mas era uma política equivocada e muito perigosa no momento em que as forças aliadas ocidentais e da União Soviética conquistavam vitórias sobre as forças do Eixo. A estratégia de Vargas parecia mais adequada para o momento.

Aranha entendeu melhor o papel do Brasil como aliado dos Estados Unidos no concerto mundial. "Eu quero que na mesa de paz se fale [também] português", teria dito nosso ministro de Relações Exteriores.[53] O novo grupo de militares argentinos que tomou o poder, o GOU (Grupo Obra de Unificación ou Grupo de Oficiales Unidos), adiava a decisão de rompimento com a Alemanha exigida pela política americana. Os militares argentinos reprimiam as associações pró-democracia, suspeitas de serem mais comunistas do que aliadas ocidentais. Juan Domingo Perón, o novo ministro da Guerra e secretário do Trabalho, reafirmou a neutralidade argentina em junho de 1944, isto é, no momento do desembarque do Dia D. Querendo solucionar o caso, Roosevelt escreveu a Churchill, que dependia da carne e do trigo argentinos:

> Espero que você faça a Argentina saber de forma clara, firme e sem rodeios, e sem deixar nenhuma dúvida, que estamos todos fartos de seus sentimentos e práticas pró-Eixo. É a única nação da América do Norte, Central e do Sul que atua dessa maneira. Acho que você nos ajudaria bastante se pudesse pôr isso naquelas cabeças-duras.[54]

O governo americano não levava em conta os interesses dos ingleses e continuava a pressionar a Argentina.

Depois das eleições de novembro de 1944, em que Franklin D. Roosevelt foi eleito pela quarta vez consecutiva, o presidente fez uma reforma no gabinete e nos quadros políticos. Quando foi indicado pela convenção democrática, Roosevelt optou pelo desconhecido Harry Truman como companheiro de chapa da vice-presidência em lugar de manter Henry Wallace, visto como muito pró-soviético pelos conservadores. O secretário de Estado, Cordell Hull, que se encontrava doente, pediu demissão e foi substituído por Edward Stettinius, executivo da U.S. Steel. O subsecretário de Estado para Assuntos Latino-Americanos, Sumner Welles, havia deixado o cargo algum tempo antes. Essas mudanças foram importantes para a carreira política de Nelson Aldrich Rockefeller.

Ele estava em férias no Caribe quando foi chamado com urgência para se apresentar em Washington. Stettinius disse que o presidente Roosevelt queria que ele assumisse o cargo deixado vago por Welles. No posto anterior, ele já havia acumulado um grande capital político com os países do subcontinente; agora multiplicaria várias vezes esse capital como subsecretário de Estado para Assuntos Latino-Americanos. Embora subordinado à autoridade do secretário de Estado, o cargo equivalia ao de um ministro de Estado responsável pelas relações com os vizinhos do Sul. Como a Europa e a Ásia ganhavam mais importância na política externa americana, Nelson estava praticamente sozinho nesse jogo diplomático com a América Latina.

Logo que teve oportunidade, começou a pressionar para que a Argentina voltasse ao "seio da comunidade americana", na linguagem da diplomacia da época. Ele, de certa forma, preferia o "direitismo" dos militares portenhos a aproximações com os comunistas, como era a orientação inicial do governo. Sua grande chance surgiu na proposta da Conferência Interamericana sobre Problemas da Guerra e da Paz, mais conhecida como Conferência de Chapultepec, por ter sido realizada no castelo de mesmo nome, nas cercanias da Cidade do México. Nelson, acompanhado por seus mais fiéis assessores, fretou um DC-3 com os próprios recursos e levou representantes de todas as Américas — menos da Argentina —, que se reuniram entre 21 de fevereiro e 8 de março de 1945. O secretário de Estado, Edward Stettinius, chegou pouco depois, vindo diretamente da conferência de Yalta. No caminho para o México, ele parou no Rio de Janeiro, conferenciou com Getúlio Vargas para discutir alguns pontos relacionados à abertura democrática, entre eles a anistia aos presos políticos e o reconhecimento da União Soviética pelo governo brasileiro.

Em Chapultepec, foi discutida a proposta da formação de um bloco de países, com o intuito de buscar meios para promover o desenvolvimento econômico e social dos países latino-americanos, mas principalmente para tratar de um sistema de defesa mútua. Passava a valer o princípio de que o ataque a uma das nações do continente seria considerado um ataque a todas as repúblicas americanas.

O encontro do México só aumentou a distância entre o gru-

Edward Stettinius, secretário de Estado americano, é o terceiro — da esquerda para a direita — na primeira fila. Nelson, atrás, parece esforçar-se para aparecer e garantir o controle da reunião dos representantes dos países americanos no México.

po de Nelson e os profissionais do Departamento de Estado. Uma organização regional, como ele propunha, poderia ser um obstáculo ao projeto de uma só organização para manter a paz mundial. O objetivo não explícito de uma união entre as nações americanas era impedir a expansão do comunismo soviético no continente. Nelson sempre tomou o cuidado de deixar isso em off. O resultado final do encontro pode ser resumido na declaração do senador texano Tom Connally: era uma nova Doutrina Monroe, produzida por todas as repúblicas americanas e não só pelos Estados Unidos.

Dois meses depois de Chapultepec, os defensores de uma só organização mundial se apresentaram com força total em San Francisco, a cidade americana escolhida para a primeira reunião das Nações Unidas. Nelson Rockefeller não foi convidado a participar da abertura, mas viajou para a cidade mesmo assim. Os assessores que o acompanharam mais pareciam uma grande corte.

Ele levou na bagagem a ideia fixa de que a Argentina precisava participar da nova organização mundial. Os soviéticos viam esse pedido com reservas por considerar o governo argentino pró-fascista. Na verdade, vários altos funcionários do governo americano também comungavam dessa opinião. Nelson soube, com bastante argúcia, pressionar o líder da Comissão da ONU, senador Vandenberg, para incluir na pauta de discussão o chamado artigo 51, ou seja, que a nova organização mundial reconhecesse o direito de cláusula de autodefesa continental americana. Esse artigo abriu o precedente para, pouco tempo depois, surgirem outras organizações de defesa, como a Organização do Tratado do Atlântico Norte (OTAN), o Pacto de Varsóvia, o Tratado Interamericano de Assistência Recíproca etc.

Ed Stettinius foi convencido, depois de altercações com Nelson, a encontrar-se com os delegados da América Latina em um hotel de San Francisco, e ouviu o representante colombiano, Lleras Camargo, dizer que estava claro que a intenção da União Soviética era intervir nos assuntos domésticos na América Latina. Ouviu também Carmen Miranda e o Bando da Lua, contratados por Rockefeller para animar a reunião, que se encerrou com um jantar. Stettinius achou um pouco constrangedor o exagero do latinismo festivo da reunião. Nelson parecia considerar que poderia convencer os delegados latino-americanos com mais facilidade se eles fossem "arejados" por boa comida, boa bebida, charutos e música.[55]

Mas a atuação de Nelson parecia não ter limites: além de protagonizar jantares, regados a vinho, uísque, champanhe, charutos e "música latina", ele ainda teve de atuar tal qual um detetive particular, um Sam Spade, saído das páginas de Dashiell Hammett, para resolver casos de traição conjugal, encontros amorosos clandestinos, diplomacia e espionagem.

INTRIGA INTERNACIONAL

Ingeborg Vargas, ou Inge, como era tratada a nora alemã do presidente brasileiro, era suspeita de atividades subversivas antiamericanas bem antes do episódio da carta na bagagem dos espiões nazistas. Ela e o marido, Lutero Vargas, foram observados, embora muito discretamente, por alguns dos serviços de inteligência dos Estados Unidos assim que chegaram no país, em janeiro de 1942.

A ordem para vigiar o casal partiu do próprio Nelson, que se revelou, ao longo da vida, um exemplo do que o historiador Richard Hofstadter chamou de "estilo paranoico": suspeitava de tudo e de todos e parecia sofrer de uma "fantasia conspiratória exacerbada",[56] mesmo em casos que não mereceriam tamanha atenção. O fato é que ele desconfiava de qualquer pessoa que tivesse a mais remota relação com a Alemanha nazista, e o Brasil tinha a segunda maior colônia de alemães e descendentes das Américas, com cerca de 1 milhão de pessoas. Só ficava atrás dos Estados Unidos. Esse parecia ser, do seu ponto de vista, um bom argumento para desconfiar da esposa de Lutero, principalmente depois que ele teve contato com documentos produzidos pelos ideólogos do expansionismo alemão, sugerindo que o Sul do Brasil bem que poderia ser um pedaço da Nova Alemanha.

Lutero despertava certas suspeita por ter se casado com uma alemã e, para alguns setores, por ser filho de um ditador que havia sido considerado, no começo da guerra, simpatizante do fascismo. E Inge, a esposa, era suspeita por ter nacionalidade alemã.

O ano de 1942 foi difícil. Depois de Pearl Harbor, o Brasil viu-se na contingência de dar total apoio aos Estados Unidos. Por isso mesmo não foi muito fácil para Nelson seguir os passos do casal Ingeborg e Lutero. Ele costumava avançar em jurisdições que não eram de sua alçada, como já se disse aqui; era insistente, sedutor e arrogante a um só tempo. Muitos consideravam-no um chato. Isso provocava constantes atritos com outros setores do governo.

No caso Inge-Lutero, o primeiro problema que Nelson teve de enfrentar foi a oposição do Departamento de Estado a seu pedido para que os agentes que trabalhavam no Office, alguns emprestados do FBI, seguissem os passos do casal. Isso ocorreu quase na mesma época de sua visita ao Brasil, onde foi recebido por Getúlio Vargas, assinou acordos de ajuda recíproca, de envio de técnicos especialistas em borracha, meteorologia, siderurgia etc. Talvez exatamente por estar comprometendo o governo de seu país com o do nosso, ele se achava no direito de saber com quem estava lidando, queria poder confiar nos latinos, que gostavam de demonstrar afeto com abraços apertados.

Numa carta de 29 de dezembro de 1942, um agente, que assinava simplesmente WLC, informava Nelson da investigação sobre a "senhora Vargas", feita com a participação discreta do FBI. A agência da polícia federal americana sabia que não podia se meter em casos internacionais e, por isso, pediu autorização do Departamento de Estado. "O Departamento reagiu horrorizado e disse que nunca, em nenhuma circunstância, seria permitido vigiar a nora do presidente de uma nação amiga."[57] Inge e Lutero ficaram, assim, sob discreta observação.

Nelson era hábil o suficiente para aproveitar toda fonte de informação. Um memorando sobre a política brasileira também podia conter dados mais confidenciais.

No ano seguinte, um relatório fazia um balanço da situação política do Brasil, mas não esquecia das "aventuras" amorosas do filho de Vargas e, possivelmente, de sua esposa. O relatório, era assinado pelo capitão G. B. Starkloff da seção de informação da base militar Jefferson Barracks no Mississipi. O militar, do corpo médico do Exército americano, estava comissionado no Rio de Janeiro e trabalhava na embaixada dos Estados Unidos. Não havia nada de estranho, pois o Brasil e os Estados Unidos estavam em guerra contra o Eixo e trocavam dados, em especial no setor da saúde. Mas o capitão médico G. B. Starkloff fazia mais do que isso: passava informações sobre a situação política do Brasil e a conduta moral de alguns homens do poder em nosso país. O tema do relatório era "*Brazilian Situation and Visit by dr. Lutero Vargas, Brazilian National*" [Situação do Brasil e visita do dr. Lutero Vargas].

O Brasil, segundo o dr. Starkloff, preparava-se para eleições assim que a guerra terminasse. "Se eles não acharem conveniente manter Vargas", a escolha mais evidente seria a de Amaral Peixoto, almirante, genro de Getúlio, casado com Alzirinha Vargas. Quando o informante americano usa a terceira pessoa do plural — "eles" — conota um ente, quase invisível, que controla os fios do poder. Na sequência, quando o relatório trata do envio das tropas brasileiras para a Europa, aparecem alguns nomes que estavam subjacentes ao "eles". Os generais Dutra e "DeCosta" eram os representantes do forte apoio militar que matinha o governo. "DeCosta", como está grafado, era o candidato ao comando das três divisões que, provavelmente, seriam mandadas a lutar no teatro europeu. O DeCosta a quem se referia o informante americano era o general Euclides Zenóbio da Costa, um destacado comandante da Força Expedicionária Brasileira (FEB) se preparando para a campanha da Itália.

Mas havia outros problemas. Segundo o médico-espião, "Juan Alberto e o ministro do Exterior Aranha estão se desentendendo e isso, possivelmente, poderá dividir o grupo". A amante de "Juan" Alberto — que não era outro senão João Alberto — podia ser uma boa fonte. Parece que esses agentes não tinham muito o que informar e ficavam mais na área da fofoca do que da política. A própria grafia do nome de João Alberto, em espanhol, revela a ignorância do capitão americano.

No entanto, quando o assunto voltou a ser Lutero e Inge, o relato pareceu mais organizado. O comportamento de Lutero não era muito recomendável para o filho de um chefe de Estado, pelo menos em tempos de guerra. Ele havia tido alguns casos amorosos na Alemanha antes do conflito, inclusive com mulheres que eram parentes de membros do alto-comando do Exército germânico.

O filho mais velho do presidente Getúlio havia estudado medicina na Universidade Nacional do Rio de Janeiro e, em 1939, viajou à Europa para se especializar em ortopedia. Na Alemanha, antes da guerra, conheceu e se casou com a jovem e bela Ingeborg. No Brasil, exerceu a profissão de médico e, em janeiro de 1942, já durante a guerra, o casal foi para os Estados Unidos, onde ele frequentou a prestigiosa Universidade Cornell e ela se dedicou a atividades artísticas. Com a entrada do Brasil na guerra, o filho de Getúlio embarcou como tenente médico, servindo na Força Aérea Brasileira na Itália, no segundo semestre de 1944, no Hospital Geral de Livorno, quando Inge se preparava para viajar novamente para os Estados Unidos.

Enquanto esteve na Costa Leste dos Estados Unidos com a esposa, ele namorou uma corista suspeita de ser espiã a serviço de potências inimigas. Lutero esteve várias vezes embriagado e podia ter passado alguma informação para a moça. Paranoia de agentes prestimosos? Que informações teria Lutero que poderiam pôr em risco a segurança dos Estados Unidos?

A seção do relatório que trata das atitudes antiamericanas de alguns funcionários brasileiros parecia ser a parte mais importante da análise. Os brasileiros são leais à causa aliada? Ou seja, "são verdadeiros amigos" dos Estados Unidos? Altos funcionários do Brasil, dizia o relatório, citando um agente infiltrado em nossa embaixada em Washington, faziam críticas a algumas políticas americanas. Havia comportamento semelhante também entre altos funcionários no Rio de Janeiro. O que temiam? O relatório dizia que muitos brasileiros achavam que os Estados Unidos só ajudariam o Brasil enquanto durasse a guerra. Assim que terminasse o conflito o governo americano cortaria os auxílios e os contratos com o país. Era mais uma preocupação com o futuro depois da guerra do que uma posição antiamericana. Nelson usaria informações como essa para formular projetos para o Brasil depois do conflito.

Ver um certo antiamericanismo em alguns brasileiros e as possíveis ligações de Inge com a Alemanha nazista não era tão difícil para as fontes de Nelson. O capitão informante deixou bem claro que não havia nenhuma evidência de que Inge fosse uma espiã ou mesmo uma simpatizante nazista. Mas a paranoia de Rockefeller ia além de evidências.

As complicações com Inge, a infidelidade e os casos amorosos coincidiam com as mudanças no governo Roosevelt, quando a vitória dos aliados já estava praticamente definida, o que levou a uma reformulação da política americana para o Brasil. Nelson era subsecretário de Estado e como tal, em janeiro de 1945, na expectativa de sinalizar a continuidade da política de amizade com o Brasil e amenizar sua desconfiança em relação à nora do presidente brasileiro, fez um favor à esposa de Lutero. Pediu a Wally Harrison, arquiteto e amigo de longa data, que o substituiu na chefia do Office, que procurasse acomodações para Ingeborg, recém-chegada aos Estados Unidos para aperfeiçoar seus estudos.[58]

O apartamento encontrado, no lado leste de Manhattan, era muito caro para "madame Vargas", como Ingeborg era tratada nas correspondências. Além do aluguel, ela precisava pagar a escola da filha. A renda da nora do presidente brasileiro não era suficiente para todos os gastos, o que incluía estudos de música em Nova York. O problema de moradia não se resolveu de imediato, mas as aulas de música ficaram garantidas com uma bolsa conseguida por Nelson. "Caro Wally, eu ficaria muito satisfeito se o Office pudesse dar à madame Vargas [...] uma bolsa [...] de trezentos dólares por mês [...] para ela estudar música na Julliard School, em Nova York.[59] Nelson ainda conseguiu que Wally acrescentasse mais trezentos dólares mensais para as despesas. Com isso, Inge pôde concretizar seus planos de estudar música em Nova York e pagar o aluguel de um pequeno apartamento.

Enquanto os arranjos estavam sendo feitos, Inge ficou hospedada na casa de Eurico Penteado, diplomata brasileiro que morava na Park Avenue, 290, e a filha, Cândida, permaneceu na Filadélfia, na casa de um alemão chamado Stinnes. Esse episódio, que pode parecer menor, só complicou a situação de Inge. O alemão era nada mais, nada menos do que o filho do grande empresário Hugo Stinnes, um dos *Schlotbarone* (barões da chaminé), associado ao grupo Thyssen, considerado, ao lado da Krupp, peça importante no programa de rearmamento da Alemanha nazista. Esse era um prato cheio para os serviços de inteligência americana. Alguns dias depois de providenciar a vaga na Julliard School, Rockefeller escreveu a Maria Martins, esposa de Carlos Martins, embaixador brasileiro. Na carta, explicou que estava tentando ajudar Ingeborg. Falava de certas exigências que a nora de Vargas andava fazendo; mas demonstrava preocupação, porque Cândida, a filha de Inge — e, portanto, neta do presidente brasileiro —, estava hospedada na casa de Stinnes. E para complicar as coisas,

> por uma estranha coincidência, sua professora de canto na Alemanha está em Nova York e madame Vargas vem pressionando para ter lições com a antiga professora, embora ela não faça parte do corpo docente da Julliard. Francamente, do ponto de vista das relações públicas, não acho que tenha sido uma atitude sábia e pode vir a ser mal interpretada por amigos do Brasil neste país, dada a proximidade de madame Vargas com o presidente.[60]

Nelson e Maria eram muito próximos. Ele, conhecido colecionador de arte, admirava a embaixatriz, uma escultora de talento e mulher muito atraente. A relação entre os dois[61] talvez explique por que ele procurou primeiro a esposa do embaixador brasileiro

— e não o próprio — para tratar desse assunto de Estado. Sugeriu que ela ficasse de olhos e ouvidos bem abertos enquanto Inge estivesse em território americano.

J. Edgar Hoover, o famoso diretor do temido FBI, fazia o mesmo. O dossiê Inge já era extenso e Nelson tinha conhecimento dele. Os informantes do FBI grafavam o sobrenome de Inge de forma incorreta — Hauff em vez de Haeff —, mas sabiam que ela havia participado da Juventude Hitlerista, o que a qualificava para atos de espionagem, além de não demonstrar muita simpatia pelas boas relações entre o Brasil e os Estados Unidos. Edgar Hoover escreveu a Nelson:

> Na embaixada, suas atividades sempre foram consideradas suspeitas por um informante que temos lá. Segundo esse informante, a senhora Vargas fez parte da Juventude Hitlerista e, numa ocasião, quando cruzou com o embaixador Martins, depois que ele se entrevistara com Roosevelt, ela teria dito: "Você entregou o Brasil a eles numa bandeja de prata?". [...] Esse informante sugere que a presença de madame Vargas nos Estados Unidos pode abalar as relações com o Brasil.[62]

O fato de Inge ser íntima dos Stinnes, e ter um passado de simpatia pelo nazismo, era mais do que suficiente para o FBI ficar muito atento. Alguns dias depois, Hoover escreveu outra carta para Rockefeller, dizendo que Ingeborg continuava sendo monitorada e que seus informantes tinham descoberto outra atitude suspeita da nora de Getúlio — daquela vez, não ligada à política, mas sim a um relacionamento extraconjugal. Ela vinha se encontrando com um arquiteto e artista plástico nova-iorquino chamado Philip Weiner. "Ela acompanhou Weiner de Nova York a Washington em 26 de fevereiro e eles ficaram hospedados no hotel Shoreham. Ele levou as bagagens dela para seu próprio quarto e os dois ficaram juntos até o dia 1º de março, quando retornaram a Nova York."[63] O Shoreham era, e é, considerado um dos mais luxuosos hotéis do país, frequentado por políticos, artistas, intelectuais famosos, local mais do que adequado para acrescentar mistérios e desconfianças sobre o comportamento de madame Vargas.

Depois dos supostos encontros com o arquiteto nova-iorquino, levando em conta que não havia provas documentais, mas só observação de agentes, Inge estava se preparando para voltar ao Rio de Janeiro. Que Nelson Rockefeller pedisse ao governo brasileiro para ficar atento às atividades de Inge, aconselhou o diretor do FBI. Ainda assim, a carta terminava "limpando" a ficha política da mulher de Lutero: "Apesar de termos informações indicando certas simpatias da sra. Vargas pela causa alemã, não há nada que indique que ela esteja envolvida em espionagem".[64]

Na época, Nelson transitava, não sem alguma dificuldade, entre casos de espionagem, encontros com a amante, reunião de ministros das Américas no México. Ele usou de toda sua influência para incluir na carta das Nações Unidas o sistema de defesa do continente americano. Mas ele sentia que estava perdendo terreno desde a morte de Roosevelt, que ele considerava seu grande aliado.

O fato é que Franklin Roosevelt, como Moisés, viu a Terra Prometida, mas não pôde alcançá-la. A parábola é de Henry Kissinger no clássico *Diplomacia*. O presidente americano morreu em 12 de abril de 1945 e não pôde ver a vitória aliada na Europa, que aconteceu no começo de maio. Nelson ficou muito abalado. Roosevelt, quase sempre, apoiava suas iniciativas; com Harry Truman na presidência a situação seria outra.

Aos poucos, o novo presidente foi moldando o corpo de auxiliares a seu jeito. Era um homem de pouca paciência e pouca cultura política, em comparação com o antecessor. Stettinius, o secretário de Estado, foi substituído por James Byrnes, que não era um grande fã dos métodos nelsonianos de aproximação, por exemplo, com a Argentina. No dia 23 de agosto de 1945, Nelson foi ao Departamento de Estado com um longo relatório para explicar ao novo secretário a América Latina do pós-guerra. Byrnes olhou para ele e disse: "Francamente, não é necessário você falar sobre seu relatório. O presidente já aceitou a sua demissão". Nelson saiu às pressas e pediu uma audiência com o presidente. Disse a Truman que a América do Sul era muito importante. Truman concordou, polidamente, mas disse que, de todo modo, não precisava mais de seus serviços. Nelson simplesmente não acreditava que alguém pudesse despedi-lo.[65]

Lutero parecia considerar que o fato de ser filho de Getúlio Vargas era trunfo suficiente para pedir favores a Nelson Aldrich Rockefeller. Assim, solicitou ajuda para resolver o problema da relação com a esposa. Foi como pedir conselhos sobre o que fazer com seu casamento a um sargento numa trincheira em plena batalha. O fato é que, em setembro de 1945, Nelson recebeu uma carta de Lutero Vargas pedindo-lhe que o ajudasse no processo de separação que estava movendo contra Ingeborg.

Escrevendo em inglês, com alguns erros de datilografia, o filho do presidente brasileiro demonstrava fraqueza e perda de autoconfiança. Começou a carta com um inadequado "*My dear*", o que revelava o desejo de fazer-se próximo e amigo para justificar a busca de apoio. Não era uma ajuda material, como pediam as centenas ou milhares de cartas de brasileiros recebidas pelo rico norte-americano, como se verá adiante. Um herdeiro dos Vargas precisava da ajuda moral de um americano para sair da confusão emocional que punha em xeque sua própria cultura.

"Conversei com você em Washington sobre meu divórcio com Inge no México. Parecia praticamente resolvido, mas não é reconhecido no Brasil", disse Lutero, em tom de lamento e profunda dor. As coisas, segundo ele, se complicaram ainda mais, pois ela, depois de voltar ao Brasil, recusou-se a aceitar a separação "dizendo que tudo não passara de uma grande armadilha mentirosa de Maria [Martins]" e de oposição da própria família Vargas, que não admitia o casamento com uma estrangeira. Inge insistia que nunca tivera relacionamento com "*that P. W.*" (Philip Weiner), seu alegado amante, e que não se hospedara com ele em nenhum hotel.

Lutero dizia a Nelson que queria cuidar da filha e, ao mesmo tempo, precisava evitar escândalos que pudessem ter repercussões na posição política do pai. "E agora que está tudo terminado preciso da separação para proteger minha filha de tal monstro (*such a mounster*) e deixá-la com minha mãe."[66] O tom da carta chegava a ser patético. Lutero expunha suas angústias, sua intimidade, como se falasse a um amigo íntimo, quase um irmão, um companheiro de botequim.

Nelson estava muito longe de ser enquadrado nessa categoria. Gostava de se sentir amigo, ou melhor, deixar que brasileiros achassem que ele era amigo, mas tinha a frieza de quem coloca os interesses da política de seu país em primeiro lugar; não podia agir como um amigo. Podia, como disse, até se fazer representar como um, mas era frio e calculista. Vargas também tinha algumas dessas qualidades, que Lutero não herdou. "Eu não posso ficar com a criança", prosseguiu o brasileiro, "a menos que prove a infidelidade." Para isso, pedia três coisas a Rockefeller: primeiro, permissão para usar a cópia da carta que Nelson enviara a Maria, falando de Inge, e que Maria passara a Alzira, sua irmã; segundo, que Nelson mandasse uma cópia autenticada do relatório dos agentes sobre o adultério de Inge; e por fim, que enviasse uma prova, se possível, de que era ela realmente que estivera hospedada no Shoreham entre os dias 26 de fevereiro e 1º de março.[67]

Lutero assinou a carta e acrescentou um P. S.: "*Excuse-me* [sic] *the english* [sic], *the typewrriting* [sic] *and this letter, but I am in very bad depression*" [Perdoe-me pelo inglês, pelos erros de digitação e pela carta, mas estou em forte depressão]. Enviou votos de boa saúde para Nelson, esposa e família.

Será que Lutero Vargas sabia que Nelson não fazia mais parte do governo? Que era quase uma persona non grata no Departamento de Estado?

O americano não respondeu de imediato. Assim que recebeu a carta de Ingeborg dizendo-lhe simplesmente para não se meter, escreveu um documento confidencial para James Byrnes. Anexou um memorando detalhado dos acontecimentos envolvendo infidelidade e suspeita de espionagem. "Ela estava sob suspeita de ser nazista, como você pode ver no memorando anexado e nas ações que tomamos como precaução. [...] O FBI tem a ficha dela desde 1942, quando de sua primeira visita aos Estados Unidos." Nelson continuava a "sugerir" e quase ordenar:

> Por causa das implicações políticas dessa situação eu arriscaria uma sugestão: juntar uma cópia da carta de madame Vargas, o memorando anexado, a pasta de documentos confidenciais e mandar tudo isso para nossa embaixada no Rio de Janeiro, com instruções de dar todas as informações ao presidente [...]. Na minha opinião, essas são medidas urgentes porque podem afetar politicamente as eleições programadas para dezembro. Madame Vargas pode usar as informações que obteve contra o marido, que tentou requerer o divórcio no México sem o consentimento dela.[68]

O secretário de Estado Byrnes respondeu com educação, mas pareceu não ter dado a devida importância ao caso: "Agradeço suas sugestões e, se for necessário, aceitarei sua oferta de ajuda".

Coincidência ou não, Nelson estava escrevendo sobre o Brasil ao secretário de Estado no momento em que o novo embaixador americano no Rio de Janeiro, Adolf Berle, seu amigo e mentor, fez um discurso exigindo que Vargas cumprisse o calendário eleitoral e condenando a ideia de uma aventada permanência de Vargas no poder.

O movimento Constituinte com Vargas, ou *queremismo*, foi organizado por setores ligados ao sindicalismo e recebeu apoio dos comunistas. Esse movimento foi uma reação popular pela permanência de Vargas no poder. Berle via a continuidade como um grande perigo para o projeto de redemocratização pensado pelos americanos. Isso o incentivou a fazer o pronunciamento criticando o "continuísmo", um dos fatores que ajudou os militares a darem o golpe que depôs Vargas.

No dia 29 de outubro de 1945, os generais Góes Monteiro e Eurico Gaspar Dutra obrigaram Getúlio a abandonar o poder. O movimento popular que o apoiava se assemelhava ao que levou Perón ao poder doze dias antes. O golpe esperava assim conter "a crescente participação da massa trabalhadora no movimento queremista".[69]

Nelson escreveu a Lutero Vargas pelos menos duas vezes. A primeira foi em 19 de dezembro de 1945, quase dois meses depois da deposição de Vargas. Iniciou com a cordialidade formal de abertura de correspondência, mas sem "*my dear*", e foi direto ao assunto. Agora não fazia mais parte do governo. O uso de informações passadas a "*Mme. Martins*" quando ele era subsecretário ficava impossibilitado, pois "eu as usei quando era funcionário do Departamento de Estado [...]. Ela falou comigo durante a semana e fez uma requisição ao nosso governo para o uso dessas informações. Sob tais circunstâncias estou certo de que você concordará que este é o caminho apropriado para resolver o problema".[70] Em seguida, despedidas tão formais quanto a abertura.

O curioso é que a embaixatriz, isto é, "*Mme. Martins*", parecia ter acesso a documentos dos serviços secretos ligados à segurança do Estado. Sua função, com certeza, permitia saber o que estava acontecendo na embaixada; afinal, era esposa do embaixador latino-americano mais importante em Washington. Mas a personalidade forte de Maria Martins lhe daria autoridade para examinar documentos e usá-los contra algumas pessoas? Parecia que ela e Inge não se entendiam muito bem. Talvez por isso compreende-se por que, muitos anos depois, Nora, filha de Maria Martins, tenha dito que sua mãe era uma conquistadora nata e sabia aproveitar-se disso. "Até hoje posso vê-la inclinando-se para ficar mais perto da pessoa e dizer: 'Gosto muito de você. Diga quem são seus inimigos para que eu também passe a odiá-los.'"[71]

A segunda vez que Nelson escreveu a Lutero foi em janeiro do ano seguinte. Enviou um telegrama dizendo que, usando os canais diplomáticos permitidos pelos acordos assinados entre o Brasil e os Estados Unidos, o filho do ex-presidente poderia facilmente obter os papéis requeridos. Nelson continuava a ter acesso às informações do Departamento de Estado, enquanto Lutero não podia contar com a ajuda do pai, que estava na fronteira do extremo Sul do país, longe do centro de poder.

Ingeborg também escreveu para Nelson: "*Dear Mr. Rockefeller, I am writing this letter with full knowledge of Alzira* [Querido sr. Rockefeller, escrevo esta carta com inteiro conhecimento de Alzira]. Há cerca de um mês a embaixatriz Maria Martins mostrou a ela alguns papéis dos seus serviços secretos sobre minha pessoa. Os papéis foram entregues pela própria Maria juntamente com uma carta sua." Segue-se uma longa explanação de suas atividades, dizendo que nunca havia se metido em política, só tinha se envolvido com a vida artística nos Estados Unidos. Estava claro que Inge havia descoberto que havia sido Maria quem pedira que ela fosse investigada. A alemã estava ofendida. Alzira estava atônita. Por que Nelson não havia mandado os documentos diretamente para a filha de Vargas? Com certeza, Alzira, que era secretária de Getúlio, foi discutir o problema com o pai. Não há, porém, registro desse encontro. Ele estava totalmente mergulhado no processo de transição e sob a ameaça do golpe que acabou por depô-lo. Inge estava mais irada porque sempre havia sido muito bem tratada por Nelson, teve sempre seus pedidos atendidos. Sentia-se traída.

Ela terminava a carta pedindo para Nelson não se meter na vida do casal: "no que diz respeito a assuntos particulares meus, sempre achei melhor discuti-los com Lutero, pois ele é a única pessoa a quem eles podem interessar".[72]

Nelson vinha perdendo prestígio em certos setores da sociedade brasileira. Maria Martins também estava, por outras razões, bastante decepcionada com ele e com os Estados Unidos.

BALANÇO QUASE SENTIMENTAL DAS RELAÇÕES ENTRE
BRASIL E ESTADOS UNIDOS

Obra de Maria Martins exposta no Museu de Arte Moderna de Nova York; a artista fez uma ponte estética, sentimental e diplomática entre Brasil e Estados Unidos.

No final da gestão de Nelson como coordenador do Office of Inter-American Affairs e como subsecretário de Estado, as relações entre o Brasil e os Estados Unidos começaram a mudar. Havia uma preocupação generalizada sobre o futuro das relações entre os dois maiores países da América, preocupação que ia desde o alto escalão do governo brasileiro até os funcionários do que restou do Office, passando por Maria Martins, que acompanhara os esforços de Nelson bem de perto.

Talvez os lamentos de Maria Martins sejam um bom radar para captar o espírito da época. Ela escreveu a Nelson uma carta em tom de desespero. Foi direto ao ponto: "Não sei se estou certa ou se tenho o direito de mandar a você estas palavras. De qualquer forma isto é estritamente pessoal e falo como velha amiga". Disse estar desolada (a palavra está escrita em francês: *desolée*), muito desolada, porque o trabalho que eles haviam feito nos cinco últimos anos, "e que anos", recordava, vinha desmoronando. Era bom Nelson lembrar-se de que sempre estivera a seu lado, apoiando suas iniciativas. "Nosso país fez todo esse sacrífico sem hesitação, pela política da união. De forma modesta, eu o ajudei no que estava ao meu alcance com todo o meu coração e devoção."[73] Maria questionava se, afinal, não passara todo esse tempo mentindo para seu povo. "Prometo gritar bem alto, pedindo perdão aos brasileiros." Mesmo assim, ela acreditava que o futuro dos dois países estivesse interligado. "Acredito na lealdade e na grandeza do povo americano", comentou. Mas a parte mais importante da carta referia-se ao próprio Nelson. Ela lhe pedia que não deixasse uma política transitória destruir o que já havia sido construído pela paz do hemisfério.

O texto de Maria faz transparecer o que já se anunciava nos últimos dias do governo do presidente Roosevelt: a América Latina ia perdendo o seu "valor estratégico" para os Estados Unidos. Depois da posse de Truman, essa hipótese foi ficando cada vez mais provável.

Pessoalmente ainda acredito em você, apesar do fato de falarem que depois de longos anos eu iria me decepcionar e ter a prova de que você realmente não gosta do Brasil. Eu acredito em você, quero acreditar. Acredito em sua infinita devoção a essas causas e no seu amor por seu país. Talvez exista algo diabólico em tudo isso que só Deus pode nos ajudar a apagar. Coisas pessoais não devem mais ser levadas em conta em um momento tão trágico como esse que a humanidade está passando. [...] E se a amizade é abençoada até a morte, nós devemos continuar nosso trabalho, que está apenas começando.[74]

Nelson, apesar de toda a sua racionalidade, deve ter sido tocado pelas palavras de Maria. Talvez isso ajude a explicar seus ambiciosos planos para o Brasil, expostos na sua terceira viagem para cá, logo depois de terminada a guerra.

4. A salvação da lavoura (I): semeando o bem-estar

O BRASIL NA MIRA DE NELSON A. ROCKEFELLER

Numa sexta-feira de novembro de 1946, no feriado da Proclamação da República, Nelson Aldrich Rockefeller desembarcou pela terceira vez no Rio de Janeiro. Estava acompanhado pela esposa e por Berent Friele, seu homem de confiança no Brasil. Frank Jamieson, assessor de Nelson desde os tempos da guerra, havia chegado um pouco antes para preparar a recepção do ex-funcionário do governo americano.

Com a experiência e as relações adquiridas quando coordenador do Office, Nelson esperava restaurar a confiança dos latino-americanos, e principalmente dos brasileiros, bastante abalada desde o ano anterior com as negociações para formar um bloco de países do continente. Nessa ocasião, Rockefeller enfrentou a oposição dos homens do Departamento de Estado americano, que apresentaram ideias próprias para a organização mundial na conferência de abertura das Nações Unidas de San Francisco.

Nelson não veio em visita oficial, mas foi recebido por autoridades brasileiras e pelo embaixador americano, Paul Daniels, além de jornalistas, intelectuais e o ministro Thompson Flores, do Itamaraty, representando o governo do novo presidente, o general Eurico Gaspar Dutra, eleito em dezembro do ano anterior. Era o começo da chamada redemocratização brasileira, e via-se no americano que chegava quase um messias, o enviado dos Estados Unidos que restauraria a posição do Brasil como parceiro preferencial no subcontinente.

Como que adivinhando essas esperanças, Nelson, já no saguão do aeroporto Santos Dumont, fez um breve discurso em português. Disse o que se esperava ouvir. O discurso, preparado por seu staff, estava grafado de forma fonética para facilitar a pronúncia. Depois era *Depóish*; Estados Unidos era *Eshtádoos Oonídoos*; cooperação era *co-operasáun*; justamente era *yustaménti*, mas o conteúdo era mais importante que a forma:

> Depois de ver o Brasil uma vez, sempre pensei em voltar outras vezes a este grande país. Aqui fiz muitos amigos e não há maior prazer do que estar com eles para expressar nossa saudade.
>
> Todo o povo dos Estados Unidos se sente preso e cada vez mais ao Brasil. A amizade entre os dois povos é secular, e essa amizade está mais consolidada depois do magnífico papel desempenhado por vós durante a guerra. Sem a cooperação integral do Brasil à causa dos aliados — bases, material, Forças Armadas e inexcedível patriotismo —, o resultado do conflito talvez tivesse sido diverso.
>
> Chegando justamente no aniversário da fundação da República Brasileira, saúdo o povo e o governo do Brasil, neste dia que é tão grande para os Estados Unidos e, na realidade, para todas as Américas.[1]

Nelson carregou um pouco nas cores da participação brasileira na guerra, dizendo que "o resultado do conflito talvez tivesse sido diverso". Pouco depois, em 1948, o antigo secretário de Estado, Cordell Hull, afirmaria em suas memórias algo parecido, mas menos exagerado: a guerra teria demorado um pouco mais se o Brasil não tivesse cedido as bases de Natal para os americanos. Mas Nelson, contando com nossos sentimentos patrióticos, adicionava alguns pontos na participação brasileira no conflito, certamente para favorecer a aceitação de suas propostas.

O discurso foi transmitido pelo rádio e no dia seguinte era manchete de primeira página nos jornais. O *Correio da Manhã*, o *Diário de S. Paulo* e *O Estado de S. Paulo* deram grande destaque à visita.

Entretanto, os jornais brasileiros ainda não tinham se dado conta de que o americano que aqui desembarcava no final de 1946 tinha um objetivo bastante definido, uma tarefa a cumprir, para a qual ele havia sido designado, no seu modo de entender, não só pelo poder da sua fabulosa fortuna, mas principalmente por uma profunda crença de que fora predestinado a cumprir uma missão salvacionista. Parte dela já havia sido cumprida durante a guerra, na luta contra a Alemanha nazista. Agora, terminado o conflito que ceifara a vida de milhões de seres humanos, Nelson sentia-se escolhido para continuar a luta contra um inimigo tido como mais sutil e ardiloso: o comunismo.

Embora a luta não fosse só dele, sabia que, por algum tempo, teria de carregar o fardo sozinho e em nome da família. Sabia também que, durante a guerra, apesar dos grandes projetos, o governo americano só havia tangenciado os problemas da América Latina. Doenças, baixos níveis de escolaridade, pobreza, falta de saneamento e má alimentação eram obstáculos ao progresso dos países do subcontinente. A família Rockefeller se sentia predestinada a dar um empurrão, um sopro de modernidade nos vizinhos e, dentre os seus, Nelson considerava-se o mais bem instrumentalizado.[2] De fato, sua personalidade parecia haver sido moldada para enfrentar a missão com vigor. Segundo seus assessores, "ele estava sempre em movimento". Talvez pudesse mesmo integrar o quadro dos indivíduos hiperativos.

Assim que foi dispensado de seu posto de subsecretário de Estado, desmontou a casa no Foxhall, distrito do sofisticado bairro de Georgetown, na capital do país, e voltou, repentinamente, com toda a família, para Nova York. A *Big Apple* estava, nos primeiros dias do pós-guerra, mais dinâmica do que nunca. Paris e Londres demorariam a recuperar o brilho de antes da guerra. Segundo alguns, somente o Rio de Janeiro roubava um pouco a cena de Nova York. Mas, sem dúvida, a metrópole norte-americana era o centro das atenções do mundo ocidental. Seu *skyline* impressionava, o Empire State e o edifício da Chrysler conferiam à cidade um perfil cinematográfico. Até o brasileiro Villa-Lobos havia se encantado e composto, alguns anos antes, *New York Skyline*, sinfonia inspirada na cidade. Há quem diga que o cenário do filme *Metrópolis*, de Fritz Lang, foi inspirado na cidade. As construções arrojadas e a liberdade de expressão eram as suas marcas, e uma das mais notáveis referências de Manhattan era o Rockefeller Center, o grande conjunto de edifícios de vários quarteirões situado entre a Quinta e a Sexta Avenidas. Foi ali que Nelson voltou a trabalhar depois que saiu do governo.

Ele se dedicou a várias atividades simultâneas, como era do seu feitio. Dirigiu a reforma do espaço dos escritórios da família no 56º andar, respondeu a inúmeras cartas de congratulações por sua atividade no governo. Com a anuência do pai e alguma relutância dos irmãos, voltou a dirigir o Rockefeller Center. O Museu de Arte Moderna, o MoMA, ficou, como era de esperar, também sob sua direção.

Toda essa movimentação talvez o ajudasse a esquecer o golpe que sofrera com a demissão do Departamento de Estado. Mesmo assim, acompanhava atentamente, de longe, por meio de fontes de confiança, o que ocorria na subsecretaria que havia sido seu feudo. Spruille Braden, o ex-embaixador na Argentina que tomou seu lugar, estava preocupado em desmontar tudo o que restara do Office. Para Nelson e para muitos ex-funcionários de Roosevelt, esse era um sinal de que a equipe de Truman estava abandonando a política da boa vizinhança.

Foi o velho amigo Beardsley Ruml, o mentor da sua entrada no governo em 1940, que instigou o Nelson dinâmico, irrequieto e cheio de ideias a não esquecer projetos que eles chamavam de "uma próxima conspiração". A ideia era simples: se o governo não dava a devida atenção aos vizinhos do Sul, que o grupo de amigos se organizasse para ajudar os países latino-americanos. Esse foi o primeiro passo para realizar uma nova investida no Brasil, agora por meio da iniciativa privada. A reforma das dependências dos andares que abrigavam os escritórios da família, o *room* 5600, como era conhecido, criou também o espaço para acomodar os colaboradores da "conspiração".

Mas, para Nelson, esse parecia ser só um começo. Havia se habituado a tratar com presidentes, ministros de Estado, líderes sindicais e empresários e precisava voar mais alto. Por certo, seu desejo, nada secreto, incluía a política e o cargo mais almejado por um americano: a presidência. Seu forte envolvimento na luta pela indicação de Nova York para sede da ONU era um sinal claro de que queria manter a cidade no centro das atenções. Com isso, ele também ficaria visível na política da cidade, do país, das Américas e do chamado mundo livre. Para esse projeto, convenceu o pai a comprar um terreno e doar à nascente organização mundial. A presença de Oscar Niemeyer no quadro dos arquitetos que fizeram o projeto do edifício — hoje admirado no lado leste da cidade — parece ter ligado Nelson, anos mais tarde, à estética de Brasília: a remodelação do centro administrativo de Albany, capital do esta-

Nelson no terraço do Rockefeller Center; ao fundo, o prédio da ONU.

do de Nova York, é, em parte, inspirada na cidade modernista de Kubitschek e Niemeyer.

Quanto à atuação do novo governo americano, Nelson deve até ter se sentido intimamente compensado e vingado ao ver a estratégia do truculento Spruille Braden fazer água quando Perón venceu as eleições democráticas de 1946. A política de Truman para a América Latina não indicava que o novo presidente americano estivesse muito preocupado com o subcontinente. Desde o fim da Segunda Guerra até setembro de 1947, os países latino-americanos ficaram numa terra de ninguém na política externa do governo norte-americano. No encontro do México, em março de 1945 — a já conhecida Conferência de Chapultepec —, quando a guerra devorava milhões de vidas na Europa e no Pacífico, ficou acertado um acordo de defesa mútua, enquanto a ajuda econômica foi adiada para um momento mais apropriado. Os delegados

dos países latino-americanos lamentaram, mas compreenderam. Truman postergou até setembro de 1947, para dar uma satisfação aos latinos. Nessa ocasião ele veio até a capital brasileira para a assinatura do Tratado do Rio, ou Tratado Interamericano de Assistência Recíproca (Tiar). Se os delegados do encontro esperavam entender a palavra "assistência" como ajuda econômica para desenvolvimento social, ficaram decepcionados. O tratado tinha caráter de defesa militar, e nele se repetia a fórmula: qualquer ataque a um Estado do continente americano seria considerado um ataque a todos os Estados. Mas não havia evidência de ameaças externas.[3] "A América não seria incluída no recém-criado Plano Marshall."[4] Rockefeller soube detectar o pouco interesse do governo americano para com a América Latina e por isso já vinha, mesmo antes do fim da guerra, pensando em soluções alternativas.

Ele se considerava, mais do que ninguém, aparelhado para enfrentar o problema. Considerava-se um expert em assuntos da região, e tinha uma rede de conhecidos e amigos nos países da América Latina que poderiam ser bastante úteis nas relações com os Estados Unidos. No entanto, sentia-se rejeitado pelos antigos pares porque deixara de ser consultado pelo Departamento de Estado para palpitar em temas ou problemas que envolvessem os vizinhos do sul. "Posso garantir que foi um dos períodos mais frustrantes da minha vida",[5] confessou a amigos tempos depois.

Em maio de 1946, o Office foi oficialmente liquidado; dali em diante, Nelson se afastou ainda mais das ações políticas oficiais de seu país, o que só aumentava seu apetite por novas investidas privadas na América Latina. Na verdade, alguns setores do governo dos Estados Unidos o apoiavam. O próprio secretário de Estado, George Marshall, chegou a declarar que os recursos econômicos e financeiros para o desenvolvimento dos países latino-americanos deveriam vir de fontes privadas.[6] Por isso, Rockefeller reunia-se regularmente com seu grupo, a antiga Junta, para discutir os rumos da nova "conspiração". Era todo ouvidos para ideias, opiniões e sugestões de Frank Jamieson, Berent Friele, Wally Harrison e Beardsley Ruml, mas deixava claro que a liderança era sua. A conspiração exigia total fidelidade dos membros para atingir o principal objetivo, que era, parafraseando o velho presidente Wilson, *"making the Americas safe for democracy"*.

PENSAR UMA SOLUÇÃO PARA O BRASIL

A viagem ao Brasil, portanto, fazia parte de um grande plano estratégico que começou a ser gestado na época da guerra: nasceu no *room* 5600 do Rockefeller Center e em encontros com grupos de *think tanks*, como o realizado em abril de 1946, quase um ano depois de Nelson ter deixado o governo e sete meses antes de sua volta ao Brasil. Ele próprio coordenou uma das primeiras reuniões para tratar de nosso país no Council of Foreign Relations. Uma seleta plateia havia sido convidada para ouvir Adolf Berle, o *brain trust* e *new dealer* de primeira hora do governo Roosevelt e ex-embaixador americano no Brasil. A maioria dos presentes à conferência tinha familiaridade com a América Latina por ter frequentado os seminários do Latin American Study Group, sob a direção de Frank Tannenbaum, o professor anarquista da Universidade Columbia, amigo e conselheiro de Lázaro Cárdenas, presidente nacionalista do México — e mais tarde amigo de Fidel Castro. Por isso, ninguém estranhou quando Nelson apresentou Berle dizendo que ele tinha servido "como embaixador no Brasil, [...] quando o país estava em processo de transição de um período de ditadura esclarecida [*enlighted*] para uma democracia".[7] A palavra "enlighted", em tradução literal, significa esclarecida, mas, considerando o contexto em que foi utilizada, assume um sentido mais abrangente. O verbete do dicionário *American Heritage* para o verbo "enlighten" o define, numa tradução livre, como "proporcionar a capacidade intelectual e espiritual de discernir a verdadeira natureza das coisas".[8] O verbete amplia o sentido da palavra, lembrando uma frase de Thomas Jefferson: "Esclareça o povo e a tirania e a opressão do corpo e da mente desparecerão como os espíritos maléficos desaparecem com o raiar do dia".[9] Ou seja, esclarecendo-se o povo, a tirania desaparece. Nas palavras de Nelson, ou no verbete do dicionário, *enlighted* ganha, portanto, um significado prenhe do sentimento de americanismo, que nasce com o pai fundador Thomas Jefferson. Quando Nelson usou *enlighted* para explicar o Estado Novo, ficou patente que não aceitava o conceito de "totalitário" para identificar o regime de Vargas, ainda que setores políticos e intelectuais americanos insistissem em rotular o regime brasileiro de "hitlerista". Ainda hoje, algumas correntes da academia brasileira batem na mesma tecla.

A palestra de Berle no Council of Foreign Relations deve ter servido a Nelson como um guia para melhor entender nosso país. É certo que ele e seu grupo já tinham uma boa noção da economia e da sociedade brasileiras, mas Berle parecia querer apontar o caminho para Nelson. Assim, acabou por criar um discurso que serviria de base para a intelligentsia americana durante a maior parte da Guerra Fria: conhecer melhor os vizinhos para ajudá-los a combater ideologias estranhas ao mundo livre.

Durante toda sua fala, o ex-embaixador sublinhou a ideia de que o Brasil deveria ser visto como futura potência mundial em função de suas riquezas naturais. Berle primeiro deu uma breve informação sobre a população, mais de 40 milhões de habitantes, projeção para dobrar a cada vinte ou 25 anos, e lamentou que o país não estivesse aproveitando a vasta extensão de terras que poderiam ser cultivadas. Afirmou que o caminho mais seguro para conhecer e explicar o Brasil e os brasileiros era o da cultura, pois tanto a população pobre quanto a elite se ocupavam mais com as questões estéticas do que com as técnicas. "Enquanto o americano se preocupa com a qualidade do abastecimento de água de uma cidade, o brasileiro quer primeiro embelezá-la."[10] O Brasil, segundo o palestrante, era a única nação latino-americana de origem portuguesa dentre dezoito países hispânicos, o que, em sua opinião, só reforçava nossa natural habilidade para lidar com o que é "estrangeiro". "O Brasil é um notável exemplo de civilização mediterrânea. O Rio, por exemplo, é uma cidade com mais vigor do que Roma ou Paris. É como se víssemos um jovem forte ainda em fase de crescimento."[11] A comparação entre Estados Unidos e Brasil era constante nos discursos dessa intelligentsia americana. Nossa situação econômica lembrava muito a dos Estados Unidos depois da guerra civil. A renda nacional era de mais de 5 bilhões de dólares. Mas, para Berle, a cooperação entre os dois países durante a guerra não podia continuar a acontecer da mesma forma em tempos de paz.

> Devemos pensar numa América Latina com melhores condições de vida ou teremos uma grande dor de cabeça no continente. E o povo da América Latina sabe que pode alcançar um nível de vida bem melhor, mas sabe também que é preciso melhorar sua produtividade para alcançar esse nível mais alto.[12]

Berle não explicitou de imediato qual seria essa "dor de cabeça", nem era necessário: depois da guerra, só podia ser o comunismo, que promoveria uma subversão e instituiria uma ditadura totalitária "não esclarecida". Mas o povo, segundo Berle, não queria o comunismo e chegava mesmo a temer o sistema experimentado na União Soviética. O diplomata parecia estar preparando o terreno do Brasil para Nelson semear suas ideias.

Como que mandando um recado para os países latino-americanos, ele disse que os Estados Unidos não tinham planos para dominar territórios e exercer pressão política ou econômica. Trocando em miúdos, os países do subcontinente não deveriam temer os Estados Unidos como potência dominadora, mas sim procurá-los para buscar o progresso.

Fazendo uma autocrítica, disse que os americanos tinham a tendência de subestimar os vizinhos do Sul, mas agora era preciso olhar com atenção para o desejo de mudança que as massas brasileiras demonstravam, por exemplo, em duas áreas fundamentais com as quais Vargas não havia conseguido lidar: política agrária e combate ao analfabetismo. O ex-embaixador americano indicava para Nelson o melhor caminho para fazer o que Vargas não havia conseguido. No entanto, no seu modo de ver, somente a divisão das grandes propriedades com uma reforma agrária não resolveria o problema. Era preciso uma ampla negociação entre os grandes latifundiários e as forças modernizadoras, ou seja, as novas classes rurais e urbanas. Esses problemas haviam deixado o Brasil uns duzentos anos atrás dos Estados Unidos, embora agora estivéssemos rapidamente recuperando o terreno perdido.[13]

Já ao final da palestra, Berle fez uma afirmação que vale a pena ser analisada. Segundo ele, os americanos deveriam ficar atentos porque tudo indicava que o Brasil poderia, dali a uns vinte anos, voltar-se completamente para a Europa e deixar em segundo plano suas relações econômicas com os Estados Unidos. "Isso seria, com certeza, desastroso para nós."[14] Sem sombra de dúvida, os americanos estavam preocupados com "o perigo comunista" no Brasil. É o que consultores de confiança de Nelson, como Berle, pareciam deixar claro. Mas, pelo visto, esse não era o único "perigo". Temiam também que o Brasil se aproveitasse das oportunidades oferecidas por um mercado europeu devastado pela guerra, o qual oferecia enormes possibilidades de negócios a um país rico em recursos.

A afirmação de Adolf Berle deve ser examinada no contexto

da conjuntura do imediato pós-guerra, quando poderia muito bem sugerir que americanos com o poder de Nelson Rockefeller, mesmo fora do governo, fariam grandes esforços para manter o Brasil longe do promissor e necessitado mercado europeu. Nelson parecia entender melhor do que ninguém o ponto de vista de Berle. Era, acima de tudo, um político em formação preocupado com o papel de grande potência hegemônica que seu país assumira. Se ele afirmava que os latino-americanos não precisavam temer os Estados Unidos, o grupo de Nelson pretendia demonstrar isso oferecendo oportunidades para a "chegada" da modernidade em nosso país. Os americanos estariam assim atuando em duas frentes de uma "guerra" que envolveria projetos modernizantes, e não exércitos. Talvez seja possível dizer que, na mesma época em que o novo secretário de Estado americano apresentava seu "plano Marshall" para a Europa, ao Brasil era apresentado um "plano Rockefeller", que acenava com possibilidades aparentemente infinitas de progresso. Com isso, esqueceríamos a Europa como forte mercado potencial. Numa linguagem militar, parecia tratar-se de uma ardilosa manobra para desviar a atenção do brasileiro do teatro europeu de operações "econômicas".

A revista *Time* de 10 de fevereiro de 1947 sintetizou a ideia, dizendo que o objetivo de Nelson era incentivar o aumento da produção brasileira, em especial de alimentos, o que poderia assegurar o Brasil como um importante comprador de máquinas dos Estados Unidos.

AMERICAN INTERNATIONAL ASSOCIATION (AIA) E INTERNATIONAL BASIC ECONOMY CORPORATION (IBEC)

Cerca de dois meses depois da palestra de Berle, Nelson Rockefeller e seus associados foram a uma seção do Departamento de

Estado de Nova York e registraram a AIA, American International Association for Economic and Social Development. O documento era assinado por Nelson A. Rockefeller, Wallace K. Harrison, Berent Friele, Francis A. Jamieson e John E. Lockwood, todos frequentadores das reuniões promovidas por Nelson. Depois foi acrescentado o nome de Kenneth J. Kadow, antigo chefe do programa de agricultura do Office no Brasil durante a guerra.

A AIA, cujo nome foi traduzido para o português como Associação Americana Internacional de Fomento Econômico e Social, era uma

> associação organizada com o propósito de promover o autodesenvolvimento e um melhor padrão de vida em sintonia com a compreensão e a cooperação dos povos [...] Para isso[...] é preciso atuar nos campos da agricultura, do uso da terra e sua conservação, saúde pública, saneamento, alfabetização, indústria, comércio e outros setores.[15]

A finalidade da AIA, segundo seus idealizadores, era a pesquisa científica e o desenvolvimento da técnica. O próprio Nelson resumiu o objetivo principal: o "ideal da AIA é o bem-estar (*welfare*)". Todo o esforço da instituição deveria estar voltado para um futuro "de promessas de uma vida melhor" com base na tecnologia e na ciência.[16]

A pedra de toque da filosofia da AIA era a ideia de treinamento: preparar pessoas para buscar meios de atingir, material e psicologicamente, um nível de vida melhor. A fórmula continha alguns elementos fundamentais que caracterizam a essência do espírito americano. Primeiro, a crença na infalibilidade da técnica. Desde que corretamente aplicada, a técnica poderia resolver todos os problemas. De forma sutil, estava presente também a ideia de que o brasileiro deveria aprender a fazer as coisas por si mesmo e a fazer bem-feito, outro conceito caro ao americanismo, o *do it yourself* ou *faça você mesmo* — que mais tarde veio a desembocar nos sistemas *self-service* de supermercados e restaurantes, e nos caixas eletrônicos dos bancos. Tocqueville havia notado essa tendência já na primeira metade do século XIX. Para ele, o anglo--americano "experimenta todas as necessidades e desejos que uma civilização avançada faz nascer [...] por isso é [...] obrigado a procurar por si mesmo os objetos que sua educação e seus hábitos tornaram necessários".[17] Trata-se do que ficou conhecido, na cultura dos Estados Unidos, como *American ingenuity* — ou engenhosidade americana, outro traço típico do *American way of life*. Tudo isso estava presente de forma embrionária no projeto original da AIA.

Para completar seu grande projeto para o Brasil, Nelson criou ainda o Ibec, International Basic Economy Corporation, empresa irmã da AIA. Irmã mas não igual. A AIA era uma associação sem fins lucrativos, filantrópica. O Ibec, como o próprio nome indica, era uma corporação que visava obter lucros em diversos empreendimentos a serem implantados no Brasil. Havia uma peculiaridade no capitalismo que Nelson "praticava": os lucros deveriam ser aplicados no próprio país, em setores como educação, saúde e em empreendimentos comerciais e industriais que tivessem destacado papel social. Tudo isso com o objetivo de

> promover o desenvolvimento econômico de várias partes do mundo, para tornar viável a produção de bens e serviços indispensáveis para impulsionar a melhoria do padrão de vida, acreditando que esses objetivos podem ser alcançados por meio de uma corporação com dedicação exclusiva e empregando métodos científicos e técnicas modernas [...] assim firmamos este formulário para ter ações negociadas na Bolsa de Valores de Nova York.[18]

O preâmbulo da formação do Ibec soou estranho ao funcionário responsável pelo registro de empresas de Nova York, pois a proposta tinha "alguma coisa de diferente no mundo dos negócios: era uma corporação com uma ideologia política, aparentemente dedicada menos a obter lucros do que a propagar ideias — no caso, o fervor anticomunista de Nelson".[19] O funcionário não percebeu esse objetivo velado e disse que a Bolsa não aceitava o registro de empresas que não visassem lucros. Os advogados de Nelson convenceram o funcionário a registrar a empresa mesmo assim: era para o bem do país, pois, além de combater o comunismo, o Ibec ainda poderia ajudar a fazer com que a América Latina esquecesse a imagem dos *yankees* como imperialistas.

Essa era a árdua batalha do jovem milionário que poderia muito bem, a essa altura da vida, estar gastando sua fortuna em festas e orgias. Não que ele fosse um batista bem-comportado, distante das tentações da carne; longe disso. Mas não agia como um membro típico da elite endinheirada que se envolvia em escândalos. Nelson não deixava as ocupações mundanas sobreporem-se a seus objetivos maiores, que davam sentido a sua vida: manter as Américas distantes de ideologias estranhas à "civilização cristã ocidental" e, acima de tudo, tornar-se presidente dos Estados Unidos.

Assim, a concepção de base das organizações de Nelson ia bem além dos objetivos explícitos nos documentos e nas cartas de intenções. Ele foi, posteriormente, considerado um puro *cold warrior*, isto é, um combatente determinado na luta dos Estados Unidos contra o comunismo soviético. A AIA e o Ibec nasceram para "converter" o capitalismo num sistema mais humano, arma eficaz contra o comunismo.

Tudo em perfeita sintonia com os sonhos de Franklin Roosevelt: depurar o capitalismo, na sua versão selvagem, individualista e gananciosa de antes da crise e da guerra. O próprio presidente Truman entendeu, pouco depois, que a melhor arma contra o sistema soviético não era praticar o anticomunismo raivoso de muitos reacionários, mas sim apresentar a democracia capitalista como o melhor sistema para o bem-estar do mundo.

Rockefeller deixou bem claro o "destino manifesto" de sua missão quando escreveu ao pai, convidando-o a presidir o empreendimento:

> Você, mais do que ninguém, se transformou num símbolo para os povos do mundo que sabem que democracia e capitalismo são de interesse do bem-estar em geral. E os povos estão entendendo, com razão, que o bem-estar deles e melhores oportunidades no futuro só podem ser alcançados se identificados com o modelo de nosso país e do nosso *way of life*.[20]

A família precisava continuar o trabalho, iniciado pelo avô, de abrir novos campos para o bem da humanidade. Mais do que os outros irmãos e o próprio pai, Nelson parecia imbuído da responsabilidade de levar a salvação para o mundo civilizado em ameaça.

O anticomunismo de Nelson tinha raízes profundas. Uma, mais evidente, era sua proeminência na aristocracia plutocrática americana. Ele não era, como Paul Sweezy — filho do vice-presidente do First National Bank of New York, depois City Bank (ligado a um ramo da família Rockefeller), conhecido intelectual e acadêmico de esquerda e fundador da *Monthly Review*, a célebre revista marxista americana[21] —, um "traidor" de sua classe. Fiel a suas origens, "militava" desde cedo nos grupos de combate ao comunismo.

Desde antes da guerra Nelson deixara clara sua oposição ao comunismo. Mas jamais seguia as linhas de atuação da extrema direita americana, em especial os adeptos da supremacia racial branca, para os quais todo movimento pelos direitos civis era considerado obra de comunistas. Nelson assumia posições bem diferentes. Não tinha, por exemplo, tendências racistas. Embora obsessivo, seu anticomunismo era, digamos, "ilustrado", pensado e articulado. Por algum tempo ele circulou com um exemplar de *O capital* embaixo do braço e citava algumas passagens de Marx. Achava que tinha conhecimento sobre o materialismo dialético e instrumental teórico suficiente para enfrentar líderes sindicalistas comunistas ou simpatizantes, *fellow travelers*, na expressão costumeira na época.

Sentira-se desconfortável nos meses seguintes à guerra porque as diretrizes iniciais do Departamento de Estado eram de acomodação com os aliados comunistas. Como vimos, era isso que vinha sendo ensaiado nas reuniões prévias da abertura das Nações Unidas em San Francisco. Na Europa, o general Dwight David "Ike" Eisenhower, supremo comandante das Forças aliadas, voara para Moscou, a convite de Stálin, ao lado do marechal Georgy K. Zhukov, o arquiteto das vitórias soviéticas. O avião que levava os dois chefes militares vencedores passou sobre o que restou da Rússia europeia: escombros. Eisenhower "não viu uma só casa em pé desde a fronteira da Polônia até chegar a Moscou", segundo um biógrafo. Quando o general cinco estrelas desembarcou na capital soviética foi ovacionado por uma multidão. Assistiu a desfiles esportistas e militares na Praça Vermelha. A relação de cordialidade entre os dois oficiais transformou-se em amizade. Durante toda a estada do general americano na União Soviética, eles conversaram e o assunto era um só: nunca mais o mundo poderia passar por outra experiência tão devastadora quanto a Segunda Guerra, e a obrigação das duas potências era impedir que isso acontecesse. Eisenhower escreveu ao antigo vice-presidente Henry Wallace, afirmando que a amizade pessoal e a honestidade deveriam ser usadas para promover um "mútuo entendimento entre a Rússia e os Estados Unidos", para a tranquilidade do mundo.[22] Ou seja, também Ike, o militar, estava em sintonia com o Departamento de Estado.

Na mesma época que Eisenhower visitava Moscou, fazendo as declarações de amizade russo-americana, Nelson A. Rockefeller limpava a escrivaninha do escritório que ocupara como subsecretário para Assuntos Latino-Americanos, empacotava suas coisas a fim de voltar para Nova York e preparar sua ofensiva privada para "salvar" a América Latina. Ele foi demitido, em grande parte, por ter desprezado a zelosa hierarquia do Departamento de Estado. Para os *policymakers*, eram tempos de conciliação entre os dois grandes vencedores. No fundo, Nelson achava o Departamento de Estado sem coragem, "um bando de fracotes" sem força suficiente para enfrentar os soviéticos. Nos dias que se seguiram à sua demissão, em conversa com amigos no Rockefeller Center, ele repetia que os Estados Unidos foram destinados a liderar, e não a promover a conciliação. Falava dessa maneira quando ainda estava fresca na memória dos americanos (e da maioria dos povos) a fotografia de Roosevelt, Churchill e Stálin celebrando os acordos feitos em Ialta em fevereiro de 1945, ou a imagem dos soldados americanos em Torgau, cruzando o Elba, saudando os *band of brothers* soviéticos em abril. Mais fresca ainda estava a imagem de Churchill, Truman e Stálin, todos sorridentes, com o presidente americano ao centro, no encontro de julho em Potsdam. A fotografia do final da conferência já revelava diferenças. Churchill fora substituído por Clement Attlee, Truman aparecia levemente contrariado e Stálin mostrava um sorriso sarcástico. Já era difícil esconder os sinais das tensões entre as potências.

O falecido presidente Franklin D. Roosevelt sabia muito bem que a aliança com os soviéticos não significava simpatia ao comunismo. Tinha ciência de que, cessada a guerra, a cooperação e a amizade desapareceriam. Político hábil, deixou que o outro lado fosse visto como o responsável pelo rompimento. Roosevelt convidou a Rússia para participar do Fundo Monetário Internacional, do Banco Mundial e da Organização das Nações Unidas. Num primeiro momento, Stálin sentiu-se lisonjeado. O lugar da União Soviética no Conselho de Segurança da ONU e o direito de veto satisfaziam o velho bolchevique. Mas ele não havia chegado ao poder sem lutar. Raposa velha que era, entendeu o FMI e o Banco Mundial como instrumentos para reformar o capitalismo e não para ajudar a União Soviética. Roosevelt não sobreviveu para ver, mas sua estratégia funcionou: os comunistas não aceitaram o chamamento pacifista dos Estados Unidos, guardião do mundo livre.[23]

O "radar anticomunista" de Nelson era suficientemente sensível para captar essas tensões. Ele, como Roosevelt, sabia que o conflito com os soviéticos era inevitável; só não sabia como e onde ele se daria. Nelson não era paciente como Roosevelt e por isso achava que os Estados Unidos deveriam encontrar os meios mais rápidos e eficazes de combater o comunismo, em especial na vizinha América Latina. Se o governo parecia, num primeiro momento, disposto à conciliação, Rockefeller tomaria suas próprias medidas.

A AIA e o Ibec eram alguns dos refinados armamentos de uma "guerra psicológica" anunciada, usados de forma pioneira por Nelson Aldrich Rockefeller. Sua política ofensiva era típica do auge da Guerra Fria, embora ela mal estivesse começando. Os mecanismos criados por ele quando coordenador do Office serviram de inspiração para órgãos dos serviços de propaganda e inteligência do governo dos Estados Unidos na luta ideológica com a União Soviética.

OS CAMINHOS PARA A SALVAÇÃO DO BRASIL

Assim, quando Nelson chegou ao Brasil em 1946, veio bem armado para cumprir sua missão. Na bagagem, um estudo preparado pela Hanson Associates,[24] empresa de pesquisa de Washington que orientava o americano a identificar nossos principais problemas. Abrangia as áreas econômicas e sociais, a questão da terra, a agricultura, os assuntos trabalhistas e o governo do general Eurico G. Dutra. Tratava-se de um panorama geral do Brasil no imediato pós-guerra que serviu para orientar o grupo liderado pelo empresário. Segundo esse documento, a crise econômica brasileira devia ser tratada com cuidado pela AIA porque o custo de vida nas cidades ultrapassava os 35% ao ano, o que poderia vir a ser uma bomba de efeito retardado que abriria uma brecha para a propaganda comunista. A previsão das colheitas não era muito promissora, embora a produção de alimentos tivesse crescido 10% per capita em relação ao período anterior à guerra.

O governo Dutra não tinha um plano muito claro para lidar com a crescente onda de reivindicações trabalhistas das massas urbanas. Ora reprimia, ora negociava, aproximando-se de líderes varguistas. Só o combate ao Partido Comunista parecia ter objetivos mais definidos, principalmente depois que o senador Luís Carlos Prestes declarara lealdade à União Soviética em caso de uma hipotética guerra com o Brasil.

O que mais preocupava Nelson e seu grupo era a situação de produção, importação, exportação e transporte de gêneros de primeira necessidade e os gargalos que impediam a distribuição dos alimentos. O governo americano não cumprira a promessa de entregar veículos que serviriam ao transporte e carregamento de trigo, o que só piorava as relações entre os dois países. A falta de planejamento prejudicava a produção de arroz e milho "[e] o controle de preços não funcionou".[25] Todos os dados do relatório só reforçavam a tese de que o governo dos Estados Unidos não vinha dando a devida atenção a seu vizinho mais importante do continente. Com essas informações na cabeça, Nelson Rockefeller desembarcou aqui, pensando que o modo mais adequado de ajudar o Brasil era, em primeiro lugar, salvar a nossa lavoura.

Por meio das pesquisas e dos relatórios produzidos por seu

staff, ele estava ciente de todas as dificuldades econômicas que o Brasil enfrentava. Não foi coincidência sua decisão de vir logo depois que o governo americano eliminou o teto fixo para o preço do café, o principal produto brasileiro de exportação, criando momentaneamente um clima mais ameno nas relações entre os Estados Unidos e o Brasil.

No dia 16 de novembro, sábado, o jornal *Correio da Manhã* destacou a importância da visita do jovem empresário americano ao país: "Nelson Rockefeller faz parte dos que [...] vêm se dedicando [...] a [...] aproximar os povos latinos da América de seu irmão estadounidense [sic], isto é, tudo empreendendo por elevar o nível dos primeiros ao padrão do segundo".[26] O artigo interpretava o projeto de Rockefeller: melhorar as condições sanitárias da população do interior e os padrões técnicos da pequena agricultura do Brasil.

Nesse mesmo dia, pela manhã, Nelson convocou uma reunião com o primeiro escalão da AIA, composto, nesse início do projeto, somente de americanos. Estavam lá para ouvir as ordens do patrão: Berent Friele, Francis A. Jamieson, John E. Lockwood, Dee W. Jackson, Leon Heilbronner, Kenneth J. Kadow e Dad Griffing. Todos eles com experiência em Brasil desde a guerra. Friele era o especialista em café, Jamieson, em relações públicas, Lockwood, experiente advogado, Kadow e Griffing eram agrônomos, Jackson, ex-funcionário da General Motors escalado para resolver problemas em geral, um "faz-tudo", Heilbronner, analista econômico e rotariano de São Paulo. Na suíte que Nelson ocupava no Copacabana Palace, eles repassaram as primeiras linhas do projeto para salvar o Brasil.

Antes de começar a maratona de conferências para expor suas ideias, Nelson ofereceu à noite um coquetel para mais de trezentos convidados na pérgula do Copacabana Palace. A lista era longa. Não faltou, por exemplo, o casal Amaral Peixoto, mais precisamente, Alzirinha Vargas e seu marido Ernani do Amaral Peixoto. A filha de Vargas tinha ficado um pouco abalada com as intromissões de Adolf Berle em nossos assuntos "domésticos", e o caloroso encontro com Nelson ajudou a restaurar as boas relações entre os "representantes" dos dois países. Estavam lá também os Guinle, família de grandes empresários proprietária do hotel, João Daudt de Oliveira, da Confederação Nacional do Comércio, Herbert Moses, da Associação Brasileira da Imprensa, além de políticos, homens de negócios e representantes da elite carioca. Algum tempo depois, Nelson, de volta aos Estados Unidos, disse para seus amigos: "Todo mundo estava na festa — o velho grupo, o novo grupo, a direita e a esquerda. Minhas ideias foram muito bem recebidas no Brasil".[27]

Muitos intelectuais brasileiros procuravam interpretar a presença do americano. Um deles foi Austregésilo de Athayde. O conhecido intelectual pernambucano, defensor das ideias liberais americanas, destacado colaborador de Assis Chateaubriand, o famoso e influente dono de empresas de rádio e jornal, conhecia Nelson desde a época da guerra e, num artigo publicado em 1946, chamou-o de "estadista". Athayde exagerou um pouco, uma vez que o termo aplica-se mais a chefes de Estado. Para o escritor brasileiro, Rockefeller era "simplesmente o Nelson, como se fosse um rapaz da família ou um amigo de infância".[28] Por que tratávamos o visitante com um misto de reverência e intimidade? Era uma simples retribuição "ao devotamento que Nelson tem demonstrado aos interesses do Brasil e à maneira pela qual recebe os brasileiros em Nova York".[29] O Office tinha criado um Hospitality Department que recebia e alojava jovens estudantes, artistas, músicos, técnicos e intelectuais que iam para os Estados Unidos fazer cursos de especialização. Resumindo, Nelson era bem recebido aqui porque tratava os brasileiros lá com a maior deferência.

Mas sua visita naquele novembro de 1946 tinha propósitos maiores do que simples relações de afeto. Tratava-se de uma grande missão relacionada ao desenvolvimento rural do país. Athayde reconhecia aí a vontade de melhorar a sorte das massas da América Latina, modernizando o uso da terra, utilizando recursos técnicos com os quais só a estrutura de um país como os Estados Unidos poderiam arcar. Para o brasileiro, era praticamente impossível pensar a transformação de nossa agricultura sem o apoio dos projetos modernizantes do americano.

Já os intelectuais nacionalistas e a própria esquerda brasileira não viam com tanta simpatia as investidas de Nelson. Para esses setores, tudo não passava de ardilosas artimanhas para encobrir os interesses imperialistas da Standard Oil em nosso petróleo, ainda que Nelson tivesse declarado em alto e bom tom que não estava aqui por esse motivo — aliás, como se sabe, de rara ocorrência no território continental brasileiro.

O governo, em reconhecimento aos serviços prestados na época da guerra, concedeu ao americano a honraria da Comenda Oficial da Ordem Nacional do Cruzeiro do Sul como parte da recepção oficial. Em seguida, Nelson, cumprindo um rigoroso calendário no Rio de Janeiro, começou visitando fábricas e a Floresta da Tijuca. Depois subiu a serra, foi até Petrópolis e visitou o museu da cidade. Almoçou na Fazenda Santo Antônio, do cafeicultor Argemiro de Hungria Machado. Admirou a arquitetura colonial da casa-sede da fazenda e, em especial, a capela com a bela arte sacra do século XVIII, hoje parte do patrimônio histórico nacional.

Mas Nelson não tinha vindo ao Brasil só para visitar museus e admirar arte barroca. Nas várias conferências que deu, disse que seu objetivo era mostrar que o país poderia transformar-se numa potência regional, aos moldes dos Estados Unidos. Embora a agricultura fosse o centro de suas palestras, ele também falava na industrialização conectada com a expansão da fronteira agrícola. Era o que esperava das ações da International Basic Economy Corporation, o Ibec.

Nelson Rockefeller expondo seu programa aos líderes brasileiros.

Ele reiterava que melhoraria o nível de vida dos brasileiros apoiado num sistema de saneamento básico, condições sanitárias adequadas, modernização das atividades agrícolas e das próprias indústrias. Tudo isso levaria o Brasil a uma posição de destaque no cenário político mundial e só seria possível numa parceria da iniciativa privada e do governo. Foi exatamente isso que Nelson propôs quando apresentou os projetos da AIA e do Ibec: o primeiro trabalharia com o governo e o segundo atuaria junto da iniciativa privada.

Por essa época, uma epidemia de cólera ameaçou a população de porcos do Rio Grande do Sul, do Paraná, de São Paulo e de regiões de Minas Gerais. Os técnicos da AIA aproveitaram para demonstrar a "eficiência americana" na técnica de combate de doenças de animais. Em pouco tempo um avião trouxe vacinas e veterinários dos Estados Unidos que salvaram os porcos brasileiros. No começo de 1947, a epidemia estava controlada.[30] O episódio abriu oportunidades para a introdução, pelo Ibec, de novas raças mais produtivas, como foi o caso do *duroc-jersey*, um tipo de suíno maior e, teoricamente, mais resistente.

ESCLARECENDO A PROPOSTA

Aos poucos, Nelson explicava aos brasileiros a que tinha vindo. No almoço oferecido na segunda-feira, dia 18, pelo ministro interino das Relações Exteriores, Sousa Leão Gracie, no Palácio Itamaraty, ele abriu seu longo discurso com uma breve análise da aliança Brasil-Estados Unidos na luta contra o Eixo. Destacou a brilhante campanha das forças aeronavais americanas e brasileiras, que conseguiram tirar do Atlântico Sul os submarinos alemães e italianos; recordou sua visita anterior, em setembro de 1942, e o entusiasmo dos brasileiros ao se preparar para combater o nazifascismo. Recuou no tempo até a época da Inconfidência Mineira, seguiu para o Brasil independente e para a visita de d. Pedro II aos Estados Unidos, em 1876, que acabou por estimular as relações comerciais entre os dois gigantes da América. Citou Nabuco e Rui Barbosa. E, claro, lembrou que nenhum presidente americano contribuíra mais para o mútuo entendimento entre os dois países do que Franklin Delano Roosevelt. Foi durante a guerra que os Estados Unidos mais se envolveram com o Brasil, ajudando o governo no campo da saúde, da nutrição, do saneamento, das tentativas de modernizar a agricultura e os transportes. Os Estados Unidos precisavam de um Brasil moderno.

Roosevelt, disse Nelson, sempre achou que os Estados Unidos e o Brasil eram muito semelhantes. E recordou um diálogo que teve com o presidente americano logo depois que voltou do país, em setembro de 1942.

Nunca hei de esquecer o dia em que almocei com o presidente Roosevelt na sua mesa de trabalho pouco depois da minha viagem de 1942. Quando acabei meu relatório verbal e foram retirados os pratos, ele recostou-se na cadeira, acendeu o cigarro, puxou um mapa enorme do Brasil e disse: "Você sabe, o Brasil é um país maravilhoso. Se eu fosse jovem, iria para lá". E indicando [no mapa], com o dedo, as vastas planícies do interior, acrescentou: "Um dia esta será a mais importante área de desenvolvimento do mundo inteiro; a história do nosso Oeste lá será repetida. Há uma coisa que você nunca deve esquecer: quando essa guerra terminar, a esperança do futuro dependerá do Novo Mundo".[31]

Nelson soube, com bastante habilidade, pôr na boca do falecido presidente o que ele mesmo pensava, ou melhor, ele, muitos outros americanos e, principalmente, seus parceiros no ambicioso projeto. O Brasil seria um novo Oeste a ser conquistado. E, da mesma forma que na história dos Estados Unidos, graças à exploração da terra, à revolução agrícola conectada ao desenvolvimento técnico e ao consequente bem-estar da sociedade, o Brasil alcançaria a modernização.

Não se sabe se o diálogo entre Rockefeller e Roosevelt mencionado no almoço do Itamaraty de fato aconteceu, mas é o que menos importa para entendermos a filosofia e o pensamento "nelsoniano". Ele foi hábil em escolher o trecho da conversa em que Roosevelt quase repete o pensamento de Horace Greeley, publicista e jornalista americano do século XIX conhecido pela frase: "*Go west, young man, go west and grow up with the country*" [Vá para o Oeste, jovem, e cresça com o país]. Nelson parecia ter recebido o espírito de Roosevelt e dava a entender que a transferência da experiência da construção da riqueza dos Estados Unidos para nosso Oeste e para todo o resto do território brasileiro bastaria para superarmos o estado da pobreza.

O uso, no discurso, de um dos mais caros temas que forjaram o americanismo, isto é, a conquista do Oeste, conectado à história do Brasil, tinha como objetivo convencer a seleta plateia de que, com alguma ajuda, trilharíamos o mesmo caminho dos Estados Unidos. Para Nelson, o Brasil só conheceria o bem-estar e a segurança atingindo um padrão de vida mais alto, combinado com a expansão da democracia.[32]

Ele mencionou mais uma vez a associação de seus empreendimentos com os empresários e o governo brasileiros nas áreas de produção e distribuição de alimentos, transporte e armazenagem, fatores-chave para a segurança do país. "É necessário que o Brasil aumente a produção de gêneros alimentícios e que se diminua o preço de transporte e distribuição." Era como se ele tivesse lido as propostas do economista Eugênio Gudin, que na mesma época debatia o problema com Roberto Simonsen. Empresas eficientes e organizadas para treinar jovens em diversas atividades, em especial ligadas à agricultura, eram indispensáveis. Nelson lançou mão de um poderoso argumento destinado a conquistar corações e mentes de alguns políticos brasileiros: "O lucro desses empreendimentos será reempregado em outras atividades de natureza produtiva ou com objetivos sociais, tais como educação, prática em nutrição e em treinamento e demonstrações de agricultura". Essas experiências já tinham sido testadas durante a guerra em projetos-piloto no Ceará.[33]

O Ibec ainda estava em formação, mas Nelson já anunciava como seria seu funcionamento. A cooperação entre seus técnicos e os brasileiros tinha por fim "levar à casa do mais modesto cidadão, as simples porém modernas práticas de saneamento, higiene e cuidado infantil". Esses objetivos só seriam alcançados se fossem usados métodos científicos e técnicas de produção, distribuição e venda de alimentos para satisfazer as necessidades do povo brasileiro. Falando de outra maneira, era preciso consolidar um mercado dinâmico, como nos Estados Unidos. Pessoas saudáveis vivendo em ambientes sanitários adequados poderiam ser trabalhadores bastante ativos na indústria nascente, aumentando a rentabilidade das empresas e os salários. O mercado consumidor equilibrado seria uma consequência natural.

É preciso lembrar que, com o fim da guerra, as promessas feitas pelo governo americano de que o Brasil seria tratado como parceiro preferencial e receberia a ajuda necessária para se converter em potência regional foram caindo no esquecimento. A plateia que então ouvia o ex-alto funcionário do Departamento de Estado dizer que pretendia ajudar o Brasil a se transformar num país moderno via renovadas as esperanças de que os Estados Unidos, por intermédio da iniciativa privada, iriam cumprir a promessa postergada. Os encontros que Nelson teve naquela tarde com os ministros das Finanças e do Trabalho indicavam que o americano tinha vindo aqui para continuar o trabalho iniciado durante a guerra.

Nelson procurava ter contato com o mundo da economia, das finanças e da cultura simultaneamente. Uma boa oportunidade surgiu quando João Daudt de Oliveira o convidou para jantar na sociedade literária Felipe Oliveira. Daudt era um homem de negócios, escritor e intelectual, coisa que os americanos achavam um pouco estranha. Ele havia participado da Revolução de 1930, ocupado diversos cargos durante o governo de Getúlio Vargas e era presidente da Confederação Nacional do Comércio. Rockefeller era bom conhecedor de artes plásticas, mas nada sabia sobre a produção literária do país. Por via das dúvidas, levou ao encontro Carleton Sprague Smith, antigo adido cultural do consulado americano em São Paulo e consultor acadêmico, conhecido por seus trabalhos em música e cultura da América Latina. A partir de então procuraria tê-lo sempre à mão para quaisquer questões relacionadas às artes, à literatura e à cultura no Brasil. Os temas do jantar variaram entre cultura e economia, igualmente importantes no estreitamento das relações entre os dois grandes países do continente americano.

Já no longo almoço de terça-feira, os temas foram política e economia, tratados diretamente com o presidente da República no Palácio do Catete.

Em outro encontro com secretários da Agricultura, promovido pelo ministério da área, Nelson fez um discurso enfatizando o papel das atividades agrícolas no desenvolvimento do país. Dirigiu-se ao ministro da Agricultura, Daniel de Carvalho, e fez elogios ao plano do governo brasileiro de extensão agrícola, lembrando que era similar ao dos Estados Unidos. Vivíamos no mundo pós-guerra, mas ainda sob o clima da guerra. Nelson repetiu a história contada no almoço do Itamaraty sobre a atração e a esperança que Roosevelt tinha por nosso Oeste, nosso *wilderness*. Em seguida foi direto ao assunto para esclarecer a missão da AIA. Fez algumas perguntas para nortear a explicação do funcionamento dos projetos conjuntos entre seu país e o Brasil; queria saber o que estávamos fazendo para, num futuro próximo, aumentar a quantidade de tratores, caminhões, máquinas, implementos agrícolas e o consequente aumento da produção de trigo, milho e outros cereais. Num primeiro momento, tudo isso poderia ser adquirido nos Estados Unidos; e, se assim fosse, qual seria a forma que pretendíamos encontrar para cooperar com o seu país para atacar os problemas do pós-guerra?

De forma didática e com auxílio de gráficos, ele mostrou que a recessão esperada pelos Estados Unidos do pós-guerra não havia se concretizado. Ao contrário, a produção crescera em todos os setores, assim como o consumo. Havia mais trabalhadores empregados em 1946 do que no pico da economia de esforço de guerra de pouco tempo antes. Greves podem acontecer, ele afirmou, mas a maioria dos trabalhadores estava satisfeita.

Nelson precisava justificar a pouca atenção dada pelos Estados Unidos aos problemas brasileiros. Disse que o governo americano estava muito sobrecarregado com a economia doméstica, em uma fase de aquecimento sem precedentes, com um mercado interno absorvendo produtos que poderiam ser exportados. Além do mais, o governo americano tinha prioridades na Ásia e na Europa. Por tudo isso, deveríamos contar com nossos próprios meios para promover a modernização de nossa sociedade e assim ajudar o continente na luta contra o perigo vermelho. Se isso parecia difícil, nossos anticomunistas podiam contar com a ajuda da AIA e do Ibec do missionário Nelson Aldrich Rockefeller. Era o que ele indicava naquela tarde:

> É meu desejo contribuir para o progresso do Brasil, ainda que de forma modesta, cooperando com vocês [...] Não é meu propósito comprar e manter propriedades no Brasil para fins especulativos. Capital empregado assim tende a ser estéril e impedir o progresso. No entanto, se o capital for usado para estimular a produção por meio de métodos mais eficientes, pode se transformar num importante fator de progresso.[34]

Ele jamais empregava os termos "comunista" ou "anticomunista". Curiosamente, no mesmo dia, visitou o Congresso Nacional e lá fez questão de conhecer e cumprimentar o senador Luís Carlos Prestes, do Partido Comunista, pedindo seu telefone para trocar algumas ideias, como que para conhecer de perto o inimigo a ser combatido. Havia greve de algumas categorias de trabalhadores sob a orientação do PC naquele momento. O mês de agosto de 1946 foi de agitações. Em algumas capitais, por exemplo, ocorreram quebra-quebras e manifestações contra a carestia, a falta de pão e de alguns produtos industrializados.[35] Os órgãos de segurança do novo governo não tinham dificuldade em relacionar as reivindicações com "atividades subversivas" coordenadas pelo partido de Prestes. Por isso Nelson sabia que era preciso melhorar ao máximo as condições dos trabalhadores, que deveriam permanecer juntos, sindicalizados, para reivindicar melhores salários, mas sem se envolver em política. Toda a riqueza e as grandes inovações técnicas dos Estados Unidos eram as armas para consolidar o modelo americano em oposição ao soviético, que parecia atrair setores do movimento trabalhista.

Enquanto Rockefeller estava aqui tentando vender suas ideias, a revista *Time* publicou uma reportagem sobre a viagem do missionário capitalista.[36] O título da matéria era bastante sugestivo: "Enlightened Capitalism". Um capitalismo esclarecido, o mesmo adjetivo usado por Nelson ao se referir ao Estado Novo. Isso queria dizer que o capitalismo não era mais selvagem, explorador; era agora um capitalismo humanizado. Segundo a revista americana, os brasileiros estavam entusiasmados com esse primeiro contato com um projeto que prometia mudar o perfil do capitalismo do pós-guerra. Rockefeller foi chamado de otimista e zeloso "vendedor da política da boa vizinhança", que tinha na bagagem um pacote de ideias, a American International Association for Economic and Social Development, resultado do trabalho de um batalhão de assessores e pesquisadores de "alta octanagem" que souberam, com bastante habilidade, misturar negócios e filantropia. O que parecia claro, segundo a revista, era que só com a expansão e a produção de alimentos e bens de consumo é que frutificaria no país uma nova classe média, participante de um mercado consumidor com renda suficiente para ampliar os laços comerciais com os Estados Unidos. O autor da matéria não perdeu a oportunidade de expor um ponto de vista etnocêntrico com um tom jocoso e irônico quando tratou da cultura alimentar dos brasileiros: a missão de Nelson era ensinar os "comedores de feijão com farinha" a incluir saladas e vegetais na dieta nacional. E pensar que os Estados Unidos são hoje os campeões do consumo de fast-food, diretamente proporcional à alta taxa de obesidade. Mas tratava-se, enfim, também de uma missão civilizadora alimentar. A *Time* concluía: essa classe média com um padrão de vida mais alto ajudaria a mudar a imagem de imperialista dos Estados Unidos.[37]

No discurso para os secretários da agricultura, Nelson Rockefeller voltou a dizer que o lucro não precisava ser necessariamente combatido, desde que fosse de natureza criativa e incentivasse a produção para baixar os preços, deixando o consumidor livre para saciar seus desejos no mercado. Era como se ele estivesse lendo Benjamin Franklin, que dizia, dois séculos antes, na colônia da Nova Inglaterra, que o dinheiro era, ou é, de natureza profícua.

Um dos pontos fracos de nossa agricultura seria, segundo Nelson, a pobreza do sistema de transportes, o que prejudicava tanto produtores quanto consumidores. A solução era emular os Estados Unidos, isto é, utilizar caminhões. Lembrou que eles tinham especialistas no assunto e que poderiam muito bem contribuir com o projeto para o Brasil. Também era preciso adequar o fornecimento de implementos agrícolas e o crédito rural. Os setores brasileiros nacionalistas e de esquerda viam-no como um vendedor da Esso. Seu projeto favorecia a Standard Oil, mas Nelson era astuto e político o suficiente para não defender abertamente os interesses das empresas da família.

Prosseguiu com sua mensagem otimista e esperançosa: "O Brasil é um dos poucos países no mundo em que o pioneiro pode construir um lar na fronteira. Esses lares-fazendas deverão ser de tamanho médio".[38] Em uma fazenda muito pequena, "a família não pode conseguir o suficiente para sobreviver e estará, certamente, condenada a viver na pobreza".[39] A solução para o Brasil era a média propriedade. Ele não tocou no problema nacional do latifúndio, levantado meses antes em Nova York por Berle. A fazenda média era a "unidade ideal para uma sociedade democrática" e geraria conforto e bem-estar para a família brasileira.

Um lar na fronteira é uma imagem forte na cultura america-na, imortalizada pelo cinema, pela literatura, pela história em quadrinhos. Sem muito esforço, o ouvinte poderia imaginar uma cabana de troncos — *cabin log* —, típica da mitologia da conquis-ta do Oeste, transformando-se em um sítio-modelo que produzi-ria mais do que o exigido para o consumo interno e venderia o excedente, interagindo com um mercado dinâmico. Só assim seria possível construir uma sociedade democrática. O modelo pensa-do foi inspirado diretamente no regime de propriedade típico da formação histórica americana. Por isso Nelson dizia que "o tama-nho das fazendas determina a natureza da organização social [...]. Esse tipo de propriedade tem aumentado rapidamente, em espe-cial nas áreas pioneiras".[40] A conexão feita entre as ideias "pionei-ro", "lar", "fronteira", "pequena", ou principalmente, "fazenda mé-dia", "viver em conforto" e finalmente "democracia" é chave para o entendimento do mais profundo sentido do "ser americano", ou melhor, do americanismo. E era isso que Nelson queria para o Brasil e os brasileiros: um país coberto de médias propriedades que pudessem gerar o sustento de uma família livre com um so-breproduto vendido para as cidades habitadas pela classe média. Era a história do sucesso dos Estados Unidos transposta para o gigante da América do Sul.

Por razões culturais e sociais, é quase certo que o recado do americanismo de Nelson não tenha sido captado completamente pela plateia de secretários da Agricultura, mais familiarizados com a existência de grandes propriedades agrárias no país. Provavel-mente, eles não entenderam que, na visão do palestrante, o Brasil precisava de um Homestead Act, a lei promulgada pelo presidente Abraham Lincoln em 1862, que proporcionou o acesso à terra pública para milhões de colonos. Mas talvez tenham podido per-ceber que a fala do americano trazia alguma novidade para ajudar o Brasil a sair do atraso e mergulhar na modernidade.

Nelson, por sua vez, pensava ser viável criar aqui, quase que por decreto, o pequeno e médio proprietário, isto é, os "pioneiros" que fizeram de seu país os Estados Unidos tal como o conhecemos, conquistando e civilizando a fronteira. No entanto, era praticamente impossível transpor para nossa realidade o conceito de "fronteira" utilizado por Nelson. Tivemos também uma legislação sobre terras, em especial a promulgada em 1850. Só que havia uma grande diferença: enquanto a lei nos Estados Unidos facilitava o acesso à terra, no Brasil ela o restringia, isto é, só podia tê-la quem conseguisse comprá-la. Como disse um historiador, "os brasileiros procuraram usar a política de terra como um 'cinto de segurança', enquanto a América usou-a como uma 'válvula de escape'".[41] Mas Rockefeller acreditava que com perseverança e a ideia de que nunca se deve desistir o Brasil aprenderia, mais dia menos dia, a trilhar seu "próprio" caminho rumo ao progresso. Claro que inspirado no modelo americano.

Nelson continuou, nos dias seguintes, a peregrinação de encontros, que incluiu uma conversa com o ministro do Trabalho, almoços, palestras, visitas, coletivas de imprensa dadas em seus próprios aposentos no hotel, jantares; alguns mais demorados, outros mais breves. Novas reuniões com o presidente Dutra. Visitas a lugares como as câmaras frigoríficas para frutas no cais do Rio de Janeiro poderiam até parecer um pouco estranhas, mas era assim que Nelson buscava dados sobre nosso sistema de armazenamento de alimentos. Seus assessores tomavam notas e a arguta memória do americano armazenava os dados. Um almoço oferecido por Valentim F. Bouças, da Comissão Interamericana de Desenvolvimento, antigo representante da IBM e encarregado pelo governo Vargas de várias atividades ligadas ao comércio e às finanças, assegurava mais um elo com o Brasil. Nelson tecia, com cuidado, as teias que pudessem garantir a ligação dos diferentes setores da sociedade brasileira com seu projeto para o país. Uma recepção oferecida para mais de quinhentas pessoas pela embaixada americana, na rua São Clemente, dá uma boa noção do interesse que seus planos despertavam.

No dia 20 de novembro 1946, Nelson foi a um jantar oferecido por Walther Moreira Salles. O encontro foi o primeiro passo de uma frutífera parceria que se fundou, em grande parte, no compartilhamento de dois projetos entre o americano e o cafeicultor, banqueiro e homem de negócios brasileiro. Na verdade, foi um "segundo" passo, pois Walther tinha 27 anos quando viajou, em 1939, para Nova York e foi apresentado a Nelson por Friele. Por estar intimamente ligado ao ramo da cafeicultura, Moreira Salles era muito próximo de Berent Friele. Talvez esse encontro tenha pesado no currículo de Moreira Salles quando assumiu, mais tarde, nossa embaixada em Washington, e parece ter sido também o início de uma relação que extrapolou os negócios: Moreira Salles declarou, quando da morte de Nelson, em 1979, que sentia muita falta da amizade do americano.

Nesse mesmo dia 20, Nelson e seu grupo foram convidados por Herbert Moses para almoçar na ABI, Associação Brasileira de Imprensa, na rua Araújo Porto Alegre, 71, no edifício projetado por Le Corbusier. Estavam lá, além do próprio Nelson, seus associados mais próximos, ou seja, Kadow, Jamieson, o ubíquo Berle, Heilbronner e W. J. Convery Egan — este último especialista em radiotransmissão, uma das áreas que mais fascinava Nelson. Ele sempre se interessou pela propaganda transmitida pelo rádio como instrumento de convencimento. Quando coordenador do Office, durante a guerra, criou uma divisão de rádio, na certeza de que poderia alcançar todas as classes sociais. Como vimos, a divisão transmitia todos os dias uma programação variada para o Brasil. Pelas ondas curtas da NBC e da CBS ouvia-se, em português, radioteatro, noticiários e músicas, de clássicas ao jazz. Todos os programas pretendiam mostrar os Estados Unidos como paladinos da liberdade na luta contra a opressão totalitária do Eixo. O recado era simples: os países da América poderiam contar com a proteção da grande nação-irmã do Norte. Passado o perigo da guerra mundial, tratava-se agora de bater-se com o comunismo, e o uso de armas de propaganda ideológica era mais eficaz do que as armas convencionais ou mesmo atômicas. Daí a presença de um especialista em rádio transmissão nesse jantar.

Egan era antes de tudo um expert em programas de guerra psicológica e Nelson o contratou para usar seus préstimos. Não há registro dessa reunião, mas, pouco tempo depois do encontro, no centro do Rio de Janeiro, foi fundada a RFE, Rádio Europa Livre (a sigla veio do inglês Radio Free Europe) dirigida por Egan. Financiada pela recém-fundada CIA, a Rádio Europa Livre tinha como objetivo "bombardear" a União Soviética e seus países satélites, em especial a Tchecoslováquia, a Hungria e a Polônia, com programas culturais, muito jazz, entrevistas com pessoas que fugiram da "cortina de ferro" e alcançaram o "mundo livre". A ACAR (Associação de Crédito e Assistência Rural) — que, como veremos, era uma extensão da AIA — começou a financiar aparelhos de rádio para pequenos sitiantes no sul de Minas Gerais. Numa foto do começo dos anos 1950, veiculada no boletim da associação, vê-se uma orientadora do programa ajudando uma família de "colonos" brasileiros a abrir uma caixa com um aparelho de rádio. A caixa estava sobre uma mesa cercada de crianças e de um casal de sitiantes que aparecem com roupas limpas e bem talhadas. Cinco crianças, das mais diferentes idades, olham com espanto para o aparelho que está sendo retirado da caixa pelo chefe da família. Todos, ou quase todos — um bebê de colo dorme —, estampam uma expressão de alegria diante do novo produto. O rádio da marca Mullard começou a ser fabricado aqui pela Philips e distribuído por uma empresa com sede na avenida Ipiranga, no centro de São Paulo. O pequeno sitiante que conseguiu comprar o rádio com

Uma família de agricultores recebe de presente um rádio, importante ferramenta para o projeto de Nelson.

crédito da ACAR estava interagindo com o mercado. Era quase um *yeoman*, o mítico "herói", pequeno agricultor, diligente construtor do Oeste norte-americano, transportado, simbolicamente, para a zona da mata mineira. Provavelmente ele já havia estudado, nas instituições ligadas à ACAR — assim como nos Clubes 4 S* —, as condições do solo, examinado a fertilidade, medido o pH e verificado qual hortaliça se adaptava melhor a sua lavoura. Agora poderia comprar fertilizantes produzidos por uma das associadas do Ibec, que fazia anúncios pelo rádio. Além do mais, a família poderia ouvir as crônicas diárias de Al Neto, que, como veremos no

---

* Veremos como foram criados e como funcionavam esses clubes no capítulo 5.

próximo capítulo, discorria sobre vários temas, desde as propriedades medicinais de certas ervas até os perigos do comunismo.

SÃO PAULO, PRÓXIMA PARADA

Na manhã de 21 de novembro, Nelson embarcou num avião
da Pan American Airways com destino a São Paulo, onde permaneceu até o dia 25. O grupo de assessores chegou uma hora antes
para preparar a recepção. Hospedaram-se no Esplanada Hotel, que
Nelson e a esposa conheciam desde a primeira viagem, de 1937. A
equipe já havia acertado, para aquela mesma manhã, um encontro
na Câmara Americana de Comércio, onde, durante o almoço,
Nelson expôs de forma mais resumida suas ideias para o Brasil. À
noite jantou na casa de um homem de negócios paulista, Eduardo
Ramos, acompanhado do cônsul americano e de alguns de seus
assessores. No dia seguinte, deu uma entrevista coletiva e repetiu
de maneira ainda mais breve os objetivos de seu projeto.

No sábado, 23, encontrou arquitetos e artistas plásticos
quando visitou a Escola Politécnica. Almoçou na União Cultural
Brasil-Estados Unidos, instituição ligada política e culturalmente
a seu país, fundada pouco antes da guerra e dirigida pelo rotariano
e industrial paulista Armando de Arruda Pereira. Armando, bastante próximo de Nelson desde a Conferência de Chapultepec, no
ano anterior, era considerado um peça importante nas relações
entre o Brasil e os Estados Unidos. Na parte da tarde, Rockefeller
visitou ainda a Escola Livre de Sociologia e Política, o Instituto de
Pesquisas Tecnológicas e o Instituto de Higiene, instalado graças a
uma cooperação da Fundação Rockefeller.

No domingo, 24 de novembro, foi a Campinas de trem. Toda
a manhã foi gasta em visitas a fazendas e ao Instituto Agronômico.
Depois do almoço, passou a tarde descansando na Fazenda Santa

Cândida, de Caio Pinto Guimarães, que hoje abriga grande parte da Pontifícia Universidade Católica de Campinas.

Essa tarde de descanso de Nelson e seu grupo foi registrada numa reportagem feita pela revista *O Cruzeiro*. Certamente, Assis Chateaubriand, o Chatô, deve ter pedido a Nelson permissão para fazer a matéria. Não há entrevistas. A cobertura foi simples: um dia de amenidades na concorrida agenda do famoso americano. Na foto que abre a reportagem de duas páginas aparecem, de calção de banho, o próprio repórter, além de "Charleton" Sprague (o nome correto é Carleton), assessor cultural de Nelson, com um maiô semelhante aos usados no começo do século XX, e o próprio Nelson, disputando uma espécie de cabo de guerra com o enorme "Charleton". Os textos da revista de Chatô nunca primaram pela boa qualidade, e a revisão sempre deixava passar erros. As fotos estão bem claras, mas as legendas não ajudam muito. O texto narra uma disputa de natação entre o repórter e Nelson Rockefeller. Nada de explicações sobre o que ele estava fazendo no Brasil, pois isso os jornais de Chatô já tinham feito. O que interessava mostrar é que o repórter, mais jovem, havia desafiado Nelson e perdera. O prêmio para o vencedor foi um copo de leite.

Nelson justificava: jamais fumara ou bebera, como bom batista que era. A leitura da reportagem parecia sugerir que anfitriões e convidados, se desejassem, poderiam seguir a fórmula do vencedor. Nas diversas fotos, vemos um grupo de homens formado pelo professor Melo Morais, diretor da Escola Agrícola, Pinto Guimarães, o dono da fazenda, Kelso Peck, do Consulado Americano de São Paulo e senhores e senhoras da sociedade paulista. Eram na maioria grandes proprietários rurais. Bebiam gim e vinho do Porto. Nelson, leite. Tod, sua esposa, permanecia afastada do grupo, com um ar de tédio esnobe que a caracterizava.

À noite, o americano voltou para a capital paulista e entabulou conversações com o educador Nicanor Miranda, antigo chefe

À força de vontade e moral calvinistas do americano, somava--se ainda sua força física.

da Divisão de Educação, Assistência e Recreio. Miranda era autor de vários livros sobre educação e jogos infantis que ainda hoje são referência na área. Trabalhou durante muito tempo no Departamento de Cultura de São Paulo, com Mário de Andrade. Numa carta escrita à mão, num ótimo inglês, ele agradecia a Nelson os votos de boas-festas enviados em fins de 1946. Para o projeto de Nelson, incorporar especialistas como Nicanor Miranda era muito importante. Brasileiros como ele foram, em várias ocasiões, consultados para opinar nas atividades da AIA, que tinha de aprender a cultura do lugar com auxílio de nativos para não cometer erros que poderiam parecer ofensivos. Rockefeller havia aprendido, quando ainda era chefe do Office, que era preciso tomar cuidado com as sensibilidades dos brasileiros, que não engoliam facilmente as gafes de *yankees*, como havia acontecido em alguns filmes produzidos pelos Estados Unidos.

Sem dúvida, nessa volta ao Brasil, Nelson ampliou ao máximo sua lista de contatos brasileiros, em especial de São Paulo, que pudessem, de uma forma ou de outra, encaixar-se no seu projeto "salvacionista". Assis Chateaubriand parecia fazer o papel de "embaixador" paulista do "nelsonianismo". Na segunda-feira, 25, depois de visitar o Instituto Butantan, Nelson foi surpreendido por um banquete oferecido pelos Diários Associados no Automóvel Clube de São Paulo. Assis encarregou Abelardo Vergueiro Cesar, ligado ao setor de investimentos, de fazer um discurso em homenagem a Rockefeller. O dr. Vergueiro falou que os empreendimentos de Nelson não visavam lucro, mas sim "objetivam realizar obra humanitária e incrementar pesquisas científicas, procuram fortalecer o homem pelo combate às doenças e pelo revigoramento do saber".[42] O palestrante propunha que Nelson ajudasse a criar um Mercado Americano de Valores Mobiliários, uma espécie de bolsa de valores das Américas para a "harmonização, e, se possível, a uniformização das leis sobre sociedades anônimas, debêntures, cédula hipotecária, bolsas e câmbio entre os países americanos".[43] Essa medida impulsionaria os ideais pan-americanos, dinamizando a vida, a circulação de ideias, de pessoas, de produtos e de valores. Nelson ouviu, agradeceu e sugeriu que as propostas do brasileiro estavam em perfeita harmonia com seus projetos.

Ao voltar para o Rio de Janeiro, ele deu uma festa de despedida no salão do Copacabana Palace. No dia seguinte, embarcou com a esposa e assessores rumo a Nova York, para, de lá, continuar a comandar os projetos já lançados para o Brasil, assim como conceber novos.

A COMPANHIA AGRÍCOLA E INDUSTRIAL DA BOCAINA (CAIBO): EMPREENDIMENTOS E SONHOS DE UM CLIMA TEMPERADO NOS TRÓPICOS

Poucos meses depois dessa sua terceira viagem ao Brasil, Nelson Rockefeller trabalhava no *room* 5600 do Rockefeller Plaza, examinando as pilhas de cartas que recebia diariamente, embora seus auxiliares já tivessem feito a triagem para selecionar apenas a correspondência que deveria chegar diretamente ao chefe. Em um dia de abril de 1947, à medida que lia um longo relato que havia chegado do Rio de Janeiro, ele deve ter sido tomado por um estado de excitação e entusiasmo que lhe era característico: quem lhe escrevia era Kenneth Kadow, o especialista em agricultura desde os tempos do Office e agora responsável pela área de empreendimentos agrícolas do Ibec. Kadow fazia um detalhado relatório, apresentando a oferta de um empresário polonês-brasileiro, Spitzman--Jordan, para que o grupo de Nelson se associasse a um enorme projeto agroindustrial no Brasil, na serra da Bocaina.

Esse relatório era fruto de uma visita feita à região por Kadow, Dad Griffing — o agrônomo e professor em Viçosa que fazia parte do staff há muito tempo — e Dee W. Jackson, aquele mesmo que salvara os porcos brasileiros e trabalhara na embaixada americana durante a guerra. Os três percorreram as matas frias da serra da Bocaina, entre os estados do Rio de Janeiro e São Paulo, uma região estrategicamente adequada para sediar um projeto acalentado por Nelson: a concretização de um ambicioso empreendimento que pudesse gerar uma grande quantidade de empregos ligados a agricultura, extração de madeira e construção civil, entre outras áreas, contribuindo, segundo o americano, para a melhoria do padrão e da qualidade de vida dos brasileiros.

Henryk A. Spitzman-Jordan era um polonês que havia escapado dos alemães quando da invasão do seu país, no início da Segunda Guerra. Fugiu com a família para o Rio de Janeiro, via Portugal, naturalizou-se brasileiro e dedicou-se ao ramo de imóveis, fazendo fortuna. Foi ele que construiu, por exemplo, o edifício Chopin, cuja fachada lateral dá para a piscina do Copacabana Palace, na avenida Atlântica. Foi ele também o doador de obras de Van Gogh, Cézanne e Degas para o Museu de Arte de São Paulo, do amigo Assis Chateaubriand. Daí, provavelmente, o contato com Nelson Rockefeller.

A região em questão na serra da Bocaina envolvia cerca de 10 mil alqueires com divisas de difícil confirmação depois que a área de terras devolutas havia mudado de mãos, em quase dois séculos; por isso os papéis para a sua legalização estavam dispersos e com complicações jurídicas. Um possível comprador corria, portanto, alguns riscos, como comprar terras de menor extensão do que aquela legalmente apresentada. No entanto, Kadow achava que valia a pena correr o risco do investimento. Para ele, o custo da terra era "*a mere drop*", uma simples gota diante da potencialidade econômica e do possível rendimento do projeto. Só a exploração da madeira representava uma imensa fortuna à companhia, isto é, ao Ibec. "O grupo de Spitzman deixou claro que acredita que este seja talvez o projeto mais importante que poderíamos realizar para auxiliar o desenvolvimento das cidades do Rio e possivelmente de São Paulo."[44] O documento de Kadow que Nelson lia em Nova York dizia que a floresta tinha grandes quantidades de madeira de lei — *hard wood*, como os americanos a chamam —, árvores de canela de mais de cinquenta metros de altura, com dois metros de circunferência. Eram milhões de metros cúbicos desse tipo de madeira, que poderia ser usada para consumo no Brasil e para exportação.

Pouco depois, iniciaram-se as negociações. Nelson esperava reinvestir no próprio país os lucros obtidos, para impulsionar outras atividades correlatas com o empreendimento. Seus assessores no meio do mato esforçavam-se para mostrar em cada novo relatório enviado a Nova York que o negócio valia a pena, e pintavam com cores exuberantes as florestas da serra que ficavam a mil metros de altitude. Embora não fossem muito precisos, os cálculos das possibilidades de produção de madeira por alqueire projetavam somas gigantescas. Estimava-se também a quantidade de pessoal necessário para trabalhar, caminhões, tratores e arame farpado, assim como o sistema de distribuição de águas e esgotos para cerca de mil casas que já nasciam nas pranchetas dos arquitetos e engenheiros do Ibec.

Kenneth J. Kadow e Dee W. Jackson fretaram um avião e sobrevoaram durante duas horas a área que acreditavam ser parte das terras do "polonês". Eram várias fazendas e não uma só propriedade, sendo a mais importante a Fazenda da Bocaina, com 2,2 mil alqueires, seguidas por Campo Comprido, Sete Espetos, Juca Pintado, Jardim, Roseira, Tanguá e outras. Eram dezoito fazendas e sítios com imprecisos 8 mil a 10 mil alqueires. Seria preciso fundir todas essas propriedades em uma só, segundo o pessoal do Ibec.

Os americanos ficaram meio perdidos com herdeiros, procurações, posses e inventários, na hora de organizar a documentação. Quanto mais cartórios eram visitados pelo dr. José Nabuco, representante legal e sócio do Ibec, mais Nelson ficava ansioso. Até um professor de Yale, especializado em florestas tropicais, foi contratado como consultor. Estava quase tudo pronto. O velho Dad Griffing mandou uma lista de materiais necessários para dar início à preparação das terras. Para começar, dois grandes tratores, compressoras, caminhões, picapes e triturador de rochas.

A derrubada da mata para transformar o terreno em pastos e áreas de agricultura extensiva seria tarefa da Empresa de Mecanização Agrícola, EMA, que, como veremos, era associada ao Ibec. As estradas, praticamente intransitáveis nas estações de chuva, seriam reconstruídas com cerca de 150 mil dólares, segundo projeção feita por Dad Griffing e o coronel Knight, assessor especial contratado para questões de transporte. Bananal era a cidadezinha considerada o ponto de convergência entre o empreendimento e a estrada Rio-São Paulo. O preço do alqueire variava entre 1,5 mil e 2,5 mil cruzeiros. O projeto incluía o planejamento e a conservação das florestas, o que tornava a proposta um pouco contraditória, pois o anúncio preparado pela sede do Ibec em Nova York dizia que era esperada uma grande produção de carvão vegetal para suprir o Rio de Janeiro.

Com todas essas informações chegando à mesa de Nelson em Nova York, ele ansiava por concretizar o projeto. Num longo telegrama a Dee W. Jackson, deixou claro que aceitava a associação com o grupo de Spitzman-Jordan desde que a última palavra na mesa de dirigentes fosse sempre do Ibec e desde que o preço fosse de "dois contos o alqueire". Como a maioria da população brasileira, Nelson usava a antiga moeda, o réis, para referir-se ao cruzeiro, a nova moeda.

A ideia geral para a serra da Bocaina, além da exploração da madeira, era a formação de quatrocentas fazendas menores, a serem vendidas a migrantes, em especial os europeus que estivessem sofrendo as consequências da guerra. O Ibec facilitaria a compra, o fornecimento de implementos agrícolas e as sementes, além de animais para a procriação.

A colonização da Bocaina chamou a atenção de imigrantes europeus, é verdade, mas nem todos eram exatamente pobres vítimas da miséria da guerra. Numa tarde de junho de 1947, bateu à porta do escritório de Kenneth Kadow a princesa Cecylia Lubomirska, casada com Gabriel de Bourbon. Estava ali em nome do marido, o príncipe, para propor uma associação em um dos projetos agrários da serra da Bocaina. O casal de nobres pretendia formar uma fazenda no alto das montanhas, pelo clima ameno que, por vezes, lembrava o temperado, e lá construir uma casa para passar os dias do tórrido verão carioca. Os nobres europeus tinham, entre seus serviçais, um agrônomo altamente qualificado que poderia ser aproveitado nos grandes projetos da "revolução agrária" de Nelson. Mas a prioridade era a construção da casa, com todos os confortos da vida moderna, nos moldes americanos. Nobres europeus desgarrados que vieram dar aqui fugindo da guerra era o que não faltava naquela época, como observou Ruth Ryer, secretária do Ibec no Brasil.[45] A contribuição ao projeto do *welfare* de Nelson na serra seria a oferta de vagas no setor de serviços: de mordomos a jardineiros.

O press release preparado para dar publicidade à criação da Companhia Agrícola e Industrial da Bocaina, ou simplesmente Caibo, como ficou conhecido o empreendimento nascente, deixava claro que ele era parte do Ibec e que não se afastava do objetivo de "melhorar o padrão de vida do Brasil". O entusiasmo era geral. Imprensa e governo apoiavam mais esse projeto para o progresso e a modernização do país. Previa-se a construção de pequenas cidades, com todos os beneficiamentos da vida moderna e sadia, seguindo os padrões do *American standard of living*. Pensou-se em escolas e espaços para o lazer dos colonos e seus filhos. As casas deveriam ser confortáveis, com água encanada, luz elétrica, sistema de esgotos. Telegramas e mais telegramas de Nova York passaram a pressionar os funcionários do Ibec no Rio para uma solução rápida do negócio. A situação se complicou quando o prazo para o fechamento das negociações se esgotava e Spitzman-Jordan não dava sinal de vida. Em seguida, soube-se que ele havia viajado inesperadamente para Buenos Aires, o que foi interpretado como demonstração de desinteresse. A paciência dos americanos esgotou-se. Em três dias, Berent Friele recebeu ordens diretas de Nelson A. Rockefeller para o Ibec encerrar todas as negociações com grupo de Spitzman-Jordan.

De uma hora para outra, todos os antigos entusiastas do

projeto da Companhia Agrícola e Industrial da Bocaina perceberam que tudo o que se projetara e se gastara com planejamento, entrevistas e contratações, assim como as montanhas de dólares que iam ser ganhos, tinham evaporado. O pessimismo tomou o lugar do otimismo precoce. Kadow, o especialista que havia convencido Nelson da viabilidade do projeto, escreveu-lhe em 20 de agosto, dizendo ter feito uma análise mais demorada e concluído que a Caibo não daria lucro. Não sabemos se Kadow manteve o emprego. Quando Spitzman finalmente deu notícias de Buenos Aires, dizendo-se doente e proibido pelos médicos de viajar, Berent Friele ignorou a desculpa. Para encerrar o caso, José Nabuco, sócio e advogado de Nelson, encontrou-se no Quitandinha, o famoso hotel em Petrópolis, com o representante de Spitzman, dr. Carlos Saboia Bandeira de Melo, que acabou concordando que o chefe dera para trás.

AS VIAS DA MODERNIZAÇÃO: REINVENTANDO A CIDADE DE SÃO PAULO

O fracasso do projeto de colonização da Bocaina não arrefeceu o entusiasmo de Nelson, nem mudou a fama de que gozava na elite brasileira. Ele continuava a ser um grande incentivador da modernização do país como arma na luta contra o comunismo. Mas não bastava somente modernizar nossa agricultura e a criação e a reprodução de porcos ou realizar pesquisas com novas sementes de milho. Era preciso também pensar no transporte de maneira mais racional. Os americanos estavam preocupados com os gargalos que impediam a livre circulação da mercadoria produzida, o que encarecia os custos. Por isso, Nelson encomendou estudos para modernizar o setor de transporte, primeiro em São Paulo e, depois, no resto do país. O transporte aéreo era uma importante preocupação do grupo.

Foi assim que em setembro de 1947 despacharam para o Brasil o coronel C. B. F. Brill, que fez uma minuciosa análise da situação do nosso sistema de transporte aéreo. Num relatório dirigido ao "*The Honorable* Caio Dias Baptista", secretário de Transportes de São Paulo, que trabalhava com o prefeito Paulo Lauro, o americano mostrava, com delicada franqueza, nossas deficiências no setor. Ele viera para analisar as condições dos nossos aeroportos, em especial nas grandes cidades. O de Congonhas, em São Paulo, era, segundo o relatório, um dos mais bem localizados. No entanto, os novos modelos de aviões com quatro motores, resultado das inovações iniciadas na Segunda Guerra, exigiam pistas muito mais extensas. O relatório mostrava o prejuízo da cidade, em tempo e dinheiro, por não poder receber aviões de grande porte, tanto de passageiros quanto de carga. Resumidamente, o aeroporto de Congonhas era muito simpático, mas em breve ficaria inoperante. O que o coronel Brill propunha? Simples: um novo aeroporto. Em 1947, o americano queria preparar a cidade para seu grande futuro: era preciso construir um aeroporto internacional. Cada vez mais o nome de Nelson ligava-se ao futuro, à modernidade e à modernização. São Paulo precisava seguir Londres, Nova York e Buenos Aires, que já tinham construído grandes aeroportos mais distantes dos centros urbanos, mas com facilidade de transporte terrestre até o centro.

Os planos de Nelson não se limitavam ao congestionamento aéreo de São Paulo. Ele pensou também no trânsito e na falta de planejamento da capital paulista. Em contato com a prefeitura, convenceu nossas autoridades municipais da necessidade de um programa para estudar os gargalos existentes. Pouco mais de dois anos depois do relatório sobre os aeroportos, foi publicado o Programa de Melhoramentos Públicos para a Cidade de São Paulo. Era uma edição bilíngue com o nome "São Paulo" no alto da capa, destacado em vermelho. Abaixo, o subtítulo em inglês: *Program of Public Improve-*

Capa da publicação bilíngue do Programa de Melhoramentos Públicos para a Cidade de São Paulo.

ment, ladeado pelo brasão da cidade. O estudo foi encomendado ao Ibec, que contratou os serviços da equipe de Robert Moses.

Moses era um conhecido urbanista que havia feito grandes transformações nas cidades de Nova York, Chicago e Pittsburgh, entre outras. Era a versão americana e mais contemporânea do barão Haussmann, que reurbanizou a cidade de Paris no reinado de Napoleão III. O currículo de Moses, no relatório impresso em papel cuchê, é um pouco assustador: bacharel em artes, licenciado em artes, doutor em filosofia, doutor em direito, doutor em engenharia, membro da New York Planning Comission e portador de mais de vinte outros títulos, desde honrarias até menções por sua participação na guerra. Ele veio acompanhado de dez técnicos especialistas nas mais diferentes áreas de urbanismo. Ficaram na cidade pouco mais de uma semana, estudando seus problemas e, principalmente, apontando possíveis soluções. O número 18 da revista *Fundamentos*, de maio de 1951, publicação ligada ao Partido Comunista e editada por Caio Prado Júnior, da Editora Brasiliense, desanca com a "missão" do urbanista Rockefeller. "[...] os homens do Ibec só conseguiram produzir um magro memorial recheado de propostas e negociatas ilícitas encomendadas por Rockefeller, mal coberto por um verniz de afirmações acacianas e maiores sandices em matéria de urbanística".[46]

A crítica da *Fundamentos* acertava em parte, mas o caráter militante e panfletário do documento não ajuda a entender o sentido do Programa de Melhoramentos Públicos para a Cidade de São Paulo. Na introdução, Moses e sua equipe já dão algumas pistas do tom geral do relatório:

> A região em que se ergue São Paulo possui todos os elementos propícios para o crescimento de uma cidade: altitude média, clima quase ideal, porque moderado durante todo o ano, potencial hidráulico e fácil acesso ao mar. Tudo isso nas mãos de uma população cheia de vida, empreendedora, cosmopolita [...] gente forte, desapegada da tradição, afoita, e por consequência pouco preocupada com o planejamento e a sujeição a regulamentos.[47]

Ou seja, apesar de todos os qualificativos, carecíamos de educação técnica de planejamento para modernizar a cidade. Nelson A. Rockefeller poderia nos ensinar.

O primeiro problema detectado pela equipe de Moses era a falta de autonomia da municipalidade. Como herança do Estado

Novo, o prefeito era nomeado pelo governo estadual e, por isso, muitas tarefas que deveriam ser do município passavam para o estado. Isso, dizia o relatório, não acontecia nos Estados Unidos.

> Quanto ao sistema de rendas e despesas, assim como a organização governamental, encontramos em São Paulo muita coisa que nos parece estranha. O estado arrecada rendas e exerce autoridade que caberia, de acordo com nossos costumes tradicionais, à municipalidade. Já a autoridade do estado cessa, por exemplo, quando rodovias de importância regional, e mesmo nacional, atingem os limites da cidade.[48]

Três palavras — "nossos costumes tradicionais" — seriam suficientes para explicar que os técnicos americanos tinham, como não podia deixar de ser, confiança no sistema adotado em seu país, e consideravam que ele deveria servir como modelo. O relatório oferece muito mais do que dados técnicos para dar a entender a amplitude do projeto de Nelson Rockefeller para o Brasil. Era dirigido ao "prefeito e à Câmara Municipal pelo diretor do estudo", isto é, Robert Moses. Está dividido em várias subseções, sempre em português e em inglês: "Estrutura do governo", "O planejamento, o zoneamento e a planta oficial da cidade", "Congestionamento do centro, transporte coletivo, artérias auxiliares, aproveitamento dos vales do Tietê e Pinheiros", "Abastecimento de água, rede de esgoto e eliminação do lixo" ("lixo", em inglês, se resumiu à palavra "sanitation") etc. O programa foi seguido de perto por alguns engenheiros brasileiros, que viajaram a Nova York para acompanhar o fechamento do documento. Luís C. Berrini Jr. era um dos técnicos do Departamento de Urbanismo da prefeitura paulistana.

> Todo o planejamento de São Paulo, seja no que respeita a estrada de rodagem, adoção de um sistema lógico de ruas, escoadouros de es-

218

goto, criação e cumprimento de um programa de zoneamento, seja na localização de facilidades públicas, tropeça em um sério obstáculo: não existe uma planta da cidade em escala grande, completa e razoavelmente exata.[49]

A ausência de uma planta escancarava os problemas enfrentados pela população paulistana. O mais urgente era o do transporte coletivo. Depois vinha o item "Parques e recreação". Qual a solução? O relatório mostra certa diplomacia e cuidado dos americanos: "Nossa contribuição, se é que podemos dar alguma, virá da experiência mais ampla [...]. Nossa experiência, decerto, inclui tanto erros como acertos [...] Nada mais oferecemos que um programa modesto de melhoramentos". Os ônibus, assinala o documento, eram de baixa qualidade e em número insuficiente; dos trens suburbanos, alguns ainda eram puxados por locomotivas a carvão, e caminhões apareciam como sucedâneos de ônibus. Qual a solução? Comprar imediatamente quinhentos grandes ônibus de motores a diesel com capacidade para cinquenta pessoas sentadas e 85 em pé. Os veículos eram projetados para atender a todos os tipos de terrenos, mas deveriam ser operados por uma só pessoa, com custo baixo. Junto com os ônibus, a Companhia Municipal de Transportes Coletivos, CMTC, deveria comprar peças para manutenção. Os cálculos dos custos e da arrecadação de verba para pagar os novos ônibus deveriam ser retirados do aumento das passagens: de cinquenta centavos, passariam a um cruzeiro. Os autores da revista *Fundamentos* argumentaram que isso tudo beneficiaria os trustes ligados aos Rockefeller.

Nas páginas que tratam do tema transporte há fotos em duas páginas. Na da esquerda, o terminal de ônibus de State Island, um dos cinco grandes bairros (*borough*) de Nova York. Uma enorme estação rodoviária, adequada para os ônibus entrarem e saírem por avenidas bem planejadas, com comodidades para os passageiros. Na página da direita, duas fotos de São Paulo: uma mostrando um terminal de ônibus, provavelmente na praça da Sé, com longas filas de passageiros e vários veículos em confusão de logística. Outra imagem mostra o trânsito parado, esperando que as porteiras do Brás fossem abertas. A mensagem era clara: era preciso seguir o exemplo do progresso de Nova York. Uma recomendação notável era que a CMTC deveria, com o tempo, encampar todas as pequenas empresas privadas de transporte de passageiros. Os bondes foram duramente criticados como obsoletos: deveriam ser retirados das ruas para dar lugar a veículos motorizados mais rápidos. Veículos velozes e maiores precisam de mais espaço. A recomendação de Moses era simples e, aparentemente, dentro do gosto dos paulistas: pôr abaixo as velhas edificações para dar espaço para os veículos motorizados. "Quando você atua numa metrópole superedificada, tem de abrir caminho a golpes de cutelo"[50] era uma das frases preferidas do técnico americano.

O relatório indicava que São Paulo carecia também de um sistema de parques, jardins e instalações recreativas,

> especialmente nos bairros; e as possibilidades de expandi-lo vão desaparecendo rapidamente, em consequência da alta vertiginosa dos preços de terrenos e da construção descontrolada dos edifícios, que absorvem todos os espaços livres. [...] Os grandes parques são também inadequados. Entretanto, tal lacuna poderá ser remediada pela reserva, para esse fim, de áreas de larga extensão ao longo das terras beneficiadas do rio Tietê e do canal de Pinheiros. [...] São Paulo tem a felicidade de possuir magníficos clubes atléticos particulares, porém tais clubes nunca serão acessíveis a toda a população; e além disso, hão de tropeçar, no futuro, em dificuldades para enfrentar o aumento de impostos proporcional à alta do valor dos terrenos e de custo de manutenção de grandes áreas.[51]

O descaso das autoridades para com o lazer do público trabalhador deveria ser resolvido com uma solução que Robert Moses encontrou para os nova-iorquinos. Na grande cidade americana ele criou o Jones Beach State Park, numa praia distante uma hora de automóvel do centro de Manhattan. A fotografia que ilustra o relatório mostra uma avenida larga com duas pistas entre um monstruoso espaço com milhares de carros estacionados e a praia. A solução para o nosso caso: "As magníficas praias naturais de Santos, ainda que fora dos limites da cidade, podem ser atingidas por carro, ônibus e trens em pouco mais de uma hora". Essas praias deveriam ser integradas ao sistema de recreação da populosa capital paulista. No entanto, prevendo possíveis problemas graves, tais praias precisariam de "proteção contra a contaminação por águas de esgotos e sarjetas".[52] Se esse documento não fosse datado de 1950, o leitor poderia considerá-lo atual, talvez produzido por alguma agência governamental de saneamento ou por algum partido com preocupações ambientais.

Os planos de Nelson precisavam preparar a cidade para o futuro moderno, habitada por uma classe média consumidora dos alimentos produzidos nas fazendas projetadas pela AIA e pelo Ibec e transportados por veículos importados ou montados em São Paulo. Por isso, eram necessárias vias expressas que dessem livre circulação às mercadorias. Modernizar significava permitir um nível de vida melhor para os brasileiros. O Programa de Melhoramentos Públicos para a Cidade de São Paulo de Moses sugeriu autopistas. Era preciso aproveitar os 54 quilômetros do vale do rio Tietê e o canal do rio Pinheiros. Além de obras para o controle de enchentes, o projeto tem um desenho de duas páginas com uma foto do "Parque náutico proposto para o norte do rio Tietê", isto é, a várzea onde hoje está localizada parte da Vila Maria. À direita da foto vê-se um croqui representando a "Rodovia Expressa do Tietê" e uma "Estrada auxiliar". A primeira tem duas pistas e a segunda,

Uma das planejadas estações rodoviárias de Nova York serviria de modelo para a cidade de São Paulo.

Ao trânsito caótico de São Paulo, Robert Moses e seus técnicos ofereciam uma solução americana.

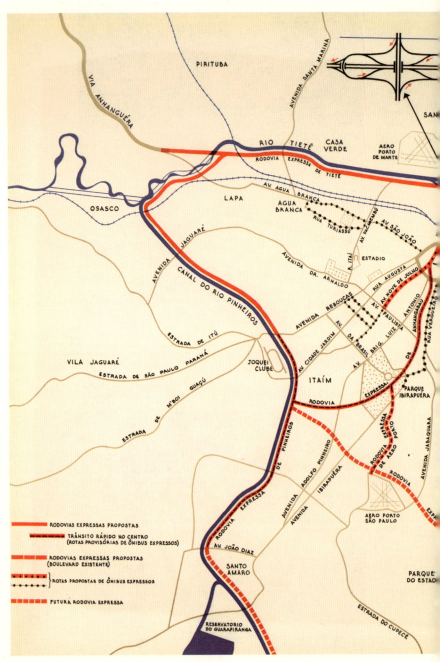

Um dos primeiros traçados da Marginal de São Paulo saiu das pranchetas de especialistas americanos.

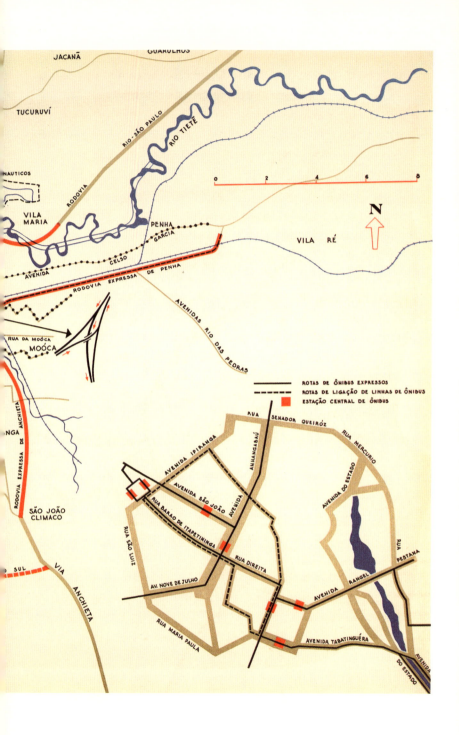

uma pista só, com duas mãos de direção. O desenho de prédios aparentemente industriais e comerciais e de carros em velocidade sugere progresso e dinamismo.

Acima do croqui, os rios Tietê e Pinheiros estão representados por um traço cheio azul. E à direita do rio, dando as costas para Osasco, a Rodovia Expressa do Tietê é representada por uma linha vermelha tracejada ligando as rodovias Anhanguera e a Rio-São Paulo exatamente onde se encontra a atual Marginal direita do rio, que vai em direção à rodovia Presidente Dutra. O interior agrícola do estado ligava-se assim à industrial cidade de São Paulo e, o que era também importante, esta comunicava-se por uma via expressa à rodovia que levava à capital federal. Ao mesmo tempo, Pinheiros e toda a Zona Oeste ficavam mais próximos de regiões industriais. Tudo isso facilitaria, de forma mais racional, a circulação de mercadorias, eliminando os gargalos sobre os quais Nelson falara em várias de suas palestras.

A cidade estava se preparando para receber veículos movidos a combustível derivado de petróleo. Nas páginas 38 e 39, vê-se o mapa geral do que poderia ser identificado, aproximadamente, com o que hoje chamamos de centro expandido. A Rodovia Expressa do Aeroporto (futura avenida 23 de Maio), ligava o aeroporto de Congonhas à Rodovia Expressa de Anhangabaú. Uma diferença marcante entre o projeto dos americanos feito em 1950 e o traçado atual é que o primeiro previa uma via central "para ônibus expressos". Todas as grandes avenidas que conhecemos hoje estão no mapa de Robert Moses: a Rodovia Expressa do Sul equivale à avenida dos Bandeirantes, a Rodovia Expressa da Penha é muito próxima da atual avenida Radial Leste, a Rodovia Expressa de Anhangabaú lembra a avenida Juscelino Kubitschek, que une o centro da cidade à Rodovia Expressa de Pinheiros, atual Marginal do rio Pinheiros. Todas as avenidas eram denominadas rodovias expressas. À imagem de Nova York, Moses e

Rockefeller esperavam rasgar a cidade de São Paulo, tal qual o fez a via expressa Cross-Bronx, por onde comboios de caminhões e carros serpenteiam de um lado para outro, isolando os bairros e destruindo a vida comunitária. Era a modernidade do bulevar urbano sendo destroçada pela modernidade da via expressa.[53] Os empreendimentos de Nelson Rockefeller poderiam contar, assim, com maior fluidez de mercadorias industriais e produtos da agropecuária.

Os interesses de Rockefeller no Brasil não podem ser mensurados pelo que se apresentou até agora. O raio de ação projetado e realizado pelo americano — misto de homem de negócios, intelectual orgânico, ideólogo, político, filantropo — foi muito maior do que se poderia supor. Na cultura, na política, na imaginação popular e na economia encontram-se as impressões digitais, as pistas deixadas pelo americano e seus associados.

5. A salvação da lavoura (II): anticomunismo e negócios

MEIOS DE COMUNICAÇÃO E ANTICOMUNISMO

Nelson Aldrich Rockefeller fez várias outras viagens ao Brasil. Até o final da década de 1960 esteve aqui dez vezes. Com exceção de três viagens oficiais — em setembro de 1942, como coordenador do Office; em janeiro de 1951, como representante do governo americano na posse de Getúlio Vargas; e em julho de 1969, como enviado especial do presidente Nixon —, todas as demais estavam relacionadas a seu projeto de amplo espectro para a transformação do Brasil. Construiu, zelosamente, uma rede de amigos, sócios e admiradores que serviram para espalhar os princípios políticos, econômicos e ideológicos do americanismo. Seus projetos não se limitavam a pesquisas com novas raças de porcos ou de sementes de milho híbrido, mas envolviam também a cultura, tanto erudita quanto popular. Foi assim que ele atuou nas áreas das artes plásticas modernas e contemporâneas, incentivando a criação de museus, ao mesmo tempo que intermediava a vinda de orquestras americanas, como a de Tommy Dorsey, ou estimulava programas de caráter político-ideológico. Esse foi o caso de Al Neto, o radialista que parecia ver em Nelson a única forma de salvar o país do atraso e do comunismo; daí sua atuação ativa na chamada "contrapropaganda".

Alfonso Alberto Ribeiro Neto, ou simplesmente Al Netto ou Al Neto, grafado com um "t" só, era advogado e jornalista catarinense que ficou bastante conhecido, no começo da década de 1950, pelas transmissões diárias, em cadeia nacional de rádio, do programa *Nos Bastidores do Mundo: O que Há por trás das Notícias*. Numa entrevista dada ao *Miami Herald* em 5 de fevereiro de 1947, ele declarou que o Brasil tinha grandes expectativas nos projetos de Nelson como a melhor arma para combater os comunistas.[1] Parecia interpretar de maneira simples os anseios de uma fração da sociedade brasileira, em especial da nascente classe média. Entendia que as reformas propostas por Nelson manteriam o trabalhador rural no campo e o levariam a frequentar escolas agrícolas para aprender técnicas modernas no trato com as atividades da lavoura. Isso evitaria que ele deixasse as terras do interior à procura de trabalho na cidade, onde poderia ganhar mais com menor esforço, o que, segundo Al Neto, era um perigoso estímulo à preguiça.

A reportagem do *Miami Herald* dava mais informações sobre o brasileiro partidário do americano e anticomunista convicto: "Ribeiro Neto contribui regularmente com a revista *Fon-Fon*, trabalha para a United Press. Além disso, faz comentários sobre assuntos internacionais para a rádio Mayrink Veiga, do Rio de Janeiro". Al Neto estivera nos Estados Unidos por seis meses, graças a uma bolsa que recebeu do Departamento de Estado.

As chamadas "crônicas" que ele apresentava na rádio eram formatadas para que o programa se assemelhasse a uma revista cultural, com informações científicas, educacionais e políticas. Todos os dias, em cadeia nacional, ouvia-se, nas Emissoras Associadas de Chateaubriand, a emblemática "Oh! Susanna", a conhecida canção composta em 1847 por Stephen Foster e que fez sucesso no filme de mesmo nome dirigido por Joseph Kane em 1936 e estrelado pelo cantor Gene Autry. Em seguida à música de abertura, um speaker anunciava: "Este é o comentário de Al Neto: *Nos Bastidores do Mundo: O que Há por trás das Notícias*. Ao microfone, Al Neto".[2] E ouvia-se a voz do jornalista discorrendo sobre os mais diversos temas. Em um dos programas ele diria o seguinte:

> Amigo ouvinte. O liberalismo está surgindo no mundo e no Brasil como força polarizadora dos partidos democráticos. E isso se dá no momento exato em que o socialismo [...] começa a perder os matizes de direita e esquerda para adquirir a cor uniforme dos partidos que desejam o Estado onipotente.

Continuava citando os problemas da Europa e da Ásia. A França e a Itália faziam muitas concessões aos socialistas e por isso passavam por instabilidades; o liberalismo era obrigado a recuar. No Brasil já se notavam, segundo o jornalista, avanços perigosos de uma política estatal e centralizadora em vários segmentos das atividades econômicas. Sem citar nomes, fazia críticas à política nacionalista do início do governo democrático de Getúlio Vargas, muitas vezes rotulada de socialista. E para finalizar:

> Certas iniciativas democráticas, como a do câmbio livre, fracassam porque nossa economia já tem muitos laivos socialistas. A precariedade da situação brasileira resulta do fato de que não somos nem "fi", nem "fó". Não somos uma nação democrática, como provam a existência de mecanismos controladores do Estado.

Novamente ouvia-se "Oh! Susanna" e um locutor anunciava: "Acabaram de ouvir o comentarista Al Neto".[3]

Os temas das crônicas diárias do jornalista eram bem variados: liberalismo versus socialismo; antibiótico e plantas medicinais brasileiras; formação de técnicos; reforma agrária; classes produtivas, socialismo e capitalismo de Estado; democracia no Nepal; Guerra da Coreia etc. Apesar do amplo leque temático, a base era uma só: as grandezas e vantagens do mundo livre em contraposição ao mundo comunista.

O próprio Nelson Rockefeller nunca chegou a tocar diretamente no tema da ameaça comunista nos pronunciamentos oficiais que fez no Brasil em 1946 e em 1948. Nem precisava. Seus porta-vozes "não oficiais" se encarregavam disso. Esse parece ter sido também o caso de Albert Jackson Byington Jr., autor de um memorando dirigido a Nelson, em que pedia financiamento para a produção de filmes educativos cujo objetivo era conscientizar os trabalhadores brasileiros a não se deixar levar pelo canto de sereia dos comunistas.[4]

Industrial brasileiro de ascendência americana, Albert Byington era filho de um próspero casal descendente de imigrantes do sul dos Estados Unidos que vieram para o Brasil depois da Guerra de Secessão. A mãe, senhora da sociedade paulista, foi fundadora do conhecido Hospital Pérola Byington e uma das criadoras da Cruzada Pró-Infância. O pai era engenheiro, dono de usinas fornecedoras de energia elétrica e representante de empresas americanas no Brasil. Uma família rica. Albert ou Alberto, como passou a ser chamado, nasceu em São Paulo e completou sua educação superior em Harvard.[5]

A empresa da família era representante da Columbia e da RCA no Brasil. Em 1925, um jornal de São Paulo anunciava que a Byington & Co., situada na rua Álvares Penteado, 4, na capital paulista, tinha para pronta entrega a "radiola super-heterodyne da Radio Corporation of America". Pouco tempo depois, Albert fundou a Rádio Cruzeiro do Sul, uma das primeiras estações transmissoras de programas radiofônicos em São Paulo. Na época do levante da elite paulista contra o governo Vargas, em julho de 1932, Byington foi peça importante na estratégia e na logística dos rebeldes. Além de transformar a Rádio Cruzeiro do Sul num quase porta-voz dos constitucionalistas, intermediou o fornecimento de armas para os paulistas. A subsidiária norte-americana da Byington & Co. coordenou a compra de aviões, metralhadoras e munição para as forças de São Paulo.[6] Albert Byington foi também um dos pioneiros na indústria do disco e fomentador do cinema brasileiro.

O memorando, escrito em inglês fluente, sugeria que os filmes deveriam ser exibidos nas fábricas, com um intervalo recreativo entre uma jornada e outra. Afinal, o empresário bem informado tinha o dever de educar o trabalhador e, se por ventura adotasse o projeto, poderia usar o cinema para fazê-lo ver que somente numa democracia a sociedade poderia alcançar melhores padrões de vida. Os filmes deveriam deixar claro que alguns sindicatos e partidos de esquerda, em especial o comunista, eram uma escolha errada para levar a uma sociedade de bem-estar. O Partido Comunista, continuava o documento de Byington, havia conquistado consideráveis parcelas do operariado, aproveitando-se da pobreza do trabalhador brasileiro depois da guerra. Isso ocorrera principalmente em São Paulo e no Rio de Janeiro. Inútil usar métodos repressivos, dizia o relatório do empresário brasileiro, pois certamente isso traria mais resultados negativos do que positivos. Os métodos para combater o comunismo precisavam ser mais inteligentes. Usar as mesmas técnicas dos comunistas seria propaganda grosseira.

Em que pese o currículo do solicitante, Nelson Rockefeller e seus associados não ficaram muito impressionados quando Albert apresentou seu projeto de filmes educacionais de 16 mm. Um zeloso e competente funcionário do quadro de assistentes de Nelson analisou com cuidado o documento do brasileiro e enviou ao patrão um memorando conciso e claro em 26 de dezembro de 1946, provavelmente escrito no dia de Natal. Lembrou que o sr. Byington falava sobre as possibilidades educacionais do filme de 16 mm, o que o grupo de Nelson conhecia mais do que o brasileiro. Isto é, todos estavam cansados de saber que os filmes em 16 mm eram uma ótima arma de convencimento. Rockefeller e seus colaboradores tinham experiência de sobra na área, adquirida durante a guerra, graças a profissionais do calibre de um Walt Disney e de um John Ford. O analista praticamente desqualificou o projeto de Byington: "...o memorando não passa de uma repetição generalizante da eficácia de filmes 16 mm".[7] Nelson respondeu, como sempre, com uma pequena e educada nota agradecendo a atenção de Byington, prometendo que ia pensar. Enviou, também gentilmente, saudações à sra. Byington, esposa do industrial brasileiro, o que sugere que Byington e senhora compartilharam da companhia de Rockefeller e sua esposa aqui no Brasil em algum momento.[8]

O comunismo não saía da cabeça das pessoas. Enquanto durou a guerra contra a Alemanha nazista, o governo americano não podia admitir que a União Soviética, o poderoso aliado na Europa Oriental, não mantivesse relações com o Brasil, considerado o seu mais importante aliado na América Latina.[9] Mas depois que ela acabou, o antagonismo entre a União Soviética e os Estados Unidos passou a indicar um possível novo conflito. O presidente Dutra e os setores da sociedade que se opunham ao comunismo sentiram-se livres para iniciar um combate mais ordenado e intenso contra o movimento inspirado na União Soviética. A perseguição aos comunistas acontecia por meio da ação policial contra sindicatos controlados pelo partido de Luís Carlos Prestes. Para complicar a situação, a nova Constituição possuía um artigo que impedia o registro de todo partido com programa considerado antidemocrático.[10] Com base legal, foram suspensos os mandatos dos parlamentares eleitos pelo Partido Comunista. Em maio de

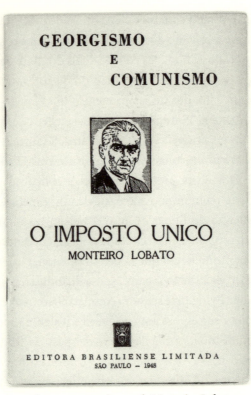

Georgismo e comunismo, *de Monteiro Lobato.*

1947, o Partido Comunista do Brasil deixou de existir oficialmente e passou à clandestinidade. Houve repressão a várias associações ligadas a ele.

Monteiro Lobato, nosso americanizado nacionalista, escreveu um opúsculo sobre o assunto. *Georgismo e comunismo* foi publicado pela Editora Brasiliense em 1948. Um exemplar pode ser encontrado entre os documentos preservados no Rockefeller Archive Center. Nelson e seu grupo estavam atentos a toda contribuição que viesse se somar às propostas da AIA e do Ibec, e o panfletinho *Georgismo e comunismo* pareceu aos americanos mais uma ajuda na luta contra a ameaça que vinha da União Soviética.

Lobato chamava a atenção dos "cabeças-duras" que teimavam em usar a força para acabar com o comunismo. Referia-se aos "tatuíras", isto é, aos funcionários, políticos e policiais do governo Dutra, que tinham proscrito, um ano antes, o Partido Comunista de Prestes e posto alguns militantes na cadeia. Mas, segundo o autor, a força não acaba com ideias. Era preciso apresentar uma solução melhor e Lobato se agarrava às teorias de Henry George, economista americano do século XIX que propunha impostos sobre as propriedades improdutivas, a serem usados para promover o bem-estar de toda sociedade. O comunismo seria vencido, dizia Lobato, se fossem tomadas de empréstimo as ideias do georgismo. Era um pensamento muito próximo ao de um Truman ou de um brasileiro como Byington — e, principalmente, de Nelson Rockefeller.

PELA QUARTA VEZ NO BRASIL: O MILHO COMO REDENÇÃO DA LAVOURA

O pessoal da AIA e do Ibec deve ter ficado impressionado com o livrinho de Monteiro Lobato sugerindo que uma modificação no regime de terras seria bem-vinda para os brasileiros. Foi com uma ideia parecida que, em setembro de 1948, Nelson voltou ao Brasil com a intenção de implantar a agricultura familiar de extensão rural. Ele passou doze dias voando num DC-3 fretado da Panair, pilotado pelo capitão Ivan Barcellos e pelo copiloto Roberto de Souza Dantas. Nelson começava assim uma verdadeira corrida contra o tempo para visitar fazendas e políticos, fazer palestras, inspecionar plantações experimentais de milho, ver centros-piloto para a criação de porcos e fazer visitas a prefeitos de municípios de pelo menos três estados. Só a leitura do itinerário oficial já é extenuante.

Ele chegou ao Rio de Janeiro na noite de 5 de setembro. Na manhã seguinte, encontrou-se com o presidente Dutra, o embaixador americano e o ministro da Agricultura. Às três da tarde embarcou rumo a São Paulo, onde foi recebido pelo governador Adhemar de Barros. A breve reunião serviu para que Nelson expusesse algumas de suas ideias aos secretários de Transportes, dr. Caio Dias Baptista, e da Agricultura, dr. Salvador de Toledo Artigas.

Os três primeiros dias em São Paulo foram gastos em jantares, almoços e recepções. Como estava acompanhado pelo irmão David, Nelson dividiu com ele algumas tarefas sociais, como o coquetel oferecido no dia da Independência, às cinco da tarde, no Esplanada Hotel, aos funcionários dos diferentes projetos dos Rockefeller no Brasil. Esse tipo de festa para os colaboradores havia se transformado numa tradição anual.

Mas os irmãos participavam principalmente de jantares oferecidos por homens do *grand monde* dos negócios brasileiros. Os encontros não eram públicos e não há registro do que se falava entre os comensais, mas a lista de convidados é bastante sugestiva. Em uma dessas recepções, por exemplo, estavam presentes Theodoro Quartim Barbosa, do Banco do Comércio e Indústria e presidente do Ibec no Brasil; Horácio Lafer, empresário ligado ao grupo Klabin-Lafer e ministro da Fazenda no segundo governo Vargas; Antonio Cintra Gordinho, um dos grandes usineiros de açúcar; José Ermírio de Moraes, o conhecido engenheiro formado em universidade americana e fundador do Grupo Votorantim; José Vieitas Jr., ativo corretor de algodão da Bolsa de Mercadorias de São Paulo, relacionado com empresas norte-americanas; Gastão Vidigal, do Banco Mercantil de São Paulo; Ary Torres, empresário da indústria farmacêutica; Luiz Assumpção e Antonio Assumpção, empresários do comércio de café, pioneiros na exportação do produto para o Japão, entre outros convidados. Thomas S. Gates Jr., um dos americanos também presentes a esse jantar, assessorava

Nelson em assuntos estratégicos. Alguns anos mais tarde, Gates foi secretário de Defesa do governo Eisenhower, responsável pela conhecida crise do avião de espionagem U-2, pilotado por Gary Powers a serviço da CIA e abatido pelos foguetes antiaéreos soviéticos.

Tratava-se de grandes reuniões em que os magnatas americanos, acompanhados de especialistas em áreas diversas — da agricultura a assuntos estratégicos —, selavam associações com os homens de negócios brasileiros para dinamizar nossas atividades econômicas e, com isso, segundo eles, promover o nível de vida da população. Mas só a presença de nomes como Thomas S. Gates Jr., no jantar em São Paulo, ou de W. J. Convery Egan, no encontro, dois anos antes, na ABI, dava uma clara conotação político-ideológica às reuniões. Objetivos velados: transformar o Brasil numa verdadeira fortaleza contra a ameaça comunista às Américas.

Entretanto, o perigo a evitar não parecia ser só o comunismo. Um dos conselheiros de Rockefeller fez um estudo mais detalhado da situação político-ideológica do Brasil[11] e sugeriu, por exemplo, que Nelson fosse cauteloso ao falar da ligação de seu nome com o petróleo. Isso poderia ofender os nacionalistas que desde o governo Vargas vinham defendendo uma política de proteção das nossas riquezas minerais. O nacionalismo do ex-presidente não excluía a colaboração com o capital estrangeiro. No entanto, os comunistas souberam convencer alguns setores políticos e intelectuais de que essa colaboração ia contra os interesses do Brasil. A conhecida revista *Diretrizes* (transformada naquele momento em jornal), dirigida por Samuel Weiner, veiculou uma matéria afirmando que todas as terras adquiridas pelo Ibec eram reservas estratégicas para futuras explorações petrolíferas. Embora isso nunca tivesse sido comprovado, os nacionalistas, segundo a análise, acreditavam nesse argumento dos comunistas. Eram, enfim, inocentes úteis arregimentados no combate ao "imperialismo ianque". Nelson deveria tomar cuidado no trato com todos os interlocutores que cruzasse por aqui, mesmo os de absoluta confiança.

Às 7h30 do dia 9, uma quinta-feira, o grupo de Nelson decolou no DC-3 da Panair, em Congonhas, rumo a Capão Bonito, no sul do estado de São Paulo. Ali estava em curso uma das experiências do projeto de criação de porcos de raça. Os suínos eram artificialmente inseminados, cientificamente alimentados e confinados em locais especiais. Eram, como disse o próprio Nelson em depoimento a jornais, estimulados a se propagar. Toda a experiência era posta à disposição de criadores brasileiros, que poderiam adquirir as matrizes de novas raças para depois venderem a matadouros e frigoríficos. Com o tempo, criadores brasileiros assumiram a direção dos centros experimentais de Capão Bonito, Una, São Carlos, Jundiaí. A empresa Sociedade Anônima Fomento Agropecuário foi a contribuição do projeto de Rockefeller para a modernização da criação industrial de porcos.

De Capão Bonito o grupo rumou para o Paraná. Em Curitiba, Nelson almoçou com o governador Moisés Lupion, apresentado por Ivo Leão, dono do Matte Leão. Antes de escurecer, ele já estava chegando a Jacarezinho, no interior do estado. Passou o dia seguinte visitando a Fazenda Santa Rita, da Agroceres, e as oficinas da Empresa de Mecanização Agrícola, a EMA.

A Agroceres era uma das mais caras experiências de Nelson e do seu sócio brasileiro, o pesquisador e cientista Antônio Secundino de São José. Nascido no interior de Minas Gerais, ele foi um dos pioneiros em experiências com o milho híbrido no Brasil. Formou-se na primeira turma da Escola Superior de Agricultura e Veterinária de Viçosa, a ESAV. Alguns anos depois, já estava trabalhando como professor do departamento de agronomia da escola em que se formara. Em 1937 chefiava o departamento de genética, experimentação e biometria. Cientista exemplar, recebeu uma bolsa para fazer curso de especialização e pós-graduação em Stoneville Experiment Station, no Mississippi, e depois na Universidade Estadual de Iowa. Ali conheceu Henry Wallace, secretário da Agricultura do governo Franklin Roosevelt, um incansável partidário da cultura do milho como forma de unir e solucionar o problema da fome nas Américas.

Henry Wallace nasceu no estado de Iowa e na juventude era um fervoroso adepto da agricultura científica. Conheceu George Washington Carver, o agrônomo e cientista negro que fez várias experiências com sementes e contribuiu para a divulgação do popular *peanut butter*, o creme de amendoim que até hoje nunca falta na mesa do café da manhã das crianças americanas. Desde a infância, Wallace aprendeu com Carver noções de modificações genéticas de certos vegetais. Depois de formado em agronomia, assumiu a direção do jornal da família, o *Wallace Farmer's*, especializado em temas agrícolas. Mais tarde, escreveu vários artigos sobre a hibridação e enriqueceu quando abriu uma empresa especializada em produzir sementes de milho híbrido. Quando Roosevelt foi eleito, em fins de 1932, escolheu Wallace como secretário da Agricultura. Ele era um ardoroso progressista empenhado em salvar os pequenos agricultores arruinados pela crise de 1929, criando uma ajuda alimentar, uma espécie de bolsa família para os agricultores que haviam perdido seus bens. Não é de estranhar que tenha sido acusado de bolchevista pelos conservadores.[12] Mesmo assim, em setembro de 1940, na campanha para a terceira reeleição, Roosevelt o escolheu como seu vice na chapa do Partido Democrata.

Nessa época, Nelson já era coordenador do Office e costumava jogar tênis de manhã com o vice-presidente Henry Wallace. Foi num desses encontros que ele explicou a Nelson as vantagens da nova semente: uma determinada área plantada com milho híbrido de Iowa produzia muitas vezes mais do que se tivesse sido usado o milho comum. Nelson ficou fascinado. Wallace informou que havia alguns pesquisadores na América Latina fazendo experiências de adaptação da nova semente de milho. O destino de Antônio Secundino e Nelson Rockefeller começou a cruzar-se por meio de Wallace.

Enquanto Nelson se esforçava para manter a América Latina ao lado dos Estados Unidos na luta contra as potências do Eixo, Secundino, no Brasil, fazia experiências e testava diferentes modos de adaptar o milho híbrido ao clima e ao solo brasileiros. Trabalhou com linhagens de sementes americanas que não se adaptavam às nossas condições. Depois de alguns anos trocando informações com cientistas dos Estados Unidos, fazendo cruzamento com espécies e grãos tradicionais brasileiros, chegou a um tipo de semente resistente e adaptada às nossas condições climáticas. Associando-se a colegas, criou, em 1945, a empresa Agroceres, que começou a plantar milho híbrido para sementes. A nova empresa enfrentou vários problemas. Um deles era o conservadorismo do agricultor, que mostrava resistência à inovação. O outro era a falta de capital.

Na viagem de 1948, Rockefeller entrou em contato com Secundino e propôs a associação entre o Ibec e a Agroceres. Pouco tempo depois a Agroceres já era uma empresa constituída como sociedade anônima. Dois anos mais tarde, foi criado no Brasil o Ibec Research Institute, para desenvolver a pesquisa científica do milho híbrido, essencial para o crescimento do país. Esse foi o começo do que ficou conhecido como a "revolução verde" de Rockefeller.

Em outubro daquele ano, já de volta a Nova York, Nelson escreveu a Antônio Secundino depois da visita à fazenda em Jacarezinho, no interior paranaense. Começou a carta com um caloroso *"Dear Tony"*, americanizando o nome do pesquisador; em seguida, agradeceu os bons momentos que tinham passado na cidade e a oportunidade de observar em primeira mão as experiências com

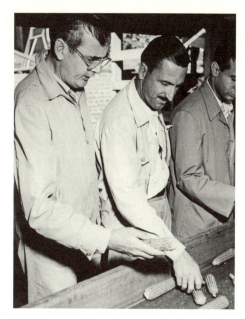

Técnicos examinando os resultados positivos da colheita de milho híbrido.

sementes híbridas. Disse ter aprendido muito sobre os "princípios básicos que marcam o desenvolvimento do milho híbrido", tão claramente explicados por Secundino. "Estamos tremendamente entusiasmados com o trabalho que você vem fazendo e o futuro que ele oferece. É um prazer ter feito uma sociedade com você."[13]

A primeira colheita produziu quarenta toneladas da semente. Quando a notícia espalhou-se pela região, os agricultores queriam comprar a semente milagrosa que produzia muitas vezes mais do que as comuns. A expectativa era enorme, pois a cultura do milho estava diretamente conectada à criação extensiva de suínos.

Na década de 1950, a Sementes Agroceres S.A. já era a maior produtora particular de sementes de milho híbrido do Brasil. A rentabilidade delas proporcionava colheitas até 50% maiores que as plantações comuns. Havia várias unidades de produção espalhadas pelos estados de Minas Gerais, Rio Grande do Sul, Espírito Santo, São Paulo, Paraná. O Ibec era dono de cerca de 60% das ações da Agroceres.

Num almoço oferecido pela Câmara Americana de Comércio, em 16 de setembro de 1948, na capital paulista, Nelson Rockefeller — depois de ter visitado Minas Gerais, o interior do Paraná e São Paulo e um dia antes da viagem de volta para os Estados Unidos — comparou nossa situação com a de seu país: "No Brasil, como nos Estados Unidos, a agricultura mais universal é a do milho".[14] Os números eram um poderoso argumento. Segundo ele, a produção nos Estados Unidos, naquele momento, era de cerca de 88 milhões de toneladas, avaliada em mais de 5 bilhões de dólares por ano (equivalente, na época, a 105 bilhões de cruzeiros). Essa considerável soma só foi alcançada porque foram usadas sementes híbridas e não comuns, além de sistemas racionais de plantio. "Não há razões para que os agricultores brasileiros também não possam usufruir de tamanha vantagem lucrativa",[15] disse Nelson a uma plateia de homens de negócios, representantes de setores agrários, comerciantes, banqueiros. Não era possível importar as sementes dos Estados Unidos por causa das diferenças naturais de clima e solo. No entanto, dizia ele, para superar esses obstáculos havia um grupo de cientistas composto pelos doutores Arnaldo Krug, de Campinas, F. G. Brieger, de Piracicaba, e Antônio Secundino, de Viçosa. Eles se dedicavam à pesquisa para produzir uma verdadeira semente híbrida brasileira.

Mas entre seus ouvintes não havia representantes de pequenos proprietários e isso o preocupava, pois ele queria chegar ao homem comum, aos pequenos lavradores. Uma das análises feitas por seus assessores concluiu que sem reforma agrária o Brasil demoraria a transformar-se num país moderno, nos moldes norte--americanos. O que Nelson e assessores tinham em mente? Provocar um Homestead Act, isto é, uma lei de fácil acesso à terra? Isso

Uma nova geração garantindo o futuro alimentar do Brasil.

parecia impensável num país de grandes propriedades. Algumas soluções eram oferecidas pelos técnicos do Ibec e da AIA.

Como não era possível, sob as condições sociopolíticas, realizar no Brasil uma redistribuição de terras tal como a que ocorrera nos Estados Unidos, seria necessário encontrar outro caminho, e Nelson acreditava poder mostrá-lo. Bastava saltar diretamente para a mecanização da lavoura, realizar uma queima de etapas e alcançar um "padrão americano de produtividade". Dois anos antes, numa reunião de secretários estaduais de Agricultura promovida pelo governo federal, Nelson já havia formulado essa "tese", afirmando que, para acelerar o desenvolvimento, o ideal era que as propriedades fossem de tamanho médio. Como vimos, ele parecia idealizar a propriedade de um *homestead,* de um *yeomen,* isto é, do agricultor independente e livre, de perfil jeffersoniano, que fizera a história social dos Estados Unidos: o pequeno fazendeiro, imortalizado por Hollywood nos filmes de faroeste. Nelson também apontou, na mesma ocasião, as contradições a que esse modelo estava sujeito na dinâmica da história dos Estados Unidos, em especial depois da guerra: a mecanização da agricultura e a simultânea urbanização modificavam o perfil da sociedade americana, pois os papéis estavam começando a se inverter. A população urbana crescia de maneira muito rápida, ao passo que a rural estagnava e decrescia. Antes, era necessário o trabalho de dois agricultores para alimentar uma pessoa que morava na cidade; depois da guerra, graças à mecanização, o trabalho de um único agricultor era suficiente para alimentar mais de oito pessoas da área urbana. Assim, o tamanho das propriedades nos Estados Unidos crescia na mesma proporção em que se dava o aumento da eficiência das máquinas e, consequentemente, da produtividade. Para Nelson, portanto, a relativa ausência de pequenas e médias propriedades em certas regiões do Brasil poderia ser vista, sob a perspectiva de seu inabalável otimismo, como uma vantagem provocada por nosso "atraso", já que aqui poderia acontecer o inverso do que ocorrera nos Estados Unidos. Com o processo de urbanização e de industrialização acelerado, estaríamos prontos para a mecanização da agricultura e para o atendimento das demandas da população urbana se trabalhássemos com a cooperação dos Estados Unidos para levar ao lar do cidadão comum as modernas práticas de higiene, condições sanitárias, nutrição e cuidados com a saúde das crianças.[16]

Além da produção das sementes, outro aspecto a ser levado em conta era o armazenamento e a distribuição, que também precisavam de cuidado racional e científico. Tratar o solo e cultivar cereais era uma coisa; armazenar e distribuir era outra. A produção de cereais, em especial o milho, perdia-se, em grande parte, por falta de tratamento adequado no armazenamento, antes de o produto chegar ao mercado. O café, com maior valor agregado, recebia tratamento prioritário na hora do transporte. O milho, de menor valor, precisava esperar pelo transporte ferroviário disponível. Enquanto isso, o caruncho e a umidade se encarregavam de destruir o cereal. Casar o sistema de transporte com o armazenamento era a solução.

"A perda de parte do abastecimento alimentar de uma nação significa igual perda da vitalidade nacional. O celeiro de uma população deve ser protegido contra o efeito corrosivo dos elementos",[17] concluiu Nelson, que queria ensinar ao Brasil os elementos mínimos para uma nação não perder a vitalidade. Ele era o porta-voz do modelo. E como alcançar tudo isso? Qual a solução? O Ibec associou-se à Cargill Company, de Minneapolis, Minnesota — Cargill Agrícola e Comercial S.A., no Brasil —, uma das maiores empresas do mundo na industrialização de cereais. Da associação resultou a construção de elevadores de cereais, silos, compra e venda de sementes, armazenamento para milho, arroz e outros produtos.

Ourinhos, cidade paulista localizada estrategicamente na fronteira com o Paraná, foi o centro escolhido. Era o entroncamento de duas ferrovias, região cortada por estradas com boas condições de rodagem na maior parte do ano e, principalmente, próxima da região onde a produção do milho híbrido na fazenda experimental de Secundino dava bons resultados. Lá foram construídos silos verticais que Nelson classificou, numa entrevista ao jornal *Diário de S. Paulo*, como atividades pioneiras. Obra de alta tecnologia em concreto impermeável, formava quatro cilindros de quarenta metros de altura. O milho era conduzido a granel por um elevador, passava por um processo de secagem que impedia o ataque de pragas e depois, pela gravidade, descia até os vagões, que o transportavam para os centros consumidores. Outras cidades da região cerealista também passaram por processos semelhantes.

245

As máquinas da EMA recebiam manutenção cuidadosa.

O empreendimento Ibec/Cargill era considerado por Nelson "o primeiro passo de um sistema que ofereça um modelo para o futuro desenvolvimento da economia brasileira no tocante a cereais".[18]

Uma atividade correlata era a preparação e a conservação do solo feitas pela Empresa de Mecanização Agrícola S.A., EMA, tratada com especial atenção por Rockefeller. Uma frota de 45 tratores e outros veículos e uma equipe de tratoristas começaram a mudar o cenário de algumas regiões do nosso interior. As máquinas da EMA "invadiram", no início, quatro cidades do estado de São Paulo — Bebedouro, Mococa, São Joaquim da Barra e Assis — e Jacarezinho, no Paraná. O substantivo *caterpilar* foi incorporado ao cotidiano dos moradores do interior de São Paulo, do Paraná — e pouco depois de Minas e do Espírito Santo —, para designar todos os tipos de máquinas agrícolas e de terraplenagem. A EMA fazia a limpeza de novas áreas com a derrubada de árvores, a recuperação de solos com reflorestamento, a colheita, a preparação da safra, a aplicação dos discos para aragem, gradeamento do solo, aplainamento, cultivo e plantio. A população de Jacarezinho, por exemplo, acompanhava com admiração o trabalho dos tratores, caminhões e caminhonetes.

A EMA foi criada pelo Ibec depois que especialistas brasileiros e americanos identificaram problemas que retardavam o aumento da nossa produção agrícola. Não havia, por exemplo, exploração racional de novas áreas férteis; as regiões já exploradas careciam de conservação apropriada do solo e de proteção contra a erosão. A direção da EMA coube a "um brasileiro, o dr. Theodoro Quartim Barbosa", como declarou Nelson em uma longa entrevista. O americano sempre soube cercar-se de empresários de confiança e empreendedores, como era o caso de Quartim Barbosa. Mais tarde, a empresa passou a ser dirigida por Renato da Costa Lima, secretário da Agricultura do estado de São Paulo no governo Lucas Nogueira Garcez.

Para comercializar a produção de milho de agricultores que compravam o híbrido da Agroceres e se utilizavam dos serviços da EMA, o grupo de Nelson criou a Grenar Agrícola e Comercial S.A. A intermediária tinha filiais em Ourinhos e Avaré, no estado de São Paulo, e em Arapongas, Maringá, Apucarana e Bandeirantes, no Paraná.

Mas havia outro estado brasileiro onde Nelson queria implantar um projeto piloto modelar da AIA.

OS "ESTADOS UNIDOS" DE MINAS GERAIS

Nelson Rockefeller chegou a Minas em setembro de 1948 com a ideia de que talvez ali houvesse uma possibilidade mais concreta de repetir o êxito da revolução agrícola americana iniciada no século XIX. Milton Campos estava nos primeiros meses do seu governo quando Nelson desembarcou em Belo Horizonte.

O governador pertencia a uma tradicional família de políticos mineiros. Quando da Revolução de 1930, apoiou Vargas e chegou mesmo a participar de setores mais radicais para exigir o aprofundamento das transformações propostas pelo movimento revolucionário. Com o golpe do Estado Novo, Campos afastou-se momentaneamente da política, mas a entrada do Brasil na guerra levou-o a se opor a Vargas. Participou da Sociedade Amigos da América para combater o fascismo e foi um dos signatários do Manifesto dos Mineiros, conhecido documento que pedia a redemocratização do país. O fim da guerra estava, então, próximo, e o próprio Vargas articulava as transformações de abertura do Estado autoritário. Nessa conjuntura nasceram os partidos PSD, PTB e UDN. Foi na UDN — União Democrática Nacional — que se concentrou a mais forte oposição ao governo federal, o que, de certa forma, desencadeou o golpe de outubro de 1945, encerrando a fase autoritária de Vargas. E foi pela UDN que o mineiro Milton Soares Campos elegeu-se governador de Minas Gerais em janeiro de 1947, com apoio de vários partidos, inclusive o comunista. Assim que tomou posse, iniciou a implantação de medidas democráticas e reformas econômicas. Américo Gianetti, secretário da Agricultura, Indústria, Comércio e Trabalho, criou um instituto de pesquisa agronômicas, a Estação Central de Experimentação Vegetal, e o Serviço de Cultura de Trigo.

Para Nelson, o governo de Minas Gerais estava fazendo reformas que se assemelhavam a um pequeno New Deal. O americano parecia sentir-se quase em casa quando foi recebido por Milton Campos, que o aguardava no aeroporto. No automóvel, a caminho do hotel, os dois já trocavam ideias e se entenderam perfeitamente. O que Nelson propunha, com base no que já conhecia do trabalho de Gianetti, era fornecer ajuda financeira aos agricultores na forma de empréstimos bancários baratos, a fim de que eles implementassem modernas técnicas agrícolas. Assim foi formada a Acar, Associação de Crédito e Assistência Rural. O acordo foi assinado entre o governo de Minas Gerais e a AIA de Nelson.

Em 1951, a Acar publicou as atividades de dois anos de atuação em um relatório que exalava otimismo. "Acar é uma nova e importante palavra no vocabulário de centenas de famílias de agricultores..."[19] Na página de abertura, um mapa do estado de Minas com manchas indicando as áreas de atuação da associação. Ao norte de Belo Horizonte vê-se a "jurisdição" de Diamantina, que englobava outros municípios, entre eles Curvelo; ao sul, já próximo da capital, Sete Lagoas e Pedro Leopoldo. Mais ao sul, em direção à divisa com São Paulo, os municípios de Alvinópolis, Ponte Nova, Ubá, Lavras, Viçosa, Varginha e Três Pontas, entre outros. A sede da Acar ficava na rua Bahia, 1065, em Belo Horizonte. Para o lavrador, era a via certa de obter ajuda e suporte para melhorar suas condições de vida: empréstimos a juros módicos, vacinas e medicamentos para os animais, orientação às mulheres no cuidado com a alimentação das crianças, informações sobre como fazer uma horta de forma racional, como confeccionar suas próprias roupas, rudimentos de higiene etc. E quem ensinava? Quem eram os anunciadores dessa nova palavra, das novas técnicas, bastante simples, mas eficientes?

Os técnicos da Acar eram os apóstolos das soluções modernas, inspiradas no programa americano The Man, the Girl and a Jeep, idealizado por Robert Hudgens, que trabalhou na Farmers Security Administration, FSA, durante o governo Roosevelt. Ou seja, um casal de técnicos, devidamente treinados em agricultura e economia doméstica viajando pelo interior num veículo utilitário imortalizado pelos filmes de guerra. Eles poderiam, assim, enfrentar qualquer terreno, não havia obstáculos para os objetivos de Rockefeller. A criação da FSA foi um dos primeiros atos do governo democrata e tinha como objetivo salvar os pequenos agricultores da ruína. Aqui no Brasil a situação não era igual, mas o pequeno agricultor do interior mineiro precisava de orientação para não cair nas armadilhas dos banqueiros, ou seja, empréstimos a juros extorsivos.

Quando o governo de Milton terminou, Juscelino Kubitschek deu continuidade à associação com a Acar. Dos 88 funcionários e técnicos, 83 eram brasileiros e somente cinco eram americanos — medida que já estava nos planos iniciais da fundação da associação, em fins de 1948. Os 62 escritórios assistiram a mais de 60 mil famílias rurais em Minas Gerais.

Durante seus três primeiros anos de atividade, a Acar e o governo do Estado de Minas dividiram igualmente as responsabilidades financeiras. Desde então, conforme preestabelecido, o governo estadual aumentou regularmente sua contribuição, ao passo que a AIA reduziu a sua. As contribuições da AIA em dinheiro e assistência técnica atingiram 700 mil dólares.

Mais tarde, a Acar passou a contar também com a ajuda substancial do Escritório Técnico de Agricultura Brasil-Estados Unidos (ETA), entidade formada e mantida pelos governos brasileiro e norte-americano. O ETA foi ainda importante na criação e no desenvolvimento de cinco outras entidades inspiradas no modelo da Acar: a Ancar, que abrange oito estados do Nordeste; a Ascar, no Rio Grande do Sul; a Acaresc, em Santa Catarina; a Acares, no Espírito Santo; e o ETA Projeto 15, no Paraná. Cada uma dessas organizações era autônoma e contava com a participação de entidades governamentais, federais e estaduais.

Quando assumiu a presidência do país, JK tornou-se defensor da Acar e assinou um acordo com Nelson para estender a experiência a todo o Brasil. Formou-se assim, em 1956, no Rio de Janeiro, a Associação Brasileira de Crédito e Assistência Rural (Abcar). Além da AIA e do ETA, participaram do programa da Abcar o Ministério da Agricultura, o Banco do Brasil, o Serviço Social Rural e a Confederação Rural Brasileira. A Abcar contava com um corpo de especialistas brasileiros, norte-americanos e de outras nacionalidades que davam assistência e treino ao pessoal das organizações filiadas.

A Acar contava ainda com a ajuda de clubes juvenis para difundir a organização e uma espécie de ética do trabalho no campo entre adolescentes. Tais clubes, chamados 4-S, ensinaram a milhares de jovens como plantar uma horta, vacinar um bezerro, fazer uma cerca, escovar os próprios dentes, lavar as verduras etc. Os clubes 4-S foram criados por sugestão dos técnicos da AIA à semelhança dos 4-H americanos, clubes rurais criados no começo do século XX e que, antes da Segunda Guerra, transformaram-se numa verdadeira organização para ensinar os jovens a tratar de atividades agrícolas. Os 4 "agás" das associações americanas representavam as letras iniciais de *head* [cabeça], que na versão brasileira equivalia ao primeiro S, de *saber*; *heart* [coração], correspondente ao nosso segundo S, para *sentir*; *hands* [mãos], o terceiro S, para *servir*; e *health* [saúde], o quarto S, lembrando a *saúde*. O símbolo ou logotipo dos clubes era um trevo de quatro folhas com os "s". Eles tinham por base a própria filosofia da AIA, resumida no aforismo "faça você mesmo".[20] A publicação oficial dos 4-S chamava-se *O Trevo*. O número de agosto de 1956 fazia um balanço geral dos vários clubes espalhados pelo sul de Minas. Trazia notícias e relatos sobre projetos de hortas comunitárias, hortas comerciais, cursos de treinamento, a convenção estadual realizada em Belo Horizonte e a contribuição de prefeitos que doaram desde filtros para água potável até sacos de cimento para a construção de fossas secas. Os textos dos "jornaizinhos" eram mimeografados e redigidos de forma bem simples, em tom de incentivo, otimismo, entusiasmo e promoção de atividades, como sugerem os nomes escolhidos para os diferentes clubes. O do município de Machado, próximo de Poços de Caldas, por exemplo, chamava-se Carrilhões do Progresso e tinha à frente José Inácio da Silva, um "bom

Uma técnica, devidamente treinada pelos especialistas da AIA e dos Clubes 4-S, ensina um agricultor a construir um estrado de cama; note-se a curvatura para acomodar um colchão feito de palha de milho tratada para evitar contaminações.

Meninas e meninos, filhos de sitiantes, eram militantes dos Clubes 4-S, extensão da AIA. Noções básicas de higiene e técnicas de tratamento do solo e manutenção: ancinhos, pás, fumigadores, arco de pua, semeadores, manuais etc. A técnica, simples, iria melhorar o nível de vida.

A nutricionista americana, ao centro de óculos, contratada pela AIA tinha a missão quase religiosa de saciar as crianças brasileiras ensinando noções de higiene e o melhor aproveitamento de alimentos. Produtos industrializados participavam da nova culinária.

horticultor" que não se descuidava da profissão, "adquirindo novos conhecimentos através de livros, revistas e dos treinamentos que recebia dos supervisores".[21] O entusiasmo de José Inácio baseava-se em sua juventude, na crença no progresso e nas lideranças rurais.

A TÉCNICA E AS MELHORIAS NA AGRICULTURA

Quando almoçou na Câmara Americana de Comércio, no dia 16 de setembro de 1948, Nelson fez um pronunciamento que pode ser interpretado como a base ideológica de seu plano para o Brasil.

De acordo com ele, não era mais possível às nações viverem ilhadas, uma alusão ao isolamento dos Estados Unidos que vigorou no período que precedeu a Segunda Guerra. Ele garantiu que seu país, ao contrário da propaganda da esquerda, não pretendia dominar a política e a economia do mundo. Desfazer a imagem imperialista do país norte-americano era uma de suas tarefas. "Nada esteve mais longe da verdade. Acreditamos que os interesses dos Estados Unidos serão alcançados ajudando nações a ajudarem a si mesmas."[22] Seu país, disse ele, auxiliaria a remover os obstáculos que impediam o progresso do Brasil.

Enquanto Nelson falava em São Paulo, navios e mais navios descarregavam produtos americanos na Europa, comprados com o crédito em dólares fornecido pelo Plano Marshall. O objetivo era reconstruir a devastada e faminta Europa, mas também não deixava de ser um forte incentivo ao comércio com os Estados Unidos, assim como um modo de isolar a ameaça do radicalismo político representado pelo crescimento dos partidos comunistas, em especial na Itália e na França.

Como que para compensar a imensa ajuda dos Estados Unidos à Europa, o presidente Truman, em seu discurso de posse, em janeiro de 1949, havia tentado contemplar os esquecidos países pobres, em especial seus vizinhos da América Latina, ao anunciar os quatro pontos que norteariam sua política. O primeiro deles era o alinhamento às decisões da ONU; o segundo tratava da recuperação da Europa, que já mostrava sinais positivos; o terceiro anunciava a criação da OTAN e o quarto ponto previa um programa de assistência técnica para áreas subdesenvolvidas do mundo. Era o chamado Ponto IV.

Em várias ocasiões, no pós-guerra, os Estados Unidos haviam negado ajuda econômica aos vizinhos do continente: em Chapultepec, no México, em 1945; no Rio de Janeiro, em setembro de 1947; e na conferência de Bogotá, no ano seguinte, quando nasceu a Organização dos Estados Americanos, OEA. No segundo governo Truman, o país começou a dar sinais, ainda que vagos, de que a política externa americana não podia ficar centrada somente na China revolucionária, no Oriente Médio e na Europa. Foi nessa conjuntura que nasceu o Ponto IV — rascunhado por Ben Hardy, que trabalhou no Brasil e no Office de Nelson durante a guerra. O documento falava em alguma ajuda financeira, mas a ênfase era compartilhar técnicas que pudessem ajudar as nações a superar o atraso. O mote de Truman era "fazer com que eles ajudem a si mesmos".[23]

Assim que Truman tomou posse, Rockefeller e seus colaboradores começaram a discutir as melhores formas de cooperar com o governo, pois, segundo Nelson, o Ponto IV havia sido, em parte, inspirado em suas propostas, contidas nos estatutos do Ibec e da AIA. No ano seguinte, Rockefeller voltou a trabalhar no governo a convite do presidente Harry Truman para dirigir um comitê, o International Development Advisory Board, que tinha como objetivo viabilizar a aplicação do Ponto IV. Nelson convenceu o presidente de que a organização da AIA era um bom modelo para o programa do governo e poderia fazer uma ponte com a iniciativa privada. Dizia que o projeto era o mais revolucionário desde a bomba atômica, pois renovava a esperança e a fé dos povos livres A relação pode parecer estapafúrdia, mas para Rockefeller a bomba atômica serviria para conter o comunismo; o Ponto IV, também. Era como se Lobato estivesse assoprando em seu ouvido: armas não combatem ideias; ideias combatem ideias.

Stacy May, economista que vinha acompanhando Rockefeller desde a guerra, desenvolveu uma teoria para justificar a aplicação do Ponto IV, com base na tese de Turner de 1893. Para ele, os Estados Unidos haviam formado sua cultura, sua rica economia, suas força e energia graças à histórica expansão civilizadora pela *frontier*, pela conquista do Oeste selvagem, o *wilderness*. Cerca de sessenta anos depois, Stacy afirmou que o mesmo aconteceria com os países pobres e os Estados Unidos: todos se beneficiariam mutuamente, pois, além das vantagens materiais, haveria a conquista das liberdades e a promoção de instituições democráticas.[24]

Entretanto, por mais que o comitê se reunisse e seus membros trocassem ideias, vastos setores do Congresso não compreendiam nem aceitavam o Ponto IV. Afinal, o que era esse programa? Uma transferência da técnica já desenvolvida nos Estados Unidos? Implicava investimentos do governo?

Vários obstáculos impediam e emperravam a aplicação das propostas de Nelson. A burocracia era um deles. Outro vinha da cultura do próprio governo. Os *policymakers* americanos não tinham interesse e muito menos simpatia pelos países pobres. Sua atenção estava voltada para a Europa. O resto não contava. Um deles era George Kennan, o famoso criador da política externa americana do pós-guerra — a chamada política de contenção —, que esteve no Rio de Janeiro em 1950 e achou a cidade repulsiva, suja, barulhenta e com grande desigualdade social.[25]

Além disso, na mesma época em que Nelson lutava para implantar o novo programa, os soldados sul-coreanos e os norte-

-americanos do general MacArthur combatiam os exércitos da China e da Coreia do Norte. Esse foi um dos poucos momentos da Guerra Fria em que forças de países comunistas enfrentaram diretamente um exército do chamado "mundo livre".

A Guerra da Coreia começou em junho de 1950. Com um ataque surpresa, usando armas soviéticas, soldados da Coreia do Norte, sob o domínio dos comunistas, invadiram a Coreia do Sul. Em pouco tempo as tropas comunistas ocuparam Seul, a capital, e avançaram rapidamente, ameaçando tomar toda a península. A reação imediata do governo americano foi declarar a Coreia do Sul área de segurança, uma vez que ameaçava a Costa Oeste dos Estados Unidos.

Na avaliação de políticos e militares norte-americanos, uma vitória dos comunistas na região poderia incentivar a União Soviética, ainda sob a ditadura de Stálin, a atacar a Europa, em especial a Alemanha Ocidental. E isso poderia levar a uma terceira guerra mundial. Harry Truman tomou a decisão de interferir, mas com "permissão" do Conselho de Segurança da ONU. O governo americano enviou tropas e vários países contribuíram com pequenos contingentes militares, entre eles a Colômbia, o único da América do Sul. O governo de Getúlio Vargas chegou a aventar a hipótese de fazer alguma contribuição, na esperança de repetir a situação da Segunda Guerra Mundial, mas percebeu que a conjuntura era diferente.

Foi na Coreia que, pela primeira vez, aviões a jato Sabre F-86, pilotados por americanos, entraram em combate com os MIG-15 da União Soviética, pilotados por militares soviéticos. Inicialmente, o uso dos lendários tanques russos T-34 e armas mais modernas deram grande vantagem aos comunistas. A intervenção mais vigorosa dos americanos, sob o comando do general MacArthur, empurrou os inimigos de volta para o norte. Por isso, a China maoista interveio diretamente, complicando a situação.

MacArthur fez declarações públicas de que usaria armas atômicas e criticou o presidente Truman, que se opunha a essa tática. Por isso, o general foi destituído das funções. A guerra terminou com um armistício que permanece até os dias atuais. Mais de 33 mil americanos morreram na guerra. Centenas de milhares de chineses e coreanos, militares e civis, perderam a vida no conflito.

O governo dos Estados Unidos centrou cada vez mais suas atenções na Ásia e na Europa. A América Latina praticamente caiu em esquecimento, o Ponto IV ficou ameaçado, os gastos com a guerra travaram o fluxo de verbas e o governo americano não teve condições de dispensar aos países pobres a atenção pretendida.

Depois de todo o esforço e nenhum resultado, Nelson decidiu sair do governo e fez um discurso criticando a administração Truman. Aproveitou para tentar mudar sua imagem de republicano que trabalhava para o Partido Democrata e engajou-se, logo em seguida, na campanha do republicano Eisenhower, eleito presidente.

Entretanto, o Nelson que falava na Câmara Americana de Comércio, em São Paulo, procurava defender as ideias que inspiraram o natimorto Ponto IV. Mas seu projeto era visto por muitos como uma ferramenta ideológica para a expansão do imperialismo americano. Por isso, ele buscava argumentos para "acalmar" seus ouvintes e mostrar que os Estados Unidos não tinham planos para dominar o mundo como as potências europeias tinham feito nos séculos do colonialismo. A Inglaterra havia, por exemplo, submetido a Índia à condição de "domínio da rainha Vitória". Era o British Raj, ou seja, todo o imenso território que compreendia o atual Paquistão, a Índia e Bangladesh. Quando jovem, em viagem de lua de mel pela Ásia, Nelson ficou horrorizado com o tratamento dispensado pelos ingleses aos nativos da Índia. Acreditava que os Estados Unidos jamais se comportariam daquela maneira.

Esperava convencer a plateia de que seu país não era o moderno herdeiro dos velhos impérios europeus e não tinha pretensão, nem interesse, em dominar fisicamente e administrar territórios. Mas seu discurso destinava-se a tornar moucos os ouvidos brasileiros à profecia de Tocqueville, feita 120 anos antes: "Os americanos já estão em condições de fazer respeitar seu pavilhão; em breve poderão fazê-lo temer".[26] Ou seja, uma potência comercial há que se transformar em potência militar. Na época em que Rockefeller, Truman ou qualquer outro representante americano falavam, o pavilhão dos Estados Unidos já era temido em grande parte do mundo. Embora com Exército diminuído — não se comparava ao da União Soviética —, o país tinha um potencial militar imbatível, garantido pelas primeiras armas atômicas testadas duas vezes no campo de batalha. As previsões do pensador francês do século XIX eram reais no século XX.

Nelson afirmava que os interesses dos americanos eram os de todos os povos do mundo. Ajudar países como o nosso a adquirir saúde e força, técnica e bem-estar, oportunidade e liberdade era o objetivo dos Estados Unidos. Só os norte-americanos podiam fazer isso, pois haviam tido a fortuna de conhecer um sistema democrático que havia levado os indivíduos a tomar consciência do seu dever e da responsabilidade para com outros povos. Um dos caminhos a seguir era o de associar o capital privado americano ao capital privado brasileiro — representado por uma elite local esclarecida —, com alguma participação do governo. Isso abriria um caminho mais seguro para a implantação de técnicas inspiradas na experiência americana e eliminaria os gargalos que impediam a livre circulação de mercadorias.

Como se vê, Nelson era, na verdade, um representante típico do que alguns estudiosos chamam de um "novo tipo de imperialismo", pelo qual "as elites locais eram treinadas para exercer um processo de passagem do 'tradicional' para o 'moderno'".[27] Por isso, as plateias que o ouviam eram sempre compostas pelos quadros dirigentes brasileiros, tanto no plano político como no econômico e cultural. A panaceia resumia-se em melhorar as condições de saúde, educação e saneamento básico, tarefas que caberiam à AIA, sem fins lucrativos, e a conexão com a expansão da economia era reservada ao Ibec, com interesses no lucro, mas um "lucro social", como Nelson gostava de dizer.

A formação do Ibec Technical Services, "braço mecânico" da associação, era a base para a modernização socioeconômica do Brasil. Aeroportos? O Ibec Technical Services trataria dos estudos e projetos para ampliação e construção de novas áreas para os modernos aviões quadrimotores. Problemas urbanos como gargalos na circulação de pessoas e produtos? O Ibec Technical Services contrataria planejadores urbanos. Foi o que ocorreu por ocasião do primeiro plano de transferência do aeroporto de Congonhas e do projeto da construção das marginais na capital paulista. Abertura de novas frentes agrícolas? Os tratores da EMA, uma extensão do Ibec Technical Services, cuidariam do problema.

O Ibec Housing, logo Ibecasa Brasileira S.A., empresa coligada ao Ibec Technical Services, construiu casas em série para atender à demanda de uma crescente classe média baixa. A Ibecasa construiu, por exemplo, a Cidade Vista Verde, bairro de São José dos Campos, no vale do Paraíba paulista, um subúrbio concebido nos moldes americanos, usando a mesma técnica da linha de montagem das fábricas de automóveis de Detroit. Todas as casas eram idênticas, o que indicava um processo de homogeneização da sociedade. O bairro foi projetado para ter 3200 casas, abrigar mais de 16 mil pessoas, com um shopping center, uma estação de tratamento sanitário e rede de esgotos, uma escola municipal, reservatório e rede de distribuição de água potável, antena coletiva de TV e rádio. O subúrbio foi construído em sincronia com a expansão de São José dos Campos e com a instalação de indústrias de ponta como a Matsushita Electric Industrial Co., responsável pela produção de toca-discos, rádios AM e

FM, rádio gravadores acoplados — os conhecido três em um —, pilhas e, por último, talvez mais importante do que tudo, televisões a cores. A empresa era dona das marcas Panasonic e National. A Rhodia Indústrias Químicas e Têxteis fabricava produtos farmacêuticos e fios sintéticos para as tecelagens. Também na região estava instalada a Fiação e Tecelagem Kanebo do Brasil S.A., produtora de fios de algodão exportados para os Estados Unidos e países da Europa, inclusive do bloco socialista.[28] Os funcionários dessas empresas já tinham onde morar. A construção das casas requeria fornecimento industrial de concreto. O grupo de Nelson foi um dos pioneiros na adoção das betoneiras.

O Ibec tinha interesses na lavoura cafeeira e iniciou contatos com o banqueiro e cafeicultor Walther Moreira Salles para analisar as possibilidades de melhoria e racionalização das plantações. Nelson procurou informações com assessores e identificou que o problema era a broca, a praga que contaminava milhões de pés de café. Então fundou uma nova empresa, a Helico, que usaria três helicópteros, já despachados de Miami, para borrifar uma solução química sobre os arbustos infectados. O produto seria empurrado contra o solo pelo próprio ar deslocado pelas hélices do helicóptero, aderindo às folhas e matando a larva. Esses serviços estariam à disposição dos cafeicultores.

Ruth Helen Ryer, secretária do Ibec que trabalhou na sede da rua Líbero Badaró, em São Paulo, depois da guerra, forneceu uma versão mais divertida para as experiências com helicópteros de Nelson. Em entrevista, contou que "os aparelhos serviam mais para colher café do que matar as pragas, ou seja, a ventania provocada pelas hélices acabava derrubando dos pés as frutas, que eram recolhidas pelos empregados das fazendas".[29]

PROTOCOLOS E NEGÓCIOS: DE FRAQUE E CARTOLA NA POSSE DE VARGAS

Uma reportagem publicada no *New York Times* de 13 de janeiro de 1950 revelava o pouco conhecimento que os jornais americanos tinham da realidade política e cultural do Brasil. O *Times* reproduzia a interpretação de Getúlio ao golpe militar que o depusera em outubro de 1945. O ex-presidente brasileiro teria dito que havia sido deposto por interferência de dois diplomatas americanos: "Ele apontou os nomes de Spruille Braden, ex-embaixador na Argentina e ex-subsecretário de Estado, e o de Adolf A. Berle Jr., ex-embaixador no Brasil". A reportagem assegurava que o "general Vargas fez suas acusações diretamente ao jornal".[30] Vargas, que mal havia chegado a oficial de baixa patente, foi promovido a general pelo *New York Times*. Difundia-se assim uma visão estereotipada, segundo a qual os países do Sul eram repúblicas governadas por generais ditadores.

O fato é que no começo de 1950 Getúlio preparava sua candidatura à presidência e fazia uso de todo um arsenal político para criticar seus antigos aliados, em especial os generais Dutra e Góes Monteiro, que contaram com a colaboração indireta dos americanos no golpe de outubro de 1945.

Tanto Berle como Braden negaram, como era de esperar, as acusações de Vargas. Berle foi mais longe e afirmou que a declaração do ex-presidente brasileiro tinha fins políticos e visava obter apoio dos comunistas numa campanha antiamericana e anti-imperialista para se eleger presidente. Toda a campanha de Getúlio foi, sim, pautada pelo discurso nacionalista, mas não havia referência direta ao imperialismo *yankee* nem ao comunismo soviético. Aliás, os comunistas fizeram campanha contra Vargas, acusando-o de estar a serviço das corporações americanas,[31] o que não o impediu de voltar "nos braços do povo", como ele escreveria em sua suposta carta-testamento, ao se suicidar, cerca de quatro anos depois.

Era difícil rastrear um antiamericanismo muito claro nas declarações do presidente brasileiro. Uma das primeiras saudações que recebeu do estrangeiro foi a carta de um americano, escrita em português.

New York 20, N.Y.
8 de novembro de 1950

Excelência:

É com o máximo prazer que me dirijo a Vossa Excelência para felicitá-lo por sua eleição à mais alta magistratura do Brasil e desejar-lhe o maior sucesso no desempenho da honrosa missão de que foi incumbido pelo povo brasileiro.

Tenho recordações bem gratas da cooperação e da amizade que uniu nossos povos e governos durante os anos da guerra e das minhas visitas ao Brasil durante o período de sua administração anterior. É minha convicção que os laços tão firmemente estabelecidos se prolongarão, e unirão sempre os dois países. Meu desejo é poder cooperar em tudo o que me for possível para o desenvolvimento da economia e do progresso do grande povo brasileiro.

Com atenciosos cumprimentos para Vossa Excelência e sua distinta família, subscrevo-me,

Muito sinceramente,

[assinatura à mão]

Nelson A. Rockefeller[32]

Vargas recebeu a carta na fazenda da família, em São Borja, onde se recuperava da "ressaca" da vitória. Nelson a escreveu do *room* 5600 do Rockefeller Plaza. Era uma mensagem pessoal, mas quase oficial, já que o governo do democrata Harry Truman o havia encarregado de representá-lo na posse de Getúlio.

Um bilhete assinado por Louise, a secretária de confiança de Rockefeller, sugeria as roupas que ele deveria levar para o Brasil. "*Mr. Nelson, you will need to take*", e seguia-se uma pequena lista que começava com um fraque, uma cartola e uma gravata branca. Que ele levasse também — dizia a eficiente Louise — a Condecoração da Ordem do Cruzeiro do Sul, guardada no apartamento da Quinta Avenida (*it is at 810 Fifth Ave*), pois combinaria muito bem com a gravata branca.[33] Mas Nelson não seguiu o conselho da sofisticada Louise e usou uma gravata qualquer. Na fotografia, ele não parece sentir-se à vontade e lembra a frase do romancista Alejo Carpentier: "Por mais bem cortado que seja um fraque, quando vestido por um ianque, parece sempre o fraque de um mágico".

O Departamento de Estado teve de incluir na apertada agenda de janeiro de 1951 — entre as questões relacionadas com a Guerra da Coreia e as manobras de Truman para lidar com o imprevisível general Douglas MacArthur — uma viagem protocolar de assessores ao Brasil. Truman escreveu para Dutra: "Meu grande e bom amigo [...]",[34] e falou da importância da amizade do Brasil com os Estados Unidos. Por isso, escolhera Nelson Rockefeller como representante especial da república norte-americana na cerimônia. O *Independence*, avião oficial do presidente americano na época — anterior ao cinematográfico *Air Force One* atual —, decolou do aeroporto em Washington com Nelson A. Rockefeller e uma delegação composta de diplomatas, políticos dos partidos Republicano e Democrata, militares (generais aviadores da United States Air Force, a USAF, almirantes, contra-almirantes e generais de várias estrelas do Exército) de todas as armas e patentes das Forças Armadas, além de auxiliares com habilidades variadas para atender passageiros tão especiais.

A delegação americana encontrou representantes de outros

De fraque e cartola, Nelson Rockefeller e mais um membro da comitiva prestigiando a posse de Getúlio Vargas em janeiro de 1951.

cinquenta países no Rio de Janeiro. Nelson ficou, como de costume, em acomodações especiais do Copacabana Palace. O cerimonial da embaixada dos Estados Unidos ofereceu uma recepção especial, na noite de 30 de janeiro, para mais de mil convidados, entre brasileiros e americanos — todos com traje a rigor.

A cerimônia de posse aconteceu no dia seguinte no Palácio Tiradentes. Militares vestiram seus pesados uniformes, ao passo que políticos civis usaram casacas e fraques, e os representantes da Igreja, batinas especiais. Todos suavam no escaldante verão carioca.

Vargas fez um longo discurso agradecendo os presentes, em especial os representantes dos Estados Unidos. Ele já calculava que precisaria do maior apoio possível para contrabalançar a violenta campanha desencadeada por conservadores do Brasil — com destaque para Carlos Lacerda — e por setores políticos americanos. Com um pronunciamento mais moderado, esperava uma ajuda considerável do Ponto IV. Tanto é verdade que, antes de tomar posse, em dezembro de 1950, ele escreveu uma carta a Nelson, parabenizando-o pelo cargo no governo americano. Queria com isso consolidar "os laços da tradicional amizade que une os nossos países", os quais "só encontrarão, no futuro, ensejo de consolidação e fortalecimento".[35] De fato, nos últimos dias do governo Dutra, o Brasil concluiu um acordo de cooperação técnica com os Estados Unidos. Um primeiro passo foi a formação da Comissão Conjunta Mista para o Desenvolvimento Econômico.

Na cerimônia de posse, João Neves da Fontoura, o novo chanceler de Vargas, num discurso mais sisudo, fez um alerta contra a sutil e insistente infiltração comunista em nossa sociedade, o que deve ter agradado Nelson.

O jornal *The New York Times* registrou a festa de Vargas na edição de 4 de fevereiro, com sutis tiradas preconceituosas. Milton Braker, o correspondente americano para a América Latina, disse que logo depois das saudações protocolares, "as ruas foram tomadas por ensurdecedoras batidas de tambores marcando o ritmo de novos sambas dedicados ao próprio Getúlio".[36] Ele parecia achar estranho que "uma das mais selvagens manifestações populares servisse também para celebrar a posse de um presidente". O jornalista também entrevistou Rockefeller e perguntou sobre a situação do programa Ponto IV. A resposta foi clara: a Comissão Mista ainda estava em formação e não "seria recomendável fazer algum comentário sem ter certeza do andamento das negociações". Embora parecesse um grande projeto, ninguém, nem mesmo

Nelson, sabia ao certo como o Ponto IV poderia ser posto em funcionamento.

A comitiva americana liderada por Nelson Rockefeller partiu do Brasil num Stratocruiser da Pan American na madrugada de 3 de fevereiro. O avião era o modelo mais avançado da época, um gigante derivado da superfortaleza B-29 usado na guerra. Nelson tinha até uma cabine privada. Dois dias depois o americano escreveu, em português, uma carta a Vargas. "Excelentíssimo Senhor Presidente, foi para mim um grande privilégio ter sido um dos representantes dos Estados Unidos." Seguiam-se palavras de estímulo e admiração pelo entusiasmo com que a multidão acompanhara a cerimônia de posse. Ele disse também que ficara muito feliz por ter reencontrado Alzira, a filha de Getúlio, e tocou em assuntos políticos relevantes para a relação entre os dois países, comentando que tivera o "prazer de conversar com seu ministro das Finanças [Fazenda], sr. Horácio Lafer".

A American Brazilian Association Inc., uma instituição com sede no Rockefeller Plaza, editava um boletim,[37] que em 8 de fevereiro de 1951 fazia, num preâmbulo, um resumo da festa de posse do presidente brasileiro. Depois, uma lista dos ministros do novo governo. Lafer era o "ex chairman of Finance Committee of the Chamber of Deputies". Segundo o texto, tratava-se de um hábil administrador e um conservador *outstanding*, isto é, um dos melhores no gabinete de Vargas. Lafer seria, entre outros, um dos principais interlocutores do governo brasileiro com Nelson Rockefeller. Os Estados Unidos confiavam em Lafer, mas viam com reservas Newton Estilac Leal, general, ministro da Guerra e amigo de Vargas. Estilac Leal vinha ascendendo nas Forças Armadas desde o conflito do Contestado e, como presidente do Clube Militar, escreveu vários artigos de teor nacionalista, criticando as empresas americanas. Vargas teria de ser muito hábil para navegar em seu heterogêneo gabinete. Até a UDN estava "representada", na pasta da Agricultura, com o usineiro e engenheiro João Cleofas, apesar da oposição do próprio partido.

NELSON E O BRASIL DE VARGAS

O presidente brasileiro esperava obter financiamento para seu programa de industrialização do Brasil por meio do Ponto IV. Para isso, a política do nosso governo era, na época, tentar repetir a estratégia usada na Segunda Guerra "quando o Brasil obteve cooperação financeira e tecnológica significativas dos Estados Unidos em troca de cooperação militar e fornecimento de insumos estratégicos".[38]

Em julho de 1951, Nelson escreveu novamente a Vargas, dizendo que a Comissão Mista ainda estava sendo formada pelo dr. Ary Torres, do lado brasileiro, e por Francis A. Truslow, do americano. Ele desejava que a comissão entrasse logo em funcionamento, "para facilitar a assistência dos Estados Unidos",[39] e avisava Getúlio sobre as atividades do banco do irmão:

> O sr. Friele dirá a V. Excia. quão intensos são nossos esforços, como cidadão privados, para promover relações ainda mais estreitas entre nossos dois países. Além dos vários projetos por nós iniciados há anos, estamos agora organizando, com o Chase Bank e um grupo brasileiro, um banco de financiamento de inversão que, esperamos, deverá contribuir para a expansão do mercado de capital no Brasil, e para estimular o investimento de capital estrangeiro, principalmente dos Estados Unidos.

Nelson deixaria o governo alguns meses depois e preparava Vargas para receber o financiamento de que o governo brasileiro tanto precisava para tocar seus projetos desenvolvimentistas, ain-

No jantar oferecido no seu segundo governo, o presidente Vargas tentou repetir a fórmula de atrair os investimentos americanos com vantagens para o Brasil. Nelson está à direita de Vargas; Alzira, filha do presidente, ao lado do americano.

Alzira e Nelson. A filha do presidente parecia mais confiante do que o pai.

da que o dinheiro pudesse vir mais de fontes privadas do que do governo americano.

Mas, em novembro de 1952, a situação se complicou porque o Partido Republicano voltou ao poder, com a eleição do general Eisenhower para presidente. O programa dos republicanos não previa empréstimos entre governos. Deveríamos procurar negociar com investidores privados, o que Nelson já havia sugerido.

Logo depois da eleição de Eisenhower, Nelson desembarcou mais uma vez aqui. A agenda era enorme. Encontrou-se com o presidente brasileiro, com quem parlamentou longamente sobre vias de financiamento da industrialização sonhada por Vargas. Depois, ele, a esposa e seus mais próximos colaboradores foram homenageados por Assis Chateaubriand, dos Diários Associados, com um "almoço de 148 talheres no restaurante Vogue".[40] O cardápio era 100% nacional: vatapá baiano, mungunzá, cocada; a mesa foi decorada com frutas tropicais. Nelson declarou que se sentia muito feliz por estar inteiramente perto do Brasil, representado naquela mesa.

No decorrer do ágape, Chatô — que com o passar dos tempos, e principalmente depois que começou a se afastar de Vargas, foi ficando cada vez mais sardônico e cínico — fez um pequeno discurso: elogiou as obras da fundação que levava o nome da família americana, em especial no combate às doenças tropicais; depois entrou no campo da política econômica, criticando o nacionalismo de Roosevelt e de Vargas:

> Roosevelt foi um dos maiores demagogos da humanidade. [...] Na América Latina se chamaria Getúlio Vargas [...] Roosevelt, por vias algumas vezes brutais e furiosas, através da sua famigerada N. R. A., fez na América espoliações abomináveis, tal qual um tirano paraguaio ou nazista.[41]

Nelson recebe a "coroa" de guerreiro tupinambá: era quase um cidadão brasileiro.

O discurso de Chatô deve ter constrangido Nelson, que havia sido alto funcionário da administração Roosevelt, o democrata mais popular da história dos Estados Unidos.

Em seguida, numa cerimônia de gosto duvidoso, Chatô sagrou Nelson "guerreiro tupinambá", fazendo com que Dolores Guinle e Mercedes Santana, damas da sociedade, coroassem o americano com um cocar tupiniquim. Na fotografia, publicada no *Diário de S. Paulo*, veem-se as duas senhoras tentando fixar o cocar na cabeça de um Nelson um pouco constrangido, mas sorridente. Chatô apenas observava a cena, com ar indiferente.

Do Rio de Janeiro, Nelson e comitiva foram a São Paulo para serem homenageados em um almoço no Automóvel Clube. Presentes vários representantes de altos negócios da sociedade paulistana: Theodoro Quartim Barbosa, íntimo associado de Nelson; J. S. Maciel Filho, presidente do Banco de Desenvolvimento Econômico; Clarence Brooks, cônsul-geral dos Estados Unidos; Cecil Cross, antigo cônsul daquele país; Emmett Waddell, diretor da Anderson-Clayton; Armando de Arruda Pereira, prefeito da capital; Stig Palmgren, do Ibec; José Moraes Guerra, diretor da Thela Comercial; Francisco Bocaiúva Catão, presidente da Metalúrgica Forjaço; George Devendorf, da Interamericana de Financiamento e Investimentos; Berent Friele, vice-presidente do Ibec; Renato da Costa Lima, da EMA; Gastão Eduardo Vidigal, presidente do Banco Mercantil de São Paulo, que apoiou de forma decisiva o golpe militar de 1964; e José Ermírio de Moraes, que presidia indústrias de grande porte como Votorantim e Nitro Química e era senador pelo PTB de Vargas. Enfim, mais uma vez, o grande mundo dos negócios brasileiros e americanos. Achava-se presente também uma comitiva do Rio de Janeiro, amigos do homenageado, entre os quais Eduardo Guinle, da conhecida família de empresários cariocas, donos do Copacabana Palace.

Na tarde de 14 de novembro de 1952, Rockefeller participou da cerimônia que inaugurou a Forjaço, empresa a que era associado. Localizada no bairro de Jaguaré, era uma nova indústria, formada com capital americano e brasileiro, que atendia ao programa econômico de substituição das importações do governo Vargas. Estava aparelhada para fabricar peças forjadas para a indústria têxtil, além de peças de reposição para tratores, máquinas e suplementos agrícolas, instrumentos importantes para a crescente indústria do cimento. As encomendas iniciais já haviam economizado um montante significativo de reservas para os cofres das indústrias nacionais. Depois das máquinas serem abençoadas pelo bispo d. Paulo Rolim Loureiro, a fita inaugural foi cortada por Mary "Todd" Rockefeller, sob calorosos aplausos. Francisco Bocaiúva Catão, o presidente da Forjaço, fez o discurso de abertura, dizendo que uma fábrica como aquela seria impossível se não fosse a ação de Getúlio Vargas na criação da CSN. Discursou também José Maciel

Soares Filho, presidente do Banco Nacional de Desenvolvimento Econômico, amigo e conselheiro de Vargas. O discurso final foi reservado para Nelson Aldrich Rockefeller, que acentuou a importância do trabalhador, aquele que forja a grandeza econômica das nações.

> O capitalismo, de mãos dadas com os trabalhadores de todas as nações, pode fazer funcionar muitas máquinas, forjando a grandeza econômica de muitos países. Foi graças a esses homens que trabalham diuturnamente que as máquinas dos Estados Unidos se movimentaram, cimentando a economia e o seu progresso.[42]

A fala de Nelson era a continuação dos seus discursos de 1946, no Itamaraty, e no Ministério da Agricultura quatro anos

O progresso vindo pelas mãos de Nelson associado a um brasileiro: vários implementos agrícolas e industriais seriam fabricados pela Forjaço.

antes, em que ele criticava o capital estéril não aplicado na produção sem fins sociais. Em 1951, Vargas havia dito que "[...] política econômica e financeira [é] a da valorização do dinheiro na mão dos que têm dinheiro e não aplicam este dinheiro com finalidades sociais. Não sendo capazes de criar uma indústria e empregar esse capital em qualquer atividade produtiva [...]".[43] Coincidências de pontos de vista?

No dia seguinte, o grupo de Nelson viajou para Curitiba e realizou várias atividades com o governador Munhoz da Rocha. Depois embarcaram num Douglas da Panair rumo a Arapongas, no interior do Paraná, quando teria início um calmo périplo pelas regiões onde o Ibec e a Agroceres faziam experiências bastante produtivas com as sementes de milho híbrido. Tudo teria ido bem se não fosse um desastre quase fatal com o avião. Quando o Douglas já tinha tocado o solo para aterrissar no aeroporto de Arapongas, o piloto percebeu que não conseguiria pousar em tão pequeno

Nelson e a esposa têm que fazer um pouso forçado no aeroporto de Arapongas, Paraná.

Mary Todd Rockefeller espera, com aparente indiferença, uma solução para o acidente com o avião em que viajava no Paraná.

espaço. Tentou arremeter, mas também não conseguiu, e arriscou uma manobra de aterrissagem, mesmo sabendo que ultrapassaria os limites da pista. Ao se aproximar de uma cerca, viu um grande caminhão trafegando pela estrada em baixa velocidade. O avião ia chocar-se diretamente com o veículo. O motorista do caminhão percebeu o iminente perigo, freou, engatou uma marcha ré e afastou-se da rota do Douglas, que arrebentou a cerca e foi parar, com pequenas avarias no nariz, numa capoeira próxima a uma roça de milho. Os passageiros, assustados, deixaram o aeroplano. Nelson, depois de pisar em terra firme, teria dito *"thanks God, we are safe"* [graças a Deus estamos bem]. Tentou inclusive encontrar o motorista do caminhão para agradecer, mas ele já havia desaparecido.[44]

O nervosismo passou e o grupo ainda participou de cerimônias na prefeitura. Depois, num outro avião, da Real, a antiga

No interior de São Paulo, Nelson na Fazenda Santa Helena, de Dyonisio Guedes Barretto.

companhia de transporte aéreo de linhas domésticas, voaram para Gália, no interior do estado de São Paulo, onde o destino era a Fazenda Paraíso, de Olavo Ferraz, grande criador de gado nelore.

No estado paulista, Nelson visitou várias localidades no interior. A *Gazeta do Rio Pardo* de 16 de novembro anunciou na primeira página que o fazendeiro e prefeito da cidade, Dionysio Guedes Barretto, receberia o "ilustre visitante" na Fazenda Santa Helena. Durante a visita, Nelson declarou que a propriedade era um exemplo de organização e que servia de estímulo para seus projetos agrários no Brasil. Ao ser questionado sobre a situação geral do país, disse ter observado que estávamos "progredindo rapidamente [...] O serviço iniciado em 1937 no terreno econômico e social tem alcançado os melhores resultados".[45]

Ao fazer essa clara referência ao ano do golpe do Estado Novo, o americano reafirmava sua visão de que o Brasil havia começado a "alcançar os melhores resultados" depois de instaurada a "ditadura esclarecida", como classificara o governo de Vargas. A reportagem ainda destacava o que Nelson dissera em outro pequeno discurso, na ocasião: que estava no Brasil para incentivar a cooperação entre o povo americano e o brasileiro e para o fortalecimento dos dois países, pois só assim não seríamos destruídos. "Devemos nos resguardar de ideologias e governos opressores." Na mesma visita, ele ainda participou, ao lado do governador Lucas Nogueira Garcez, da inauguração da fábrica de fermento da Usina Itaiquara.

Enquanto Nelson fazia suas andanças por algumas regiões do Brasil para inspecionar seus projetos, o governo Vargas tentava construir as bases para continuar o processo de modernização do Brasil. Horácio Lafer, ministro da Fazenda, propôs um plano de reaparelhamento econômico que foi aprovado pelo Congresso. Surgiram várias comissões: uma trataria da política agrária, outra do planejamento da indústria automobilística e outra ainda dos "gargalos" que estrangulavam o escoamento e a circulação de produtos,[46] sendo este último um dos principais pontos sobre os quais Nelson vinha insistindo desde 1946.

Mas a eleição de Eisenhower tendia a diminuir as expectativas de contribuição americana para financiamentos de grande porte. Embora Rockefeller insistisse que o novo governo republicano não reeditaria a política isolacionista que havia vigorado em tempos passados, sabia que Eisenhower priorizava relações entre empresas privadas e não entre Estados.

As esperanças de Vargas no Ponto IV começaram a minguar, e instituições como a Comissão Mista foram perdendo importância. O presidente brasileiro ponderava que só seríamos um país verdadeiro se houvesse industrialização com participação efetiva do Estado, e por isso, muitas vezes, era criticado tanto pelos setores mais conservadores como pela esquerda. Os primeiros diziam que o estatismo lembrava uma economia socialista, manietando a iniciativa privada. Os outros achavam que a ênfase na industrialização deixava em segundo plano a agricultura.[47] Vargas ia adiante, repetindo que o capital não produtivo e artificial de setores da elite impedia nosso crescimento. "Nem ditadura do proletariado, nem das elites"; deveríamos nos afastar de "ideologias exóticas e dissolventes", uma alusão ao comunismo.[48] Ele deixava claro que não era inimigo da cooperação com o capital estrangeiro. Por isso, talvez encarasse positivamente a proposta de Rockefeller sobre a criação de um pool de bancos para formar uma instituição creditícia.

Nos dois primeiros anos do governo, Vargas ainda alimentava a esperança de negociar com os americanos durante a guerra da Coreia, e isso parecia ser mais fácil na presidência de Harry Truman, que manteve alguns traços da política da boa vizinhança de Roosevelt. Mas em 1952 o quadro internacional pareceu a Vargas mais favorável a uma barganha semelhante à da Segunda Guerra. Ele passou a maior parte de seu governo tentando achar uma alternativa para negociar de maneira mais vantajosa com os americanos. A "moeda" de troca que Vargas esperava usar vinha de materiais estratégicos — como a monazita e o tório, minerais básicos para a energia atômica — em troca de tecnologia e bens de produção para tocar a industrialização do país. Nos primeiros momentos, a estratégia pareceu funcionar, mas pesquisadores americanos acabaram descobrindo fontes desses materiais nos Estados Unidos.[49]

Outro ponto controvertido na relação entre os dois países era a importação de armas. Liberais do Departamento de Estado não queriam que os Estados Unidos facilitassem a venda de armas para não incentivar ditaduras militares na América Latina. Além disso, Vargas pleiteava o fim da tabela do preço do café, mantido estável pelos americanos desde os tempos da guerra. Dean Acheson, secretário de Estado de Truman, veio ao Brasil em meados de 1952 e foi recebido por Vargas. Na foto que registra o encontro, o

Vargas, entre João Neves da Fontoura, ministro das Relações Exteriores, e Dean Acheson, secretário de Estado norte-americano: o semblante de Getúlio parece demonstrar que as negociações para uma ajuda econômica seriam mais difíceis do que na época da guerra. Moreira Salles é o primeiro à esquerda.

presidente brasileiro, reconhecidamente um homem de baixa estatura, exibe um olhar enviesado e desconfiado para o alto e esguio diplomata americano a seu lado. Pouca coisa resultou desse encontro. O clima entre os negociantes americanos no Brasil ficou um pouco mais conturbado depois que Vargas anunciou que a remessa de lucros de empresas estrangeiras seria controlada. Berent Friele escreveu para um preocupado diretor do Chase National Bank, dizendo que não havia motivos para alarme porque Lafer, o ministro da Fazenda, estava tomando medidas conciliatórias.[50]

A tensão aumentava na mesma proporção em que não se encontrava uma solução para o conflito com a Coreia. Americanos e brasileiros temiam uma terceira guerra mundial. "Que será de nosso povo diante de uma possível guerra mundial?", perguntava Getúlio.[51]

Mas os americanos mergulharam numa paranoia geral, uma verdadeira "histeria de massas". Programas diários na televisão, no cinema, nas revistas e nos jornais divulgavam como se proteger do perigo de um ataque atômico. O desenho de uma tartaruga sugeria que bastava abaixar-se e se proteger cobrindo a cabeça que a pessoa estaria a salvo. Numa passagem desses filmetes, um garoto está em sua bicicleta quando o locutor avisa que, se ele vir um repentino clarão, é porque explodiu uma bomba atômica. O garoto joga-se no meio-fio e cobre a cabeça para se proteger. O locutor continua e diz que quando o perigo passar ele pode se levantar e ir para casa. Os filmes estão disponíveis na internet sob o título *Duck and Cover* [abaixe-se e proteja-se]. As autoridades americanas tentavam, com a propaganda, tornar a guerra atômica mais palatável.

Na mesma época, Vargas caminhava para seu trágico fim, com "um tiro no coração". O presidente brasileiro ia radicalizando seu discurso de tom nacionalista. Isso assustava os conservadores como Assis Chateaubriand, Carlos Lacerda e toda a imprensa tradicional do Rio de Janeiro e de São Paulo. A esquerda marxista também pressionava e se opunha a Getúlio. Num artigo publicado em 1953, para divulgar as palestras de um evento cultural realizado em Moscou, o governo Vargas era descrito como reacionário e antinacional, "a serviço de Wall Street".[52] O texto, produzido na União Soviética, dizia ainda que os discursos de Vargas a favor dos direitos do trabalhador eram uma farsa. Ora, de fato, não se pode afirmar que Getúlio Vargas tenha realizado uma luta anti-imperialista segundo a cartilha comunista, "[...] do mesmo modo, o fim da 'exploração do homem pelo homem', expressão consagrada na literatura pela tradição marxista para designar o advento do socialismo, também não ocorreu [...]".[53] Vargas nunca foi um esquerdista; era, isto sim, nacionalista. Entretanto, considerar que ele estava "a serviço de Wall Street" era mais uma prova de que os comunistas brasileiros e soviéticos, numa interpretação apressada, não levavam em conta a singularidade da história brasileira. As análises comunistas acerca do governo Vargas sempre foram, aliás, de uma simplificação assustadora.

Na mesma época, uma forte geada afetou a maior parte dos cafezais do Paraná, fazendo o preço da commodity subir no mercado americano. Berent Friele escreveu para Nelson que o boicote ao café brasileiro, planejado por algumas associações dos Estados Unidos, iria minar as relações com o Brasil. A opinião pública americana responsabilizava o governo brasileiro. Vargas era criticado pelos comunistas e pelos americanos. Essa, porém, não era a opinião do grupo de Nelson, que manobrava para que o governo americano subsidiasse o preço do café, pelo menos por algum tempo.

À forte oposição e à pressão de setores da sociedade brasileira somava-se o conflito entre o Leste "socialista-totalitário" e o Oeste "democrático e capitalista". Os Estados Unidos exigiam um alinhamento quase incondicional; Vargas queria negociar tal alinhamento com vantagens para o Brasil. Setores das Forças Armadas exigiam uma clara definição do governo e faziam uma tremenda pressão sobre o presidente. O conhecido episódio da tentativa de assassinato de Carlos Lacerda e a morte do major Vaz na rua Tonelero, no Rio de Janeiro, desencadeou a crise que levou o presidente Getúlio Vargas ao suicídio.

Nesse mesmo momento, o Congresso americano rejeitou as propostas de reforma das leis sugeridas por Nelson Rockefeller; além disso, seu nome não foi aceito pelo partido para concorrer ao governo do estado. Ele foi avisado da tragédia brasileira por Carleton Sprague Smith, ex-adido cultural do consulado de São Paulo e seu assessor.

DE FUNCIONÁRIO ESPECIAL A GOVERNADOR DE NOVA YORK: A POLÍTICA COMO PROFISSÃO

Quando Nelson voltou do Brasil, em fins de novembro de 1952, já tinha um emprego no governo republicano de Eisenhower. Foi indicado para dirigir a agência Special Committee on Government Organization, criada pelo novo presidente com o objetivo de promover mudanças na estrutura operacional do Executivo. Assim que a notícia chegou aos ouvidos do general Walter Bedell Smith, diretor da CIA, ele teria dito, espantado, a um assessor: "Ike está prestes a nomear aquele maldito comunista de Nova York".[54] Muitos conservadores, como o general, achavam que Rockefeller fazia parte da elite de esquerdistas chiques da Costa Leste dos Estados Unidos. Nada mais longe da verdade. Ele era, isso sim, um anticomunista muito mais sofisticado do que se podia pensar. O general deve ter conferido o dossiê de Nelson no FBI, no qual ele figurava "aprovado", com honra, em todos os quesitos do "juramento de lealdade" à pátria. O militar logo mudou de opinião.

Confirmada sua participação no governo, Nelson mudou-se novamente para Foxhall, sua antiga residência no bairro de Georgetown, na capital americana. Em Washington, para sugerir mudanças no recém-criado Departamento de Defesa, Nelson trabalhou com conselheiros famosos na área militar, como George Marshall, antigo chefe do Estado-Maior das Forças Armadas durante a guerra e ex-secretário do Departamento de Estado do governo Truman.

Foi depois das reformas propostas por Nelson que setores do governo como a United States Information Agency ganharam importância, elegendo a cultura como potente arma na política externa americana. Ele negociou com líderes sindicais, discutiu e promoveu estudos que tratavam de leis aos aposentados, reforma do seguro social e do sistema educacional, sempre correndo o risco de ser criticado pela ala mais conservadora do GOP — o Grand Old Party, como também é conhecido o Partido Republicano. Trabalhou bastante para que o Congresso aprovasse, em agosto de 1954, a nova lei do *social security*, que beneficiava mais de 10 milhões de pessoas, em especial idosos, contra a vontade de alguns conservadores. Ocupava-se em fazer andar suas propostas no Congresso ao mesmo tempo que realizava articulações para ser indicado como candidato de seu partido ao governo do estado de Nova York.

Nelson prosseguiu com suas atividades, mas sempre se defrontando com forte oposição da ala dos políticos conservadores. Chegou a pensar em sair do governo de Ike. Não queria mais continuar no posto em que tratava de problemas de saúde, aposentadoria ou escolas para crianças. Queria atuar mais de perto nos negócios estrangeiros.

Pouco depois, entretanto, o presidente Eisenhower criou outro organismo, típico da Guerra Fria, e convidou Nelson para ocupar o cargo de assistente especial para Assuntos de Guerra Psicológica. Nelson criou vários *think tanks*, ou grupos de estudo, e usou de todos os meios disponíveis para azeitar uma poderosa máquina de propaganda destinada a convencer amigos e atacar inimigos. Ele fazia parte do "estado-maior de uma força armada" que não tinha soldados, mas utilizava sofisticadas ferramentas de convencimento numa batalha travada no campo da cultura, que marcou os conflitos na Guerra Fria. Isso só foi possível porque a sociedade de massas, que se expandiu depois da Segunda Guerra de forma sem precedentes, estava muito mais sujeita à atuação dos meios de comunicação.[55]

Mas o espírito do Ibec, da AIA e do Ponto IV não saíam de sua cabeça. Para Nelson era cada vez mais claro que a economia e a cultura eram os melhores armamentos que o Ocidente possuía para combater o comunismo.[56] Ele pressionou, com o apoio de Eisenhower, o secretário Foster Dulles para que liberasse um empréstimo de 300 milhões para o Brasil como forma de garantir nossa amizade. Graças a sua atuação e ao embaixador Walther Moreira Salles, parte do empréstimo foi liberada. Mesmo assim, o secretário de Estado insistia que as relações financeiras entre os dois países deveriam ser transferidas para entidades privadas.

Em agosto de 1954, Nelson Rockefeller, com o auxílio de seus assessores, sugeriu planos estratégicos para o governo Eisenhower discutir em Genebra na primeira reunião de cúpula com a União Soviética pós-Stálin. John Foster Dulles não suportava as "ideias" inovadoras que o grupo de Nelson produzia, e armava todo tipo de obstáculo às iniciativas de Rockefeller. A perseverança e a teimosia dele acabaram por elaborar uma proposta que Eisenhower incluiu na agenda a ser discutida na reunião de cúpula. Em julho de 1955, o presidente americano, acompanhado de seu secretário de Estado, de Nelson Rockefeller e de um grupo de assessores, sentou-se diante da delegação soviética, composta por Nikita Khruschóv, Molotov, o premiê Nikolai Bulganin e o marechal Zhukov, velho companheiro de armas de Eisenhower. A reunião teve resultados insignificantes, principalmente quando Ike propôs a tese do *Open Skies*, pela qual os Estados Unidos e a União Soviética deveriam permitir voos de reconhecimento para conferir instalações militares, em especial as de potencial atômico. Os soviéticos ficaram de estudar a proposta e nunca deram uma resposta satisfatória. Nelson sentiu-se o grande vitorioso: "Nós propusemos a paz e eles não aceitaram", era o recado de sua "guerra psicológica".

De volta a Washington, Dulles esperava livrar-se de Nelson. Achava que a capital americana era pequena demais para os dois. O jovem milionário ainda teve tempo de organizar mais um grupo de estudos formado por acadêmicos e técnicos em inteligência, vários deles oriundos da CIA. Entre eles estava Henry Kissinger, que começava a despontar para a carreira política em detrimento de sua posição na Universidade Harvard. O produto desses encontros foi um documento intitulado *Action Program for Free World Strength*, ou seja, mais um programa de propaganda e inteligência para deter o avanço do comunismo no "mundo livre".

Um dos resultados mais evidentes de tal documento foi o imediato aumento de verbas da USIA (United States Information Agency) para produção de materiais de propaganda. Foi por essa época que as bibliotecas brasileiras começaram a receber doações de livros, todos bem traduzidos, sobre a sociedade, a cultura e a história dos Estados Unidos.

Em dezembro de 1955, a convivência entre Nelson e funcionários do Departamento de Estado tornou-se muito difícil, e Eisenhower aceitou seu pedido de demissão. O presidente fez o seguinte comentário com um de seus amigos: "Ele [Nelson] usa muito mais os cérebros de outros do que o próprio".[57] Pouco antes de deixar o governo, Nelson escreveu uma carta a Eisenhower falando da eleição de Juscelino Kubitscheck. Explicou que JK era um grande amigo seu quando governador de Minas Gerais. "Do meu ponto de vista, parece haver uma grande chance de as relações entre o Brasil e os Estados Unidos serem muito mais próximas do que nunca, sob sua liderança."[58] A carta está classificada como *personal and confidential*. Nelson fazia sugestões ao general presidente, indicando certa intimidade entre eles. Achava que, pela importância que o Brasil tinha na política americana no continente, os Estados Unidos deveriam enviar o vice-presidente Nixon como representante oficial para a posse de JK. "Como o senhor sabe, por ter entrado em contato com o povo daquele país na visita depois da guerra, os brasileiros, muito emocionais, esperam uma demonstração de amizade."[59] Para completar, escreveu ao chefe da Casa Civil, alguns dias depois de sua demissão, sugerindo o nome de Berent Friele, que, segundo Nelson, era amigo de JK, para participar da delegação americana. Como sempre, sentia-se em casa para palpitar sobre o Brasil, mesmo estando fora do governo. No dia seguinte à posse de Juscelino, Nixon comprometeu-se com o governo brasileiro a acelerar o empréstimo de 35 milhões de dólares para a CSN. Era a primeira contribuição americana aos "50 anos em 5" do nosso presidente "bossa nova". As previsões de Rockefeller começavam a dar sinais positivos.

Depois que deixou Washington, Nelson voltou para o Rockefeller Center, em Nova York, e assumiu suas antigas funções de liderança nos negócios da família. Retomou seus contatos com o Brasil e acompanhou a mudança política do país com a eleição de Juscelino Kubitschek e do vice João Goulart. Levou algum tempo para se inteirar dos problemas e marcou outra viagem para cá. Numa carta a Renato da Costa Lima, disse que esperava chegar a São Paulo a tempo de participar da festa do centenário de Mococa. Mais uma vez, viria acompanhado do irmão David, do Chase National Bank.

Os dois desembarcaram no Rio de Janeiro no começo de abril de 1956. Como de costume, foram recebidos por políticos, homens de negócios, gente da alta sociedade e jornalistas. Assim que chegou, deu uma de suas tradicionais entrevistas, bastante entusiasmado. Visitou, em companhia de Maurício Nabuco, Niomar Moniz Sodré e Augusto Frederico Schmidt, as obras do novo Museu de Arte Moderna, que estava sendo construído na praça Paris, na capital brasileira, em parte graças à cooperação com o MoMA de Nova York. Na ocasião, falou aos jornalistas de seus novos planos para o Brasil. O mais importante, naquele momento, era criar uma vasta rede de supermercados em todo o país. "A companhia de gêneros alimentícios a ser formada disporá de produção, transporte e distribuição próprios."[60] Para Nelson Rockefeller, a instalação de supermercados ajudaria no desenvolvimento da economia do país e forçaria a redução geral de preços. Ele não levou em conta as condições culturais e a existência, ainda, de um

Nelson sempre achava uma saída para os problemas; desde os negócios até uma porta emperrada no avião: ele usou a saída do piloto.

pequeno comércio varejista, tradicional na maioria das cidades brasileiras.

Os problemas começaram quando o Ibec tentou instalar o primeiro supermercado em São Paulo. O melhor terreno ficava na avenida Santo Amaro, ainda chamada de "estrada", onde já havia um supermercado, o Peg-Pag. Outro endereço viável era a intersecção da avenida República do Líbano e avenida Indianópolis. O problema é que o terreno pertencia à prefeitura. Renato da Costa Lima marcou uma audiência entre os altos funcionário do Ibec e o prefeito Vladimir de Toledo Piza, do PTB. O prefeito foi taxativo: não tinha interesse em vender nem alugar o terreno, pois em São Paulo já existiam armazéns, padarias e supermercados suficientes para atender a população. Se o Ibec estivesse mesmo interessado no desenvolvimento da cidade, que resolvesse o problema dos gargalos, dos silos e das câmaras frigoríficas para armazenagem de alimentos e vendas no atacado. Pelo que se sabe, o Ibec acatou a sugestão do prefeito e abriu a rede atacadista Makro, que existe até hoje.[61] As lojas atacadistas Makro foram as primeiras a obter licença para abrir até 22h.

Em São Paulo, os irmãos Rockefeller foram recebidos pelo governador Jânio Quadros. Reuniram-se com representantes das "classes produtoras" e com os presidentes do Banco do Estado e do Banco de Desenvolvimento Econômico. Depois, num avião fretado, viajaram para o interior do estado, a fim de participar das comemorações em Mococa. Walther Moreira Salles, que tinha assumido novamente a embaixada brasileira em Washington, estava lá para receber os amigos americanos. Mococa, uma cidade paulista "mineirizada", vizinha de Poços de Caldas, era como uma extensão do Banco Moreira Salles. Rockefeller sentia que visitava uma velha conhecida. Alvorada musical executada pela banda da cidade, salva de cem tiros, missa campal defronte à igreja matriz. Prefeitos de cidades vizinhas, ex-governadores, presidente do Banco do Brasil. A comitiva oficial foi para o estádio do time local, o Radium Football Club, que enfrentou o Guarani de Campinas. O pontapé inicial foi dado por Nelson Rockefeller — o futebol era um dos poucos esportes que ele praticava desde a escola primária. Pouco depois ele recebeu o título de cidadão honorário. Na qualidade de cidadão mocoquense, Nelson participou de uma gincana automobilística. Uma fotografia mostra um velho automóvel, provavelmente do início do século, restaurado nas oficinas da EMA, e Nelson de terno e gravata, sentado ao lado do "piloto" do carro, cercado por uma pequena multidão. Ele mais parecia um candidato ensaiando para uma campanha política que, de fato, enfrentaria dali a dois anos. Em cena semelhante, só que nos Estados Unidos, anos mais tarde, ele apareceu, numa de suas campanhas, "pilotando" uma charrete de corrida num hipódromo, acenando para a multidão. Sorrindo sempre.

Em Mococa, no interior de São Paulo, Nelson distribui sorrisos e progresso para a região.

De Mococa, Nelson foi com Walther Moreira Salles para o Mato Grosso e visitou a Fazenda Bodoquena. Eram mais de 4 mil quilômetros quadrados de terra, com uma das mais ricas faunas, característica da região do Pantanal. Administrada por um associado de Moreira Salles, a fazenda era muito bem organizada e, segundo a história oficial do Unibanco,[62] possuía 80 mil cabeças de gado. Seus funcionários moravam em casas de alvenaria e recebiam um salário acima do mínimo pago na época; tinham assistência médica, odontológica e escolas para as crianças. A propriedade parecia feita sob encomenda para os projetos de Nelson, que se mostrou interessado em participar do empreendimento.

Aqui as fontes divergem. David Rockefeller, em suas memórias,[63] diz que foi Walther quem ofereceu parte das ações do grande empreendimento agropecuário; já o livro oficial afirma que foi Nelson quem se mostrou interessado. Seja como for, Nelson e David ficaram com 40% das ações da fazenda. Anos mais tarde, em 1967, Nelson iria exigir que David comprasse a sua parte das ações para financiar mais uma de suas campanhas políticas.[64]

Da Fazenda Bodoquena, Nelson foi para Belo Horizonte verificar como estavam os programas da Acar. Iniciou a visita encontrando-se com o novo governador mineiro, Bias Fortes, no Palácio da Liberdade.

Ainda nessa viagem, visitou a Sementes Agroceres, a EMA e as instalações da Cargill no Paraná. Em São Paulo foi inspecionar as experiências do Ibec Research Institute, o IRI, na Fazenda Cambuhy, perto da cidade de Matão, onde, em parceria com Walther Moreira Salles, realizavam-se experimentos genéticos para a melhoria da qualidade do café.

Muitas vezes o Ibec se envolvia em projetos que não chegavam a se concretizar. Foi o que ocorreu com Victor Civita, que, em 1950, por época da fundação da Editora Abril, queria que Nelson ajudasse na implantação da editora, se possível por meio do Ponto IV. Mas, segundo informações da direção do Ibec, o programa não atuava no setor de publicação de *comics*.[65] Outro interessado queria associar-se ao Ibec para explorar madeira e fabricar polpa de papel na Bacia Amazônica. O autor do projeto pretendia montar uma fábrica flutuante em um gigantesco navio para aproveitar a "incomparável floresta rica em recursos naturais entre Belém e Manaus".[66] O economista de Nelson opinou que o empreendimento não era viável naquele momento. O curioso é que, cerca de vinte anos depois, outro milionário americano, Daniel K. Ludwig, tentou fazer algo semelhante em um projeto até mais arrojado, que também não deu certo, pois as árvores da região não eram apropriadas para a fabricação do papel. O governo militar vendeu a ele uma grande área na desembocadura do rio Jari com o Amazonas e Ludwig mandou derrubar a floresta nativa para plantar uma espécie mais adequada para produzir polpa para papel. Insetos e pragas destruíram os milhões de árvores plantadas e a malária atacou a maioria dos trabalhadores.

Quando Nelson embarcou de volta para os Estados Unidos em fins de novembro de 1956, já tinha na cabeça alguns planos para que seu partido o indicasse como candidato na disputa do governo de Nova York, o estado mais importante da União. Esse seria o passo inicial para chegar à presidência do país. Nelson assumiu a chefia do RBF (Rockefeller Brothers Fund), um modo de estar sempre visível, dada a publicidade a que o fundo filantrópico expunha seu líder. Uma das atividades, proposta por Nelson e financiada pelo RBF, foi o projeto Prospect For America (Perspectivas para a América, em tradução livre), para pensar a defesa e as relações internacionais.[67] A coordenação desse *think tank* coube, mais uma vez, a Henry Kissinger, que já era presença obrigatória nos grupos de Nelson. Havia, no entanto, dois pontos que chamavam a atenção.

O primeiro, de autoria de Kissinger, sugeria que uma bomba atômica bem usada teria um efeito quase nulo na população civil. O segundo propunha que o governo aumentasse em mais de 3 bilhões de dólares anuais a verba destinada à defesa. Ambos se opunham às tentativas de Eisenhower de dar continuidade às propostas de paz com a União Soviética de Nikita Khruschóv.

A dupla Nelson-Kissinger mostrava-se, na política externa, muito mais linha-dura do que o general cinco estrelas. Quando o primeiro-ministro soviético visitou os Estados Unidos e propôs um brinde à coexistência pacífica entre os dois países, Nelson, que participou do encontro, não ergueu o copo. Para ele, coexistir pacificamente com o comunismo era impossível.[68]

Gestos como esse, num país marcado pela paranoia anticomunista, só faziam aumentar a popularidade de Rockefeller. Quando submeteu seu nome à convenção do Partido Republicano, ele não encontrou opositores e foi aprovado para concorrer ao governo do estado de Nova York. O adversário do Partido Democrata era o já governador Averell Harriman, também multimilionário, que tentava a reeleição e era considerado imbatível. Numa acirrada e agressiva campanha, Nelson Rockefeller contratou até Count Basie e Cab Calloway, conhecidos *bandleaders* negros, para conquistar votos no Harlem. No lado hispânico do bairro, ele fez um discurso em perfeito espanhol, dizendo-se "*auténtico representante del pueblo*",[69] o que lhe rendeu mais adeptos. No final, os votos deram a vitória a Nelson Rockefeller, que se tornou, em novembro de 1958, o novo governador do estado de Nova York. Era sua primeira eleição para um cargo executivo. Ele foi reeleito três vezes e tentou outras tantas a indicação para concorrer à presidência.

Eleito governador, feito os primeiros contatos para definir seus auxiliares, Nelson embarcou para o Brasil. Queria recuperar-se da maratona da campanha. Chegou dia 18 de novembro no Galeão, acompanhado da esposa. Segurava um chapéu e sorria para a câmara; ela, alta, magra, de luvas e chapéu, tinha o sorriso de uma pessoa cansada daquela vida de exposição pública forçada.

Nelson deu uma entrevista à imprensa e almoçou com Juscelino Kubitscheck no Palácio das Laranjeiras. Quando tomou conhecimento da Doutrina Kubitscheck, como também ficou conhecida a Operação Pan-Americana, a OPA — o projeto do presidente brasileiro que propunha acabar com a miséria como forma de impedir o avanço do comunismo —, Nelson ficou entusiasmado e disse que "a Operação Pan-Americana [era] um poderoso instrumento a serviço de melhores e mais profundas relações entre as repúblicas americanas".[70]

As relações entre Rockefeller e o novo presidente brasileiro existiam desde quando JK era governador de Minas Gerais e deu continuidade ao programa de associação entre o governo e a AIA na expansão das Acars, cujo modelo de financiamento e ajuda ao pequeno agricultor estendeu-se para outros estados brasileiros

Eleito governador de Nova York, Nelson veio se despedir de Jânio Quadros, que saía do governo de São Paulo, e cumprimentar Carvalho Pinto, que entrava.

Para Nelson, o incentivo ao pequeno agricultor era o segredo do progresso.

pouco tempo depois. Juscelino, já presidente, criou em associação com o grupo de Nelson uma Acar nacional, a Associação Brasileira de Crédito e Assistência Rural. Os pequenos agricultores de todo o Brasil tiveram, assim, ajuda para o programa de "extensão rural".[71]

Do Rio, Nelson voou para São Paulo e, no interior, visitou as instalações do Ibec Research Institute na Fazenda Cambuhy. Na capital paulista, ainda teve tempo de cumprimentar Carvalho Pinto, o novo governador de São Paulo, antes de embarcar para os Estados Unidos.

Atividades do grupo de Rockefeller se estendiam a áreas tão diversas como a Indústria de Roupas Regência, dona da Garbo — marca até hoje conhecida de roupas masculinas — e grandes empresas de fundo mútuo de investimento, como foi o caso da Crescinco, fundada em 1957. Mas Nelson foi se afastando de várias funções de direção do Ibec e da AIA. Não se envolvia mais de maneira direta e se mostrava obcecado pela presidência de seu país. Atuava com vigor na direção do estado de Nova York. A sede do governo ficava em Albany, no interior do estado, mas Nelson instalou uma "filial" na rua 55, em Manhattan. O governador passava mais tempo ali do que na "matriz" de Albany; e dali implantou um "*mini New Deal*" que repetiu algumas das políticas públicas de Roosevelt. Mas também mostrava-se um anticomunista cada vez mais radical e paranoico. Construiu, com dinheiro do estado, vários abrigos antiatômicos, esperando, a qualquer momento, um ataque dos soviéticos. Ao mesmo tempo, expandiu e melhorou o sistema escolar, e construiu casas e edifícios para a população de baixa renda.

Embora estivesse preocupado com a política de *welfare* no seu estado, poucos dias depois da posse, instalado no seu quartel-general no centro de Manhattan, próximo do Rockefeller Center, ele armou uma verdadeira operação de guerra para ser indicado como pretendente à presidência pelo Partido Republicano, contrariando declarações dadas a jornalistas no Rio de Janeiro. O candidato natural do GOP e preferido de Eisenhower era o vice, Richard Nixon. Rockefeller estava quebrando uma "lei de ferro" da política americana ao desafiar a tradição dos chefões do partido.

Viajou por várias partes do país buscando apoio e finalmente convenceu-se de que seria difícil romper a resistência a seu nome. Mas o vice-presidente sabia que corria riscos se não contasse com o apoio de Nelson e seu grupo. Para referendar o nome de Nixon, Rockefeller aproveitou e impôs condições no que ficou conhecido como o "Acordo da Quinta Avenida". O documento resultante de horas de reunião revelava duas linhas básicas da estratégia de Nelson: primeiro, a exigência de que o programa de Nixon tivesse um amplo leque de políticas de *welfare*, incluindo os direitos civis; segundo, a política externa deveria ser radicalizada e promover um amplo programa de rearmamento para resolver o "*missil gap*". Essa expressão ficou bastante popular na época e era uma referência usada pelas Forças Armadas americanas para difundir a ideia de que a União Soviética possuía um arsenal de mísseis maior do que o dos Estados Unidos. Também foi bastante usada para justificar a corrida armamentista e o crescimento, sem precedentes, de fabricação de armas atômicas. O acordo entre Rockefeller e Nixon deixou Eisenhower furioso, pois criticava duas linhas do seu governo: a pálida política dos direitos civis e a tentativa de aproximação com os países da "cortina de ferro".[72] Como é sabido, Nixon foi escolhido como candidato do Partido Republicano, enfrentou o democrata John F. Kennedy em novembro de 1960 e foi derrotado por uma pequena margem de votos. Nelson sentiu-se vencedor, em especial depois que Kennedy disse a confidentes que, se o adversário fosse Rockefeller, ele poderia ter perdido a eleição.

O contato com o Brasil era cada vez mais indireto. Notícias

chegavam às mãos de Nelson pelas análises feitas por Berent Friele. Quando Jânio renunciou, dando origem à conhecida crise, ele ficou sabendo da solução parlamentar aceita por João Goulart. Em fevereiro de 1962, Friele fez um relato das intenções de Jânio para voltar ao poder. Falava também das incertezas que representavam o governo de Goulart, que adotara uma política externa de neutralidade. Claro que o Brasil continuava a dar preferência aos Estados Unidos, mas isso não queria dizer que o país aceitasse as decisões da Organização dos Estados Americanos sobre a expulsão de Cuba. Numa pesquisa feita na época, perguntava-se se o brasileiro preferia o modelo americano ou russo. Os resultados indicaram que 17% preferiam o modelo americano e 6% o russo, mas a maioria dizia que o Brasil deveria seguir um modelo próprio, autônomo e distante dos conflitos entre as duas grandes potências.

A economia brasileira seguia relativamente bem, com o crescimento da indústria automobilística e o aumento da produção de petróleo na Bacia de Tucano, na Bahia. E os negócios com a Crescinco eram animadores: a empresa fechou os cinco primeiros anos com mais 20 mil participantes e com um balanço de mais 5 bilhões de cruzeiros, equivalentes a 15 milhões de dólares.

Nelson mantinha uma relação cordial com Jango, intermediada pelo embaixador Roberto Campos, que dois anos depois faria parte do governo militar que derrubou o presidente trabalhista. Campos preparou a viagem de Goulart para os Estados Unidos em abril de 1962. No dia 9 de abril, Jango mandou um telegrama para o governador Nelson Rockefeller, agradecendo a cordialidade com que fora recebido e o discurso elogioso ao presidente brasileiro. Em maio, enviou uma foto autografada para Nelson, que respondeu dizendo que a guardaria como uma lembrança carinhosa das horas estimulantes que os dois tinham passado conversando sobre política e economia em Nova York.[73]

Uma semana antes do golpe militar de 1º de abril de 1964,

Berent enviou um memorando para o governador nova-iorquino: "*Showdown in Brazil*". Numa tradução livre, significava que era a hora de mostrar ou de ver as cartas do jogo político no Brasil. No comício de 13 de março, Jango compartilhou o palanque com Leonel Brizola, com quem, se dizia, tivera sérias desavenças. Goulart queria ser reeleito, o que a Constituição não permitia. Lacerda, que também queria se candidatar, era o seu principal opositor, crítico feroz de Brizola e de Jango, acusados de conivência com os comunistas. Friele dizia que até uma guerra civil poderia acontecer, tão tensa era a situação. No entanto, o americano acreditava que qualquer que fosse o resultado, a economia do país apontava para possibilidades de rápida recuperação. Uma cópia do memorando foi enviada a Henry Kissinger.[74]

Depois que Friele fez seus sombrios prognósticos sobre a situação do Brasil — embora o futuro econômico lhe parecesse promissor —, Jango começou sua via crucis rumo ao golpe de abril que o depôs. Enquanto isso, Nelson lutava no Partido Republicano, procurando criar condições para sua indicação como candidato a presidente. Mesmo assim, deve ter acompanhado a luta inglória de Jango contra as forças que preparavam o golpe.

A historiografia mais recente tem produzido estudos sobre os últimos dias de Goulart no governo e, em especial, sobre o papel dos Estados Unidos na colaboração com os golpistas. O trabalho de Carlos Fico procura fazer uma análise objetiva da presença americana nos preparativos dos acontecimentos de março e abril de 1964.

Nelson não participava diretamente da conspiração para desalojar o presidente trabalhista do poder. Aliás, ele havia demonstrado simpatia por Jango. Alguns itens de seu programa se assemelhavam às políticas de reforma do presidente brasileiro. Mas aliança com comunistas era o que o americano, um típico *cold warrior*, não podia admitir. Rockefeller não precisava participar diretamente da conspiração, não precisava agir como o embaixador Lincoln Gordon — que, segundo Carlos Fico, era o homem mais importante na ala dos conspiradores no Brasil ao lado de Vernon Walters, companheiro e amigo de armas do general Castelo Branco desde os tempos da campanha na Itália, entre 1944 e 1945.[75]

A atuação do Instituto de Pesquisas e Estudos Sociais, Ipes, e do Instituto Brasileiro de Ação Democrática, Ibad, foi preponderante na campanha de desestabilização do governo de João Goulart. É conhecido o papel de alguns governadores, como Magalhães Pinto, de Minas, Adhemar de Barros, de São Paulo e, em especial, Carlos Lacerda, do então estado da Guanabara. Eles receberam estímulos, para não dizer ajuda, desses institutos, que, por sua vez, eram subsidiados por empresas nacionais e estrangeiras, em especial americanas. Claras evidências indicam que o governo Goulart foi o que mais sofreu uma campanha externa e interna para sua desestabilização.[76]

Teria Nelson participado diretamente dessa política contra o governo brasileiro? Embora as recentes pesquisas mostrem evidências da participação dos Estados Unidos no golpe de 1964, não há, no arquivo Rockefeller, nenhum documento que comprove a interferência de Nelson no episódio. Sua estratégia era outra. Seu programa, desde 1946, tinha o objetivo de combater o comunismo sem trégua, mas não de maneira frontal, aberta. A luta devia ocorrer muito mais nos planos ideológico e das representações, única forma de garantir uma vitória segura e permanente. Bom exemplo disso foram os Clubes 4-S em Minas Gerais, destinados à educação de jovens da área rural. Meninos e meninas aprendiam desde como curar bicheira de animais a fazer bolo, manufaturar colchões, construir casas etc. Mas, além disso, os clubes tinham como objetivo formar a mentalidade do pequeno proprietário nos moldes do *yeoman* americano, isto é, o homem empreendedor, livre e dono do seu próprio destino. Já as campanhas encomendadas pelo Ipes e pelo Ibad, realizadas pelos cinejornais de Jean Manzon, o conhecido fotógrafo da revista *O Cruzeiro*, difundiam mensagens garantindo que o governo Jango, associado ao Partido Comunista, tinha um programa condenando o individualismo "burguês" e seu empreendedorismo.

Nessa época Nelson Rockefeller estava bem mais preocupado com a convenção do Partido Republicano do que com o golpe de Estado em andamento no Brasil ou com o funcionamento do posterior governo militar liderado pelo marechal Humberto de Castelo Branco, instaurado em abril daquele ano.

Os pretendentes à indicação para a eleição americana e os convencionais do partido de Nelson reuniram-se no Cow Palace, ginásio de esportes na Califórnia, que costumava sediar lutas de boxe. Lá estavam os delegados do candidato de extrema direita, Barry Goldwater, senador pelo Arizona, que não podia nem ouvir falar em direitos civis ou *welfare state* e odiava os *new dealers*. Para os políticos extremistas da direita, tudo isso era sinônimo de comunismo. No ginásio encontravam-se também os delegados mais liberais — mais à esquerda, se é que se pode classificá-los assim — do Partido Republicano, representados pelo governador de Nova York, Nelson A. Rockefeller. Por mais que Nelson explicasse em seus discursos que seu programa era de ajuda às camadas mais necessitadas e isso não queria dizer socialismo, não convencia nem arrebatava a apática plateia de conservadores. Norman Mailer, escritor e jornalista americano que cobriu a convenção republicana, disse que Rockefeller não fez sucesso por ter "o distante brilho lunar dos olhinhos tristes que a gente vê num chipanzé ou num gorila enjaulados" e porque "tinha poucas ideias e nenhuma delas era sua...".[77] Quem acabou sendo indicado para concorrer em fins de 1964 foi Goldwater, que perdeu para o texano desbocado que enterrou os Estados Unidos no Vietnã: o democrata Lyndon Johnson.

A derrota de 1964 não abalou a persistência de Nelson para concorrer à indicação de seu partido. Aguardou a eleição de 1968 concentrando-se numa frenética atividade de reformas e construções no estado de Nova York. No entanto, continuou atuando em programas "salvacionistas" para o Brasil.

Desde sua primeira viagem para cá — e até perto de sua morte —, Nelson Rockefeller continuou a manter contato com o país, vindo até aqui, telefonando, telegrafando e principalmente escrevendo. Recebeu, ao longo do tempo, centenas, talvez mais de um milhar de cartas de brasileiros, de amigos banqueiros, industriais e políticos até simples lavradores ou donos de pequenos negócios no interior do país. Todos pedindo ajuda. Em especial, ajuda material. Escreviam a um milionário que tinha poder e parecia fazer milagres. Em nenhum momento ele deixou de manter contato com artistas plásticos brasileiros, curadores de museus e colecionadores. Fosse como missivista ou como mecenas da arte, suas atuações em relação ao Brasil foram significativas.

6. Cartas a um milionário: um americano na terra do favor

CARTAS E MUITO CARTAZ

David Rockefeller escreveu em suas memórias que Nelson talvez fosse uma das pessoas mais populares no Brasil nas três ou quatro décadas que sucederam a Segunda Guerra. Numa fotografia do capítulo anterior, Nelson aparece, em Mococa, interior de São Paulo, dirigindo um carro improvisado, "inventado" pelos fazendeiros da região, sendo aplaudido pelas pessoas da rua. Todos conheciam aquele personagem que mais parecia um galã saído das telas de um filme da Paramount ou da RKO. Como disse certa vez Norman Mailer, Nelson poderia ser o irmão mais novo de Spencer Tracy.[1] Os jornais, as estações de rádio e depois a televisão divulgavam amplamente essa imagem do americano que prometia fazer do Brasil um quase Estados Unidos.

A fama da família milionária, os mitos construídos em torno da Standard Oil e da Esso, a lenda da filantropia generosa e desinteressada dos que possuem grandes fortunas, tudo isso fazia de Nelson Aldrich Rockefeller um ser especial, quase dotado de poderes invisíveis, uma espécie de super-homem. Ele era amado, sem dúvida invejado por muitos brasileiros, e odiado por outros. Nelson nasceu com dinheiro e poder, o que bastaria para torná-lo foco de atenções. Mas, quando se tornou homem público como alto funcionário de Roosevelt, sua visibilidade aumentou na América Latina, especialmente no Brasil, e cresceu mais ainda entre nós depois que deixou o governo americano e, como filantropo e empresário "modernista", dedicou-se a seu projeto brasileiro, cujo objetivo era tirar nosso país do atraso. Para muitos países da América Latina, Nelson significava uma continuidade da política da boa vizinhança, o que se traduzia em ajuda financeira e técnica para promover a modernização. Ele simbolizava alguém que queria ajudar seu vizinho, sem exigir, aparentemente, muita coisa em troca. O que pedia era que aprendêssemos a nos transformar numa sociedade mais justa, sem muitas diferenças sociais, sem doenças e com boa educação para alcançar o mítico *welfare state* americano e nos livrar das tentações comunistas.

Portanto, não era só na relação com os poderes constituídos que Nelson era visto como uma via segura para alcançar o progresso e — por que não? — sair da pobreza. Muitas pessoas do povo que liam jornais e ouviam notícias sabiam que ele vinha constantemente ao Brasil para promover seus projetos, cada vez mais difundidos pela mídia da época. Muitos brasileiros pareciam vê-lo como uma esperança para resolver os mais diversos tipos de problemas, fossem eles financeiros, profissionais, pessoais ou emocionais. Os pedidos de ajuda eram enviados por cartas, inúmeras cartas que hoje se encontram arquivadas nos documentos da família. Havia remetentes de todos os tipos: amigos, admiradores, políticos, instituições de caridade ou de ensino, funcionários de suas empresas, igrejas, pequenos comerciantes, milionários, pessoas da alta sociedade, mulheres solitárias, malucos, maestros, músicos famosos, banqueiros, mecânicos, mais políticos, clubes de futebol etc. A lista é bastante longa. O exame dessa correspondência evidencia o papel que Nelson Rockefeller parece ter desempenhado na imaginação dos brasileiros, fossem eles pobres, remediados ou ricos. Ele era visto como um verdadeiro Papai Noel de carne e osso, com um grande saco de "bondades" a distribuir aos "suplicantes". A tônica da grande maioria das missivas era, de forma clara ou velada, o pedido de um favor, um benefício, um conselho, uma ajuda material, uma colocação profissional, uma regalia, a supressão de um obstáculo, enfim, uma ajuda amistosa e generosa, sem que houvesse a obrigação de realizá-la. Bem ao espírito brasileiro.

Mas às vezes a situação se invertia e era Nelson quem pedia favores especiais por meio de cartas ou então agradecia algum obséquio, respondia a votos de boas-festas, praticava a "sua" política de boa vizinhança.

A correspondência dos brasileiros com Rockefeller pode ser classificada em diferentes grupos. Havia aquelas triadas pelo staff do *room* 5600, o quartel-general de Nelson e família no Rockefeller Center. Também os agentes e representantes no Brasil faziam sua seleção, e assim a grande maioria da correspondência nem chegava ao patrão. Em alguns casos, os assessores sugeriam como e quando Nelson deveria responder; mas havia algumas cartas que ele respondia de próprio punho. Eram poucas, mas havia. Algumas chamam a atenção.

João Costa, de Propriá, em Sergipe, escreveu a Nelson pedindo um relógio de pulso, "mais pela imorredoura lembrança que ele seria para mim de uma grande figura de homem público norte-americano que tanto tem feito pela amizade América- -Brasil".[2] João se mostrou desapontado com a resposta dos funcionários de Nelson que diziam ser impossível atender pedidos relacionados a necessidades pessoais. Em agosto de 1951, escreveu outra carta em tom de grande intimidade, mas, ao mesmo tempo, enraivecido: "Foi, meu caro Nelson, muito desanimadora a vossa carta para mim. Aqui estou para fazer-vos novo pedido." O sergipano dizia que tinha uma coleção de fotos e assinaturas de americanos importantes,

> entre os quais o saudoso estadista Roosevelt, Truman e Heisenhower [sic]. Gostaria de possuir também uma de V. Excia. [...] desejo que me honre e enriqueça a minha coleção com uma vossa fotografia autografada. É com certesa [sic] que desta vez seja atendido, que me subscrevo muito agradecido, vosso amigo e admirador. João Costa.

Nelson respondeu num português compreensível, de próprio punho, com uns garranchos e correções: "Prezado Senhor Costa: Agradeço sua carta [...] Só costumo dar autógrafos em forma de assinatura nas cartas, e desta maneira é um prazer atender seu pedido".[3] E assinou, dando o autógrafo pedido. Foi uma das raras cartas de desconhecidos que Nelson respondeu diretamente, em um dia em que parecia bem-humorado.

Os dois funcionários que liam a correspondência mais importante dele eram Flor Paris Brennan — uma das primeiras assessoras da AIA, de origem venezuelana, casada com um americano e com grande fluência em várias línguas — e Berent Friele, o nosso já conhecido comprador de café, homem de confiança de Nelson. Ambos funcionavam como um anteparo, um batalhão em posição de defesa que só deixava passar o que realmente poderia interessar ao patrão. Ambos se incumbiam de fazer os rascunhos das cartas-resposta. Às vezes se desculpavam em nome de Nelson por não atender aos pedidos; em outras, ajudavam-no a dizer um diplomático "não".

Mais tarde — quando Nelson já era governador e estava cada vez mais envolvido na política de seu país, tentando ganhar um espaço maior no Partido Republicano — o sistema de respostas às cartas ganhou um tratamento mais burocrático. Havia fórmulas para o staff preparar uma resposta, seguindo alguns critérios. Por exemplo, cumpria olhar se o remetente havia fornecido nome e endereços completos e como, no envelope, estava o endereçamento: a carta tinha sido enviada ao "governador" ou simplesmente a "Mr. Nelson A. Rockefeller"? Havia sido endereçada para o Rockefeller Plaza, para o endereço particular na Quinta Avenida, para Albany — depois que ele virou governador — ou para a embaixada americana no Rio de Janeiro? A grafia do sobrenome Rockefeller era ignorada, embora grande parte das vezes a palavra fosse grafada de forma errada. O erro mais comum era a falta do "e" entre o "k" e o "f". Outro critério importante era verificar se o remetente fazia alguma saudação no preâmbulo da carta. Tinha expressões gentis? Desejava felicidades e boa sorte? Tratava-se de uma carta derrogatória, ofensiva? Os funcionários deviam fazer uma síntese e verificar se o pedido era de ajuda financeira, presente ou empréstimo. A ajuda em dinheiro era o pedido mais comum. Alguns pontos deveriam ser conferidos com cuidado: havia algum tipo de ameaça de suicídio? O remetente não queria resposta se não fosse atendido? Já havia escrito antes? Os funcionários ainda tinham que anotar quando a carta havia chegado, quando fora mandada para o tradutor, se e quando tinha sido respondida.

Podia ser uma carta de um radioamador de Belo Horizonte ou de um mecânico de uma cidade do interior do Rio Grande do Sul pedindo ajuda ao "dr." Rockefeller; mesmo que pedisse apenas um dólar simbólico, havia sempre uma resposta. Quase sempre era Louise A. Boyer, uma das poderosas mulheres que trabalhavam nas empresas de Nelson, em especial na AIA, que respondia: "Dear Mr., o governador Nelson A. Rockefeller pediu-me para agradecer sua amabilidade. No entanto [...]". Seguiam-se uma dúzia de linhas explicando que o governador sentia muito, mas, se atendesse um pedido, teria que satisfazer a todos, o que era impossível, dado o volume de solicitações.

Apenas cartas muito absurdas ficavam sem resposta. Foi o caso de um jovem moçambicano que escreveu a Nelson quando da última visita do americano ao Brasil, em 1969. A carta seguiu via embaixada dos Estados Unidos no Brasil, que ainda ficava no Rio de Janeiro. Antonio de Almeida Brisidio, o missivista, parecia acreditar que escrever a Nelson era suficiente para receber ajuda. Dizia ser vítima da perseguição da polícia política portuguesa, a PID, do racismo dos senhores brancos de Moçambique e dos próprios negros de etnia diferente. Num inglês confuso, descrevia os suplícios que passara desde a infância, com minúcias maçantes: quatro páginas datilografadas em espaço simples. Marinheiro, havia trabalhado com prospecção de petróleo, fora roubado em Oslo e um meio-irmão o obrigara a se internar num hospital psiquiátrico. Então foi tratado com injeções de insulina que o deixaram meio impotente. No meio da saga, fugiu para "[...] *this beautifull* [sic] *city* de São Sebastião do Rio de Janeiro [...]", onde foi roubado enquanto dormia com sua namorada em Botafogo etc. etc. No final da terceira página, o moçambicano abriu o jogo e pediu ao "grande político americano" que lhe emprestasse uns 1,5 mil dólares, com a promessa de devolver o dinheiro em um ano. Prometia pagar mensalmente, em "*prestations*" [sic], assim que conseguisse um novo trabalho na Austrália.[4] Convenhamos que o moço era eloquente e criativo, inventando palavras que soassem como inglês. A palavra "*prestation*", versão livre para o termo "prestação" em português, deve ter virado piada no staff de Nelson. Para essa carta não houve resposta. Na margem, há um comentário escrito a lápis: "*Crackpot*", isto é, desmiolado.

Também desmiolado deve ter parecido um jovem paulistano de 22 anos, Dalton Pinheiro Nogueira, que escreveu, num bom inglês, pedindo simplesmente um Cadillac. "Dear Mr. Rockefeller, eu quero um Cadillac, conversível preto modelo 1950 igual aos que eu vejo circulando pelas ruas de São Paulo." A carta era datada de dezembro de 1950, e isso significava que o rapaz queria um carro do ano, "último tipo" como se dizia. Dalton lembrava que havia conhecido Nelson na inauguração do Masp, seis meses antes. O jovem parecia o típico produto de uma geração de desiludidos, à semelhança de um personagem do filme *Juventude transviada*, de Nicolas Ray, que sentia a constante ameaça atômica e vivia a vida como se cada dia fosse o último. "Eu sei", dizia o moço, "que nunca vou conseguir um carro desses por meios normais. Eu sou um cara normal com poucas chances de sucesso. E eu sei que qualquer hora dessas uma bomba atômica ou de hidrogênio pode explodir o mundo inteiro. E eu preciso desesperadamente de um Cadillac."[5] E ele tinha suas razões para temer o fim do mundo. Foi exatamente em dezembro de 1950 que o general Douglas MacArthur sugerira ao presidente Harry Truman o uso de armas atômicas para abreviar a Guerra da Coreia. Truman teve mais juízo do que o napoleônico MacArthur e demitiu-o. A guerra duraria mais de dois anos e os americanos tiveram que aguentar, nesse meio--tempo, o tresloucado senador Joseph McCarthy, criador do que ficou conhecido como "macarthismo".

Nessa época os americanos enlouqueceram. Os Estados Unidos produziram todos os tipos de fanáticos e demagogos. Eles viviam o que se chamou de "o segundo *red scare*", que pode ser traduzido por "temor vermelho". Em 1950, Joseph M. McCarthy, um desconhecido e pouco ético senador do estado de Wisconsin, fez um discurso num clube de senhoras, denunciando a infiltração de comunistas em vários órgãos do governo, em especial no Departamento de Estado. Manipulando com habilidade os meios de comunicação, McCarthy desencadeou uma cruzada anticomunista que difundiu um espírito de desconfiança na sociedade americana. Os alvos principais eram os comunistas e os que lutavam pelos direitos dos negros. Sem dúvida, o objetivo subjacente e mais importante era o de combater os remanescentes da política do New Deal. Segundo J. Edgar Hoover, diretor do FBI, o comunismo "envenena e polui toda a nossa atmosfera de liberdade e corrompe tudo que temos de mais caro".[6] Hoover estava em perfeita sintonia com McCarthy.

Nunca houve um clima parecido no Brasil, pelo menos antes do golpe de 1964, mas muitas cartas dirigidas a Nelson tocavam, de uma forma ou de outra, em temas que envolviam o comunismo.

NEGÓCIOS, POLÍTICA E AMIZADE ENTRE PARES

No Brasil, para conquistar um freguês, é preciso fazer dele um amigo. A ideia é de Sérgio Buarque de Holanda, no clássico *Raízes do Brasil*. Nelson sabia que aqui era assim e agia guiado por esse princípio para conquistar fregueses-amigos brasileiros. Fregueses de suas ideias, de sua ideologia e de seus produtos. Por isso, quase sempre respondia pessoalmente a cartas e pedidos de seus pares — ou quase pares — brasileiros.

Em 1946, o senador e banqueiro Georgino Avelino, do Banco Industrial Brasileiro, usou de sua amizade com Nelson, ou o que ele achava que era uma amizade, para pedir-lhe favores. "Prezado amigo Nelson Rockefeller, ainda estão vivas na lembrança dos seus amigos brasileiros as impressões da sua agradável visita [...]". A carta do banqueiro, de quase duas páginas em espaço simples, era bastante cordial e cheia de hipérboles crioulas, numa escrita quase barroca. Depois de todas as "amáveis" formalidades, pedia favores: que Nelson o apresentasse a alguns banqueiros americanos para lhe facilitar empréstimos nas instituições financeiras. Berent, que havia lido a carta antes do patrão, rabiscou um bilhetinho: o senador era um tanto quanto sinistro e uma verdadeira batata quente ("*little bit a hot potato and sinister*), mas era amigo do presidente Dutra. Recomendava-se, por isso, consultar o dr. Pessoa — que trabalhava no Rockefeller Center como tradutor e consultor — para finalizar o esboço da resposta. A carta de quase duas páginas do brasileiro foi respondida por Nelson em português, em cerca de dez linhas. Era um recado curto e grosso. Abria com um formal "Prezado Senador Georgino Avelino [...]" — note-se que ele não retribuiu ao tratamento de "amigo". Dentre pequenas formalidades, dizia: "Terei muito prazer em informar às empresas bancárias [...] sobre o que conheço do senhor, e espero assim ser útil". Nelson despachou o senador-banqueiro de forma gentil e educada, mas sem facilitações e sem cordialidades.[7]

Vinte e cinco anos depois, em setembro de 1971, outro senador e banqueiro brasileiro escreveu, em inglês, para o governador de Nova York. "*My Dear Friend Governor* Nelson Rockefeller" era como José de Magalhães Pinto, o político mineiro que participou do golpe de 1964, começava a carta. Dizia-se muito feliz em ter a oportunidade de escrever a Nelson. Lamentava que Nova York estivesse passando por problemas e imaginava as pesadas responsabilidades do governador americano. Formalidades cumpridas, direto aos objetivos da comunicação: o Banco Nacional de Minas estava em ótimas condições e planejava abrir uma filial em Nova York. Ele perguntava se o governador não poderia eliminar a maior parte das barreiras burocráticas[8] Alguns dias depois, Nelson respondeu: "*My dear friend* Magalhães Pinto [...]".[9] A amizade dos dois pode ser medida pelo tratamento menos formal, mais afetivo. Nelson prontificou-se a interceder junto à agência responsável pela área, facilitando a tarefa do enviado de Magalhães. Os pares se entendiam perfeitamente. A troca de favores, comum na cultura brasileira, era mais presente na americana entre os *big shots*.

Nelson achou tempo para responder pessoalmente ao político mineiro mesmo estando no meio de uma das mais graves crises de seu governo. Na ocasião, ele já havia tomado a decisão de invadir a prisão de Ática para conter uma rebelião. Uma decisão sangrenta, que resultou na morte de vários reféns e detentos. Ática foi o Carandiru do governador de Nova York.*

Mas em fins dos anos 1940 e nos anos 1950 Rockefeller projetava uma imagem bem diversa em seu país: era tido como um jovem político progressista em ascensão, visão partilhada pela elite brasileira, que considerava o americano milionário um político afável e acessível, herdeiro das políticas roosveltianas. Líder generoso, muitas vezes dava poderes a seus subalternos para tomar decisões por ele. Era o caso de Berent Friele, que respondia por Nelson quase como se fosse ele próprio.

Em fins de 1949, Francisco D'Alamo Lousada, diplomata e chefe do cerimonial do Palácio do Catete do governo Dutra, pediu a Berent que facilitasse a ida do filho aos Estados Unidos. Lousada Filho planejava se especializar em engenharia têxtil em uma universidade técnica na Carolina do Norte. Os assessores de Rockefeller conseguiram uma bolsa de 100 dólares mensais. Lousada pai escreveu, agradecendo: "Prezado e Bom Amigo Senhor Berent Friele, Venho renovar os votos [...] de um felicíssimo 1950, extensivos a sua gentilíssima esposa". Os superlativos eram acompanhados de "sinceros agradecimentos pelo obséquio que acaba de fazer na pessoa de meu filho [...]".[10] Alguns meses mais tarde, o nosso ministro plenipotenciário e conselheiro na embaixada de Washington, que não era outro senão Afonso Arinos de Melo Franco, reforçava os agradecimentos pelo favor feito ao amigo. Berent respondeu a Lousada em português, e num estilo bem brasileiro. "Meu querido amigo [...]". Agradecia a carinhosa carta e avisava que Nelson planejava ir ao Brasil entre maio e junho, o que realmente aconteceu, ocasião na qual ele inaugurou uma ala do Masp de Chatô.

---

* Devo essa comparação a Matthew Shirts.

Um pedido mais ou menos semelhante, feito por um funcionário do Senado que queria uma carta de recomendação para o filho, foi respondido com um diplomático "não". Funcionários não faziam parte do restrito clube de "escolhidos".

Havia também obséquios para tentar salvar vidas. D. Darcy Vargas, a ex-primeira dama, escreveu a Rockefeller, em 1957, para agradecer a doação de doses de vacinas Salk à Casa do Pequeno Jornaleiro, entidade de assistência a jovens necessitados. Uma troca de telegramas de natureza semelhante marcou o grau de amizade entre Nelson e José Nabuco. O brasileiro, filho da conhecida família de diplomatas, era sócio e advogado de Nelson, e, no final de 1946, pediu ao americano que conseguisse cinquenta gramas de estreptomicina para um amigo acometido de tuberculose.[11] Rockefeller não pôde atender ao pedido do amigo. A droga, recém-desenvolvida, precisava da autorização de instituições científicas do governo para ser enviada. Ficamos sem saber quem era o amigo tuberculoso de Nabuco.

Quinze anos mais tarde, o advogado pediria outro favor, dessa vez para um sobrinho, diretor do Banco do Estado da Guanabara. Estávamos então em outubro de 1961. Nabuco pedia que Nelson indicasse o caminho das pedras na busca de homens de negócios e administradores públicos que pudessem contribuir com Carlos Lacerda.

Horácio Lafer havia sido escolhido por Getúlio Vargas para assumir o Ministério da Fazenda. O presidente brasileiro esperava assim fazer um governo de conciliação nacional, satisfazendo setores mais conservadores. Poucos dias depois da posse, Lafer escreveu a Nelson Rockefeller, apresentando o professor Edmundo Vasconcelos, do Instituto de Nutrição e Doenças do Aparelho Digestivo. O ministro pedia a Nelson que intermediasse um contato do médico e pesquisador brasileiro com cientistas americanos.[12] Ele não deixaria de atender à solicitação de Lafer, principalmente por tratar-se de especialista que poderia ser aproveitado em algum projeto da AIA e do Ibec. Lafer e o professor eram fortes moedas de trocas.

Assis Chateaubriand escreveu regularmente a Nelson com aparente intimidade, como se ambos fossem velhos amigos. Usava sempre "*My Dear* Nelson", revelando uma aproximação às vezes exagerada, embora algumas fotografias mostrem os dois à vontade, sorrindo. Chatô pedia, demandava, exigia, fazia convites que não deixavam alternativas ao americano. Quase sempre as cartas vinham com alguma proposta de aventuras sedutoras para o "caçador de aventuras" que era Nelson. Assim foi em outubro de 1946. Escreveu Assis: "Eu soube que você está planejando vir para cá em novembro [...] é uma boa ideia fazermos uma viagem até Foz de Iguaçu ou mesmo ao Rio das Mortes. Assim você terá a oportunidade de ver, de perto, a beleza de nossas florestas".[13] O que ele queria mesmo era pedir a Nelson uma intervenção junto à renomada editora Macmillan para publicar um livro, *Demophilic Government*, de seu amigo Fernando Nobre. A avaliação da editora não foi nada lisonjeira: "Não vemos motivo para publicar um livro tão confuso como este".[14] Quem teve de dar a incômoda resposta foi Berent Friele. Mas Assis não se constrangia e voltava a pedir favores. No começo de 1948, ele queria que Nelson intermediasse um contato com David Sarnoff, o dono da NBC e da RCA, cuja sede ficava no Rockefeller Center. Chatô queria comprar os aparelhos para instalar a primeira estação de televisão no Brasil, o que realmente aconteceu dois anos depois — Nelson Rockefeller tendo sido, assim, um dos responsáveis pelas primeiras transmissões de TV em nosso país. Aliás, uma das primeiras experiências com televisão foi a transmissão da inauguração do Masp, com a presença de Rockefeller, em 1950. Houve ainda, da parte de Chatô, várias cartas relacionadas a projetos para museus de arte em São Paulo.

Mas as missivas que pediam favores e facilitações não partiam só dos brasileiros. Nelson também soube fazer uso de seus relacionamentos com pessoas-chave do núcleo de poder brasileiro. Em novembro de 1951, ele escreveu a Carlos Martins de Souza, que havia sido embaixador do Brasil durante o Estado Novo e parte do governo Dutra, e com quem teve um relacionamento muito próximo durante a guerra. O empresário americano explicou-se a Carlos Martins de um jeito bastante próximo ao "estilo brasileiro" — de trilhar um caminho de amenidades antes de pedir o favor. Ao que tudo indica, quando convinha, Nelson tornava-se um "homem cordial". Mesmo tendo começado da maneira usual e clássica — "*Dear* Carlos" —, a intimidade era manifesta no uso do primeiro nome e não do sobrenome e na ausência do "Mr.". No primeiro parágrafo ele se desculpa por ter tomado a liberdade de escrever e falar sobre um projeto pessoal. Referia-se à AIA e ao Ibec, como se Carlos Martins não soubesse de nada.

> Nosso objetivo básico é aplicar conhecimento já testado em outras regiões, onde as pessoas possam ser ensinadas a melhorar sua produtividade, sua situação econômica, que são as bases para um melhor padrão de vida. Assim que o processo estiver consolidado, nós trabalharemos com todos os meios possíveis para promover a formação de administradores e técnicos até chegar ao ponto que nossos técnicos possam ser dispensados.[15]

Nelson continuava dizendo que um dos projetos mais bem-sucedidos era o da Acar, desenvolvido em Minas Gerais com a colaboração do governo estadual. "Ocorreu-me que a diretoria da Belgo-Mineira poderia tomar conhecimento do nosso projeto e fazer alguma contribuição financeira. Aliás, seria muito prazeroso se a Belgo-Mineira participasse do projeto." Ele acrescentava que Walter Crawford, diretor da Acar, iria procurá-lo para explicar melhor a ideia. Despedia-se mandando lembranças a Maria (esposa do embaixador) e a toda a família.

Em outra ocasião, alguns dias antes de embarcar para o Brasil para lançar os projetos da AIA e do Ibec, ele escreveu a Walder Sarmanho, cônsul-geral do Brasil. Nosso consulado estava localizado no número 10 do Rockefeller Plaza. Nelson começou a carta com as formalidades de praxe, afirmando em seguida que ele e senhora estavam "ansiosos para desfrutar do seu maravilhoso país". Primeiro falou das belezas do Brasil, depois se ofereceu para ser portador de qualquer coisa de que nosso cônsul precisasse. "E se houver alguma coisa que [...] possamos fazer, não hesite em pedir." Em seguida, vinha a parte mais importante: "Berent Friele, Frank Jamieson e Carleton Sprague Smith vão me acompanhar na viagem. Eu gostaria muito que o senhor facilitasse a concessão de vistos para a minha equipe".[16] Se o documento não fosse firmado por Nelson Rockefeller, ficaríamos inclinados a achar que se tratava de um brasileiro pedindo favores a uma autoridade. Depois de um elogioso preâmbulo, ele pedia para o nosso cônsul "quebrar um galho", facilitando a concessão dos vistos. O norte-americano parecia aprender, rapidamente, como trilhar os tortuosos caminhos das relações oficiais no Brasil.

Em 1951, Arnoldo Felmanas, que presidia o recém-criado Instituto Brasileiro de Pesquisa Econômicas, escreveu a Nelson, num ótimo inglês, comunicando que o americano havia sido escolhido presidente de honra da mesa de conselheiros. "A preferência por seu nome deve-se a seus conhecidos esforços para um melhor entendimento entre o povo do Brasil e dos Estados Unidos na busca de ideais de paz e boa vizinhança, bastante dignificada pelo inesquecível presidente Roosevelt." Arnoldo tentava atrair Nelson, ao que tudo indica, por razões políticas e materiais. É o que sugere o final da carta, quando o remetente vai se mostrando laudatório: "[...] sua cooperação apoiando nosso instituto poderá estabelecer bases confiáveis tanto nos Estados Unidos como no Brasil [...] levando em conta as origens de sua tradicional família

[...]".[17] Em outras palavras, ele esperava que o Instituto pudesse contar com os favores de Rockefeller, caso precisasse.

Nelson sabia muito bem que uma instituição como essa, com sede em São Paulo, com economistas mais conservadores e de posições semelhantes às suas, poderia ser de grande serventia para seus projetos. Por isso respondeu muito gentilmente ao *doctor Felmanas*, pedindo que aceitasse as mais calorosas congratulações pelo sucesso do Instituto — que certamente, sob a liderança dele, realizaria importantes contribuições para o desenvolvimento da economia brasileira. Dizia sentir-se gratificado por ter sido indicado presidente de honra do conselho, em especial porque tinha muita fé no futuro da economia de nosso país. Para arrematar, dava sinais de que o Instituto poderia contar com ele: "Seguirei o trabalho do Instituto com grande interesse e você deve estar certo da minha vontade em aceitar suas sugestões sobre como eu poderia ajudar futuramente a impulsionar os objetivos do instituto".[18]

Um favor era seguido de um agradecimento. A Ford Motor, no Rio de Janeiro, e a General Motors, em São Paulo, ofereceram ao multimilionário e ex-funcionário do governo americano os últimos modelos de suas marcas para facilitar as andanças dele nas duas cidades. No Rio, Nelson, seu irmão David e vários assessores usaram um Ford Lincoln modelo 1949, ou seja, o top de linha da marca. Em São Paulo, os Rockefeller usaram um Cadillac, o top da General Motors. Os carros haviam sido cedidos graciosamente aos Rockefeller e seus associados. Nelson escreveu duas cartas cheias de elogios às máquinas americanas e aos dirigentes das duas maiores fábricas de automóveis dos Estados Unidos.

CULTURA, FAVORES E AMIZADES

Vários artistas, em especial músicos, buscavam a ajuda de

Nelson para obter bolsas de estudo, abrir portas dos estúdios de gravação, de emissoras de rádio e televisão, intermediar uma temporada na Metropolitan Opera House, ou mesmo por questões de saúde.

Nesses casos, nem sempre era Nelson quem respondia. Mas para o maestro e compositor brasileiro Heitor Villa-Lobos o americano deu atenção especial. Em 1948, Villa-Lobos ficou doente. O diagnóstico era um câncer que o mataria onze anos depois. Para se tratar, embarcou para os Estados Unidos, "onde poderia contar com a mais alta tecnologia da medicina",[19] com a parca renda de uma opereta de sua autoria (*Magdalena*) e a ajuda de diversos brasileiros, entre eles Valentim F. Bouças. Após ser operado, voltou ao Brasil para uma lenta recuperação. Mesmo assim participou de diversas turnês na Europa e no Brasil.

Em 1950, Villa-Lobos precisou novamente de tratamento. Mais uma vez teve de ir para os Estados Unidos e queria porque queria ocupar dois quartos para que sua esposa, Mindinha, ficasse a seu lado. Como a direção do hospital não conseguisse atendê-lo, Villa-Lobos apelou para o americano, que entrou em contato com a instituição. Nelson era poderoso, mas nem sempre conseguia tudo. O músico brasileiro antecipou-se e mandou um telegrama agradecendo o favor não confirmado: "Muito obrigado pela gentileza [...] espero que você confirme a reserva de dois quartos no hospital". Mas o Memorial Hospital reservara somente um quarto e nosso maestro ficou furioso. Em telegrama de julho de 1950, Villa-Lobos disse que estava desapontado com o tratamento que vinha recebendo e pedia, em inglês, que Nelson usasse de sua influência para que Mindinha ficasse no hospital. "[...] não tenho condições de ser operado sem que ela esteja por perto [...]. Por favor, será que você pode obter a permissão?"[20]

Villa-Lobos recuperou o vigor de sempre. Em fase final de uma turnê pela Finlândia, preparava-se para ir "*à América*", mas os agentes artísticos americanos não se manifestaram prontamente. Ansioso, apelou mais uma vez para Nelson Aldrich Rockefeller. Num papel timbrado do hotel Kamp, de Helsinque, o maestro e compositor escreveu-lhe em francês. A carta era de 12 de maio de 1951 e começava com *"Mon Cher Ami"*. Era com prazer que ele escrevia, lembrando quão agradecido era a Nelson por sua ajuda em relação ao hospital de Nova York em 1948 e em 1950. Depois de um rápido relato de sua agenda de concertos por várias cidades europeias, vinha uma reclamação que preparava o caminho para o pedido. "É uma pena que eu não tive a mesma sorte na América do Norte (afinal, eu sou americano acima de tudo), onde sinto que o povo adora minha música e fico muito feliz com o público." O maestro queria saber por quê, mesmo com um bom agente como Mr. Arthur Judson, não conseguia ser convidado para nenhum concerto em Nova York. A NBC, por exemplo, teria dito a Villa-Lobos que o calendário da emissora para a temporada já estava completo. "Sei que posso contar com você, veja se é possível fazer alguma coisa, eu imploro para você dar uma palavrinha com Mr. Judson, e eu agradeço de antemão o que você fizer por mim."[21] Mesmo conhecendo Villa-Lobos desde a época da guerra, com os programas culturais do Office, Nelson tratou o maestro brasileiro com uma formalidade distante dessa vez. Nada de "Mon Cher Ami" ou "Dear Friend". Um seco "Dear Mr. Villa-Lobos, eu soube, indiretamente, que Mr. Arthur Judson já escreveu para você em Helsinkfors respondendo suas questões. Espero que as coisas se resolvam de acordo com seus desejos. *Sincerely*, Nelson A. Rockefeller".[22] Só, nada mais. Nenhuma palavra de consolo ao maestro brasileiro. Que ele resolvesse tudo por sua própria conta. Na verdade, as secretárias de Nelson é que foram mais diretas. Num rascunho de próprio punho, Rockefeller foi menos formal, mas assinou a carta a Villa-Lobos. O maestro brasileiro respondeu, em francês, já do Rio de Janeiro. Era clara a ironia da carta que nem chegou a ser traduzida pelo staff de Nelson.

"Cheguei de minha viagem à Europa e fiquei muito contente em encontrar sua amável carta de 29 de maio."[23] A carta do americano podia ser cortês, mas estava longe, muito longe, de ser amável.

Villa-Lobos morreu em 1959, mas o fantasma do maestro não perdia a esperança de ser "apadrinhado" por Rockefeller. Um ano depois do golpe militar que derrubou o getulista João Goulart, Arminda Villa-Lobos dirigia o museu em homenagem a seu marido criado pelo Ministério da Educação e Cultura ainda no governo JK. O objetivo da instituição, segundo Mindinha, era manter viva a memória do músico brasileiro. No dia 30 de março de 1965, ela mandou uma carta a Nelson Rockefeller: "*Cher Ami*: peço desculpas por escrever-lhe em francês".[24] Desculpava-se também por tomar o tempo do governador e começava lembrando o apoio de Nelson nos tempos em que o músico ficou hospitalizado em Nova York. Agora, entretanto, precisava fazer outro pedido. Explicou o que era o museu e como funcionava. Ela também dirigia um programa semanal na Rádio MEC chamado *Villa-Lobos, sua Vida e sua Obra* e pedia que Nelson escrevesse "algumas palavras, uma ou duas páginas" sobre a relação dele com o maestro brasileiro. Nelson não respondeu. O governo Lyndon Jonhson estava se atolando no Vietnã e Nelson mal havia se recuperado da derrota para Barry Goldwater na disputa pela indicação da candidatura pelo Partido Republicano no ano anterior. Nelson era visto como muito progressista e os republicanos se tornavam cada vez mais conservadores. Ele não teve tempo para responder a carta de Armindinha. Mas Berent Friele desculpou-se, em nome do governador. Em abril de 1971, Arminda Villa-Lobos decidiu insistir, dessa vez mais formal e em inglês: "*My Dear Mr. Rockefeller,* por muito anos [...]". Falou da relação nos tempos da guerra no Rio de Janeiro e da homenagem que Villa havia prestado a Nelson: no estádio de futebol São Januário, nos festejos dos 120 anos da Independência, o maestro havia regido 25 mil estudantes cantando o Hino

Nacional, o da Independência e outras obras, entre elas "Invocação à metalúrgica", ode à nossa industrialização. O coro infantil foi acompanhado por uma banda de quinhentos músicos. Mindinha estava exagerando. Na verdade não houve homenagem a Nelson; foi uma coincidência que o americano estivesse no Brasil na Semana da Pátria de 1942, como convidado especial do governo Vargas. Depois ela lembrou, mais uma vez, do apoio que Nelson havia dado na época da doença do marido. E, finalmente, entrou no assunto: escrevia para que Nelson financiasse a viagem de artistas para participar do Festival Villa-Lobos. A ópera *Yerma*, que o maestro compôs com base no trabalho de García Lorca, deveria ser apresentada em setembro daquele ano.

Em abril de 1971, o governador Nelson A. Rockefeller, recém-reeleito, fazia malabarismo para convencer os nova-iorquinos a apertar o cinto. A crise orçamentária afundava o estado mais rico da América do Norte, já em vias de ser suplantado pela Califórnia. Ele nem chegou a tomar conhecimento do pedido de Mindinha. Mais uma vez, a tarefa de responder coube ao velho Berent Friele, que conhecera Villa-Lobos. "*Dear Mrs.* Villa-Lobos: o governador pediu-me para agradecer sua carta [...]". Nelson, dizia Berent, tinha grande admiração pela obra "de seu finado marido" e estava muito contente em saber que ela era diretora do Museu Villa-Lobos. "A senhora tem muitos admiradores aqui nos Estados Unidos", afirmou, mencionando o casal Carleton Sprague Smith, o homem de confiança de Nelson para assuntos culturais nas décadas de 1940 e 1950. "Sinto muito informá-la que o governador Rockefeller não poderá, pessoalmente fazer nenhuma contribuição para a ópera *Yerma* [...]. No entanto, podemos explorar com o dr. Smith todas as possibilidades de levantamento de fundos, embora seja bastante difícil [...] *With warm regards, sincerely,* Berent Friele."[25] A despedida aparentava ser calorosa, mas era distante e deixava claro, muito claro, que Nelson não tinha nenhum interesse na obra de Villa-Lobos àquela altura da vida. Bastava mencionar que o milionário sentia-se, segundo seu representante, feliz por saber que Arminda era diretora do museu. Ela já havia dito isso seis anos antes. Agora o Brasil parecia só interessar a Nelson por causa de alguns negócios e pela manutenção do governo militar, para combater a subversão de esquerda.

Outro músico de renome também experimentou um velado e diplomático "não" de Nelson Rockefeller. O maestro Eleazar de Carvalho foi tratado de maneira bastante polida, mas não obteve favorecimentos. O brasileiro aproveitava as trocas de correspondências para tentar cair nas graças de Flor, que, pelo jeito, possuía vários predicados; no mínimo, tinha um nome que soava musical aos afinados ouvidos do maestro: Flor Paris Brennan. Eleazar estagiava na Orquestra Sinfônica de Boston e escreveu em fins 1946, no momento em que Nelson encontrava-se no Brasil, vendendo seus projetos. O maestro dirigiu-se à secretária para pedir uma complementação em seu salário, mas, numa caligrafia caprichada, parecia também querer impressioná-la:

"Senhorita Flor, chegando hoje a Boston tive a agradabilíssima surpresa de encontrar sua carta de 15 do corrente. Estou convencido que v. será o 'meu anjo da guarda' e irá me auxiliar a conseguir o que desejo junto a Mr. Rockefeller." Em seguida, Eleazar muda de tom e centra sua "artilharia" na própria Flor.

> Gostaria de receber uma carta de v., mas que não falasse nem em Mr. Rockefeller, nem no assunto que me levou até sua presença. Apenas sobre v. e de v. Se v. puder avaliar o prazer que ela me fará, escreverá hoje mesmo. Na espectativa [sic] de tão expressivo acontecimento, manda aqui com suas homenagens e cumprimentos, os melhores votos de breve reencontro. Do admirador,
> Eleazar de Carvalho
> Boston — 20 nov. 1946. [26]

A autoestima de Eleazar era notável. Esperava que a moça, ao saber do "prazer" que a carta iria causar, escreveria ato contínuo. Uma carta direta e pessoal de Flor a Eleazar não estaria arquivada na documentação de Nelson Rockefeller; ficamos então sem saber se ela proporcionou tal "prazer" ao maestro brasileiro. Em dezembro do mesmo ano, ele insistiu: queria encontrar-se com Nelson, mas era difícil transpor a barreira que Flor e Berent formavam em torno do chefe. No começo de 1947, o "veredicto" do caso Eleazar estava pronto: "não é necessário que Mr. Rockefeller tome qualquer medida nesse caso". Eleazar que procurasse ajuda com o governo brasileiro ou com algum ricaço daqui, "tal como os Guinle".[27]

Das pessoas de relação mais próxima, não necessariamente ligadas aos negócios, Rockefeller atendia os pedidos, usando sua influência para resolver problemas. Em fins de 1947, Oscar Niemeyer foi convidado pela Universidade de Yale para falar de seu trabalho. Além disso, deveria compor a equipe de Le Corbusier no projeto do edifício da ONU. A universidade não mandou convite oficial, e o consulado americano negou o visto ao arquiteto. Estávamos no período nacional de caças às bruxas, isto é, o governo Dutra tinha posto o Partido Comunista na ilegalidade e cassado deputados do PTB. Niemeyer, a essa altura, já havia se aproximado de Prestes, declarando-se simpatizante do PCB, o que o tornava um provável inimigo de Nelson Rockefeller. Para resolver a delicada situação, uma cadeia de amizades foi acionada para suplantar os obstáculos ideológicos. Niemeyer apelou para Gustavo Capanema, que se valeu das suas relações com Nelson Aldrich Rockefeller. O antigo ministro da Educação e Saúde Pública do governo Vargas mandou um telegrama pedindo a intervenção de Nelson. Capanema não achou necessário dar maiores explicações. Ou melhor, deu uma só: estavam, os dois, cumprindo uma missão cultural.[28] Rockefeller respondeu pessoalmente e tomou providências para o arquiteto honrar seus compromissos. O brasileiro apelou para um lado ao qual Nelson era sensível: a arquitetura. Capanema agradeceu com uma carta de próprio punho: Um "Excelência" ao lado de um "Caro amigo". A formalidade coexistindo com a informalidade.

CARIDADE, AJUDAS, MILITARES E RECUSAS

Um número significativo de cartas vinha de instituições religiosas, associações culturais e de caridade, rotarianos, escolas, clubes de futebol, universidades. Todos pediam ajuda material, de preferência em dinheiro. Nunca foram atendidos, mas recebiam uma carta educada justificando a negativa.

Esse foi o teor, por exemplo, do pedido feito em fevereiro de 1951 por Helena Bandeira de Carvalho, uma freira educada na The Mother House of the Holy Child Nuns, em Mayfield, Sussex, na Inglaterra. Ao longo da carta, passou de um tom humilde para outro, imperativo. Num excelente inglês, dizia conhecer o papel de Nelson na promoção das boas relações entre os Estados Unidos e o Brasil. Mas não se conformava com o fato de o Brasil não ter uma "escola-convento americana de alta qualidade". A escola em questão tinha várias unidades espalhadas pelos Estados Unidos e educava meninas de boas famílias. As mães brasileiras, dizia a irmã Helena, estavam pedindo que ela achasse uma forma de trazer para nosso país as freiras americanas para fundar uma escola da The Mother House of the Holy Child. "Eu insisto que esta seria a melhor ordem religiosa para o trabalho [de educar as meninas], baseada nos princípios das escolas públicas inglesas, pois estamos cansados de nos submeter às doutrinas francesas de educação."[29] Uma instituição assim aproximaria mais o Brasil dos Estados Unidos: "Nós temos freiras francesas, italianas, espanholas, alemãs, mas em nenhuma escola-convento ouve-se a língua inglesa". Segundo informações de Helena, as mães estavam ansiosas para que suas filhas aprendessem inglês. Ela terminava a carta com a de certeza de que Nelson iria interceder em favor de sua causa. O staff do *room* 5600 respondeu, amavelmente, que entendia, mas Mr. Rockefeller não podia fazer nada a respeito.

O Rotary Clube de Marília pediu ajuda para terminar a construção de um hospital. A Escola Comercial Cruz e Souza, de São Paulo, solicitou dinheiro para comprar um prédio próprio. A instituição estava "certa de que V. Excia. não lhe negará o seu apoio". A Confederação Evangélica do Brasil, por intermédio de seu secretário Afonso Romano Filho, apresentava um ministro da Igreja Presbiteriana Independente do Brasil de Goiânia e pedia ajuda financeira. O mesmo fez a freira Anna Maria Meirelles de Moraes, diretora da Sedes Sapientiae da Pontifícia Universidade Católica de São Paulo, que dirigiu uma carta ao "Exmo. Snr. Dr. Nelson Rockfeller — digníssimo Presidente da Rockfeller Companhia". Os equívocos envolviam o título de doutor, a grafia do nome e a referência a uma companhia que não existia. O diretor de um Jesus Institute, de Juiz de Fora, pedia dinheiro para terminar a construção de um edifício, com uma fotografia "*enclosed*".[30]

Em julho de 1970, logo depois de o Brasil ter conquistado a Copa do Mundo, Athiê Jorge Coury, "membro efetivo da câmara dos Deputados em Brasília DF e presidente do Santos Foot Ball Club", numa linguagem lacrimosa, cheia de frases de efeito mas sem muito sentido, pede ao "irmão norte-americano Rockefeller, [...] a ajuda de um empréstimo de US $ Dólar 1 500 000". Em nome de Pelé, o conhecido cartola pedia dinheiro ao "*irmão*" Nelson para resolver uma dificuldade imediata de caixa. A garantia oferecida era a pessoa do próprio deputado, o famoso Pelé e o "mundialmente conhecido hotel Parque Balneário, um dos mais luxuosos do mundo".[31] Não faltavam adjetivos e advérbios no texto. Difícil imaginar o governador de Nova York envolvendo-se com os problemas financeiros do Santos "Foot Ball Club". Suas prioridades eram a dívida de Nova York, as crescentes manifestações contra a guerra do Vietnã e o combate ao tráfico de drogas, que parecia estar tomando conta da cidade e do estado. Nelson não podia, como era de esperar, "salvar" o Santos.

Os dirigentes do Comercial Futebol Clube de Ribeirão Preto escreveram em março de 1960, num bom inglês, ao "salvador" americano. A carta não tinha endereço, simplesmente o nome milagroso: "Nelson A. Rockefeller — New York, N.Y. — U.S.A.", sem número do código do endereçamento postal, sem nome da rua ou avenida. Tinham certeza de que a carta chegaria ao destino. E chegou: a cópia encontra-se arquivada. "*Dear Sir*", começavam os missivistas, e diziam palavras elogiosas sobre a obra filantrópica da família cujo nome havia ficado "nos corações da intelectualidade de Ribeirão Preto pelas doações feitas para a Faculdade de Medicina, melhorando o ensino dos estudos médicos em nosso país". E para perpetuar o nome do próprio Nelson no meio dos esportistas da cidade, eles solicitavam a "doação de US $ 250 000,00". Para que o doador tivesse certeza da correção do uso do dinheiro, Nelson poderia indicar pessoalmente uma empresa construtora de sua inteira confiança. Em reconhecimento, o estádio seria batizado "Nelson Rockefeller Stadium".[32]

O próprio Nelson acabava por instigar a construção da sua imagem de *benefactor* da sociedade e não poucas vezes metia-se em enrascadas na terra do favor. Quando visitou Jacarezinho, em novembro de 1952, cruzou com o dr. Homero Cordeiro. No meio de uma reunião bastante concorrida, o milionário americano deu a entender que o ajudaria a construir um empreendimento, tido como centro cultural, chamado Cine-Hotel Consórcio (Jacarezinho) S.A. O pedido foi oficializado em carta entregue a Nelson na Fazenda Califórnia, polo-modelo das experimentações com o milho híbrido da Agroceres. No dia 3 dezembro, como Nelson não tivesse dado nenhum sinal de que iria participar da construção do Cine-Hotel, o dr. Homero escreveu, "em nome de seus inúmeros amigos de Jacarezinho, [para] pedir-lhe resposta da carta que tive a oportunidade de entregar a V.S. [...] na qual pedíamos a sua nunca desmentida cooperação e auxílio para a construção do grande edifício". E que Nelson fosse rápido, pois o edifício deveria ser inaugurado nos festejos do I Centenário da Emancipação do Estado do Paraná, que aconteceria em 1º de dezembro de 1953. Nelson respondeu pessoalmente no dia 2 de fevereiro de 1953. Sentia-se muito honrado por ter recebido a carta do dr. Cordeiro. Desculpou-se pela demora da resposta, pois encontrava-se envolvido nas atividades do governo Eisenhower. "Eu estava muito interessado em seu plano", mas as responsabilidades que assumira não lhe permitiam participar de nenhum empreendimento.[33]

O espectro dos tipos sociais que apelavam para os favores de Nelson era amplo o suficiente para abranger oficiais de alto escalão do Exército americano. Em 29 de abril de 1952, ele recebeu uma carta do major general C. L. Mullins Jr., chefe da Comissão Militar Conjunta Brasil-Estados Unidos. O militar lembrou o apoio que Nelson havia dado a ele na época da guerra, quando organizava uma "pequena escola militar" no Brasil. Agora precisava de nova ajuda. O oficial queria enviar uma escultura de George Washington para o saguão da biblioteca da nossa "West Point", como chamava a Academia Militar das Agulhas Negras. "Eu sinto que, se nós infiltrarmos nossa doutrina, nosso ponto de vista e posição no sistema de escolas, teremos conseguido a melhor aproximação num setor tido sempre como bastante sólido e resistente no meio militar", escreveu o major general americano a Rockefeller. Com isso ele esperava cativar o espírito doutrinador e propagandístico de Nelson. O busto e uma coleção de "bons livros militares americanos" poderiam conquistar os corações e as mentes dos nossos aspirantes oficiais. O busto de Washington, dizia ele, seria de uns setenta centímetros de altura.[34] problema era que ele não sabia onde conseguir a escultura nos Estados Unidos. E pensou que Nelson resolveria o problema, conseguindo a escultura para o inexistente Instituto Rockefeller de Nova York. Quando se começa ler a carta, fica-se com a impressão de que o militar ia sugerir algum tipo de atuação secreta para combater os comunistas. Nelson não precisou de muito tempo para responder. Em maio, delicadamente, "corrigiu" o militar quando disse que "com respeito à Fundação Rockefeller, eu não tenho nenhuma conexão com a organização". A ignorância do militar havia "criado" um Instituto Rockefeller que poderia "descolar" um busto de George Washington. Nelson respondeu, ainda em tom educado, não acreditar que o pedido pudesse ser atendido pela Fundação, muito menos pelo Ibec ou pela AIA. De maneira sutil, apontava a ignorância e o absurdo do pedido do militar, sugerindo que ele procurasse ajuda em organizações de veteranos, tais como Legião Americana, Veteranos de Guerras ou grupos patrióticos como "as Filhas da Revolução Americana [...] Desculpe, mas não posso fazer mais do que isso".[35]

NOÇÃO PITORESCA DA MODERNIDADE: ANTICOMUNISMO E PEDIDOS

A militância no anticomunismo parecia, para alguns brasileiros, servir de passaporte com visto garantido para chegar a Nelson e pedir qualquer coisa. No dia 13 de fevereiro de 1964, Raymundo Bentes Pampôlha escreveu diretamente para o apartamento da Quinta Avenida, endereço privado do governador de Nova York. Raymundo era gaúcho, morava em Serra Negra e havia sido delegado da Cruzada Anticomunista no Sul do Brasil, assim como diretor de um jornal chamado *O Correio Gaúcho*. No momento, precisava de ajuda financeira para o tratamento da esposa, que sofria de nefrite. Ele e Nelson haviam se encontrado em abril de 1956 durante as cerimônias do centenário da emancipação política de Mococa — uma foto comprovando o encontro foi anexada à carta. Raymundo contava que abandonara o jornalismo para se dedicar à pequena agricultura nessa cidade paulista, próxima da fronteira com Minas; enfrentara problemas com a seca e a perda de safra, mas não abandonaria o "torrão querido" desde que Nelson desse um ajutório: "Peço-lhe ajuda material para prosseguir aqui no meu terreno e continuar a ser útil à Humanidade na defesa dos ideais democráticos". O gaúcho também fazia votos para que Rockefeller fosse o próximo presidente dos Estados Unidos.[36]

Um mês e meio depois da carta do jornalista gaúcho, Jango foi deposto e os Estados Unidos reconheceram o novo regime militar, liderado pelo general Castelo Branco. Estávamos "livres das ameaças comunistas" do grande proprietário João Goulart. Na correspondência de brasileiros a Nelson Rockefeller, o "perigo comunista" era, muitas vezes, mencionado como causa comum entre remetente e destinatário. E já que estavam todos no mesmo barco, tudo o que Nelson fizesse para resolver os problemas dos suplicantes seria em benefício da causa. Esse parece ter sido também o caso do jovem Janildo Oliveira da Silva, de Natal, que escreveu pedindo uma bolsa de estudos para passar uma temporada nos Estados Unidos: queria aprender programação de computador em inglês, "língua que é fundamental para quem quer vencer na vida, hoje em dia", coisa de que ele poderia dar conta em quinze dias! Mas suas primeiras linhas eram sobre os problemas típicos das diferenças entre países altamente desenvolvidos e subdesenvolvidos.

Lembremos, que o comunismo se aproveita da miséria (inclusive nos próprio [sic] Estados Unidos), para poder subir ao poder, quando pouco, solapar o regime existente [...]. Em sua quase totalidade, os povos subdesenvolvidos aceitam esse "namoro" com o comunismo mundial não por simpatizarem com ele, mas tão somente esperando uma mudança que lhes seja mais benéfica.[37]

Ele era admirador do projeto industrializante combinado com a mecanização do campo inaugurado pelo governo militar. Mas o projeto, afirmava, só se realizaria com ajuda do exterior. "Só os países mais privilegiados, como os Estados Unidos da América, podem fornecer esses conhecimentos por intermédio de organizações públicas e privadas, entre as quais se destacam as Fundações Ford e Rockefeller."

Donald D. Kennedy era diretor de um camping de verão para jovens chamado Camp Kieve, no estado do Maine. Escreveu para Nelson mostrando os objetivos de sua organização e de como e por que o sistema de camping deveria ser implantado no Brasil. Para Kennedy, meninos em férias escolares precisavam se ocupar com atividades cívicas e criativas, recebendo treinamento para, no futuro, ganharem autonomia. Assim teriam ferramentas para uma maturidade mais responsável e democrática. O idealizador de tal projeto nos Estados Unidos queria organizar o Acampamento Paiol Grande, nos moldes do Camp Kieve, para meninos brasileiros. Assim os Estados Unidos contariam, no futuro, com uma elite de parceiros confiáveis na tarefa de lutar pela democracia no continente. Nas palavras do idealizador, os meninos brasileiros "que estiverem sob minha responsabilidade terão um sentimento afetuoso para com os americanos e uma simpatia pelos fundamentos saudáveis para um melhor entendimento com seus vizinhos do Norte". Donald Kennedy queria dedicar o resto de sua vida a um trabalho iniciado vinte anos antes. Ou seja, jovens passavam dois meses por ano em seu acampamento e aprendiam princípios de civilidade, de saúde mental e física. E era isso que ele pretendia fazer no Paiol Grande com os jovens brasileiros. Seu projeto, explicava, era muito próximo dos programas de Nelson Rockefeller e seria uma poderosa ferramenta no combate ao totalitarismo que crescia sob a forma do comunismo soviético. A esposa de Nelson já havia contribuído para o projeto. Essa prática selaria a amizade histórica entre os Estados Unidos e o Brasil.[38]

Mas nem só de lições de civismo e anticomunismo tratavam as missivas. Quando foi anunciado oficialmente pela Nasa que os astronautas Neil Armstrong, Edwin "Buzz" Aldrin e Michael Collins estavam se preparando para fazer o histórico voo de julho de 1969 à Lua, Nelson transformou-se, na imaginação de muitos brasileiros, em um intermediário ou mesmo no planejador da viagem espacial. De um jeito ou de outro, ele parecia ter alguma ligação com um feito técnico e científico tão importante na histórica corrida espacial/armamentista entre os Estados Unidos e a União Soviética. Quando começou a contagem regressiva em Cabo Canaveral para o lançamento do foguete, o brasileiro Caio Ruy Martins de Almeida, bacharel em direito de Caxambu, Minas Gerais, escreveu para o governador Nelson Rockefeller, pedindo que ele interferisse junto ao presidente Nixon, tão

[...] seriamente empenhado na difícil missão de procurar caminhos novos para a convivência democrática, progressista e justa da humanidade [...], [para que] os cosmonautas estadunidenses, que, tripulando no próximo mês de julho a já gloriosa nave *Apolo-11* descerão no solo lunar, estabelecendo uma nova época para a nossa civilização, levem na sua bagagem, além da simpática bandeira norte-americana e a da cruz de Cristo, um pequeno símbolo que fale aos povos que a poesia, eterna companheira e inspiradora do homem, não morreu e não morrerá jamais. Trata-se de um pequeníssimo violão de ouro (o peso — uma grama [sic.] — e o tamanho são mínimos, por motivos óbvios), popular instrumento de cordas, companheiro inseparável dos líricos que pelos quatro cantos do globo veneraram, cantaram e amaram a Lua, dela separados pela outrora invencível distância, oferta (ou lembrança) deste pequeno poeta de Caxambu, aprazível cidade de turismo do interior do Estado de Minas Gerais, Brasil.

Traduzirá ele, pelos séculos afora, o perene romantismo da humanidade [...] na figura e na sensibilidade dos trovadores, poetas, seresteiros e filósofos.

Este gesto, do grande país irmão, de poesia pura, trará no seu bojo novas esperanças e por certo inspirará tão bem quanto as importantes gestões diplomáticas e políticas, nesta época de velocidade fria das máquinas, um novo caminho para a civilização, e será uma bela mensagem de ternura, lirismo, amor e compreensão aos povos deste planeta, neste maravilhoso século xx [...]. Que Deus guarde Vossa Excelência, os simpáticos e tranquilos cosmonautas e o governo desse magnífico e democrático País, são os votos sinceros [...]".[39]

Se formos nos fiar na representação dos astronautas no filme *Os eleitos* (*The Right Stuf*), de 1983, dirigido por Philip Kaufman, eles poderiam ser vistos como simpáticos mas não muito tranquilos, como queria o poeta e bacharel caxambuense. O músico Gilberto Gil, ministro da Cultura do governo Lula, não deve ter lido a carta de Caio Ruy, mas alguns versos da sua canção "Lunik 9" lembram os apelos do bardo brasileiro: "Poetas, seresteiros, namorados, correi!/É chegada a hora de escrever e cantar/Talvez as derradeiras noites de luar". A grande diferença é que Gilberto Gil tinha uma pitada de ironia pessimista, natural nos jovens da época que militavam num antiamericanismo inevitável. Não era bem isso que o poeta mineiro sugeria.

O otimismo poético de fé no futuro de Caio Ruy transformou-se em lamentação na carta de Heloisa de Macedo Lins, embora ela também falasse com entusiasmo da chegada dos americanos à

Lua. A carta chegou a Nova York no dia 26 de setembro de 1969: "Exmo. Sr. Dr. Nelson Rockefeller, M. D. Governador de New York — EUA. Caríssimo Senhor [...]".[40] Heloisa era da Amazônia, mais precisamente de Belém do Pará, que Nelson conhecera de passagem nas suas primeiras viagens ao Brasil. A moça elogiava, com muitos superlativos, a natureza "desta vastíssima região onde a riqueza impera, e a beleza extasia [mas onde] luta-se desesperadamente contra a miséria". Ela era viúva, funcionária (o que queria dizer que trabalhava no serviço público) e tinha de sustentar quatro filhas "com salário mísero de 230,00 (duzentos e trinta cruzeiros novos)... Não dá para comer [durante] quinze dias". O que a funcionária amazonense pedia? O salário mínimo era de 140 cruzeiros novos. Ela suplicava de joelhos, "em nome de suas filhas queridas, e em nome de todas as mães viúvas desse país Amigo-Esteio do Universo, que V. Exa. me empreste ao menos 1 dólar em moeda brasileira". Que Nelson, um "coração magnânimo", visitasse a Amazônia e, com a certeza de uma crente, Heloisa estava segura de que o americano ficaria "encantado com o Paraíso Verde". Mas ficaria também angustiado de ver as "fisionomias sedentas de progresso e de dias melhores". Para Heloisa, o dólar simbolizava a possibilidade de sentir-se amparada para tentar tocar sua profissão de relações humanas. Ela alimentava a crença de que o padrão de vida dos Estados Unidos inspiraria um futuro melhor para a Amazônia.

Senhor Rockefeller tenho certeza de que depois que essa Grande Nação desfrutou a Lua, cujo acontecimento foi a maior de todas as descobertas, V. Exa. diante de tamanho êxito, de tão grande VITÓRIA, recompensará esta criatura, mãe, viúva e defensora ardente dos EUA, onde as fotografias dos 2 Kenedy [sic] estão em lugar de honra, e os HERÓIS DA HUMANIDADE em lugar de destaque, haverá de me socorrer nesta hora tão cruel [...] Em nome dos três astronautas, supra esta minha necessidade. Empreste-me como se fosse dentro do sistema "Aliança Para a Paz". Socorra esta Amazônida tão angustiada.[41]

O desespero da "amazônida angustiada" confundia-se com a situação da própria Amazônia. Os projetos de Nelson, na época da guerra, incluíam toda a região do rio Amazonas, especialmente na tentativa de erradicação das moléstias tropicais, como a malária. Seja como for, a brasileira ficaria sem sua ajuda. Louise A. Boyer, uma das mulheres mais destacadas nas empresas de Nelson, em especial na AIA, era responsável por responder mensagens como as de Heloisa. Pouco tempo depois, a moça recebeu uma carta, dizendo que o governador Nelson A. Rockefeller agradecia a missiva tão elogiosa e gentil, mas não poderia atender todos os pedidos que recebia e não seria honesto atender uns e deixar de atender outros.

Muitos dos que escreveram a Nelson encararam a realidade de que seria muito difícil ser atendido por um homem tão solicitado e ocupado. Por isso, alguns esperavam milagres. E às vezes esses milagres pareciam acontecer.

NELSON, DE HERÓI A ANTI-HERÓI E PROJETOS DE VIDA

Uma carta assinada por Eleonora Roth dos Santos, datada de 3 de outubro de 1952, praticamente atribui a Nelson Rockefeller o poder de fazer milagres. Eleonora trabalhava na biblioteca de uma pequena faculdade de Illinois e acabara de chegar do Brasil. Agradecia a ele não por ter doado alguma soma para instituições, nem por ter lhe dado um Cadillac ou uma foto autografada, mas sim porque ele havia lhe incutido um princípio indispensável do americanismo: não desistir nunca de um objetivo traçado, não desistir nunca de lutar com profunda fé na esperança de que um desejo fosse realizado. Escrevendo na terceira pessoa, Eleonora dizia que as palavras de Nelson haviam infundido força de vontade a "uma jovem brasileira" para não desistir de sua intenção de ser bibliotecária. E a jovem venceu e conseguiu o cargo de chefe de uma importante seção da Biblioteca Nacional do Rio de Janeiro. Depois disso, a moça, que era a própria Eleonora, dera outros passos em direção à vitória: obtivera uma bolsa de estudos para estagiar na biblioteca do Rosary College, em River Forest, Illinois.[42]

Muitos brasileiros escreveram por ocasião da visita oficial de Nelson, como representante de Nixon, ao Brasil, em junho de 1969. Alice G. B., que não quis assinar o nome completo por razões morais, conseguiu aproximar-se do forte esquema de segurança que cercou o governador nova-iorquino, hospedado, como de costume, no Copacabana Palace. Ela vivia maritalmente com um homem separado e queria que o governador usasse seu "poder" para levá-los aos Estados Unidos, onde o divórcio era legal. Somente na América do Norte eles poderiam encontrar duas coisas para se tornar um casal completamente feliz: oportunidade de ganhar melhor e de legalizar a união. Em letra de mão, à margem do texto datilografado, na vertical, pode-se ler uma frase mais apressada, mas em boa caligrafia: "Perdoe-me este gesto latino e que Deus abençoe sua missão que é conduzir o meu país".[43]

Sarita Lavolpe, uma senhora de Salvador, queria realizar o desejo de abraçar a filha que morava nos Estados Unidos e pedia ajuda ao político americano. Fazia votos que Deus protegesse a família Rockefeller e o povo americano.[44] Alguém chamado Hélio Marques Wichan mandou um telegrama, em março de 1969, com as seguintes palavras: "peço enviar dinheiro embarque USA". Maria Inês Altobelli, de Ribeirão Preto, escreveu, em junho de 1969, para o "Ilmo. Sr. Governador de Nova York Dr. Nelson Rockefeller, Respeitosamente Seja bem-vindo ao Brasil. Terra amiga de Vsa pátria e de Vsa gente". Depois de detalhar a vida dela e do marido, fez o pedido: o casal queria uma ajuda para mudar para os Estados

Unidos. Passagens para "4 pessoas, roupa para uma viagem e uma colocação para meu filho e meu esposo em granjas e fazendas ou mesmo na cidade onde possamos pagar vossa Excia as despesas que possa haver". Eles sentiam grande atração pela "América", a grande pátria de Nelson. Mas, se isso não fosse possível, a família ficaria feliz se Nelson conseguisse "um posto de gasolina em lugar adequado sob a administração de firmas ligadas a Vsa Excia, aqui mesmo no Brasil".[45]

Todos se diziam amigos de Nelson, em especial os que tinham se encontrado com ele apenas uma vez em ocasiões oficiais. Maciel Pinheiro, que trabalhava na Secretaria de Educação e Cultura do Rio de Janeiro, então capital federal, escreveu pedindo um favor. Não era pessoal, era para o filho do seu *"best friend"*, Hélio Santo Sé, que trabalhava na Standard Oil Company of Brazil. O inglês era, como o próprio autor confessava, um *"broken English"*. O que ele pedia para Nelson era uma posição melhor *"in your great organization 'Esso' [...] because this boy deserves a lot more"*.[46] A Hélio parecia evidente que, se Nelson mandasse uma carta para a Esso no Brasil, algo seria feito para promover o rapaz. No entanto, na ocasião, a família Rockefeller era acionista minoritária e não tinha a liberdade de indicar pessoas para cargos na empresa sem passar pela mesa de executivos. A carta não foi respondida.

A gaúcha Rita dos Anjos Rizzon — que, segundo afirmava, era parente do presidente Costa e Silva (filha da prima Eva da Silva) — escreveu para Nelson em julho de 1969. A cordialidade formal da abertura da carta expressava os usuais desejos de boa saúde, juntamente com os seus etc., dirigidos ao "Caro governador de Nova York Ilmo. Senhor Nelson Rockenfeller [sic]".[47] A grafia, com o "n" sobrando, talvez possa ser creditada ao parentesco com Costa e Silva, conhecido no anedotário político como pouco afeito à expressão culta da língua. "Senhor Nelson, não lhe escrevo em inglês porque não sei fazê-lo." Rita e o marido trabalhavam no

Departamento Nacional de Estrada de Rodagem, em Porto Alegre, e queriam melhorar de vida. Um bom caminho, pensaram, era apelar para o "magnata da Standar [sic] Oil, banco lar brasileiro e Esso do Brasil". Assim mesmo, tudo em caixa alta, como que para lembrar a Rockefeller que ela sabia tudo sobre ele. O pedido de Rita era simples:

> Será que o senhor não poderia conseguir algo para mim e para meu esposo em suas Emprêsas, inclusive já tive vontade de botar um posto de Gazolina que eu acho que é uma das coisas que atualmente mais dinheiro dá, mas como, se não se tem dinheiro. [...] Espero que V.S. não se desiluda, pois sou sua grande admiradora, e desde já, lhe fico eternamente grata pelo que puderes fazer por nós.

Correspondências cujos assuntos que envolvessem a Standard Oil ou a Esso eram ignoradas. Esse foi o caso da carta de Edgard Teixeira Benevides, de Pedra Branca, Ceará. Uma carta politizada, anti-imperialista, com boas informações sobre a guerra do Vietnã e torcendo pela vitória do vietcongue.

> Muito ao meu pesar [...] resolvi travar luta judicial com a sua multibilionária Esso; mas a leitura da Bíblia, sobre a luta de David contra Golias e a palpitante atualidade do Vietnam, onde um bando de "Davids" famintos e esfarrapados, há mais de dez (10) anos, põeem em cheque um Golias bem nutrido, bem equipado e bem armado, que tem para nutrí-lo, equipá-lo e armá-lo além do ouro de Fort-Knox, os maiores celeiros e o maior parque industrial do mundo, em todos os tempos, anima-me a lutar.[48]

Edgard estava realmente possesso. Lembrou o "velho Bill", como ele se referia a William Shakespeare, em *Hamlet*, ato II, cena II: "Muitos espadachins temem as penas de pato". E prosseguia:

Somente os lucros que a Esso Brasileira de Petróleo S.A. nestes três (3) últimos anos teve com a exploração de MEU terreno, além da exploração que fazem do mesmo com suas placas, cartazes, inscrições etc. vale bem mais do que o preço que cobro pela propriedade total do terreno, ou seja: US $ 3.000, (três mil dollars [sic]) [...] termino relembrando que os Enciclopedistas franceses do Século XVIII adoravam a deusa Razão... que a Deusa Razão o ilumine, são os meus votos.

Parte da carta de Edgard até parecia ter sido tirada da Internacional, o hino dos comunistas, mas na verdade tratava-se do proprietário de um terreno, negociado com uma subsidiária da Esso, que gerou grandes lucros para a empresa. Pelo que se lê, ele teve contato com alguns autores importantes, como Gondin da Fonseca, Essad Bey, John Gunther, clássicos da análise da história da ganância dos gigantes do petróleo. Valeu-se de Shakespeare, da Bíblia e do conflito no Vietnã. Pouco provável que os assessores de Rockefeller tenham respondido.

Com caligrafia pouco legível e erros de português, Victor Hugo Holetz, de Ponta Grossa, Paraná, escreveu para Nelson. Era um mecânico especializado em retífica de motores de máquinas agrícolas e precisava de ferramentas com medidas específicas,

uma retífica de cilindro pequena que pegue aproximadamente 1.3/4 de polegada até 3.1/2 [...] como não posso comprar emtão [sic] me lembrei do senhor, como o senhor bem observar não estou pedindo alimentos nem agasalhos muito menos luxo, pesso [sic] si for atendido não izigir [sic] as marcas que conheço [que] as melhores são LEMCO e VAN NORMAN.[49]

Hugo terminou afirmando que não era contra a guerra do

Vietnã e esperava que o conflito mantivesse o comunismo distante das Américas.

O carioca Lidio Solano da Rocha, "especialista em fabricação de maquetes atômicas, para fundação de cidades atômicas Ultra--Modernas" escreveu para o "Sr. Milionário Nelson Rockfeler [sic]" em dezembro de 1953, referindo-se a si mesmo na terceira pessoa. Ele oferecia à "família dos magnatas" a ida de grupos de operários para fundar uma cidade atômica, "com a capacidade para centralizar todos os serviços e organização Petrolíferas existentes no Planeta Terra, é muito fácil porque Lidio Rocha é artista e homem de negócios".[50] Na carta datilografada, o carioca, certo de sua importância como "artista e homem de negócios", estava esperando um sinal de Nelson para começar o trabalho nos Estados Unidos; bastava escrever ou telefonar. Mas "precizamos [sic] de dólares".

O diretor do Ginásio Secundário e Colégio Comercial Prof. João Machado, de Piumhi, escreveu em fins de outubro de 1969 para o "Exmo. Sr. Nelson Rockfeller [sic], Palácio do governo do Estado de Nova Iorque = EE.UU". A longa carta, de quase duas páginas, era um convite para que Nelson A. Rockefeller viesse de Albany, capital política do estado de Nova York, até Piumhi, cidadezinha do sul de Minas, próxima à serra da Canastra, para ser paraninfo de uma turma de técnicos em contabilidade. Os elogios à fibra de estadista e humanista do americano tinham até um tom calvinista: "[sem] homens como V. Excia, — que se recusam à uma vida terrena [...] para dedicarem ao trabalho em benefício dos propósitos divinos, o mundo caminharia [...] para a escravidão dos vícios, da vaidade, do analfabetismo". Seguia-se uma lista com mais de uma dezena de assinaturas. Abaixo, um post scriptum: "Em tempo: fineza enviar a resposta urgente, para a confecção dos convites".[51]

Ivonete Lopes de Sampaio, da Fazenda Nelson Rockefeller, criada durante a guerra e localizada no município de São Gonçalo do Amarante, no Rio Grande do Norte, também escreveu ao americano. A fazenda fora objeto de uma experiência realizada pelo Office em associação com o governo brasileiro, e mais tarde foi tocada pelo Estado. Ivonete pedia a Nelson ajuda para comprar um jipe, uma Rural [Willys], para o transporte das crianças até a escola, em Natal, distante dezoito quilômetros da fazenda. "[...] confio em V.Sª. e em Deus que esta carta não seja jogada no sexto [sic] antes de ser tomadas as necessárias providências".[52] Ivonete não deixou de elogiar os "governos revolucionários" que estavam melhorando o país com novas metas e ajudando as famílias brasileiras.

DAS LAMENTAÇÕES, DA ARTE E DA POLÍTICA

Quando se observa o conjunto da correspondência trocada entre os brasileiros e Nelson Rockefeller, vê-se que algumas cartas traziam ideias bastante estranhas e propostas "exóticas"; outras pareciam ter sido escritas apenas para dar ao remetente a sensação de partilhar insatisfações e percalços com o milionário americano; algumas, não poucas, reclamavam da situação financeira, e outras denunciavam a ação corrosiva das empresas da família Rockefeller.

Entretanto, é possível considerar que a "carta-padrão" desse conjunto era aquela que buscava ou pedia soluções para problemas bastante concretos e palpáveis — fossem eles pessoais, familiares, profissionais ou financeiros — e expressava algum tipo de elogio, de apoio, de admiração pelo modelo democrático americano e pelo papel que Nelson Rockefeller parecia representar para o país.

Essa atração pela "América" que Nelson representava era compreensível. Os projetos e a política que ele aplicava no Brasil — e que poderia ser chamada de "salvacionista" — tinham como fim manter o país seguro na área de influência americana. Os mecanismos para atingir tal objetivo não eram agressivos; e, mesmo quando o eram, vinham travestidos. Isso os tornava cativantes, atraentes, sedutores. Essa política, no entanto, não dizia respeito, como se sabe, tão somente às atividades econômicas, sociais e filantrópicas, mas também culturais.

As artes plásticas foram usadas como uma via de mão dupla para soldar a amizade entre norte-americanos e brasileiros. A elite brasileira começou a entender que esse era um caminho garantido da liberdade individual de expressão. Forte argumento para opor as manifestações engajadas e politicamente orientadas por uma esquerda "comprometida" com ideologias consideradas contrárias ao mundo livre e cristão. A elite nacional precisava entender que a estética fazia parte do arsenal contra o comunismo.

7. Arte e cultura: receitas para a elite brasileira

ARTE E IDEOLOGIA

O projeto missionário de Rockefeller para o Brasil não se restringia a atividades econômicas e sociais com o fim de promover a melhoria do padrão de vida no país e assim manter o vizinho da América do Sul como um amigo de confiança dos Estados Unidos. A cultura, em especial a chamada alta cultura, foi tão importante quanto os programas de extensão rural e crédito para pequenos agricultores, os planos para a construção de um novo aeroporto para São Paulo, o traçado das marginais da cidade, os silos para armazenar milho em Ourinhos, as fazendas experimentais de milho híbrido em Jacarezinho, a sociedade com o fabricante de roupas Garbo, a metalúrgica Forjaço, a associação com o banqueiro Moreira Salles, a construção de casas em série para uma nova classe média ascendente etc. etc. etc.

No ideário de Nelson, arquitetado pelo staff do Rockefeller Center, o empresariado brasileiro devia adotar uma estratégia modernizadora e compreender que a cultura era um instrumento ideológico de grande potência quando usada conforme a dinâmica do capitalismo liberal. Sob esse prisma, uma liderança ilustrada e culta poderia adotar medidas para fortalecer o país e combater o arcaísmo de uma cultura que, aos olhos de Nelson, parecia refratária às inovações e ao progresso e que ainda guardava uma visão estética de um mundo sem muita liberdade de escolha.

Nelson e seu grupo partiam do princípio de que a burguesia brasileira, em especial a paulista, tinha um gosto refinado, de padrão afrancesado, mas que ainda assim carecia de inovações. A Segunda Guerra havia obscurecido a imagem de uma Europa civilizada. Paris, a cidade luz, demoraria a recuperar o brilho anterior a 1940. Nelson Aldrich Rockefeller trabalhou para que Nova York ocupasse o vazio deixado pela capital francesa. A cidade americana, além de ter se tornado o centro político e financeiro do mundo, começava a se apropriar dos conceitos de vanguardismo na arte que até então eram prerrogativa da capital francesa. Em Nova York nasceu o chamado "expressionismo abstrato", que mesclava o expressionismo alemão, do período entre as duas guerras, com a arte abstrata europeia e simbolizava a liberdade intelectual.

Não tardou a surgirem críticos que interpretaram a tendência da vanguarda nova-iorquina como uma oposição aberta ao totalitarismo nazista, recentemente derrotado, que não permitia a livre manifestação artística — e, principalmente, como crítica ao regime comunista, que em geral só admitia o realismo socialista. A grande cidade americana passou assim a ser vista como ponto de convergência da liberdade de expressão, simbolizada principalmente pela pintura abstrata.[1]

As artes plásticas tornaram-se instrumento de combate político-ideológico entre artistas ligados aos partidos comunistas e aqueles que romperam com as diretrizes estéticas vindas da União Soviética. Os que continuaram submetidos aos padrões soviéticos deveriam abandonar suas experiências abstratas e retratar a realidade de forma crítica. O abstracionismo era considerado um "desvio pequeno-burguês". A crise estético-política iniciou-se na Europa quando veio à tona, numa revista do Partido Comunista francês, a polêmica entre o filósofo marxista Roger Garaudy e Louis Aragon, poeta, militante do partido. O primeiro defendia a ideia de que não existia uma estética partidária; o conflito entre formalismo e realismo deveria ser extinto. O segundo replicava, sem nenhuma dúvida, que o Partido Comunista tinha uma estética e ela se chamava "realismo".[2] Os artistas da esquerda americana romperam política e esteticamente com os padrões rígidos ditados pelos partidos comunistas que exaltavam a reprodução da realidade. Por que pintar algo como a natureza?, questionavam eles. Um camponês lavrando a terra em protesto contra a exploração do latifundiário? Um operário numa metalúrgica? "O naturalismo não serve mais para exprimir, tanto estética como moralmente, os horrores do mundo moderno",[3] foi a conclusão de Dwight Macdonald, o crítico e escritor americano, pessimista e ex-trotskista.

Entretanto, não era essa a visão que movia Nelson Rockefeller e que o levava a defender os artistas dessa "escola". Para ele, só uma sociedade estável e segura, isto é, democrática e liberal, oferecia as condições necessárias para manifestações livres da cultura de um povo. Se para Macdonald e para os próprios artistas a pintura expressionista-abstrata era a manifestação de uma sociedade doente e sem saída, para Nelson a estética do abstracionismo era um indicativo de liberdade artística e, portanto, individual, só possível numa sociedade democrática, capitalista e saudável.

Esse modelo nelsoniano de sociedade precisava ser exportado para o Brasil. Nossa burguesia até tentou resistir aos encantos dos novos padrões americanizados, mas não demorou a perceber que estética, ideologia e política não andavam separadas. Essa era a tese de Nelson que veio, de maneira sutil, embutida no projeto que pretendia contribuir para a reestruturação socioeconômica do Brasil. O melhor caminho para concretizá-la era estimular a elite brasileira a entender o significado político da arte moderna. Por isso mesmo, a arte precisava livrar-se da tutela do Estado, as obras deveriam ser expostas e admiradas em um centro independente, isto é, em museus, verdadeiras "cidadelas da civilização", para usar a expressão de Franklin Roosevelt. Somente nos espaços livres dos museus a população poderia ser iniciada na compreensão da arte.

Em 1945, Tarsila do Amaral, a pintora modernista brasileira, por ocasião de uma exposição na Galeria Prestes Maia, fez um comentário que lembrava as "teses" de Nelson: sem um contato mais constante e íntimo do povo com a arte moderna, o público não iria familiarizar-se com essa nova expressão estética.[4] Sérgio Milliet, conhecido escritor e crítico de arte, diretor da Biblioteca Municipal de São Paulo, já havia pensando nisso. Imaginava um programa para "erradicar do público o gosto pela 'fórmula', pela 'receita'", isto é, educá-lo para ver obras de arte "como um fenômeno [...] apresentando variações, configurações diversas",[5] aceitando formas diferentes daquelas cristalizadas pela tradição. Com esse objetivo, ele publicou um artigo no jornal *Diário de S. Paulo* pedindo a criação de um museu de arte moderna na cidade. Monteiro Lobato e Abrahão Ribeiro, prefeito paulistano, reagiram violentamente. O prefeito publicou um artigo também no *Diário de S. Paulo*, em maio de 1946, dizendo que não era necessário criar uma instituição desse tipo, "um museu monstro [...] a fim de abrigar os fetos esmigalhados e as mulheres de umbigo na testa, seios nos calcanhares e outras maravilhas [...] Para isso não tenho verba".[6] Lobato arrematou afirmando que Milliet e seus modernistas precisavam, na verdade, de um depósito para suas obras encalhadas, que ninguém entendia; mas, "como ficava feio pedir um depósito à prefeitura, pediram um museu".[7]

Esse debate deu-se na primeira metade de 1946. Em novembro desse mesmo ano, Nelson Aldrich Rockefeller chegou pela terceira vez ao Brasil. Quando desembarcou, sua bagagem incluía, além dos projetos sociais e econômicos, quase duzentos quilos de obras de arte destinadas a futuros museus brasileiros. Havia telas e esculturas de artistas famosos, europeus e americanos, e um rolo de filmes 16 mm sobre a história do cinema americano, com legendas em francês, destinados à ainda afrancesada elite brasileira. Os museus brasileiros ainda em projeto teriam em seus acervos obras de Max Ernst, Arthur Osver, Byron Browne, Spruce, Gwathmey, Grosz, Chagall, Léger, Tanguy, Calder.[8] O valor declarado por Nelson na companhia de aviação ultrapassava 8 mil dólares. Convertidos para valores de hoje, seriam, aproximadamente, 100 mil dólares. Mas não basta fazer a conversão, pois só um móbile de Calder, hoje, valeria algo entre 3 e 5 milhões de dólares.

Como se pode depreender, não era coincidência que Nelson tivesse vindo municiado para atuar na questão da arte e sua relação subjacente com a política, cujo significado ele talvez tenha percebido pela primeira vez quando, em 1934, viu a imagem de Lênin tomar forma no polêmico mural de Diego Rivera, nas paredes de um dos prédios do Rockefeller Center. A partir daí percebeu que arte não era só para pendurar na parede, mas também um instrumento de combate.

Com todo esse arsenal ideológico nas malas, Rockefeller deixou o Rio na manhã de 21 de novembro de 1946 e chegou a São Paulo a tempo de participar de uma reunião, na Biblioteca Municipal, que tratava da formação de um museu de arte moderna brasileiro. Estava acompanhado de Carleton Sprague Smith, adido cultural do consulado americano e seu assessor para assuntos culturais. Além dos dois americanos, estavam na reunião Sérgio Milliet, que era amigo de Carleton; Carlos Pinto Alves, empresário e intelectual de São Paulo; Eduardo Kneese de Mello, jovem e talentoso arquiteto; e Assis Chateaubriand, o conhecido jornalista. Apesar de todos concordarem com a iniciativa, o terreno era um tanto delicado: havia uma disputa surda entre Assis e Francisco Matarazzo Sobrinho — ou Ciccillo, da conhecida família de empresários ítalo-brasileiros — pela primazia na criação de um museu de arte moderna no Brasil.

Chatô participou da reunião, mas já tinha se adiantado aos demais. A documentação do Rockefeller Archive Center revela que o ardiloso jornalista havia escrito para Nelson alguns meses antes da reunião, em março de 1946, dizendo ter a intenção de instalar um museu de arte moderna no edifício dos Diários Associados com a ajuda de informações e projetos que a portadora da carta, Mucia, de origem russa, esposa de Carlos Pinto Alves, trouxesse de Nova York. Chatô pedia que Nelson recebesse essa "bela e inteligente moça cheia de entusiasmo", vinda de uma das "melhores famílias brasileiras, que ocupa alta posição na sociedade paulista".[9] Com o apoio de Nelson, Mucia pôde familiarizar-se com a organização do MoMA, o que permitiu a Chatô — como sempre, mais rápido do que os demais — montar, com poucas obras, e inaugurar em outubro de 1947 o Museu de Arte de São Paulo, localizado no Edifício Guilherme Guinle, ainda em construção na rua Sete de Abril, 230, no centro da capital paulista. A pressa de Chatô para ganhar a "corrida dos museus" brasileiros foi tanta que na inauguração os convidados foram obrigados a usar uma escada de pedreiro para chegar até o mezanino, onde estavam as obras.[10]

O que importava era que o Brasil tinha seu museu privado e aberto ao público. Pietro Maria Bardi, o braço direito de Chateaubriand para assuntos ligados à arte, exaltou a criação do museu "não com o fim [...] de informar, mas de instruir [...]. Os americanos [eram] os primeiros a compreender a função educativa dos novos museus. O Museum of Modern Art de Nova York é o primeiro passo no bom caminho".[11]

Mas o Masp — como ficou conhecido o museu de Assis Chateaubriand — não era exatamente o que Rockefeller tinha em mente, pois reunia obras clássicas e modernas. Fosse como fosse, porém, tratava-se de um começo. O projeto dos partidários de um museu de arte exclusivamente moderna o entusiasmava mais, o que o levou a dispensar uma atenção especial, na reunião na Biblioteca Municipal, aos pedidos de Milliet para a criação de um novo espaço. A disputa entre Assis e Matarazzo Sobrinho — velada, na maioria das vezes — pela primazia na criação de espaços para exposições de arte em São Paulo dava um colorido estimulante à "guerra dos museus", e Rockefeller achava que a participação do segundo, em especial, conferia legitimidade ao grupo.

Ciccillo, quando jovem, parecia pender para uma arte mais acadêmica — tendência que mudou com a maturidade.[12] Ele iniciou sua coleção de obras de arte em 1944 e quatro anos depois fez uma exposição provisória em uma das fábricas da Metalma, a Metalúrgica Matarazzo, na rua Caetano Pinto, 571, no bairro do Brás. Uma exposição chamada *Do figurativismo ao abstracionismo*, embora de dimensões modestas, pode ser considerada o embrião de um museu de arte moderna, ainda grafado em minúsculas, organizado com base no museu de Nova York. Pouco mais tarde, em 15 de julho de 1948, o MAM, como ficou conhecido o Museu de Arte Moderna de São Paulo, seria oficialmente fundado. Durante um certo tempo, o MAM precisou migrar para diferentes locais, chegando mesmo a ocupar o prédio dos Diários Associados de Chatô, na rua Sete de abril. Na verdade, o endereço, para fins legais, era na rua Estados Unidos, 1093, residência do casal Francisco Matarazzo Sobrinho e Yolanda Penteado. Por algum tempo o MAM ocupou a Esplanada do Trianon, na avenida Paulista, onde, em 1951, seria montada a I Bienal de São Paulo; atualmente, o sítio é ocupado pelo Masp.

Quando Nelson recebeu o catálogo da exposição *Do figurati-*

vismo ao abstracionismo, mostrou-se muito entusiasmado e elogiou o fato de estar escrito em três línguas. Para ele não havia "ponte mais forte entre os povos das Américas do que as forças criativas de nossos tempos, as quais, mais do que nunca, são de caráter universal".[13] Na expressão "caráter universal" estava embutida a ideia de uma arte não nacionalista que se opunha ao nazifascismo, ainda fresco na memória dos povos.

Um memorando produzido por Carleton fez um balanço e resumiu para Nelson a sua contribuição em obras de arte para o MAM: Byron Browne, Georg Grosz, André Masson, Fernand Léger, Marc Chagall, Morris Graves, Alexander Calder. O mesmo documento fornecia ainda a lista dos membros do conselho administrativo, acompanhado de um pequeno currículo com comentários curiosos. A lista era encabeçada por Eduardo Kneese de Mello, "conhecido arquiteto moderno — descendente de imigrantes americanos que vieram na década de 1860".[14] Depois vinha João Vilanova Artigas, "o arquiteto comunista que esteve nos Estados Unidos. Jovem e brilhante 'boa-praça'"[15] — quer dizer, apesar de ser comunista, Artigas era alguém em quem se podia confiar. Seguiam Oswaldo de Andrade Filho, considerado um bom pintor e fluente em inglês; Francisco de Almeida Salles, chefe do arquivo cinematográfico; Tullio Ascarelli, cientista italiano vivendo em São Paulo; Maria Penteado Camargo, que o autor do memorando confundiu com Yolanda; Sérgio Milliet; Clovis Graciano, conhecido pintor; Antonio Candido de Mello e Souza, jovem e brilhante escritor; e Lourival Gomes Machado. A lista dos presidentes executivos era encabeçada por Francisco Matarazzo Sobrinho, passava por Carlos Alves Pinto, marido de Mucia, e pelo arquiteto Rino Levi.[16]

Nelson e Matarazzo Sobrinho trocavam correspondências e presentes com frequência. Quando o MoMA publicou as fábulas de Esopo, numa rica encadernação com ilustrações de Frasconi, Ciccillo recebeu um exemplar, ficou maravilhado e agradeceu

Ciccillo Matarazzo, René d'Harnoncourt, curador do MoMA, Yolanda Penteado e Nelson: estava nascendo o MAM.

numa amável missiva.[17] As cartas entre Matarazzo e Nelson tinham sempre o timbre dos respectivos museus, isto é, do Museu de Arte Moderna, de São Paulo, ou do Museum of Modern Art, de Nova York. Nada de correspondência do Ibec ou de Washington, no caso do americano, e nada de Metalúrgicas Matarazzo, no caso do brasileiro.

Mas Assis Chateaubriand não queria perder terreno para Ciccillo e, em 1950, articulou a vinda de Nelson a São Paulo para inaugurar uma nova ala do Masp. A viagem começou a ser preparada em março daquele ano. Chatô enviou uma carta bastante informal para os Estados Unidos. O usual "*dear*" era precedido pelo possessivo "*my*". "*My Dear* Nelson, foi para mim um grande prazer encontrar com David aqui." David, o irmão mais novo de Nelson, tinha vindo ao Brasil para iniciar as tratativas que levariam às negociações entre o Chase Bank e o Banco Lar Brasileiro.

Passou pelos escritórios dos Diários Associados e foi encarregado por Assis de ser o portador de um convite, ainda informal, para a inauguração da nova ala do Masp. "Nós estamos esperando você para inaugurar a nova sala", escreveu ele em inglês. "Seus amigos estão ansiosos para encontrá-lo, esperando-o *full of* 'saudades'".[18]

No memorando de Sprague Smith, intitulado *Summary on Brazilian Museums*, a seção dedicada ao Museu de Arte de São Paulo de Assis Chateaubriand dizia que o Masp fora inaugurado em 2 de outubro de 1947. Desde então tinha avançado bastante, pois ao lado de "pinturas antigas" havia dois Cézanne, um Renoir, um Van Gogh. Um Manet foi adquirido com fundos doados por Gastão Vidigal e Geremia Lunardelli. Sprague dizia ainda ter lido um artigo no *Diário de S. Paulo* anunciando que Nelson era esperado "na cerimônia oficial da apresentação (*unveilling*) de Manet e [iria] participar da inauguração 'das novas instalações'".[19]

Carleton registrou também a rivalidade entre os dois "concorrentes": Chatô e Ciccillo Matarazzo. O primeiro era, inicialmente, mais adepto a um museu de arte que priorizasse os clássicos: Tintoretto, Rembrandt, Velásquez. O segundo era um dos idealizadores do Museu de Arte Moderna de São Paulo. Por isso mesmo, o primeiro, um tanto enciumado, havia começado a se "apaixonar" por arte moderna. Talvez Chatô tivesse se transformado em um "militante" da chamada arte moderna, em especial a abstrata, depois ter ouvido o discurso de Nelson na inauguração das "novas instalações", como veremos adiante. Carleton garantia que a polêmica entre os dois mecenas brasileiros não interferiria na participação de Nelson porque "o mais divertido é que há uma fotografia sua na inauguração da coleção do Matarazzo e agora você está sendo requisitado para dar a sua bênção também para o material dos Diários Associados".[20] Não era possível, segundo o memorando, conhecer os *trustees*, ou membros do conselho, do

Masp. Aparentemente o show era de um homem só, isto é, só Assis Chateaubriand se destacava.

Nelson chegou mais uma vez ao Brasil no primeiro dia de julho de 1950. Veio acompanhado da esposa e de seus filhos, Steven e Mary. Quando chegou, já tinha uma ideia do cenário da "filantropia" brasileira no campo dos museus. Claro que a viagem não tinha como único objetivo inaugurar uma ala do Masp. Como ele veio pela costa do Pacífico, seu avião pousou em Campo Grande, no Mato Grosso. De lá voou até Mococa, no estado de São Paulo, para inspecionar trabalhos de preparação de terreno da EMA, que estavam sendo realizados também na Usina União Itaiquara, dirigida por Renato da Costa Lima. Depois, como de costume, foi a Jacarezinho, no Paraná, visitar Antônio Secundino, a Agroceres e os trabalhos da EMA na região. No dia seguinte, Ourinhos, para ver como andava a produção e o sistema de armazenamento nos silos para milho híbrido da Cargill Agrícola e Comercial. Finalmente, no dia 4, São Paulo, para o *happening* de Assis, programado para acontecer às duas horas da tarde do dia seguinte.[21]

A rua Sete de Abril foi tomada por uma multidão de curiosos, logo afastada para dar passagem aos batedores, carros do exército e automóveis dos quais saíam os representantes da "boa sociedade": presidente da República, embaixador americano, senhoras de bem. Pela primeira vez na América Latina, um evento de "tal envergadura" foi transmitido pela televisão. Foi graças à intermediação de Nelson Rockefeller que Assis conseguiu da RCA, de David Sarnoff, as condições técnicas para o pioneirismo desse novo meio de comunicação de massas. A abertura solene do evento ficou a cargo de uma orquestra infantil, que executou a *Sinfonia dos brinquedos*, de Haendel. Assis Chateaubriand fez um discurso de improviso, como de costume, cheio de hipérboles e frases jocosas. Concluiu que o Museu estava "à altura das exigências das modernas sensibilidades". Clemente Mariani, ex-ministro da Educação, e o deputado Horácio Lafer também se pronunciaram, enaltecendo o episódio. Em nome do presidente da República, falou Novais Filho, ministro da Agricultura, lembrando que, além da cultura, também a agricultura unia os dois países: "O café tem sido um dos grandes elos que unem os povos do Brasil e dos Estados Unidos numa velha e inabalável amizade".[22] Dutra estava presente, mas, como se sabe, não tinha as qualidades de um bom orador.

O discurso mais esperado, entretanto, era o de Nelson Rockefeller, que falou em inglês: o conteúdo era importante e ele não podia correr o risco de ser mal interpretado. "Cidadelas da civilização" foi o título que Nelson escolheu, inspirado em Franklin Roosevelt na inauguração de uma ala do MoMA, em Nova York, mais de dez anos antes.

Forte esquema de segurança para o presidente Dutra, Nelson e comitiva, que prestigiaram a inauguração do Masp.

Assis e Nelson: uma aliança para o progresso da arte abstrata em São Paulo.

Numa foto de julho 1950, Assis Chateaubriand está sentado à frente do presidente Dutra e de senhoras da sociedade devidamente trajadas com estolas de vison. Fazia frio na capital paulista. Também estão presentes Pietro Maria Bardi, diretor do Masp, Herschel Johnson, embaixador americano e outras personagens de destaque na sociedade paulista. A figura central da fotografia é Nelson Aldrich Rockefeller, sorrindo, sentado no chão, rodeado por celebridades. Simpático, irradia autoconfiança. Depois da foto, o esperado discurso.

Dirigindo-se inicialmente ao presidente Dutra e depois a Assis Chateaubriand, Nelson fez questão de mencionar que "A inauguração do Museu de Arte de São Paulo é uma das realizações e um dos serviços sociais do sr. Assis Chateaubriand". Depois, como de costume, comparou o Brasil aos Estados Unidos: "As histórias de nossos países têm semelhanças em vários sentidos". Forçando um pouco as similitudes, disse que, desde a fundação dos dois países, tínhamos em comum a crença na democracia, na liberdade e no respeito à dignidade humana. Falseava a nossa história não por ignorância, mas por necessidade político-ideológica, preparando o caminho para fazer uma crítica às sociedades não democráticas e não capitalistas. Referiu-se, então, às semelhanças entre as situações econômicas, também carregando nas tintas da comparação: "Economicamente nossos países têm mantido relações muito próximas, com resultados bastante positivos para os dois lados". As semelhanças eram também políticas: "Politicamente nós temos nos dedicado ao mesmo ideal de um mundo, homens e instituições livres". No entanto, a ênfase era nas vantagens do mundo livre sobre as forças que poderiam destruir esse mundo. A união profunda entre brasileiros e americanos era, segundo ele, o melhor meio de defesa da liberdade.

A parte fundamental do discurso foi reservada para o final, quando fez uma coerente interpretação da relação entre arte e liberdade: "Nós reconhecemos os valores humanísticos da arte abstrata". Nelson deu especial ênfase à ideia de que um museu dedicado à arte contemporânea deveria ser receptivo às novas tendências. Disse não acreditar que algum artista pintasse um quadro, deliberadamente, para não ser entendido; ao contrário, "acreditamos que a maioria dos artistas ambiciona uma intercomunicação". A arte moderna se relaciona ao humano, afirmou Nelson, mesmo que nem sempre de maneira figurativa, o que atribui à arte abstrata um valor humanístico, como modo de expressar a "[…] aspiração humana em busca da liberdade e da ordem. […] Rejeitamos a presunção que a arte esteticamente inovadora possa de alguma maneira ser social e politicamente subversiva e, portanto, não americana". O termo usado nessa passagem foi "*un-American*", e o prefixo inglês "*un*", aqui, é de difícil tradução; traduzi-lo por "não americana" é insuficiente. O sentido mais preciso para o contexto seria "anti", isto é, antiamericana.

Nelson prosseguiu:

> Deploramos o descuido ignorante do uso de termos da política e da moral no ataque à arte moderna. Relembramos que os nazistas suprimiram a arte moderna estigmatizando-a como degenerada, bolchevista, internacional e antigermânica; e que os sovietes suprimiram a arte moderna como formalística, burguesa, subjetiva, niilista e antirrussa; e que o oficialismo nazista insistia, e o oficialismo soviético ainda insiste, num realismo convencional saturado de propaganda nacionalista.[23]

O discurso foi concluído com a defesa da liberdade do artista de produzir o que quisesse, sem se preocupar com a mensagem política. Para encerrar, Nelson dirigiu-se ao presidente Dutra, lembrando que Roosevelt também acorrera ao MoMA para defender a ideia de que os museus eram "cidadelas da civilização".

O *Diário de S. Paulo* da época publicou a lista de convidados presentes à cerimônia. Estavam lá, por exemplo, Spitzman-Jordan, o empresário que "quase" fechou o gigantesco negócio com Nelson na serra da Bocaina; Guilherme Guinle; o embaixador Carlos Martins e esposa, isto é, Maria Martins, que teve, como vimos, participação nas relações entre Brasil e Estados Unidos; Roberto Marinho e esposa; Austregésilo de Athayde e esposa; o ex-diretor do DIP, Lourival Fontes, e esposa; srta. Teresa Bandeira de Mello; príncipe d. João de Orleans, princesa Fátima, princesa Cristina Salamanca, a nobreza representada; Israel Klabin, empresário paulista; Herbert Moses, Francisco Matarazzo Sobrinho, Yolanda Penteado Matarazzo, conde Silvio Penteado e esposa; Maria Penteado Camargo, o poeta Guilherme de Almeida e esposa; deputados Hugo Borghi e Emilio Carlos, Anita Malfatti, Flavio de Carvalho, arquiteto e artista plástico; Lasar Segall, artista plástico; a arquiteta Lina Bo Bardi, o arquiteto modernista Gregori Warshavchik, o poeta nacionalista Menotti Del Picchia. A lista inteira tomaria várias páginas.

Nelson Rockefeller e Geremia Lunardelli subiram à cobertura — na reportagem, o "*roof*" — do edifício dos Diários Associados para plantar duas mudas de café, simbolizando o produto que unia o Brasil e os Estados Unidos. Lunardelli ficou conhecido como o "rei do café", dono de várias fazendas espalhadas por São Paulo, Paraná, Minas, Mato Grosso e até no Paraguai. Nelson, de improviso, declarou que "tanto na guerra como na paz, as nossas duas nações se mantiveram aliadas, dando uma à outra força e segurança e ao hemisfério Ocidental estabilidade e esperança no futuro".[24] Claro que poderiam surgir problemas, como o preço do café, mas em se tratando de nações irmãs isso seria resolvido "numa base de respeito e confiança mútua, sem criar mal-entendidos". E com isso se encerraram as cerimônias da reinauguração do Masp.

Depois da inauguração, Rockefeller viajou para o Rio. Lá encontrou-se com Osvaldo Aranha, o velho amigo desde antes da guerra. Aranha era o representante da delegação brasileira na Organização das Nações Unidas. Ele estava no Brasil para tratar de negócios, pensar numa possível volta de Vargas à vida política, via eleições democráticas. No dia 9 de julho, entretanto, o diplomata brasileiro convidou Nelson para assistir no Maracanã ao jogo Brasil x Suécia no Campeonato Mundial de Futebol de 1950. Mas o jogo foi episódico, Nelson estava mais preocupado com seu projeto de largo espectro. O Rio de Janeiro não era só futebol, era também negócios e arte, como São Paulo.

O ENDOSSO AMERICANO AO MAM CARIOCA

Na recepção que deu no Copacabana Palace ao chegar, em novembro de 1946, Nelson tratou de política, de economia e de

Fotografados por Jean Manzon no Maracanã, Nelson e Aranha, entusiasmados, torcem pelo Brasil no Campeonato Mundial de 1950. O Brasil derrotou a Suécia com uma goleada de 7 a 1.

artes plásticas. Nas conversas que manteve com o empresário Raymundo Ottoni de Castro Maya e com Niomar Moniz Sodré foram lançadas as primeiras ideias de criação de um museu de arte moderna no Rio de Janeiro. Niomar — que se casou mais tarde com Paulo Bittencourt, dono do *Correio da Manhã* — já acalentava esse projeto, mas a cooperação de Nelson Rockefeller foi definitiva para que, em 1948, fosse inaugurado o Museu de Arte Moderna do Rio de Janeiro, o MAM. O museu funcionou em diferentes sedes provisórias até a construção do prédio projetado por Affonso Eduardo Reidy no aterro do Flamengo.

Nelson doou algumas obras para o museu carioca, mas a instituição também recebeu doações importantes do diplomata brasileiro Josias Carneiro Leão, colecionador e conhecedor do expressionismo alemão.[25] A direção do MAM ficou com Castro Maya; o presidente honorário era Gustavo Capanema e o primeiro vice-presidente, Manuel Bandeira, "um excelente poeta", segundo o memorando de Carleton Sprague Smith. O diretor executivo era Rodrigo Melo Franco de Andrade, primo de José Nabuco, o advogado de Nelson no Brasil. A diretoria artística tinha nomes como Cândido Portinari, Luiz Correa de Azevedo e Roberto Assumpção de Araújo.[26]

Quando Nelson voltou para o Rio, anos mais tarde, foi homenageado pelo MAM com o título de sócio remido, por ocasião da inauguração da exposição do pintor Cícero Dias. "Ao ato estiveram presentes a sra. Niomar Moniz Sodré, [nova] diretora do Museu de Arte Moderna, o deputado Gustavo Capanema e senhora, [...], o jornalista Paulo Bittencourt e o escritor José Lins do Rego [...]." O orador da solenidade foi Santiago Dantas.[27]

Entretanto, apesar do empenho do grupo, o MAM do Rio de Janeiro não parecia tão dinâmico quanto o de São Paulo. No testemunho de Smith, o museu carioca "não era tão ativo e movimentado como o de São Paulo".[28] Em parte, essa imagem devia-se à "confusão" que ainda se fazia entre o MAM, ligado a Ciccillo, e o Masp, de Assis Chateaubriand.

Na década de 1950, o MAM do Rio concentrou-se em empreender esforços para alcançar São Paulo, construindo a sua sede. Niomar criou em Nova York uma instituição chamada Amigos do Museu de Arte Moderna do Rio de Janeiro (Friends of the Museum of Modern Art of Rio de Janeiro), com sede na Quinta Avenida, destinada a levantar fundos para a construção do prédio da instituição. Mas as dificuldades não eram poucas. Depois de obter doações importantes de empresas americanas, por exemplo, descobriu-se que estas não podiam deduzi-las do imposto de renda porque o dinheiro não era destinado a uma entidade americana. A solução do impasse veio de uma sugestão de Nelson: as doações deveriam ser feitas pelas filiais americanas sediadas no Brasil.[29] Ainda em julho de 1959, Niomar escreveu a Rockefeller, em francês, explicando-lhe as complicações legais para chegar à forma final da Amigos do Museu de Arte Moderna do Rio de Janeiro. Nelson, já governador e mergulhado em manobras políticas visando ser indicado por seu partido para concorrer à presidência, mal podia atender Niomar, mas a solução para a instituição veio por seu intermédio: ele pagou 3675 dólares a advogados americanos que resolveram a questão. A brasileira queria também que ele usasse sua influência para convencer a embaixada dos Estados Unidos no Rio a empregar no museu verbas excedentes de negociações comerciais com o Brasil. Ela citava as leis que permitiam o emprego desse dinheiro em atividades educacionais: "créditos resultantes da venda de produtos agrícolas para países estrangeiros poderiam ser empregados 'para financiar atividades de intercâmbio educacional'".[30] Nelson respondeu a longa carta de Niomar em cinco linhas, dizendo ter achado a ideia ótima e informando que Berent iria para o Rio discutir o assunto.

A cruzada de Niomar foi noticiada pelo *New York Herald Tribune*, que em dezembro de 1959 publicou uma reportagem sobre a estada da brasileira e seu marido no país, envolvidos na tarefa de arrecadar fundos para a inauguração do novo prédio do MAM. Segundo a própria Niomar, Nova York contribuía "satisfatoriamente" com o projeto, e ela já havia convidado para a inauguração várias pessoas da cidade, inclusive o governador do estado, Nelson A. Rockefeller.[31]

As doações "satisfatórias" vieram da Sears, da Moore McCormack, da Coca-Cola, da General Motors, da Standard Oil e da IBM; além disso, Berent Friele conseguiu dez doações de mil dólares de diferentes pessoas, dentre outras os irmãos John e David Rockefeller, Todd, esposa de Nelson, e até mesmo da esposa de Edsel Ford.

O próprio Nelson desembolsou mais de 50 mil dólares em doações para o MAM do Rio.[32]

Os responsáveis pelos museus de São Paulo fizeram uma avaliação da situação no Rio de Janeiro. Achavam que o MAM carioca poderia superar São Paulo. Tomaram providências para que a cidade "que mais crescia no mundo" ficasse na liderança.

A BIENAL, OU DE COMO SÃO PAULO ROUBOU DO RIO O TÍTULO DE CENTRO DA ARTE MODERNA*

São Paulo não podia parar, não podia ficar só com a glória da inauguração do Masp e do MAM. A cidade não podia contentar-se com a ideia de que dois museus eram suficientes para marcar sua "superioridade" artística sobre o Rio. Chatô e Ciccillo fizeram uma trégua na guerra mútua não declarada, e Matarazzo preparou novo ataque para manter a Pauliceia na vanguarda. Em nome do Museu de Arte Moderna de São Paulo (MAM), enviou um memorando para o Museu de Arte Moderna de Nova York (MoMA), aos cuidados de Nelson Rockefeller. Ciccillo planejava organizar uma bienal, nos moldes da que havia acontecido pela primeira vez no mundo em Veneza, e queria que os artistas americanos estivessem representados.

Para isso, alguns problemas precisavam ser superados. Pelo menos na época, o governo dos Estados Unidos não patrocinava a exibição de seus artistas no exterior. Havia casos especiais: o governo americano, por meio das agências CIA, USIA e USIS, financiou, nem sempre de forma direta, projetos culturais para exportação. Em 1956, por exemplo, o Departamento de Estado enviou Dizzy Gillespie, o conhecido trompetista de jazz, para um tour pelo Bra-

---

* Paráfrase do título do livro de Serge Guilbaut.

sil.[33] Louis Armstrong também esteve por aqui. Duke Ellington e Benny Goodman foram para a União Soviética. A Voz da América, a estação de rádio que só atuava em ondas curtas para o exterior, transmitiu por mais de três décadas o *Music USA*, programa de jazz de grande audiência no mundo todo. Quando Willis Conover, o apresentador do programa, morreu em 1996, o *New York Times*, no obituário, sugeriu que ele ajudara a derrubar o Muro de Berlim.[34] A mensagem era simples: a América livre e democrata produzia música popular de alta qualidade, apreciada e compreendida no mundo todo. Ela dispensava mediações, ia direto aos ouvidos do russo, do húngaro, do tcheco, do italiano, do brasileiro, do polonês. Talvez por isso mesmo o famoso ensaio de Theodor Adorno, "Fetichismo da música e a regressão da audição", afirmasse que a música popular americana era alienante e a dança se parecia mais a movimentos de animais mutilados.[35] O que importava, politicamente falando, era que essa música conquistava o mundo e seu ritmo era marcado por todos, com as famosas batidas dos pés no chão.[36] Já a arte abstrata era um ramo mais complicado da cultura. Exigia interpretações.

A difusão da pintura expressionista-abstrata, preferência da vanguarda americana, era feita e subsidiada mais pela atuação de particulares do que pelo governo. Era "tarefa" dos Whitney, dos Guggenheim, dos Rockefeller, ou daquilo que os russos chamavam de conspiradores da "*uoll estrit*".[37] As obras pediam uma "ajuda" teórica para serem vistas como manifestação da democracia e da liberdade individual, como Rockefeller lembrou em seu discurso no Masp. Nelson não era um formulador de teses, mas suas ideias adquiriam formas teórico-metodológicas pelas mãos e cabeças de seu séquito de assessores. Isso era necessário para plateias mais amplas, como a que compareceu à inauguração do Masp. É claro que muitos intelectuais e artistas entendiam o papel do expressionismo abstrato. No entanto, é bem possível que depois do discurso de Nelson algumas pessoas, como o presidente Dutra — pouco afeito a perder tempo apreciando uma pintura abstrata —, tivessem começado a dar tratos à bola.

Em análises mais recentes, vários teóricos que discutiram a relação entre expressionismo abstrato e política chegaram quase todos à conclusão de que os artistas da avant-garde que se declararam apolíticos e acentuaram o individualismo de seus trabalhos foram usados como instrumento eficaz no combate ao comunismo.[38]

Talvez por esse motivo Ciccillo quisesse a participação de artistas americanos em nossa Bienal. Como a indicação e as despesas não coubessem ao governo dos Estados Unidos, ficou a cargo do MoMA escolher, selecionar e enviar as obras desses artistas. Se houvesse alguma dificuldade, talvez o "governo brasileiro" pudesse ajudar.[39] Como a viagem dos artistas e o transporte de quadros, esculturas e gravuras não pudessem ser feitos sob a responsabilidade do museu paulistano, Ciccillo sugeriu que Nelson Rockefeller entrasse em contato com o presidente Dutra para facilitar a vinda das obras americanas nos navios do Lloyd Brasileiro. Pediu também que vários itens fossem discutidos e negociados entre as duas instituições de arte. Esperava que o MoMA facilitasse o empréstimo e o aluguel de filmes de seu rico acervo e que facilitasse a venda dos livros de arte publicados nos Estados Unidos, pois o preço aqui era estipulado na base de um dólar por 35 cruzeiros. Um livro de vinte dólares chegava ao público apreciador de arte por cerca de setecentos cruzeiros, um bom dinheiro para a época. Em outras palavras, Ciccillo desejava que os americanos dessem um jeitinho brasileiro. A Bienal era um ensaio para as festas do IV Centenário da Cidade de São Paulo, a ser comemorado em 1954.

Finalmente, em 20 de outubro de 1951, Francisco Matarazzo Sobrinho viu seu projeto realizado. Os arquitetos Luís Saia e Eduardo Kneese de Melo projetaram um polígono de madeira que foi instalado em um antigo salão de baile localizado na avenida

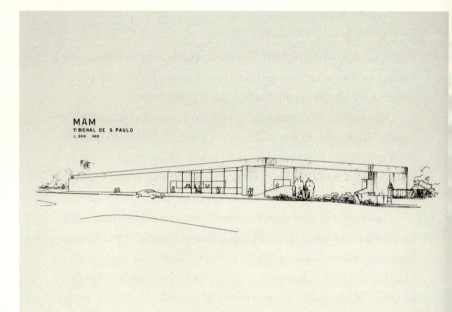

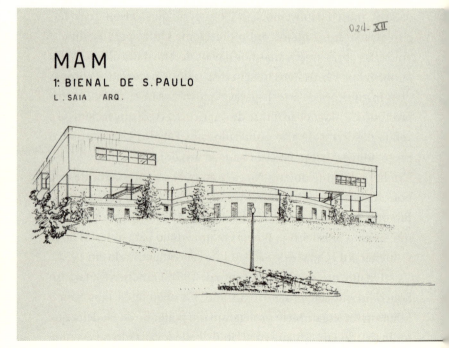

Esboços de um espaço para a I Bienal de São Paulo.

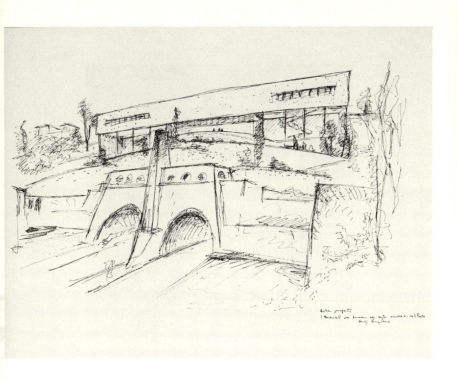

Paulista, onde hoje fica o prédio do Masp. O catálogo da I Bienal do Museu de Arte Moderna de São Paulo, a segunda a ser realizada no mundo e a primeira nas Américas, tinha um texto introdutório assinado por Simões Filho, ministro de Educação e Saúde. Ele acentuava o papel de São Paulo na vanguarda do país, em um tom messiânico: "Em São Paulo, onde tudo se mede pelas dimensões da grandeza, o quadro que ora se oferece é surpreendente. São Paulo é a terra predestinada aos ímpetos da evolução brasileira".[40]

A impressão do catálogo foi feita com a contribuição do Ministério de Educação e Saúde. A diretoria executiva da Bienal de São Paulo era presidida por Francisco Matarazzo Sobrinho, secundado por Carlos Alves Pinto e Sérgio Milliet. A secretaria era de Oliveiros S. Ferreira, professor e jornalista. O conselho administrativo tinha nomes como Antonio Candido de Mello e Souza, Clovis Graciano, Mário Penteado Camargo, Vilanova Artigas e Francisco Luís de Almeida Salles, entre outros. Havia uma comis-

Montagem do setor dos artistas norte-americanos na I Bienal de São Paulo.

são de honra composta pelo presidente Getúlio Vargas, pelo governador Lucas Nogueira Garcez, de São Paulo, e por outros governadores.

Mais de setecentos artistas, dos quais cerca de duzentos eram brasileiros, representando 21 países, participaram do primeiro evento que estava "predestinado" a colocar São Paulo no topo da vanguarda cultural do país. O encarregado de organizar a seção dos Estados Unidos foi um alto funcionário do MoMA, René d'Harnoncourt. Ele queria apresentar o maior número possível de artistas americanos representativos das diferentes escolas. Os destaques ficaram com Lyonel Feininger, Willem de Kooning, Georgia O'Keeffe, Jackson Pollock, Mark Rothko, Edward Hopper, entre outros. As grandes vedetes representantes do expressionismo abstrato foram Pollock e Rothko. O discurso de Nelson no ano anterior, quando da inauguração do Masp, pode ter preparado, no plano teórico-ideológico, a vinda dos artistas da vanguarda abstracionista americana para a I Bienal de São Paulo. Eles pareciam estar em casa.

Um setor da esquerda e alguns nacionalistas não compartilhavam da mesma opinião. Alguns jornais tinham certeza de que as mais de 10 mil pessoas que visitaram a Bienal nos três primeiros dias — entre elas o autor deste livro, que tinha nove anos de idade à época —, estavam sendo ludibriadas pelo imperialismo. "Verdadeira farra de tubarões na inauguração da Bienal de Rockefeller" era a manchete, em 21 de outubro de 1951, do jornal *Hoje*, que, como o *Voz Operária*, era ligado ao Partido Comunista. "Obras teratológicas exibidas com grandes cerimônias", "O povo, que é quem paga tudo, ficou na chuva vendo o desfile da granfinagem", eram as chamadas dos subtítulos.[41] No interior do prédio da Bienal, entre a "*granfinagem*", estava d. Darcy Vargas, representando o marido, que já começava a enfrentar pressões vindas da direita e da esquerda. Em número anterior, no mesmo jornal, Arthur Neves escrevera "Bienal, a manobra imperialista", artigo que pretendia mostrar a relação entre a arte e a conspiração imperialista para dominar o mundo.

> Em São Paulo, o Museu de Arte Moderna é hoje um dos centros mais ativos da vasta rede de propaganda que o Departamento de Estado Norte-Americano estendeu sobre o Brasil e com a qual pretende cobrir todos os setores de nossa cultura.[42]

Nenhuma palavra sobre os programas da Voz da América, do jazz e do imperialista cinema americano. A parte mais reveladora dos parcos conhecimentos do autor da matéria foi a afirmação de que Ciccillo Matarazzo estaria imprimindo uma orientação cosmopolita e antinacional à nossa cultura, e difundindo a "arte abstrata e degenerada [...] propaganda do que há de mais reacionário e decadente [...] o sr. Matarazzo intercala [...] trabalhos de loucos e anormais".[43] Na volúpia de criticar, Neves lembrou ainda o nome de Roland Corbusier, "teórico integralista", como grande contribuidor do imperialismo cultural. Corbusier, o renomado intelectual brasileiro que rompeu com o integralismo, algum tempo depois formou o Iseb, núcleo de estudos nacionalistas que acolhia comunistas, como era o caso de Nelson Werneck Sodré. Isso para não falar que na lista de organizadores da I Bienal de São Paulo estava o nome de Vilanova Artigas, sabidamente pertencente ao Partido Comunista. Talvez por ignorância, ou seguindo a orientação, quase sempre equivocada, do Cominform (o Comintern foi dissolvido durante a guerra), Arthur Neves repetia as palavras dos nazistas quando fizeram a exposição *Arte Degenerada*, em 1937, condenando o expressionismo. Tudo indica que o autor não havia considerado o discurso de Nelson Rockefeller no Masp, em que o americano usou a mesma expressão para criticar o realismo socialista.

A Guerra Fria estava no começo. Os dois lados mediam suas forças. Qualquer arma era passível de uso. A ideológica, como já se disse, tinha tanta prioridade quanto os foguetes, então em fase experimental. Das pinturas expressionistas abstratas à corrida espacial, passando pelos músicos de jazz, o Ocidente "atacava" com todas as suas energias. Com o impecável balé Bolshoi, passando por jogadores de xadrez e esportistas, os países da "cortina de ferro" revidavam com igual vigor.

Possivelmente, Francisco Matarazzo Sobrinho não tivesse uma clara consciência de que era um ativo personagem nesse cenário da Guerra Fria. Mas agiu assim quando, entusiasmado com o sucesso da I Bienal, pediu a Nelson, em carta levada pessoalmente por Chateaubriand em agosto de 1952, que convencesse empresários americanos a ajudar na construção de um Palácio das Artes no Trianon, o qual seria um símbolo da colaboração, acima dos negócios, num setor da alta intelectualidade, e o Chateau poderá ilustrar-lhe o fundo altamente significativo dessa iniciativa nesse momento tão crucial para as duas nações.

E a propósito, conto muito com a participação de Modern Art Museum [sic], de New York, na II Bienal de São Paulo (novembro de 53-janeiro de 54), que será também uma das manifestações do Centenário.[44]

A construção de um Palácio das Artes, com a ajuda da colônia americana de São Paulo, era um dos primeiros sinais da festa em comemoração ao IV Centenário da Cidade de São Paulo, que vinha sendo planejado por uma "entidade autárquica criada pela Lei Municipal nº 4166, de 1951", festejos que deveriam ficar na memória da cidade. O futuro Palácio das Artes foi pensado para ser construído no Trianon, ou seja, no lugar do atual edifício do Museu de Arte de São Paulo.

Nelson respondeu prontamente. Disse, em carta de 3 de setembro, que sentiria muito prazer em intervir junto da comunidade americana paulista para propor uma possível colaboração. Perguntava se a construção seria "a sede permanente do Museu de Arte Moderna de São Paulo" ou do Museu de Artes Plásticas. Despediu-se dizendo que ele e esposa esperavam encontrar Ciccillo na próxima viagem ao Brasil, planejada para os últimos meses de 1952.

A missão do batista americano Nelson Aldrich Rockefeller tinha produzido resultados bastante abrangentes.

Epílogo: missão cumprida?

A última viagem que Nelson Rockefeller fez ao Brasil, em 1969, foi breve e bastante diferente das anteriores. Na primeira, na década de 1930, ainda de forma diletante, ele sondou o terreno "exótico" do Brasil, prospectando mais o seu potencial agrário do que o nosso subsolo. No meio da Segunda Guerra, voltou como funcionário do governo americano e mostrou aos nossos líderes que seu país poderia oferecer alternativas às "tentações totalitárias fascistas". Trouxe a semente do americanismo para germinar nas férteis terras tropicais, adaptando-a aqui com o objetivo de criar oportunidades iguais para todos, com fortes raízes na ideia de progresso, entendido como liberdade de empreendimento, democracia industrial e aperfeiçoamento constante da modernização.[1] Em 1942, afirmou que o Brasil tinha enorme riqueza natural e grande potencial humano; o que nos faltava era saber tirar proveito disso, o que poderia ser feito com medidas modernizantes.

O interesse pelo país tornou-se uma verdadeira obsessão para o norte-americano em sua "missão civilizadora". É sobejamente sabido que essa não foi a primeira vez que os anglo-americanos propuseram "aulas" de civilização aos ibero-americanos. Theodor Roosevelt, o presidente "caubói", sugeriu, nos primeiros anos do século xx, puxões de orelha e palmadas para educar os latino--americanos. Nelson foi mais didático: receitou a técnica e a cultura como ferramentas infalíveis para o caminho da civilização moderna. Onde alguns viam retrocesso, Nelson viu o primeiro passo rumo à modernização, como declarou em 1952: "O serviço iniciado em 1937 [Estado Novo] no terreno econômico e social tem alcançado os melhores resultados".[2] O americano sentia-se aparelhado para dar continuidade ao impulso modernizador iniciado por Vargas. Mais ainda, julgava-se escolhido para executar o que considerava uma verdadeira "missão".

É na sua condição de liberal que se encontram as raízes de tal certeza, entendendo-se pelo termo o sentido que ganha na cultura política americana: um liberal é aquele que apoia reformas sociais, é partidário da intervenção do Estado na ajuda aos desempregados, aos idosos e às pessoas sem acesso aos serviços de saúde. Um liberal americano apoia a luta dos negros por igualdade de direitos e pelo fim da segregação racial que ainda subsiste nos Estados Unidos, e participa dela; é aberto a novas ideias de progresso, tolerante a outras posições. No caso de Nelson, basta lembrar da passagem em que, governador de Nova York, pagou, com seus próprios recursos, a fiança de Martin Luther King e seguidores, presos no Alabama em 1963, mostrando-se fiel aos preceitos herdados dos pais, contrários ao segregacionismo. O liberal, no sentido anglo-americano, é aberto a novas ideias e a mudanças que promovam melhorias nas condições sociais. O conservador, ao contrário, opõe-se à intervenção do Estado e é partidário do "governo mínimo", não quer pagar impostos, quer conservar as tradições, é avesso às mudanças. Havia, aliás, liberais e conservadores tanto no Partido Democrata quanto no Republicano.

Alguns biógrafos chegam a afirmar que Nelson ficou mais

crítico e liberal depois de criar vínculos pessoais na América Latina, mais precisamente na América do Sul. As desigualdades aqui eram mais gritantes, o que fez com que ele passasse a ter consciência de que, se não houvesse uma melhor distribuição da riqueza, sua classe correria sérios perigos. Foi esse o motivo que levou o jovem milionário a fazer aquele pequeno discurso aos recalcitrantes executivos da Standard Oil, na volta de sua primeira viagem à América do Sul. Como republicano mais aberto às reformas do democrata Franklin Roosevelt, defendeu o New Deal, afirmando na ocasião que o presidente tinha sido corajoso ao assumir a responsabilidade de propor leis que aumentavam em muito o poder do Estado para dinamizar a economia combalida pela crise de 1929.

Era raro que ricos republicanos adotassem essa posição político-ideológica. Um Henry Ford ou um J. P. Morgan achavam que Roosevelt, o presidente democrata, não passava de um comunista fingindo-se de burguês aristocrata liberal. Quando Morgan soube da morte do presidente, no dia 12 de abril de 1945, deu um grande banquete. Pelas mesmas razões, muitos odiavam Nelson; consideravam-no um traidor da classe. Durante a presidência de Eisenhower, em um momento de extrema franqueza, um diretor da CIA chegou a rotular Rockefeller de "comunista de Nova York", tal como Roosevelt era considerado.

Como liberal, sua atuação na modernização da agricultura brasileira exemplifica bem a estratégia que elegeu para atingir os objetivos que tinha em mente: usar a técnica para promover uma "missão civilizatória" no Brasil. Esperava assim que os perigos de agitações sociais promovidas por organizações de esquerda tivessem pouco ou nenhum efeito no meio rural. Por exemplo, em 1950, Nelson fundou o Instituto de Pesquisas IBEC — que, em 1963, passou a se chamar Instituto de Pesquisas IRI. Ao analisar a queda na produção dos cafezais em uma região do país, o IRI concluiu que isso se devia à prática brasileira de derrubada e queima da mata para o novo plantio, o que produzia a exaustão no solo e provocava o abandono das plantações, que passavam a ser utilizadas como pastagens, em "detrimento dos trabalhadores e das comunidades da região".[3] Como se vê, a atuação do IRI não se limitava aos interesses econômicos, mas apontava para o esgarçamento do tecido social no campo, o que poderia provocar conflitos sociais. Durante catorze anos Nelson e David Rockefeller financiaram as pesquisas realizadas pelo IRI. O programa para melhorar a qualidade do solo começou na Fazenda Cambuhy, em Matão, e se estendeu para outras regiões.

Vários cientistas brasileiros e americanos trabalharam nos laboratórios da fazenda, realizando diferentes experiências para aumentar a produtividade dos solos com a adubagem, por exemplo, de NPK, um composto de nitrogênio, fósforo e potássio que corrige parte das deficiências do solo de áreas degradadas ou de áreas como as do cerrado. Quando Nelson Rockefeller veio ao Brasil em 1958, desembarcou em Goiás e foi visitar uma fazenda em que o IRI fazia experiências, em Anápolis, próxima da futura Brasília. O objetivo era criar condições de produzir alimentos para a cidade nascente, em um solo pouco apropriado para cultivo. Com o tempo, as atividades do instituto passaram a ser feitas em parceria com a Escola Agrícola Luiz de Queiroz, de Piracicaba, com o Instituto Agronômico de Campinas e com a Usaid (United States Agency for International Development). Esse consórcio, por sua vez, deu apoio ao Departamento Nacional de Pesquisas Agropecuárias, que se transformou na Embrapa, a Empresa Brasileira de Pesquisas Agropecuárias, considerada uma das mais eficientes agências do governo brasileiro. Entre as décadas de 1960 e 1970, o IRI promoveu pesquisas em Planaltina, em cooperação com a Abcar, instituição com origem nas Acars fundadas por Nelson Rockefeller e pelo governador mineiro, Milton Campos, em 1948.

Em 1957, a produção de soja no Brasil era de aproximadamente 50 mil toneladas.[4] Dados recentes, do ano de 2011, indicaram a produção de 75 milhões de toneladas do grão. O argumento dos técnicos para explicar como uma área menor do que a usada nos Estados Unidos produz mais no Brasil é o do aproveitamento racional do cerrado, solo tido anteriormente como improdutivo. Hoje, o Brasil é considerado um dos maiores produtores de soja. O PIB per capita no Centro-Oeste, que era similar ao do Norte/Nordeste, com a modernização da agropecuária aproximou-se do patamar do PIB per capita do Sudeste/Sul. Segundo Norman Borlaug, cientista norte-americano da área de agricultura e prêmio Nobel da paz de 1970 por desenvolver técnicas de plantio para evitar a fome no mundo, o "maior evento agrícola deste século foi o desenvolvimento dos cerrados no Brasil".[5] Não é descabido considerar, portanto, que o IRI contribuiu para o desenvolvimento de uma agricultura dinâmica e moderna, responsável pelos atuais níveis de produção agrícola no Brasil. Tudo isso só confirmou a profecia que Franklin Roosevelt fez em 1942, durante a Segunda Guerra, depois que Nelson Rockefeller voltou de sua missão no Brasil: "Um dia, esta será a mais importante área de desenvolvimento do mundo inteiro; a história do nosso Oeste lá será repetida".[6]

A diferença, entretanto, é que no "nosso Oeste" não nasceriam pequenas cidades de colonos desbravadores, mas uma cidade modernista, Brasília, sob o comando de Juscelino Kubitschek, comprometido com o projeto do americano desde a época em que era prefeito de Belo Horizonte e governador de Minas Gerais. Embora a historiografia brasileira e estrangeira nunca tenha mencionado o papel de Nelson no conturbado processo da eleição de JK para presidente, em 1955, também aqui esteve o dedo do americano, atuando por trás dos bastidores. Embora Juscelino já fosse tido como um aliado anticomunista de absoluta confiança, um compromisso mais efetivo com os americanos deu-se na campanha, por meio de Nelson Rockefeller. O episódio de um encontro do hotel Serrador, no Rio, está registrado em um memorando confidencial[7] de Berent Friele, braço direito do milionário aqui no Brasil.

Em agosto daquele ano, Berent foi convidado pelo ex--governador paulista Lucas Nogueira Garcez para ir, à noite, ao hotel Serrador, localizado na Cinelândia e frequentado pela elite política brasileira. Era comum encontrar políticos, artistas, homens de negócios, intelectuais, lindas mulheres na famosa boate Night and Day, para, entre outras atrações, ver a orquestra de Tommy Dorsey em sua excursão brasileira. Mas não foi na boate que eles se encontraram e sim na suíte que o paulista ocupava, por volta das 22h30. O ex-governador estava sozinho, mas logo chegou Renato da Costa Lima, ex-secretário de Agricultura de São Paulo e associado ao Ibec de Nelson. Uma hora depois chegou outro convidado: Juscelino Kubitschek, que estava em campanha para a eleição presidencial, marcada para outubro daquele ano. JK foi lançado candidato pela aliança entre o PSD e o PTB, depois de grande controvérsia. Ele havia sofrido fortes pressões para não se candidatar. Um manifesto de generais tentou impedir sua candidatura pela dobradinha PSD-PTB. João Goulart, tido como herdeiro de Vargas, era o vice.

Juscelino chegou ao encontro, segundo Friele, sem nenhum segurança, de bom humor, jovial e confiante, apesar do dia cheio de discursos em diferentes locais do Rio; no dia seguinte, de madrugada, viajaria para o Rio Grande do Sul. Ele foi até o hotel para mandar um recado ao governo americano por intermédio do funcionário mais graduado de Nelson Rockefeller no Brasil. O recado resumia-se a uma lista de oito itens. O primeiro dizia que, se ele fosse eleito, sua política seria de estreita cooperação com os Estados Unidos; ele se comprometia a manter as atividades antiamericanas sob rígido controle. No segundo item, correlato ao primeiro, JK dizia-se irritado com recentes boatos de que havia fechado um compromisso político com os comunistas; logo ele, um católico devoto, não "poderia ser mais anticomunista".[8] Depois, o mineiro dava satisfações a Berent pelo apoio indesejável que recebia dos comunistas, mesmo repelindo tal apoio; isso porque eles não tinham um candidato próprio. No quarto ponto, JK garantiu que ignorava qualquer acordo entre os comunistas e o PTB em São Paulo. O culpado dessa confusão toda era Osvaldo Aranha, que promovera um encontro de comunistas com JK em sua casa. Também culpou Aranha por não ter mantido a promessa de não indicar João Goulart para a vice-presidência (JK teve de engolir Jango). O tópico número cinco contraria aqueles que defendem a tese de que JK era um nacionalista como Getúlio Vargas. Ele garantia que não partilhava da ideia de controlar o capital estrangeiro, como queria Vargas. Afirmou que, se eleito — e Berent parecia não ter a menor dúvida disso —, restauraria a confiança dos investidores estrangeiros nas atividades econômicas e proporia uma emenda nas leis que impediam o livre trânsito de capital privado. Esperava também resolver o problema do petróleo (embora não tivesse detalhado como e o quê seria feito). No ponto seis, JK queria mostrar que, em nenhum momento, havia se oposto aos Estados Unidos, como alguns funcionários do Itamaraty sugeriam, e que a primeira coisa que faria depois de eleito era visitar o nosso vizinho do norte. A mais importante declaração, entretanto, está no ponto sete do relatório. JK designou Lucas Nogueira Garcez como "oficial" de ligação entre ele e os Estados Unidos e instruiu Garcez para que levasse a agenda de seu programa de governo para ser discutida em Washington. Por fim, JK acrescentou que seu conselheiro financeiro seria Walther Moreira Salles.[9] A conversa dos quatro durou até meia-noite e meia. Depois das despedidas, cada um deixou o hotel separadamente. Parecia missão secreta. E era. Berent comunicou o encontro diretamente à International Cooperation Administration, órgão criado por Rockefeller quando assessor de Eisenhower em Washington. O Brasil era levado muito a sério pelo grupo de Nelson. Quando Juscelino foi eleito, ele pediu ao presidente americano, como vimos, que enviasse o vice Richard Nixon como representante pessoal na posse do brasileiro. Pediu também que Berent fizesse parte da delegação americana.

Juscelino estava no terceiro mês de governo quando Nelson chegou pela oitava vez ao Brasil. O presidente conferenciou longamente com o norte-americano, no Rio de Janeiro. Logo depois Rockefeller declarou: "Acredito no novo presidente e em seu plano de governo, que, se for levado a cabo, sem dúvida representará mais um importante incremento ao progresso deste grande país latino-americano".[10] Os elogios não pararam aí. O Brasil era, segundo ele, uma das nações com maiores surtos de progresso, o que provocava a admiração internacional. Juscelino, quando governador de Minas, deu continuidade, com bastante entusiasmo, ao programa de extensão agrícola da Acar, a Associação de Crédito e Assistência Rural. Presidente, encomendou aos funcionários de Nelson um plano de extensão rural para todo o território nacional, dando origem à Abcar, a Associação Brasileira de Crédito e Assistência Rural, oficializada com a visita de Rockefeller em 1956. Nelson e JK eram o retrato da moderna aliança interamericana. A elite brasileira aplaudia e incentivava as iniciativas do americano.

Na época, Assis Chateaubriand escreveu um editorial que pode ser lido como uma síntese do sentido da relação de Nelson Rockefeller com o Brasil; mais precisamente, com a nossa intelligentsia, que, a essa altura, abandonava o modelo europeu, em especial o francês, cuja língua e cultura eram tidas até então como representantes da verdadeira "missão civilizadora e emancipadora".[11] Para Chatô, Nelson Rockefeller deveria ser o "embaixador da civilização imperial pacífica dos Estados Unidos. [...] O Estado para Nelson Rockefeller, não são somente os Estados Unidos ou a América, mas o mundo inteiro".[12]

376

Francisco de Assis Chateaubriand Bandeira de Melo, o nordestino descendente de família abastada, transformado em magnata das comunicações, foi, segundo seu biógrafo,[13] alfabetizado em francês. Seu próprio nome derivava do poeta, político, historiador e diplomata francês. Mas, tal como outros representantes da elite brasileira, parece ter trocado a via francesa da "missão civilizadora" pela norte-americana. É possível mesmo dizer que Chatô passou, inclusive, a incitar seus leitores a que fizessem o mesmo. Em outro artigo que escreveu sobre o tema, usou a palavra "dínamo" para caracterizar Nelson, sugerindo ser ele alguém que gera progresso e civilização pela via da técnica, agindo como um missionário para tirar o Brasil do atraso. Nelson soube reconhecer que seu país não poderia viver em uma "ilha perene de bem-estar e de felicidade, circundado pelo mar revolto de tantas Repúblicas latino-americanas, padecendo dos males do pauperismo e do subdesenvolvimento".[14] O recado que Chatô retransmitiu a seus leitores e adeptos estava em sintonia com a análise de que a maneira antiga de as metrópoles dominarem a "periferia" desaparecera; a elite local deveria abrir os olhos, educar-se, para produzir o progresso nas periferias, começando pelo campo, pela agricultura e, por capilaridade, passar a outros segmentos da sociedade. Nada de nacionalismos imprevidentes e irresponsáveis, como eram rotulados os últimos dias de Vargas. De sua parte, Assis, o rei das comunicações brasileiras, criou a nossa Radio City, ou seja, a Cidade do Rádio nos altos do bairro do Sumaré, na capital paulista, emulando a Radio City Music Hall de Nova York. As antenas da rádio e televisão Tupi transmitiam programas musicais, jornais falados e televisionados, novelas e os ubíquos comerciais que anunciavam de talco para bebês a geladeiras, fogões, televisores e automóveis, marca do governo JK. Eram também organizados programas de auditório, que muitas vezes recebiam artistas e orquestras norte-americanas. Transmitiam ainda as crônicas antinacionalistas lidas por Al Neto. Eis o que ele parecia entender como missão civilizadora. Nelson dava um endosso invisível às empreitadas de Assis.

A marca de Nelson poderia parecer invisível ao consumidor comum, mas não a um "consumidor especial" do produto que sua missão salvacionista gerava: uma *elite*, conceito elástico o suficiente para compreender desde o intelectual consumidor de arte até o fabricante de ração para frangos e o criador de porcos. O enaltecimento do progresso e do bem-estar, próprio da ideologia nelsoniana, era veiculado sem que fosse necessário conectá-lo ao resultado da produção; dispensava até mesmo a referência ao significante do produto palpável, concreto. Como dizem os americanos, era *life time guaranty*, tinha sido elaborado para não ter data de vencimento. Prova disso são os cartazes de publicidade de suas empresas, divulgados primeiro em revistas, mais tarde em outras mídias, e devidamente catalogados nos arquivos da família. É o caso dos folhetos de publicidade institucional da Forjaço, fundada por Nelson Rockefeller e Francisco Bocaiúva Catão em 1952, nos moldes das *forge* de Chicago.[15] Dez anos depois de sua fundação, a indústria apresentava balanço positivo e aumento significativo da produção e de vendas de implementos para a agricultura, para a indústria têxtil e para a de cimentos, entre outras.

Nos folhetos, o produto a ser vendido não aparece em nenhum momento; nada de imagens de ferramentas, peças ou utensílios saídos de prensas e fornos que supostamente deveriam ser oferecidas ao consumidor especial, isto é, ao comprador de máquinas para agricultura, indústria têxtil, cimento etc. O consumidor era o proprietário de uma fábrica ou um pequeno agricultor sócio de uma Acar em alguma parte do país. O destaque ficava para a imagem de mãos desenhadas. No canto esquerdo do folheto, o logotipo da empresa: a silhueta negra de uma bigorna com a palavra Forjaço vazada em branco. Nada mais. As mãos desenhadas são fortes e aparentam buscar algo, atingir um objetivo. O texto mais parece a pregação de um pastor protestante: "[...] homens que trabalham num ambiente livre, que aprendem a se conhecer [...] estendendo-se as mãos em espontânea solidariedade [...] desenvolvem ao máximo suas possibilidades de produzir". A frase seguinte é talhada nas propostas de Nelson de "forjar" um capitalismo humanista: "O aperfeiçoamento humano assim realizado eleva as preocupações além do ganho imediato, para a finalidade altruísta de prestação de um benefício social". Resultados sociais, que podem ser traduzidos em uma sociedade do bem-estar: "[...] do fruto de seu trabalho resulta o benefício de TODOS [assim mesmo, em maiúsculas]: indivíduo, família, empresa e comunidade". O título do folheto é "Objetivo comum e qualidade". Mensagem subjacente: o trabalho como redenção.

Em um segundo folheto, as palavras "promoção humana e qualidade" aparecem escritas dentro de uma pétala de flor presa a um galho sustentado por mão masculina, desenhada no mesmo estilo das anteriores, num gesto a um só tempo forte e delicado. "O HOMEM é o principal fator de produção [...] Seu estado de espírito, sua satisfação, seu ideal criador exprimem-se de modo indelével na obra que realiza." Parecia até que os anônimos autores do texto tinham se inspirado no discurso de Nelson Rockefeller na inauguração da Forjaço, em 1952.

Em outro folheto, a mão segura um paquímetro; entre as duas hastes — que no instrumento servem para aferir com precisão a medida de peças — está escrito "A verdadeira medida da qualidade". Palavras-chave: afeto, promoção humana, qualidade, integração do homem; todas relacionadas à ideia de força criadora do operário. Mais parecia a empresa de um socialista utópico que, de certa forma, antecipava a ideia de multiculturalismo e sugeria a harmonia na diversidade. Um eufemismo para passar ao largo da luta de classes.

Apesar de todas as críticas vindas de setores da esquerda brasileira — à implantação de novas técnicas agrícolas, aos projetos de urbanização da cidade de São Paulo, à colaboração em museus com ênfase na arte moderna —, as atividades de Nelson, hoje praticamente desconhecidas da grande maioria dos brasileiros, são lembradas por alguns como impulsionadoras da modernização de vastos setores da economia brasileira. Os antigos funcionários da EMA, como o tratorista José Eugênio da Silva Sobrinho ou os agrônomos João Zardetto de Toledo, Cyro Gonçalves Teixeira, Stanlei Virgilio, entre outros, falam com entusiasmo da "revolução verde" promovida por Nelson Rockefeller. Esses senhores, hoje idosos, recordam com vigor juvenil as experiências modernizadoras. Uma modernidade em que a "pessoa era o elo mais importante, independente de sua posição hierárquica dentro da estrutura. Nós não trabalhamos na EMA; a EMA éramos nós, com a atuação de cada pessoa", diz José Eugênio no prefácio do livro de Stanlei Virgilio.[16]

O que os idosos de hoje dizem da atuação de Rockefeller no Brasil reproduz suas lembranças da década de 1950. Era forçoso, no entanto, que esse quadro sofresse modificações. Nelson não podia e não queria manter-se à frente da missão projetada por ele mesmo. O foco de sua atenção foi mudando para seu próprio país. Claro que ele se mantinha informado sobre o que acontecia por aqui, mas, com o passar do tempo, seus contatos com o Brasil diminuíram na mesma medida em que aumentou seu envolvimento com a política americana e sua crescente ansiedade para ser indicado pelo Partido Republicano como candidato à presidência do país. Nos arquivos da família, os registros de suas relações com o Brasil vão rareando e se mostrando bastante episódicos. Em 1964, por exemplo, deu apoio a Johan Dalgas Frisch, ornitólogo brasileiro de origem dinamarquesa que, com a ajuda de Assis Chateaubriand, foi para Nova York e, em audiência com o governador

Dalgas Frisch presenteia o governador de Nova York com o Canto das aves brasileiras, *para que o americano não se esquecesse do Brasil.*

americano, obteve ajuda para salvar um espécime de águia brasileira, com o habitat nas matas da serra da Bodoquena, além de um incentivo para a criação do Parque Nacional de Tumucumaque, na Amazônia. Em agradecimento, Dalgas Frisch presenteou-o com uma pena de uirapuru. Nelson agradeceu dizendo ter esperanças de que a pena da ave brasileira lhe trouxesse sorte, segundo a crença dos índios da Amazônia; disse também ter ficado muito feliz por ouvir os cantos dos pássaros do Brasil no disco presenteado por Dalgas.[17] As conexões com o Brasil foram ficando cada vez mais no plano dos aspectos curiosos; o envolvimento com os empreendimentos brasileiros diminuiu sensivelmente, algumas vezes em função de desentendimentos com antigos parceiros, como aconteceu com Antônio Secundino, do Ibec e da Sementes Agroceres.

Ele continuava, entretanto, a ser lembrado. Menos como o homem de negócios e mais como pesquisador. Ibec e AIA eram siglas associadas a laboratórios de experiências em vários campos da sociedade brasileira. Havia, por certo, setores da esquerda que identificavam as mãos do imperialismo do magnata do petróleo por trás dessas instituições, sugando de nossas veias a riqueza do subsolo brasileiro, mas a imagem do *benefactor* prevalecia. Mesmo depois que Nelson deixou de se envolver pessoalmente, o Ibec continuou atuando no Brasil sob a direção de Rodnan, seu filho mais velho. No entanto, nos anos 1960 e principalmente nos 1970, os rendimentos e a produtividade estancaram e começaram a declinar. Parte dos empreendimentos passou para as mãos de empresas nacionais, como o fundo Crescinco e a própria Agroceres. A EMA encerrara suas atividades já em 1958. A associação com a fábrica de roupas Garbo se desfez algum tempo depois. Algumas empresas mudaram de mãos, outras se associaram ou fecharam. Persistiram, no entanto, o americanismo e a americanização, embora nem sempre de maneira explícita.

O Nelson Aldrich Rockefeller que fez sua última viagem ao Brasil em 1969, em pleno regime militar, já não conseguia, e não desejava, se concentrar nos objetivos específicos traçados décadas atrás. Ele desembarcou em Brasília no fim da tarde de 16 de junho. Depois dessa viagem, em que conheceu a nova capital brasileira, nunca mais voltou ao país, embora tenha mantido contatos residuais com o Brasil até sua morte. Governador de Nova York, vinha como representante de Richard Nixon, conhecido como Dick, o trambiqueiro, um dos presidentes mais criticados da história dos Estados Unidos. Sua missão era demonstrar a amizade dos Estados Unidos com os países da América Latina. No Brasil, ele ficou três dias, tempo mínimo para tentar entender os problemas mais recentes desse vizinho especial.

Quando chegou, foi recebido por altos dignitários do governo militar brasileiro, entre eles o ministro das Relações Exteriores, seu amigo José de Magalhães Pinto. Um coral de crianças cantou os hinos do Brasil e dos Estados Unidos. A presença da polícia do Exército, que auxiliava o forte esquema de segurança composto por mais de trinta agentes americanos, deve ter sido o primeiro sinal de que aquela seria uma visita diferente das anteriores. O sorriso era o mesmo, um pouco mais formal. Os gestos, menos ágeis. A juventude do dinâmico Nelson havia ficado no passado. Ele carregava não só o peso da idade — estava com 61 anos —, mas também o da frustração das vãs tentativas que fez para ser indicado a concorrer ao cargo que mais almejava: a presidência dos Estados Unidos.

Além disso, em Brasília não havia intelectuais, escritores ou artistas. Jornalistas, só os credenciados. As vozes infantis do coro devem ter soado previsíveis demais e a cerimônia de recepção, burocrática demais. Não havia os abraços calorosos que tinham marcado as outras visitas; não havia fotógrafos do porte de um German Lorca, que registrara imagens que são verdadeiras obras de arte da visita de Nelson na década de 1950, quando gostava de ser fotografado ao lado de lindas mulheres ou degustando uma feijoada. Havia agora um ar oficial e uma formalidade pouco comum nas viagens anteriores. Assis Chateaubriand morrera cerca de um ano antes e seu império de comunicações, que já entrara em decadência, não fez a costumeira cobertura jornalística, laudatória e quase sempre exagerada da chegada do americano ao país.

Antes ele vinha sempre acompanhado de assessores, em voos fretados ou de linha comercial. Dessa vez chegou com um "exército" de auxiliares em diferentes aviões do governo americano e privados. Berent Friele e Richard Aldrich, primo de Nelson, tinham vindo dias antes para preparar o terreno. Depois chegaram os assessores: tradutores, estenógrafos, datilógrafos, arquitetos,

Nelson em uma feijoada no interior de São Paulo, em 1958. Os elefantinhos da camisa representam o Partido Republicano.

agrônomos, engenheiros, militares, economistas, que custaram mais de 750 mil dólares extras, pagos do próprio bolso.

No discurso em português que fez ao chegar ao aeroporto de Brasília, Nelson riu de seus tropeços em nossa língua. Disse que pisar na nova capital brasileira era o mesmo que colocar o pé no futuro, "é como se estivéssemos chegado a um lugar que o resto do mundo ainda não alcançou". Talvez por isso ele tenha emulado a nova capital brasileira, prestando uma homenagem a seus idealizadores, o arquiteto comunista Oscar Niemeyer e o anticomunista presidente Juscelino Kubitschek, ao reformar o Empire State Plaza, centro administrativo de Albany, capital de Nova York.

Na entrevista para a imprensa, em 1969, Nelson não falou — não podia e não queria falar — que o país estava sob a tutela dos militares. Na capital, com um calendário bastante apertado,

futurismo de Brasília parece ter insprirado o modernismo da Albany de Nelson.

teve dois encontros com o presidente, marechal Costa e Silva, na biblioteca do Palácio da Alvorada. O brasileiro serviu-se de boas doses de uísque enquanto Nelson bebericava um vinho branco, a única bebida que passou a tomar com a idade. Segundo o americano, em seu posterior relatório, o militar brasileiro considerou a missão importante para esclarecer pontos de convergência e divergência entre os Estados Unidos e o Brasil. Para começar, Costa e Silva fez um histórico dos mais recentes atritos entre as duas nações, referindo-se ao episódio que envolveu o embaixador americano, Lincoln Gordon, que logo depois do golpe militar protestou contra a invasão dos escritórios da Associated Press. Depois, o presidente brasileiro passou a explicar a natureza do governo instaurado em 1964: havia sido "uma revolução do povo que se opôs ao comunismo [...] instaurando um governo do povo dedicado ao povo".[18] As seis últimas palavras estão sublinhadas no original de Nelson. A impressão que se tem é a de que ele estava tentando adaptar-se às próprias premissas de que seria preciso conviver — pelo menos enquanto estivesse aqui — com um regime militar, cuja versão de "governo do povo para o povo" era muito própria e não tinha similitude com o que ele conhecia das pregações dos pais fundadores dos Estados Unidos da América.

O presidente brasileiro fez, então, uma avaliação pessoal e simplista da política do Ocidente e das relações entre os Estados Unidos e o Brasil. Para Costa e Silva, não havia consenso político no hemisfério ocidental. Mesmo assim, continuávamos leais aos Estados Unidos e, por isso, considerando tamanho e importância, o Brasil deveria ter uma relação privilegiada com os americanos. Dito de outro modo, que o governo norte-americano levasse nosso país a sério. Para arrematar, o presidente afirmou ser fundamental que alcançássemos um bom desenvolvimento econômico e o povo atingisse um alto padrão de vida, sob pena de os Estados Unidos viverem uma situação intolerável, isto é, cercados por povos miseráveis, o que seria muito perigoso para o rico vizinho do norte.

Tal diagnóstico não deve ter surpreendido Rockefeller; ao contrário, já há tempos o milionário, político, empreendedor e filantropo vinha tentando combater a pobreza no país que também via como fonte de perigo para os Estados Unidos. Para sanar as origens dessa iniquidade, ele tinha receitado doses de modernização, não por bondade de coração, mas por pensar que só assim o mundo concebido pelos fundadores de seu país poderia sobrevir a futuras catástrofes representadas por revoluções sociais. Mas dessa vez o representante do presidente Nixon tinha vindo com a "missão de ouvir os brasileiros, ouvir, aprender e compreender seus pontos de vista, de receber conselhos e ouvir opiniões".[19]

Depois, o militar explicou que o governo brasileiro estava combatendo a inflação, promovendo o desenvolvimento da agricultura, do sistema de educação e saúde. Os dois trataram também das restrições à comercialização do café solúvel brasileiro feito pelos Estados Unidos e do fim do monopólio da exploração do petróleo. Costa e Silva reclamou ainda que os Estados Unidos haviam dado pouca assistência militar ao Brasil. Nelson então falou sobre as restrições políticas e a violação dos direitos humanos e livre expressão que vinham ocorrendo no país. Por que os jornalistas e intelectuais estavam sendo presos e os jornais, censurados?

Era a primeira vez que o enviado americano tocava no assunto. Costa e Silva usou a história do próprio Nelson com o Brasil para justificar o estado de exceção: disse que Rockefeller tinha vindo aqui, em 1942, para impedir que nosso país entrasse na guerra ao lado da Alemanha, contra os Estados Unidos. Agora, em 1969, ele viera como emissário do presidente Nixon para combater em outra guerra, dessa vez contra o comunismo e a guerrilha.[20] Ao americano não restou alternativa senão concordar.

No relatório sobre a viagem que enviou a Nixon, Rockefeller

diz que conversou francamente com o presidente brasileiro sobre direitos humanos e liberdade de expressão. Afirma ter explicado que o Congresso de seu país fazia pressão sobre o Executivo para que condicionasse futuras ajudas ao Brasil ao restabelecimento das liberdades democráticas no país, ao que o Costa e Silva, respondeu firmemente: "[...] nós estamos passando por uma fase de aberto ataque comunista ao Ocidente". A democracia podia esperar.[21]

Para Nelson Rockefeller, como vimos, "os regimes militares [eram] congênitos na América Latina, [...] melhor aprender a conviver com esses governos em vez de isolá-los".[22] Ele não queria ofender o regime brasileiro que lutava contra os comunistas, o inimigo comum. Já bastava a imprensa americana e alguns membros do Congresso, como foi o caso do senador democrata Frank Church, que haviam sugerido o cancelamento da viagem do governador em função da situação no país.[23]

A posição pragmática de Nelson aparece no comentário que fez ao relato de David Bronheim, assessor para direitos humanos da equipe americana, em que se elencavam acusações e reivindicações de estudantes brasileiros feitas durante sua última viagem para cá. Segundo os jovens, os Estados Unidos eram muito amigos dos militares, além de serem um país imperialista que explorava a América Latina em seu próprio benefício; as indústrias nativas eram muito dependentes do capital estrangeiro e a ajuda americana impunha condições inaceitáveis. Quanto a Nelson Rockefeller, o seu background não lhe permitia entender em profundidade os problemas da América Latina. Além disso, ele era ligado à indústria do petróleo.[24] A lista de reclamações contra o vizinho do Norte era longa. Na primeira página do relato, Nelson escreveu, com sua própria letra, com um garrancho: "*OUT*". Isto é, descartar esse tipo de comentário. Seu pragmatismo o aconselhava a coexistir com governos militares. Essas informações nem chegaram a Nixon.

A manhã seguinte ao encontro com o presidente brasileiro

em Brasília foi ocupada com visitas ao Itamaraty, aos ministérios militares, da economia e do planejamento. Nelson visitou também o Congresso vazio — ele fora fechado pelo AI-5, em dezembro do ano anterior — e apreciou a arquitetura. Ainda teve tempo de palestrar com os ministros Hélio Beltrão e Delfim Netto. No começo da tarde, embarcou rumo ao Rio de Janeiro. Uma fotografia no aeroporto do Galeão mostra-o sorridente, sendo recebido por políticos. Nada de amigos saudosos, gente do povo que o aclamava, mas sim guardas da Aeronáutica armados com metralhadoras. Sorriso formal. Um encontro com o governador Negrão de Lima deu início à maratona carioca de Rockefeller.

Na antiga capital da República, ele teve uma longa reunião de trabalho, que aconteceu no prédio do MAM cercado de forte esquema de segurança. O MAM carioca representava um elo histórico na amizade entre o filantropo americano e a elite carioca, em especial com Niomar Moniz Sodré Bittencourt. Em 1948, como vimos, Nelson ajudara a fundar o museu carioca, junto com Niomar, a amiga com quem se correspondia em francês e que havia se transformado na diretora do jornal *Correio da Manhã*. Nos dias que precederam o golpe militar de 1964, o *Correio* fez uma feroz campanha contra o governo de Jango. "BASTA" foi o título do editorial de 31 de março, e "FORA" o de 1º de abril. Entretanto, quando os militares tomaram o poder e foram decretados os atos institucionais, o jornal passou a se opor frontalmente à ditadura. Em dezembro de 1968, com o Ato Institucional nº 5, o AI-5, as liberdades civis foram suspensas e os jornais brasileiros foram submetidos a rigorosa censura. Os que se tornaram complacentes, claro, não tiveram muitos problemas, mas esse não foi o caso do *Correio da Manhã*. Em janeiro do ano seguinte, forças do Exército, da Aeronáutica e da polícia invadiram o jornal de Niomar para prender Osvaldo Peralva, ex-dirigente comunista, rompido com o movimento. Alguns dias depois, ela também foi levada para a prisão, de onde escreveu uma carta endereçada a John R. Reitmayer, diretor do *Hartford Courante of Connecticut*, um dos mais antigos jornais dos Estados Unidos. A carta é um raro documento sobre a repressão à imprensa em nosso país. Ela escreveu em português, conseguiu que um amigo traduzisse o texto e o enviasse a Reitmayer, antigo presidente da Inter American Press Association. "Nós não podíamos nem mesmo fazer comentários ou críticas a qualquer ditadura estrangeira", dizia num trecho da carta. A edição de 7 janeiro de 1969 do *Correio da Manhã* havia sido recolhida e destruída, e os outros editores foram presos. Todos ficaram esperando por 24 horas para serem interrogados. Depois foram postos em celas diferentes. Niomar recusou-se a vestir o uniforme da prisão e por isso foi transferida para um hospital militar. Seus advogados não haviam conseguido contatá-la; ela permaneceu incomunicável. "Eu soube que Nixon e Nelson Rockefeller falaram com o presidente sobre o meu caso, mas não tive confirmação disso.". Ela acreditava que Nelson intercederia junto das autoridades brasileiras para libertá-la, graças à "amizade que as artes criaram entre nós por mais de vinte anos".[25]

John Reitmayer enviou a carta de Niomar para o governador Nelson A. Rockefeller. Há um comentário do seu staff, na correspondência, chamando a atenção para o trecho em que Nelson é mencionado como uma esperança para livrá-la da prisão. Anexo, um bilhetinho de Louise A. Boyer, a "supersecretária" pessoal de Nelson, destinado a Ann Withman, secretária política do governador. Louise informava que Berent Friele já estava ciente do caso, "mas achava que, talvez, não fosse aconselhável o governador se envolver diretamente por enquanto",[26] embora pretendesse acompanhar a situação e fazer de tudo para ajudar "Mme. Bittencourt". Havia ainda uma notinha escrita à mão no canto do bilhete de Louise, provavelmente de Berent ou de Ann: "O governador concorda. Mas como dizer a ela?". Não é possível saber com o que, exatamente, Nelson havia concordado: com o não envolvimento no caso ou com que Friele fizesse tudo que pudesse "para ajudar Mme. Bittencourt"? Nelson e Berent viram-se diante de uma situação bastante embaraçosa. Rockefeller achava a coexistência com ditaduras militares no continente bastante aceitável. Os generais latino-americanos combatiam um inimigo comum: a subversão comunista. Mas os americanos não tinham conhecimento teórico suficiente para explicar por que a ditadura prendia liberais anticomunistas. Niomar ficou presa por mais de dois meses — contando o tempo em que passou no hospital e em prisão domiciliar.[27] Nos arquivos do Rockefeller Archive Center não há registros de correspondência entre Niomar e Nelson depois de 1969. Não se sabe se ele teve alguma participação na libertação da amiga. Talvez os contatos com as autoridades militares tenham sido feitos por canais secretos. Seja como for, Nelson não deve ter falado de casos particulares como o de Niomar com Costa e Silva, pois na época ela já estava em liberdade.

No MAM ele enalteceu a função da cultura na união dos povos e relembrou quando esteve em São Paulo e no Rio inaugurando os dois museus de arte moderna, mais de vinte anos antes. Elogiou a arquitetura e a bela coleção. Os responsáveis pela organização haviam escolhido o edifício do MAM para o encontro por achar que era seguro. Nelson também devia sentir-se em casa: era um ambiente familiar em que podia relaxar sua contida tensão. "Senhoras e senhores, [...] é um prazer especial não somente estar no Brasil, estar no Rio, mas estar no Museu de Arte Moderna no Rio".[28] Lembrou como havia sido forte sua experiência aqui à época da Segunda Guerra, trabalhando em áreas tão diversas quanto agricultura, artes plásticas e transportes, entre outras. Não tocou no nome de Niomar Bittencourt.

Depois, respondeu a perguntas dos jornalistas. Um deles quis saber sua opinião sobre o encontro com os estudantes brasileiros.

Nelson, lacônico, respondeu que havia tomado nota das questões dos jovens e que iria discuti-las no retorno aos Estados Unidos. Às perguntas mais espinhosas, como as referentes à violação de direitos humanos, o governador americano dava respostas evasivas, típicas de político experimentado. Um dos jornalistas disse que a maioria dos repórteres não havia comparecido temendo censura e prisões. Nelson respondeu que tinha vindo para ouvir os brasileiros, fossem eles jornalistas ou membros do governo. Que o inquisidor notasse bem, ele viera para ouvir e não para dar opinião. Os jornalistas o apertavam cada vez mais, fechando o cerco. Um deles perguntou se o governador poderia fazer uma avaliação do que vira até aquele momento no Brasil. Nelson foi quase rude na resposta: "Bem, meu caro, se eu der minha opinião agora para você, então o presidente [dos Estados Unidos] lerá meu relatório nos jornais e eu não terei a chance de fazer o meu".[29]

Nelson deixou o Rio de Janeiro na tarde de 18 de junho, rumo a São Paulo. No aeroporto de Congonhas foi recebido pelo governador Abreu Sodré e o prefeito Paulo Maluf. A caminho do hotel Jaraguá, no centro da cidade, parou na nova sede do Masp, na avenida Paulista, inaugurada em fins do ano anterior. No dia seguinte, 19 de junho, atendeu homens de negócios, jornalistas e fez uma palestra no exclusivo Clube Paulistano, localizado no bairro dos Jardins.

Começou a falar em português e pediu desculpas por não ser fluente na língua; preferiu continuar em inglês, com tradução simultânea. Não queria correr riscos de ser mal-interpretado num período de tensão política. Disse ser um prazer estar novamente na dinâmica capital paulista; sentia-se em casa ali; parecia estar em Nova York. As duas cidades eram, segundo ele, muito semelhantes, em tamanho e pujança industrial e comercial. É de notar como, nessa última visita ao Brasil, seus adjetivos soavam um pouco forçados, edulcorados. Nas respostas aos repórteres, foi, mais uma vez, evasivo: usou a mesma fórmula do Rio para responder sobre seu encontro com estudantes: tratara de diversos assuntos com os jovens brasileiros e faria um relatório ao presidente Nixon. Só isso, nada mais.

Protestos marcaram toda a viagem. "Receoso de que a parada de Rockefeller no Brasil resultasse em publicidade negativa [...] Costa e Silva tomou muitas precauções."[30] Entre elas, a prisão de lideranças estudantis e a proibição de notícias relacionadas a protestos. Nelson não chegou a presenciar nenhuma anormalidade, pois estava muito bem isolado e protegido. Mesmo assim, em São Paulo, estudantes da USP fizeram diferentes e rápidas manifestações. Na madrugada, picharam o grande muro do outeiro da igreja do Calvário, na Rua Cardeal Arcoverde, no bairro paulistano de Pinheiros. Com letra cursiva, foram grafadas as palavras "ROCKFELLER GO HOME". A grafia errada do nome era comum — faltava a letra "e" depois do "k". Os estudantes faziam parte de um grupo ligado ao clandestino Partido Comunista, o Partidão, cuja tarefa era protestar, com pichações, contra a presença do "representante maior" do imperialismo ianque. No pátio em frente à igreja, todos os anos, o pároco organizava (e organiza ainda hoje) a tradicional festa junina. Havia barraquinhas com comidas e bebidas típicas. Dentre elas, duas eram preferidas: pipoca e milho verde cozido. Eis a ironia: protestava-se contra a presença de Nelson Rockefeller, que havia disseminado no Brasil a cultura do milho híbrido, consumido ali mesmo pelos estudantes "anti-imperialistas". No dia seguinte, alunos da USP e de outras instituições — entre eles o autor destas linhas — promoveram uma manifestação no largo da Batata, no mesmo bairro de Pinheiros. O alvo era um posto de gasolina da Esso. Um grupo tentou derrubar um luminoso com o conhecido oval azul. Não conseguiu. O símbolo sobreviveu ao protesto. Lembrava a profecia do nietzschiano Zaratustra, que prognosticava como loucura "derrubar colunas no lodo, [porque] depois elas darão graças por retornarem mais sedutoras à vida".[31] Era uma referência à Comuna de Paris, no século XIX. Jornais e revistas da época não noticiaram nada sobre a manifestação no posto da Esso — estavam sob severa vigilância. Outra ironia: talvez alguns dos manifestantes fossem filhos dos estudantes da mesma universidade que, em 1942, aplaudiram os discursos de Nelson contra a guerra provocada pela Alemanha.

Vinte e sete anos já haviam passado desde os primeiros discursos e palestras do americano no Rio e em São Paulo, no período da Segunda Guerra. A situação em 1969 era outra, o Brasil estava sob uma ditadura que não lembrava o Estado Novo, regime que o próprio Nelson havia chamado de "ditadura esclarecida". Agora a situação era mais tensa, e cada palavra precisava ser medida.

Além disso, antes, Nelson Rockefeller não havia adquirido os cacoetes e clichês que caracterizam o discurso dos políticos experimentados. A exposição de muitos anos a um ambiente de feroz disputa política, como governador de três mandatos (preparando-se para o quarto), parecia tê-lo transformado. Se antes havia alguma espontaneidade — ainda que, às vezes, contida —, na última visita ela foi substituída por gestos e palavras mais estudados. Seu discurso exaltava em demasia as qualidades do país, soando falso: "Os paulistas são o símbolo do tremendo entusiasmo e da tremenda vitalidade e habilidade e liderança que existe hoje no Brasil".[32]

Ele também aparentava mais cansaço e uma mal contida frustração de político derrotado nas várias tentativas de indicação a candidato à presidência dos Estados Unidos. A convenção do Partido Republicano de julho do ano anterior parecia ter sugado as forças e o vigor naturais de Nelson, que já davam sinal de esmorecimento. O registro fotográfico de David Douglas Duncan, o ex-fotógrafo da Life, conhecido pela cobertura da Segunda Guerra Mundial, da Guerra da Coreia e da Guerra do Vietnã, captou as dramáticas convenções do Partido Republicano em Miami e do

Democrata em Chicago.[33] A convenção dos democratas ficou marcada pela violência, com jovens estudantes feridos pelos soldados da Guarda Nacional, que tentavam conter os protestos contra o conflito no Vietnã conduzido pelo democrata Lyndon Johnson. A republicana foi muito mais pacífica, mas, segundo Norman Mailler, muito mais tediosa. O Nelson Rockefeller que aparece no registro fotográfico de Duncan está em um ônibus que o levava para um encontro, acenando para uma rua vazia, com o dedo indicador e o médio fazendo o V da vitória. Uma vitória tão inexistente quanto as pessoas na rua. Foi exatamente depois dessa experiência frustrante — aliás, a sua última tentativa efetiva de chegar à presidência dos Estados Unidos — que Nelson foi incumbido por Nixon, o vitorioso na convenção e nas urnas, de vir ao Brasil.

Nelson Rockefeller foi deixando no passado, junto com sua dinâmica juventude, a posição liberal que moldou seu perfil político, considerando, mais uma vez, o sentido de liberal na sociedade americana, isto, é progressista. Quando voltou do Brasil, em 1969, declarou diversas vezes que na América Latina a democracia não era suficiente para controlar a guerrilha.[34] Dizendo de outra maneira, ele parecia achar razoável que as ditaduras de então fizessem o serviço que, antigamente, ele pensava ser factível por meio da cultura e da técnica.

O jornal *O Estado de S. Paulo* de 19 de junho publicou matéria sobre a visita de Nelson. A manchete de primeira página era "Missão insiste, leal à democracia". Em uma das fotos, Nelson está sorridente, ao lado do governador Abreu Sodré; em outra, menor, no canto esquerdo, segura um disco de Villa-Lobos que acabara de receber de Mindinha, a viúva do maestro brasileiro, na esperança de conseguir um financiamento para uma ópera do marido. Sua declaração era a de um caubói valente que enfrentava perigos: "Por maiores que sejam as ameaças [...], não temo levar minha missão até o fim. Considero uma traição ao conceito básico de democracia a atitude de um [...] político que se recusa a aparecer [...] por medo de [...] atentados".[35] A ameaça à democracia a que Nelson se referia vinha de organizações guerrilheiras — ou, segundo a nomenclatura oficial da época, "terroristas" — e não da ditadura. Apesar de tudo, afirmou, continuava acreditando na democracia. Considerando a censura que vigorava na época, é de se pensar se o jornal *O Estado* não viu nas palavras de Nelson uma oportunidade para enaltecer, ainda que de modo indireto, a ideia de democracia. Nelson mencionou também o pouco-caso do governo americano para com a América Latina.

Nixon deve ter feito uma leitura diagonal no extenso relatório do governador de Nova York e não tomou nenhuma atitude para pôr em prática os "conselhos" de Nelson e sua equipe para que ajudasse a América Latina, em especial o Brasil. A missão não foi levada muito a sério. Os americanos estavam mais preocupados com a crise que assolava o país. A situação interna se deteriorava. Os levantes sangrentos nos guetos negros das grandes cidades e a morte de estudantes na Universidade de Kent, Ohio, davam uma mostra da situação. A administração do governador Nelson Aldrich Rockefeller parecia estar em sintonia com o clima geral do país.

Nelson se candidatou a um inédito quarto mandato para governador de Nova York. Ganhou, mas sua reputação ficou associada ao político com ambições de se perpetuar no cargo do estado mais importante da União, já que não conseguira ser indicado para presidente. Um episódio em especial contribuiu para transformar sua imagem de político liberal em conservador. Na manhã de uma segunda-feira de setembro de 1971, alguns meses depois da sua quarta vitória, os telefones do escritório do governador em Manhattan deram a notícia de que os prisioneiros da penitenciária de Attica, perto da fronteira com o Canadá, tinham se rebelado e tomado a prisão, fazendo muitos reféns entre funcionários e outros detentos. Algumas tentativas de negociação falharam e o governador ordenou que a polícia invadisse a penitenciária. Muitos dos prisioneiros eram militantes de movimentos radicais, como os Pantera Negra (Black Panthers) e os Black Power. A reação ordenada pelo governador foi violenta, com saldo de vários mortos e feridos. Pouco mais de um ano depois, ele submeteu um projeto de lei que previa prisão perpétua para quem portasse qualquer quantidade de qualquer droga. Sua fama de republicano liberal foi ficando para trás.

No mesmo período, Nixon e Henry Kissinger — assessor para assuntos internacionais, que já havia trabalhado para Nelson Rockefeller no governo de Eisenhower — iniciaram uma mudança drástica na política exterior americana. Viajaram à URSS e à China comunista. Se o clima era tenso em casa, os dois esperavam relaxar a situação internacional e diminuir o risco de conflito atômico. Pela primeira vez, acenava-se aos jovens norte-americanos com o término da guerra do Vietnã. Mas, se os comunistas do outro lado do globo não eram mais tão perigosos, como se dizia, o mesmo não se dava com Salvador Allende, presidente socialista do Chile, visto como uma ameaça comunista para os Estados Unidos no continente.[36] Nixon foi reeleito presidente por larga maioria em 1972. Mas seu novo mandato foi marcado pelo conhecido caso Watergate, com o presidente lutando para safar-se das acusações de atividades ilegais. Para complicar a situação, o vice-presidente, Spiro Agnew, foi obrigado a renunciar por ter recebido subornos. Em casos como esse, uma emenda constitucional atribui ao presidente americano a prerrogativa de escolher outro vice-presidente. Nelson Aldrich Rockefeller foi um dos nomes aventados, mas Nixon preferiu Gerald Ford, um desconhecido deputado do partido. Nelson amargou mais uma frustração em sua vida de político.

Em fins de 1973, ele se retirou da vida pública. De longe, acompanhava com interesse a derrocada de Nixon. Quando o presidente renunciou, Ford assumiu e escolheu Nelson Rockefeller como seu vice; ele voltou às atividades políticas. Pela primeira vez na história do país nem o presidente, nem o vice haviam sido eleitos. Rockefeller guardava uma tênue esperança de ser indicado na convenção do Partido Republicano de 1976, mas isso não aconteceu: nova frustração em sua carreira política. Com a vitória do democrata Jimmy Carter, Rockefeller foi tratar de seus negócios particulares.

Também o Brasil havia passado por transformações políticas. Vivíamos então na transição do governo Garrastazu Médici para o do general Ernesto Geisel, que, assessorado por Golbery do Couto e Silva, preparava a abertura política, lenta e gradual. Poucos se recordavam de "Nelson", como era aqui chamado. Quando ele morreu, em janeiro de 1979, nossa imprensa não deu grande destaque. *O Estado de S. Paulo* de 28 de janeiro publicou uma pequena nota na segunda dobra; na página 7, matéria interna refez sua trajetória como descendente de família tradicional e como político. Nenhuma palavra sobre sua atuação no Brasil.

Essa primeira notícia esclarecia que um fulminante ataque cardíaco havia matado Nelson em seu escritório, no 56º andar do Rockefeller Center, mas, um mês depois, o mesmo jornal publicou uma pequena nota dos filhos do primeiro casamento de Nelson que vinham a público para esclarecer controvérsias "em torno da morte do ex-vice-presidente".[37] Segundo eles, os médicos tinham feito todo o possível para mantê-lo vivo, assim como a bela jovem que o acompanhava havia "agido responsavelmente". Mais tarde, Joseph E. Persico, ao biografar Nelson, deixou claro que ele não havia morrido no Rockefeller Center e sim "durante o ato físico do amor",* em uma casa da rua 54, no lado oeste da cidade, que lhe servia como escritório e como local de encontros amorosos.

---

* Expressão emprestada de um dos personagens do filme *Dr. Fantástico ou como eu aprendi a parar de me preocupar com bomba e passei a amá-la*, de Stanley Kubrick (1964).

No Brasil, a manifestação mais significativa quanto à morte do amigo americano foi um pequeno anúncio na seção de obituários assinado por Walther Moreira Salles, José Nabuco, Renato Costa Lima, Lucas Nogueira Garcez, Luiz Toledo Piza Sobrinho e Olavo Egídio Setúbal, entre outros. Era o convite para a missa de trigésimo dia em honra à alma de Nelson Aldrich Rockefeller, "que tanto contribuiu para o desenvolvimento do Brasil".[38]

Agradecimentos

DAS ORIGENS E DOS TRIBUTOS

Assim que saiu um livro que publiquei em agosto de 2000, *O imperialismo sedutor: A americanização do Brasil na época da Segunda Guerra*, Matthew Shirts, o americano mais brasileiro depois de Booker Pittman,* fez uma pergunta que me perseguiu por um bom tempo: "E qual vai ser o seu próximo livro?". Nenhuma resposta me ocorreu de pronto...

Depois disso, por um tempo, mantive-me ocupado apenas com as aulas de história na Pontifícia Universidade Católica de São Paulo, as bancas e orientações, as palestras sobre o Brasil e a Segunda Guerra por este mundo afora, mas a pergunta do Mateus — como o americano é mais conhecido aqui no Brasil — não me saía da cabeça. Até que, em um jantar regado a vinhos do Cone

---

* Jazzista clarinetista texano que passou a maior parte de sua vida no Brasil, entre Paraná, Rio de Janeiro, São Paulo e Bahia. Em 1958, tocou com Louis Armstrong em São Paulo.

Sul, ele voltou a me provocar, mas, dessa vez, já fazendo uma sugestão: "Por que você não escreve sobre o Nelson Rockefeller no Brasil? Sabe-se que ele veio pra cá durante a Segunda Guerra, mas ninguém sabe direito o que ele andou fazendo por aqui depois de terminado o conflito...". Pronto: assim nasceu a ideia geral que resulta agora em *O amigo americano: Nelson Rockefeller e o Brasil.*

Confesso que não foi fácil sustentar a decisão de escolher este título para o livro e suportar insinuações e brincadeiras de amigos: para alguns deles, só o título já deixava claro que, definitivamente, eu tinha pulado "para o outro lado do alambrado", como diria Leonel Brizola — isto é, eu havia passado para o lado do imperialismo. Pelo menos, era o que dizia o meu velho amigo, sociólogo glauberiano/ trotskista/ brizolista, Gilberto F. Vasconcellos. Fosse como fosse, mantive o título.

Pago, então, o meu primeiro tributo: ao Matthew "Mateus" Shirts, que me estimulou a escrever um livro sobre um americano conhecido principalmente por ser descendente da mais poderosa família de imperialistas dos Estados Unidos, cujos tentáculos sugavam, das veias abertas, a riqueza das nações pobres da América Latina e principalmente do Oriente Médio, onde o petróleo jorrava e ainda jorra (misturado, como se sabe, com sangue). Nelson pertenceu à terceira geração dessa dinastia que monopolizou por muito tempo a produção de combustível fóssil no mundo, ajudando assim à enorme emissão de gás carbônico na atmosfera que hoje assola nosso planeta.

O segundo tributo devo à bolsa que recebi do Rockefeller Archive Center, assim como à bolsa auxiliar da Fapesp da qual desfrutei no segundo semestre de 2004. Sou grato especialmente ao staff do Rockefeller Archive Center e à professora Yone de Carvalho, que me ajudou nas discussões teóricas e, principalmente, na pesquisa da documentação nessa instituição que guarda os papéis e a história da família.

Numa dessas garimpadas na documentação foi que descobri uma carta de J. Edgar Hoover, o diretor do FBI, a Nelson Rockefeller tratando do caso da nora alemã de Getúlio. Mostrei ao meu ex-aluno, o jornalista e historiador Marcos Guterman, então na *Folha de S.Paulo*. "Mestre — como ele me chama até hoje —, isto é ouro puro", disse, pedindo que eu escrevesse um pequeno artigo para o jornal. Devo também a ele, portanto, um tributo, pois pela primeira vez uma documentação pouco conhecida sobre o tema foi publicada na imprensa.

Foi por essa época também que, com um grosseiro esboço e algumas fotografias de Nelson no Brasil, tive uma reunião com Luiz Schwarcz, editor da Companhia das Letras, para falar de meus planos. Luiz fez uma leitura da introdução, ainda mal-acabada. Após um longo silêncio de alguns segundos, o veredicto: "Isto dá um bom livro. E tem um bom título" — que, na ocasião era *O conquistador do Brasil*; o título final só veio depois, quando Marta Garcia passou a editoria para Otávio Marques da Costa. "Toca em frente que eu mesmo vou lendo os originais", disse o editor, que fez uma leitura crítica impecável.

Na verdade, os tributos são vários, incontáveis. Quando publiquei um artigo sobre as atividades de Nelson Aldrich Rockefeller no Brasil n'*O Estado de S. Paulo,* em meados de 2008, minha caixa de e-mails se encheu. Eram mensagens do herdeiro das Lojas Garbo, que teve Nelson como sócio, dos filhos de Renato da Costa Lima, secretário da Agricultura de Lucas Nogueira Garcez, ministro de João Goulart, e de outras pessoas que se sentiram afetadas pelo tema — todos forneceram informações valiosas. Em especial, meu tributo vai para Linneu Carlos da Costa Lima, que me relatou passagens interessantes sobre as relações de seu pai com Nelson Rockefeller nas questões técnicas da agricultura brasileira. Inúmeros documentos escritos e fotográficos testemunham a contribuição de Renato nos projetos de Nelson. Devo ainda a Linneu o contato com Richard Aldrich Jr., parente de Nelson. Quando fui apresentado a ele, perguntei se falaríamos em português ou inglês, ao que ele respondeu dizendo que podia ser em português com sotaque de Mococa ou ainda da região da avenida Faria Lima, onde ele tem um escritório de advocacia. Fiz uma pergunta aparentemente simples: "Por que Nelson se dedicou tanto a seu projeto no Brasil?". Dick Aldrich respondeu direto, num sonoro e religioso inglês: "*Mission*".

Outros tributos a serem prestados vão para Fausto Saretta, colega do tempo em que trabalhei na Unesp de Araraquara e que estudou a fundo a economia dos governos Dutra e Vargas. A outro Dutra, dessa vez o professor Pedro Cezar Dutra Fonseca, da UFRG, devo a leitura acurada de vários capítulos que trataram do governo Vargas. A Ruth Helen Ryer, secretária de um dos escritórios de Nelson em São Paulo, que me recebeu em seu apartamento em Nova York e, com seus lúcidos quase noventa anos, apresentou-me uma faceta curiosa do grupo de Nelson: jovens muito ricos que, em vez de se comportarem como o playboy rico padrão, resolveram se divertir fazendo experiências de modernização em países como o Brasil. Também merecem tributos Diva e Daniel Pedro, por me acompanharem na primeira conversa que tive com Ruth Helen, de quem obtive valiosa documentação sobre o Ibec.

Devo mencionar também Laís H. T. de Salles Freire, filha de um eminente advogado representante de Nelson em São Paulo, que me apresentou a Ruth Helen, além de ter lido trechos dos originais. A Demétrio Magnoli, que leu e comentou dados sobre a produção agrícola no Brasil. Informações mais precisas sobre a produção de soja devo a Regina Célia e Paulo Noffs. À professora Mary A. Junqueira devo a troca de ideias sobre a interpretação da história americana. Agradeço ainda ao meu estimado colega, amigo e mestre, professor Oliveiros S. Ferreira, que, além das leituras e sugestões, foi personagem do livro. A meu amigo Ralph Della

Cava, pelas recomendações e pela boa conversa que tivemos num jantar na Amsterdan Avenue, e a James P. Woodard, da Montclair State University de Nova Jersey, pelas informações dos empreendimentos de Nelson na área de confecção de roupas. A Eduardo R. Lobo, pela assessoria nos temas de aeronáutica. A Lilian M. Grisolio, pela ajuda nas pesquisas da revista *O Cruzeiro* e pela interlocução. A Gianfranco Di Caterina, que fez leituras cuidadosas de trechos delicados e polêmicos do livro, além de me orientar na consulta de arquivos on-line — ainda um mistério para mim. Sem a ajuda de Lizbeth Batista, eu não teria tido acesso às edições d'*O Estado de S. Paulo* da época da guerra e, principalmente, àquelas sobre a última visita de Nelson durante a ditadura militar.

Também sou grato a Fernando Santomauro, que ajudou a catalogar a documentação e continuou a me enviar informações dos arquivos americanos. A Fernando Furquim, que descobriu registros fotográficos indispensáveis. A Paulo Baia, por sugestões quanto à conversão monetária. A Maria Shirts, que me ajudou na arrumação do arquivo e na busca dos jornais da época. A Adriano J. Marangoni, pela interlocução e pela especial ajuda com arquivos on-line. A Benauro R. de Oliveira (in memoriam), que me contou em detalhes como foram as manifestações contra a visita de Nelson em 1969. A Mauricio Alvim (in memoriam), especialista em agricultura e história da modernização de Minas Gerais. A Plinio Penteado Camargo, que me deu importantes informações sobre os empresários brasileiros que se associaram a Rockefeller. À Bia e ao Gustavo Lemos, pelas boas conversas e pelas informações sobre a família Penteado. A Dária Jaremtchuk, professora da USP, especialista em arte, que deu sugestões sobre o capítulo que trata dos museus.

Ricardo Barretto Ferreira da Silva e d. Carmen Sylvia Barretto Ferreira da Silva foram de uma gentileza ímpar ao ceder a documentação de Dyonisio Guedes Barretto sobre a Fazenda Santa Helena e me relatar a visita de Nelson.

Devo tributos ainda ao amigo Carlos Bakota, antigo funcionário do Departamento de Estado, que ajudou na localização de documentos no National Archives. A Carlos Eduardo Lins da Silva, pela contínua interlocução. A Reinaldo Moraes, pelas longas conversas sobre cultura americana, e a Marco Aurélio Sismoto, o Marcão, pelas sugestões de imagens e ilustrações. Ao Matias Spektor e Celso Castro, do CPDOC da Fundação Getulio Vargas. A José Eugênio da Silva Sobrinho, João Zardetto de Toledo e Ciro Gonçalves Teixeira, pessoal remanescente da EMA, pelos depoimentos que enriqueceram o livro. Aos colegas Antonio Rago Filho, pela contribuição nos aspectos políticos do governo Vargas; Monica Leite Lessa, que me deu ideias para a pesquisa; e Hugo Suppo, pelas discussões sobre a Segunda Guerra. A José Luís Câmara Leme, pelo aconselhamento na ordenação dos capítulos, e a Denise Sant'Anna, pela troca de ideias. Também a Henrique Buzzoni, pela memória dos acontecimentos de 1969, e a Angelo Delvechio, pela contribuição na discussão da política de Juscelino Kubitschek. A Ricardo F. A. Maranhão pela troca de ideias sobre as relações entre política e cultura no governo Vargas. À prima Zuleica Schincariol, pela apresentação de um "desconhecido" Masp.

A Emiliano, Daniel e Thomaz, meus filhos, pela solidariedade.

E, finalmente, a Ana Luiza Marcondes Garcia, pelo cuidado que teve, sem o qual este livro não sairia, na leitura e correção de cada um dos onze capítulos, embora o livro tenha só sete.

Notas

PRÓLOGO: O AMIGO AMERICANO [pp. 11-9]

1. Cf. David Kahn. *Hitler's Spies: German Military Intelligence in World War II*. Cambridge, MA: Da Capo Press, 2000. pp. 3-26.

2. Ver Alexander Stephan. *"Communazis"*: FBI *Surveillance of German Emigré Writers*. New Haven, CT: Yale University Press, 2000.

3. Correspondência entre J. Edgar Hoover e NAR, 8 fev. 1945. Family Collection, Record Group 4, Box 18, Folder 145h. RAC.

4. David Rockefeller. *Memórias*. Rio de Janeiro: Rocco, 2003. p. 454.

1. A FORMAÇÃO DE UM PREDESTINADO [pp. 21-63]

1. Cf. Ron Chernow. *Titan: The Life of John D. Rockefeller, Sr.* Nova York. Vintage Books; Randon House, 1998. p. 153.

2. C. Sellers; H. May; N. R. McMillen. "O triunfo da indústria norte-americana". In:_____. *Uma reavaliação da história dos Estados Unidos*. Rio de Janeiro: Jorge Zahar, 1990. p. 216.

3. Ron Chernow, op. cit., p. 153.

4. Cary Reich. *The Life of Nelson A. Rockefeller: Worlds to Conquer 1908-1958*. Nova York: Doubleday, 1996. p. 10.

5. Max Weber. *A ética protestante e o espírito do capitalismo*. São Paulo: Companhia das Letras, 2013. p.97.

6. Cary Reich, op. cit., p. 10.

7. Ron Chernow, op. cit., p. 336.

8. Ibid., p. 339.

9. Cf. John Steele Gordon. *An Empire of Wealth: The Epic History of American Economic Power*. Nova York: Harper Perennial, 2005. p. 263.

10. Ibid., p. 303.

11. Jackson Lears. *Something for Nothing: Luck in America*. Nova York: Viking, 2003. p. 194.

12. "As praças de Maceió e a cabeça de Lampião". *Gazeta de Alagoas*. 26 nov. 2006. Disponível em: <http://gazetaweb.globo.com/gazetadealagoas/acervo.php?c=99089>. Acesso em: 25 mar. 2013.

13. Cf. Maria Gabriela S. M. C. Marinho. *Norte-americanos no Brasil: Uma história da Fundação Rockefeller na Universidade de São Paulo (1934-1952)*. Bragança Paulista: Autores Associados/ Universidade São Francisco, 2001. pp. 53-4.

14. "*The basis of Rockefeller's philanthropy, this doctrine of stewardship sustained his sense of sanctity of money, while containing its fetishistic and erotic charge in a providential order — a kind of spiritual money laundering.*" In: Jackson Lears, op. cit., p. 190.

15. Cary Reich, op. cit., p. 12.

16. Ibid.

17. *Texarkanian*, 12 jan. 1923, apud Raymond B. Fosdick. *John D. Rockefeller, Jr.: A Portrait*. Nova York: Harper & Brothers, 1956 pp. 179-80.

18. Raymond B. Fosdick, op. cit., p. 184

19. *Veja*, São Paulo, 29 abr. 2006, pp. 14-5.

20. Cary Reich, op. cit., p. 20.

21. Cf. Elizabeth A. Cobbs. *The Rich Neighbor Policy: Rockefeller and Kaiser in Brazil*. New Haven, CT: Yale University Press, 1992. p. 27.

22. Douglas Brinkley. "The Man Who Kept the King's Secret", *Vanity Fair*, Nova York, pp. 156-71, abr. 2006.

23. Kevin Phillips. *American Theocracy: The Peril and Politics of Radical Religion, Oil, and Borrowed Money in the 21st Century*. Nova York: Viking, 2006. p. 116.

24. Joseph E. Persico. *The Imperial Rockefeller: A Biography of Nelson A. Rockefeller*. Nova York: Pocket Books, 1983.

25. Cary Reich, op. cit., p. 44.

26. Ibid. p. 45.

27. Ibid.

28. Ibid., p. 63. Uma tradução mais livre foi feita com a ajuda de Matthew Shirts.

29. Joseph E. Persico, op. cit., p. 116.

30. Primeiro discurso de posse de Franklin D. Roosevelt, 4 mar. 1933. In: Harold C. Syrett (Org.). *Documentos históricos dos Estados Unidos*. São Paulo: Cultrix, 1980. pp. 285-7.

31. Ibid.

32. Elizabeth A. Cobbs, op. cit.

2. A DESCOBERTA DO BRASIL [pp. 64-100]

1. Donald, W. Rowland (org.). *History of the Office of the Coordinator of Inter-American Affairs: Historical Report on War Administration.* Washington, D. C.: U. S. Government Printing Office, 1947. p. 6.

2. Cf. Joe Alex Morris. *Nelson Rockefeller*. Nova York: Harper & Brothers, 1960. pp. 111-2.

3. Clipping *El Universal*, n.d. Record Group 4, Box 136, Folder 1018. RAC. Cf. Darlene Rivas. *Missionary Capitalist: Nelson Rockefeller in Venezuela*. Chapel Hill: University of North Carolina Press, 2002. p. 26.

4. Ver artigo na revista *National Geographic*, nov. 2003. pp. 38-43.

5. Cf. Cary Reich. *The Life of Nelson A. Rockefeller*, pp. 168 ss.

6. Alexis de Tocqueville. *A democracia na América*. Belo Horizonte: Itatiaia, 1977, Livro I, pp. 400-3

7. Family Collection, Series NAR Personal, Box 144, Folder 1565. RAC.

8. Ibid.

9. Ibid.

10. Antonio Dias Leite. *A energia do Brasil*. Rio de Janeiro: Nova Fronteira, 1997. p. 76.

11. Cf. Mário Victor. *A batalha do petróleo brasileiro*. Rio de Janeiro: Civilização Brasileira, 1970. p. 99.

12. Gondim da Fonseca. *Que sabe você sobre petróleo?* Rio de Janeiro: São José, 1955. p. 67.

13. Medeiros Lima. *Petróleo, energia elétrica, siderurgia: A luta pela emancipação. Um depoimento de Jesus Soares Pereira sobre a política de Getúlio Vargas.* Rio de Janeiro: Paz e Terra, 1975. p. 44.

14. Ibid.

15. Robert Wegner. *A conquista do oeste: A fronteira na obra de Sérgio Buarque de Holanda*. Belo Horizonte: Ed. UFMG, 2000. p. 15

16. Medeiros Lima, op. cit., p. 64.

17. Cf. Pedro Paulo Z. Bastos; Pedro C. Dutra Fonseca (orgs.). *A era Vargas: Desenvolvimentismo, economia e sociedade*. São Paulo: Ed. Unesp, 2011. pp. 271-3.

18. Carta de William Clayton a NAR, 4 jan. 1937. Family Collection, Serie NAR Personal, Box 143, Folder 1563. RAC.

19. Memorando de 26 maio 1937. Family Collection, Serie NAR Personal, Box 144, Folder 1565. RAC. O memorando era assinado por L. L. Albarracin, que estava no grupo com NAR.

20. Ibid.

21. Gerson Moura. *Autonomia na dependência: A política externa brasileira.* Rio de Janeiro: Nova Fronteira, 1980. p. 194, apud, Francisco Luiz Corsi. *Estado Novo: Política externa e projeto nacional.* São Paulo: Ed. Unesp, 1999. p. 46. Ver também os estudos de Frank D. McCann Jr. *Aliança Brasil-Estados Unidos: 1937--1945.* Rio de Janeiro: Biblioteca do Exército, 1995. Cap. 6; Stanley E. Hilton. *O Brasil e a crise internacional: 1930-1945.* Rio de Janeiro: Civilização Brasileira, 1977. Cap. III; Id. *Oswaldo Aranha, uma biografia.* Rio de Janeiro: Objetiva, 1994.

22. Memorando de 26 maio 1937. Box 144, Folder 1565. RAC

23. Ibid.

24. Gary Gerstle. *American Crucible: Race and Nation in the Twentieth Century.* Princeton: Princeton University Press, 2001. pp. 128-9.

25. Memorando de 26 maio 1937. Box 144, Folder 1565. RAC.

26. Ibid.

27. Ibid.

28. Ibid.

29. Darlene Rivas. *Missionary Capitalist,* p.11.

30. Stanley E. Hilton. *O Brasil e a crise internacional,* p. 62.

31. Robert E. Sherwood. *Roosevelt e Hopkins: Uma história da Segunda Guerra Mundial.* Brasília: EDU-UnB, 1998. p. 158.

32. Cary Reich. *The Life of Nelson A. Rockefeller,* p. 174.

33. Robert E. Sherwood, op. cit., p. 159.

34. Ibid., p. 162.

35. Apud T. Patterson, J. Clifford e K. Hagan. *American Foreign Policy – A History Since 1900.* Lexington, D.C.: Heath and Company, 1988. p. 325.

36. In: Edgard Carone. *A Terceira República (1937-1945).* São Paulo: Difel, 1976. p. 56.

37. Ibid.

38. Carta de Errol Flynn para F. D. Roosevelt. Franklin Delano Roosevelt Presidential Library and Museum, Nova York. PPF-6697.

39. Donald W. Rowland (org.), op. cit. Anexos.

40. Darlene Rivas. *Missionary Capitalist,* p. 58.

41. Apud Cary Reich, op. cit., p. 240.

3. A REDESCOBERTA DO BRASIL [pp. 101-67]

1. *Jornal do Brasil*, 3 set. 1942, p. 1.

2. Discurso de NAR no Itamaraty, 2 set. 1942. Collection RFA, Record Group 4, Series 0, Box 12, Folder 92. RAC.

3. *O Estado de S. Paulo*, 10 set. 1942, p. 10.

4. Ibid.

5. Lourival Coutinho. *O general Góes depõe...* Rio de Janeiro: Coelho Branco, 1956. p. 382.

6. Ibid., p. 384.

7. *O Estado de S. Paulo*, 11 set. 1942, p. 4.

8. Ibid.

9. Ibid.

10. Rone Amorim. "O significado da visita de Rockefeller ao Brasil". *O Estado de S. Paulo*, 9 set. 1942, p. 3.

11. *O Estado de S. Paulo*, 11 set. 1942. Notícias diversas, p. 4.

12. Ibid.

13. Ibid.

14. Ibid.

15. Ibid.

16. Carta de Helena Alves de Lima a NAR, 24 set. 1942. Collection RFA, Record Group 4, Series personal, Box 145, Folder 1576. RAC.

17. *O Estado de S. Paulo*, 11 set. 1942. Notícias diversas, p. 4.

18. Ibid.

19. Ibid.

20. Ibid.

21. Ibid.

22. CPDOC. Fundação Getulio Vargas. OA CP 1942.09.10/1.

23. Relatório 13 mar. 1941. FRA, Record Group 4, Box 9, Folder 70. RAC.

24. Memorando de Nelson para o Council of National Defense sobre a formação do Inter-American Travel Committee, 2 abr. 1941, Collection FRA, Record Group 4, Series 0, Box 9, Folder 10. RAC.

25. Release de 12 abr. 1941. Collection FRA, Record Group 4, Series 0, Box 9, Folder 10. RAC.

26. Memorando de NAR para Bill Donovan, 17 jul. 1941. Collection FRA, Record Group 4, Series 0, Box 5, Folder 37. RAC.

27. Carta do presidente F. D. Roosevelt para Way Coy, do Office for Emergency Management, datada de 14 jul. 1941. Record Group 4, Series 0, Box 5, Folder 37. RAC.

28. Relatório da Divisão Brasileira do Office, 25 maio 1942. Family Collection, Record Group 4, Series: Activities, Sub-Series: Personal, Box 4, Folder: 30. RAC.

29. Collection FRA, Record Group 4, Series: NAR Personal, Sub-Series: Activities, Box 145, Folder 1576. RAC

30. Elizabeth A. Cobbs *The Rich Neighbor Policy: Rockefeller and Kaiser in Brazil*, p. 44.

31. Ibid. p. 45 e ss.

32. Relatório da Divisão Brasileira do Office, 25 maio 1942. Family Collection, Record Group 4, Series: Activities, Sub-Series: Personal, Box 4, Folder 30. RAC.

33. José Eugênio Silva Sobrinho, tratorista da EMA em 1952. Entrevista ao autor em jun. 2008.

34. Robert E. Sherwood. *Roosevelt e Hopkins*, p. 681.

35. Cf. Seth Garfield. "A Amazônia no imaginário norte-americano em tempo de guerra (Amazonia in the U.S. Wartime Imaginary)". *Revista Brasileira de História*, São Paulo, v. 29, n. 57, pp. 19-65, 2009.

36. Relatório da Divisão Brasileira do Office, 25 maio 1942. Family Collection, Record Group 4, Series: Activities, Sub-Series: Personal, Box 4, Folder 30. RAC.

37. J.C. King para Nelson Rockefeller, 17 junho 1942. RG 229, Box 76, Amazon Basin Project National Archives, apud Gerard Colby; Charlotte Dennett. *Thy Will be Done. The Conquest of the Amazon: Nelson Rockefeller and Evangelism in the Age of Oil*. Nova York: HarperCollins, 1995. p. 143.

38. Cf. Seth Garfield, op. cit.

39. Ursula Prutsch. "Nelson A. Rockefeller's Office of Inter-American Affairs in Brazil". In: Gisela Cramer; Ursula Prutsch (Orgs.). *Americas Unidas! Nelson A. Rockefeller's Office of Inter-American Affairs (1940-46)*. Madri: Iberoamericana; Frankfurt: Vervuert, 2012. pp. 249-82.

40. Relatório do vice-cônsul Richard Godfrey para Paul C. Daniels, conselheiro da embaixada, sobre a "Fazenda Nelson Rockefeller", em 31 dez. 1946. Family Collection, Record Group 4, Series: Personal Activities, Box 11, Folder 76. RAC.

41. Relatório de Hernane Tavares para Nelson, 21 mar. 1943. Family Collection, Record Group 4, Series: NAR Personal, Sub-Series: Activities, Box 145, Folder 1576. RAC.

42. Family Collection, Record Group 4, Series: Washington, D. C. Files, Sub-series: OCIAA, Box 3, Folder 18. RAC.

43. Ibid.

44. Ibid.

45. Ver capítulo 2 para mais informações sobre a Fordlândia.

46. Relatório da Divisão Brasileira do Office, 25 maio 1942. Family Collection, Record Group 4, Series: Activities, Sub-Series: Personal, Box 4, Folder 30. RAC.

47. Ver Robert Stam e Ella Shohat. *Crítica da imagem eurocêntrica: Multiculturalismo e representação*. Trad. de Marcos Soares. São Paulo: Cosac Naify, 206. p. 333.

48. Ibid.

49. Relatório da Divisão Brasileira do Office, 25 maio 1942. Family Collection, Record Group 4, Series: Activities, Sub-Series: Personal, Box 4, Folder 30. RAC.

50. Documento sobre o orçamento do OCIAA, 12 jan. 1944. Family Collection, Record Group 4, Series: Activities, Sub-Series: Personal, Box 4, Folder 29. RAC.

51. Family Collection, Record Group 4, Series: Activities, Sub-Series: Personal, Box 4, Folder 30. RAC. S. d.

52. Cf. Benjamin Welles. *Sumner Welles: FDR'S Global Strategist*. Nova York: St. Martin's Press, 1997. p. 318.

53. Cf. Isidoro J. Ruiz Moreno. *La neutralidad argentina en la Segunda Guerra*. Buenos Aires: Emecé, 1997. p. 19.

54. Ibid., p. 22.

55. Cary Reich. *The Life of Nelson A. Rockefeller*, pp. 333-5 e ss.

56. Richard Hofstadter. *The Paranoid Style in American Politics and Other Essays*. Cambridge, Mass.: Harvard University Press, 1996. p. 3.

57. Carta de W. L. C. a NAR, 29 dez. 1942. Record Group 4, Series: Personal, Sub-Series: Activities, Box 18, Folder 145h. RAC.

58. Correspondência de Arthur Packard para NAR, 15 jan. 1945. Family Collection, Record Group 4, Box 18, Folder 145h. RAC.

59. Carta de NAR para Wallace Harrison, 17 jan 1945. Family Collection, Record Group 4, Box 18, Folder 145h. RAC.

60. Carta de NAR para Maria Martins, 31 jan. 1945. Family Collection, Record Group 4, Box 18, Folder 145h. RAC.

61. Calvin Tomkins. *Duchamp: Uma biografia*. São Paulo: Cosac Naify, 2004. p. 394.

62. Carta de J. Edgar Hoover a NAR sobre madame Vargas, 8 fev. 1945. Family Collection, Record Group 4, Series: Personal Act., Box 18, Folder 145h. RAC.

63. Carta de J. Edgar Hoover a NAR sobre Mme. Vargas, 28 mar. 1945. Family Collection, Record Group 4, Series: Pers. Act., Box 18, Folder 145h. RAC.

64. Ibid.

65. Ver Peter Collier; David Horowitz. *The Rockefellers: An American Dynasty*. Nova York: Signet Books/ New American Library, 1977. p. 241.

66. Carta de Lutero Vargas para NAR, set. 1945. Family Collection, Record Group 4, Box 18, Folder 145h. RAC.

67. Ibid.

68. Correspondência confidencial de NAR ao secretário de Estado encaminhando carta de Mme. Vargas, 29 set. 1945. Family Collection, Record Group 4, Series: Pers. Act., Box 18, Folder 145h. RAC.

69. Luiz Alberto Moniz Bandeira. *Brasil, Argentina e Estados Unidos: conflito e integração na América do Sul (da Tríplice Aliança ao Mercosul, 1870-2003)*. Rio de Janeiro: Revan, 2003. p. 226.

70. Tratava-se dos relatórios do FBI, de cartas trocadas entre Nelson e Maria e da correspondência entre Maria e Alzira.

71. Cf. Calvin Tomkins, op. cit.

72. Carta de Ingebor Vargas para NAR, 20 set. 1945. Family Collection, Record Group 4, Box 18, Folder 145h. RAC.

73. Carta de Maria Martins a NAR, 27 abr. 1945. Family Collection, Record Group 4, Series: Pers. Act., Box 17, Folder 131. RAC.

74. Ibid.

4. A SALVAÇÃO DA LAVOURA (I): SEMEANDO O BEM-ESTAR [pp. 168-227]

1. *Words to Be Spoken at Rio Airport, November 15*, 1946. Family Collection, Record Group 4, Box 145, Folder 1578. RAC.

2. Cf. Cary Reich. *The Life of Nelson A. Rockefeller*, p. 407.

3. Gerson Moura. *Sucessos e ilusões: Relações internacionais do Brasil durante e após a Segunda Guerra Mundial*. Rio de Janeiro: Fundação Getulio Vargas, 1991. p. 65.

4. Lars Schoultz. *Estados Unidos: poder e submissão. Uma história da política norte-americana em relação à América Latina*. Trad. de Raul Fiker. Bauru: Edusc, 1999. pp. 369-70.

5. Cf. Cary Reich, *The Life of Nelson Rockefeller*, p. 378.

6. Lars Schoultz, op. cit.

7. "[...] *serving as American Ambassador to Brazil in a crucial period in United States-Brazilian relations, when Brazil was passing from a period of enlightened dictatorship to democracy.*"Adolf A. Berle's Speech Before Council of Foreign Relations, 3 abr 1946. Family Collection, Record Group 4, Box 23A, Folder 150. RAC.

8. *"To give spiritual or intellectual insight to"*. In: *The American Heritage Dictionary of the English Language. 4. ed.* Boston: Houghton Mifflin, 2006.

9. *"Enlighten the people generally, and tyranny and oppression of body and mind will vanish like evil spirits at the dawn of day."* Ibid.

10. *"[...] Brazilian interest in the finer things of life. Even the illiterate seek a synthesis of life, which directs their attention to things of beauty. Where an American insists on a good water supply, the Brazilian shows an interest in making a city beautiful."* Adolf A. Berle's Speech Before Council of Foreign Relations, 3 abr. 1946. Family Collection, Record Group 4, Box 23A, Folder 150. RAC.

11. *"[...] Brazil may well be regarded as the outstanding example of Mediterranean civilization. Rio today is more vigorous than Rome or Paris and, in the long pull, is likely to be stronger as it is still young and growing."* Ibid.

12. *"Certain wartime arrangements which we made cannot operate in peacetime with growing nations. We must envisage Latin America with rising standards of living or we will suffer a hemispheric headache. The Latin American people realize that they may have higher standards of living and seek greater productivity in order to achieve them."* Ibid.

13. Adolf A. Berle's Speech before Council of Foreign Relations, 3 abr. 1946. Family Collection, Record Group 4, Box 23A, Folder 150. RAC.

14. *"This, of course, would be disastrous to us."*

15. Relatório de Joan para Nelson sobre os objetivos da AIA, 1º jul. 1946. Record Group 4, Series: NAR, Sub-Series: AIA, Box 1, Folder 1/2. RAC.

16. Cf. Martha Dalrymple. *The AIA Story: Two Decades of International Cooperation.* Nova York: American International Association for Economic and Social Development, 1968. p. 14.

17. Alexis de Tocqueville. "Algumas considerações sobre as causas da grandeza comercial dos Estados Unidos". In: *A democracia na América.* Belo Horizonte: Itatiaia, 1977. Livro I, pp. 306-16

18. Wayne G. Broehl Jr. In: *The International Basic Corporation: Thirteenth Case Study in NPA Series. United States Business Performance Abroad.* Washington, D.C.: National Planning Association, 1968. p. 9.

19. Peter Collier; David Horowitz. *The Rockefellers: An American Dynasty,* p. 260.

20. Ibid., p. 258.

21. Trecho da correspondência mantida pelo autor, por e-mail, com Martha Sweezy, filha do marxista americano, 23 mar. 2011: *"Paul was brought up traveling the world and going to the best schools in the United States. His father, Everett Sweezy, was, as my father used to say, 'the right hand man of the right hand man [that is, George F. Baker] of J. P. Morgan'. Everett was a progressive thinker who*

made a point of countering the anti-Semitism on Wall Street that was rampant in those days. He was very wealthy during Paul's childhood — he had an estate in the range of 50 million dollars, which was a lot more money then. He died in his 50's shortly after the crash on Wall Street of high blood pressure, a chronic health problem. He had lost his great wealth but left enough for his widow to live comfortably and Paul's mother remained very supportive, emotionally and financially, until she died in 1959. This gave Paul the freedom to leave academia and found Monthly Review *with a small bequest from F. O. Mattheissen.*

"Below is a link to a piece published in MR *about Paul's life. Paul (like his parents) was a man of compassion who was changed by what he saw during the depression. The 1930's caused him to eschew the conservative ideas of his environment (Harvard and the London School of Economics, or LSE) in favor of Marxism, to which he was introduced by fellow students at the LSE when he was studying there. He left Harvard after* wwii *to found MR. Once he was famous in the 1960's he did get offers of tenured positions at several prestigious universities in the U.S. but he turned these jobs down because he did not want to be used as the token Marxist. He urged these schools to have more balanced faculties and to hire young, left wing scholars instead. I will say that a part of him was puzzled his whole life at the rabid response of the business community to him personally (as a turncoat or betrayer of his class) and to Marxism. To him it seemed that the compassionate approach to human relations was so clearly and rationally the only one that would enable the survival of the human race".*

22. Steph Ambrose. *Eisenhower, Soldier and President*. Nova York: Simon & Shuster, 1990. p. 216.

23. Essas considerações foram feitas com base em John Lewis Gaddis. *The Cold War: A New History*. Nova York: Penguin, 2005. pp. 93-4.

24. Informe de Simon Hanson para Nelson, sobre o Brasil, em 4 nov. 1946. Family Collection, Record Group 4, Series: Personal Activities, Box 10, Folder 69. RAC.

25. Ibid.

26. *Correio da Manhã*, 16 nov. 1946, p. 1.

27. Martha Dalrymple, op. cit., p. 31.

28. Family Collection, Record Group 4, Series: NAR Personal, Box 145, Folder 1578. RAC.

29. Ibid.

30.Martha Dalrymple, op. cit., p. 15.

31. Discurso de Nelson A. Rockefeller durante o almoço oferecido por Souza Leão Gracie, Ministro Interino do Exterior no Palácio Itamaraty. Rio de Janeiro, Brazil, 18 nov. 1946. Family Collection, Record Group 4, Series: NAR Personal, Sub-Series: Activities, Box 145; Folder 1578. RAC.

32. Ibid.

33. Ibid.

34. Ibid.

35. Ver Edgard Carone. *A República liberal: Evolução política (1945-1964)*. São Paulo: Difel, 1985. p. 21.

36. A expressão "missionário capitalista" foi empregada por Darlene Rivas no título de seu livro: *Missionary Capitalist: Nelson Rockefeller in Venezuela*.

37. "Enlightened Capitalism". *Time*, 25 nov. 1946.

38. Discurso de Nelson A. Rockefeller durante o almoço oferecido por Souza Leão Gracie, Ministro Interino do Exterior no Palácio Itamaraty. Rio de Janeiro, Brasil, 18 nov. 1946. Family Collection, Record Group 4, Series: NAR Personal, Sub-Series: Activities, Box 145; Folder 1578. RAC p. 4

39. Ibid.

40. Ibid.

41. Apud Emilia Viotti da Costa. "Política de terras no Brasil e nos Estados Unidos". In: _____. *Da Monarquia à República: Momentos decisivos*. São Paulo: Brasiliense, 1985. pp. 139-163.

42. Discurso de Abelardo Vergueiro César publicado no *Diário de S. Paulo* em 27 nov. 1946. Family Collection, Record Group 4, Series: Personal Activities, Box 14, Folder 91. RAC.

43. Ibid.

44. Carta de Kenneth Kadow para Nelson A. Rockefeller sobre a o projeto serra da Bocaina, 9 abr. 1947. Family Collection, Record Group 4, Series: Personal Activities, Box 12, Folder 127. RAC.

45. Entrevista realizada com a sra. Ruth Ryer, em Nova York, em 1 nov. 2011.

46. *Fundamentos*, ano III, n. 18, São Paulo, Brasiliense, maio 1951, p. 28.

47. Robert Moses. *Programa de Melhoramentos Públicos para a Cidade de São Paulo. Program of Public Improvements*. International Basic Economy Corporation/ Technical Services Corporation, nov. 1950. pp. 9-17.

48. Ibid.

49. Ibid.

50. Apud Marshall Berman. *Tudo que é sólido desmancha no ar: A aventura da modernidade*. São Paulo: Companhia das Letras, 1987. p. 278.

51. Robert Moses, op. cit..

52. Ibid.

53. Ibid; p. 280.

5. A SALVAÇÃO DA LAVOURA(II): ANTICOMUNISMO E NEGÓCIOS
[pp. 228-300]

1. Carta de Walter M. Walter a NAR, nota sobre a reportagem em *The Miami Herald*; entrevista do jornalista brasileiro Alfonso Alberto Ribeiro Netto [cópia anexada], 5 fev. 1947. Family Collection, Record Group 4, Series: Personal Activities, Box 13, Folder 83. RAC.

2. Al Neto. Acervo sonoro do Arquivo Nacional, FC 116, Rio de Janeiro, 1953. Cf. João Batista de Abreu Junior. *Rádio e formação de mentalidades: Testemunha ocular da Guerra Fria na América Latina*. Tese (Doutorado). Escola de Comunicações. Rio de Janeiro: Universidade Federal do Rio de Janeiro, 2004. pp. 23 e ss.

3. Al Neto. Acervo sonoro do Arquivo Nacional, FC 116. Rio de Janeiro, 1953.

4. Relatório de Alberto Byington para Nelson, 4 dez. 1946. Family Collection, Record Group 4, Series: Personal Activities, Box 16, Folder 113. RAC.

5. Disponível em: <http://www.ieg.ufsc.br/admin/downloads/artigos/02112009-012005mott.pdf>. Acesso em: 8 maio 2011.

6. Cf. Moniz Bandeira. *Presença dos Estados Unidos no Brasil: Dois séculos de história*. Rio de Janeiro: Civilização Brasileira, 1973. pp. 229-39.

7. Memorando de Lawrence H. Levy para Nelson A. Rockefeller, 26 dez. 1946; subject: 16 mm. Situation in Brazil. Family Collection, Record Group 4, Series: Personal Activities, Box 16, Folder 113. RAC.

8. Relatório de Alberto Byington para NAR, 4 dez. 1946. Family Collection, Record Group 4, Series: Personal Activities, Box 16, Folder 113. RAC

9. Gerson Moura, *Sucessos e ilusões*, p. 87.

10. Ibid.

11. Relatório de Nelson Riley do Ibec-Rio para Ibec-Nova York, 28 ago. 1948. Personal Activities, Box 146, Folder 1586, RAC.

12. Arthur M. Schlesinger Jr. *The Coming of the New Deal*. Boston: Houghton Mifflin, 1959. p. 40.

13. Carta de NAR a Antônio Secundino, 4 out. 1948. Family Collection, Record Group 4, Box 146, Folder 1586. RAC.

14. Discurso de NAR na American Chamber of Commerce. São Paulo, 16 set. 1948. Family Collection, Record Group 4, Series: NAR Personal, Box 145, Folder 1578. RAC.

15. Ibid.

16. Discurso de Nelson A. Rockefeller no encontro dos secretários estaduais

da agricultura, Rio de Janeiro, Brasil, 20 nov. 1946. Family Collection, Record Group 4, Series: NAR Personal, Sub-Series: Activities, Box 145, Folder 1578. RAC.

17. Ibid.

18. *Diário de S. Paulo*, 16 nov. 1948, p. 4

19. Acar, terceiro relatório anual, 1951. Family Collection, Record Group 4, Series: NAR, Sub-series AIA-Ibec, Box 1, Folder 1/7. RAC.

20. Cf. Claiton Marcio da Silva. *Agricultura e cooperação internacional: A atuação da American International Association for Economic and Social Development* (AIA) *e os Programas de Modernização no Brasil* (*1946-1961*). Tese (Doutorado). Casa de Oswaldo Cruz. Rio de Janeiro: Fiocruz, 2009. p. 101, nota 254. Ver também Sirlei de Fátima de Souza. *Tradição x modernização no processo produtivo rural: Os clubes 4-s em Passo Fundo* (*1950-1980*). Dissertação (Mestrado). Passo Fundo: Universidade de Passo Fundo, 2003.

21. *O Trevo*, ano VI, n. 55, ago. 1963. Family Collection, Record Group 4, Series b, Box 29, Folder 285. RAC.

22. Discurso de NAR na American Chamber of Commerce. São Paulo, 16 set. 1948. Family Collection, Record Group 4, Series: NAR Personal, Box 145, Folder 1578. RAC.

23. Cf. Darlene Rivas. *Missionary Capitalist*, p. 171.

24. Ibid., p. 189.

25. Cf. Mauro Mendes de Azeredo. "Visão americana da política internacional, de 1945 até hoje". In: Samuel Pinheiro Guimarães (Org.). *Estados Unidos: Visões brasileiras.* Brasília: Capes/ Ipri, 2000. pp. 115, 118 e 119.

26. Alexis de Tocqueville. "Algumas considerações sobre as causas da grandeza comercial dos Estados Unidos", pp. 306-16.

27. Michael Latham. *Modernization as Ideology: American Social Sciences and the "Nation Building" in the Kennedy Era.* Chapel Hill: University of North Caroline Press, 2000. p. 15, apud Claiton Marcio da Silva. *Agricultura e cooperação internacional*, p. 29.

28. "São José dos Campos", *Grandes Municípios Brasileiros*, ano 1, n. 3, Diagrama, Ibec, Box 75, Folder Ibecasa. RAC.

29. Entrevista realizada com a sra. Ruth Ryer em Nova York em 1 nov. 2011.

30. Reportagem do *New York Times* sobre críticas de Vargas a diplomatas americanos, 13 jan. 1950. Family Collection, Record Group 4, Series: Personal Activities, Box 18, Folder 145g. RAC.

31. "O comparecimento às urnas foi maciço e a pequena porcentagem dos votos em branco significou uma derrota para o PCB, cuja direção pregava-o, alegando inexistir distinção entre candidatos, 'todos burgueses'." Cf. Pedro Cesar

Dutra Fonseca. *Vargas: Capitalismo em construção*. São Paulo: Brasiliense, 1989. p. 352.

32. Carta de Vargas parabenizando Nelson pelo Ponto IV do Plano Marshall, 15 dez. 1950. Family Collection, Record Group 4, Series: Personal Activities, Box 18, Folder 145g. RAC.

33. Bilhete de Louise para NAR, jan. 1951. Family Collection, Record Group 4, Series: Personal Activities, Box 146, Folder 1597. RAC.

34. Carta de Truman para Dutra. Ibid.

35. Carta de Vargas parabenizando Nelson pelo Ponto IV, 15 dez. 1950. Family Collection, Record Group 4, Series: Personal Activities, Box 18, Folder 145 g. RAC.

36. *The New York Times*, 4 fev. 1951.

37. American Brazilian Association. *News Bulletin*, 8 fev. 1950. Family Collection, Record Group 4, Series: Personal Activities, Box 16, Folder: 117. RAC.

38. Pedro Paulo Zahluth Bastos. "Ascensão e crise do projeto nacional--desenvolvimentista de Getúlio Vargas". In: Pedro Paulo Zahluth Bastos; Pedro Cezar Dutra Fonseca. *A era Vargas: Desenvolvimentismo, economia e sociedade*, p. 415.

39. Carta de NAR a Getúlio Vargas, 6 jul. 1951. Family Collection, Record Group: 4, Series: Personal Activities, Box 18, Folder 145g. RAC.

40. *Diário de S. Paulo*, 15 nov. 1952, pp. 1-2.

41. Ibid., p. 2.

42. Ibid., p. 1.

43. Apud Pedro Paulo Zahluth Bastos. "Ascensão e crise do projeto nacional-desenvolvimentista de Getúlio Vargas". In: Pedro Paulo Zahluth Bastos; Pedro Cezar Dutra Fonseca. *A era Vargas: Desenvolvimentismo, economia e sociedade*, p. 387.

44. *Última Hora*, 19 nov. 1952.

45. *Gazeta do Rio Pardo*, 16 nov. 1952, p. 1.

46. Pedro Cesar Dutra Fonseca. *Vargas: Capitalismo em construção*, pp. 367-8.

47. Ibid.

48. Pedro Paulo Zahluth Bastos, op. cit., p. 387. Ver também W. Michael Weiss. *Cold Warriors & Coup D'Etat: Brazilian-American relations, 1945-1964*. Albuquerque: University of New Mexico Press, 1993. pp. 25 e ss.

49. Ibid.

50. Carta de B. Friele para o diretor do Chase, 15 jan. 1952. Family Collection, Record Group 4, Series: Personal Activities, Box 18, Folder 145g. RAC.

51. Apud Pedro Paulo Zahluth Bastos, op. cit., p. 391.

52. A. N. Goncharov. *The Expansion of American Monopoly in Brazil*. Moscou: Znanie Publishing House, 1953. pp. 41-50.

53. Pedro Cesar Dutra Fonseca. *Vargas: capitalismo em construção*. p. 406.

54. Cf. Cary Reich. *The life of Nelson A. Rockefeller*, p. 501.

55. Ver David Caute. *The Dancer Defects: The Struggle for Cultural Supremacy During the Cold War*. Oxford: Oxford University Press, 2003. pp. 40 e ss.

56. Cf. Cary Reich, op. cit., p. 565.

57. Apud Ibid., p. 620.

58. Carta de NAR para Eisenhower, 14 dez. 1955. Family Collection, Record Group 4, Box 88, Folder 664. RAC.

59. Ibid.

60. *Diário de S. Paulo*, 15 abr. 1956, p. 3.

61. Memorando do Ibec-Brasil para o Ibec-Nova York, 25 jun. 1956. Family Collection, Record Group 4, Sub-serie AIA-Ibec, Box 8, Folder 17. RAC.

62. *História do Unibanco: 1924-1994*. São Paulo: Instituto Moreira Salles, 1994. pp. 106 e ss.

63. David Rockefeller. *Memoirs*. Nova York: Randon House, 2003. pp. 421-2

64. Ibid., p. 194.

65. Carta de Richard Aldrich para Raymond Fisher (Rockefeller Plaza), 4 dez. 1950. Family Collection, Record Group 4, Series: Personal Activities, Box 11, Folder 75. RAC.

66. Memorando de Stacy Macy para NAR, 31 maio 1956. Family Collection, Record Group 4, Sub-serie AIA-Ibec, Box 10, Folder 71. RAC.

67. Cf. Peter Collier; David Horowitz. *The Rockefellers: An American Dynasty*, pp. 324-5.

68. Ibid; p. 339.

69. Ibid; p. 330.

70. *Diário de S. Paulo*, 20 nov. 1958, p. 15.

71. Carta da Acar para JK, 23 abr. 1956. Family Collection, Record Group 4, Sub-series AIA-Ibec, Box 1, Folder 1/7b. RAC

72. Cf. Peter Collier, David Horowitz, op. cit., pp. 338-41.

73. Telegrama de Jango para NAR, 9 abr. 1962. Tradução de 12 abr. Family Collection, Record Group 4, Box 12, Folder 78. RAC.

74. Memorando de B. F. para NAR, 23 mar. 1964. Family Collection, Record Group 4, Box 16, Folder 117. RAC.

75. Carlos Fico. *O grande irmão: Da Operação Brother Sam aos anos de chumbo. O governo dos Estados Unidos e a ditadura militar brasileira*. Rio de Janeiro: Civilização Brasileira, 2008.

76. Ibid., p. 75.

77. Norman Mailer. *O super-homem vai ao supermercado: De Kennedy ao cerco de Chicago, reportagens clássicas sobre as convenções presidenciais nos Estados Unidos*. São Paulo: Companhia das Letras, 2006. pp. 125-6.

6. CARTAS A UM MILIONÁRIO: UM AMERICANO NA TERRA DO FAVOR
[pp. 301-39]

1. Norman Mailer. *O super-homem vai ao supermercado: De Kennedy ao cerco de Chicago*, p. 167.

2. Carta de João Costa a NAR, 30 ago. 1951. Family Collection, Record Group 4, Series: Personal Activities, Box 11, Folder 76. RAC.

3. Carta de NAR para João Costa,19 set. 1951. Ibid.

4. "*Thinking that behind all this hazards* [...] *you Nelson Rokeffeller* [*sic*] *a great American politician* [...], *I take the liberty* [...] *to ask you to help me to get about 1.500 american dollars, which I shall pay during one year in monthly prestations* [*sic*], *as soon as I start working in Australia.*" Carta de Antonio de Almeida Brisido para NAR, 16 jun. 1969. Family Collection, Record Group 4, Series: Personal Activities, Box 10, Folder 70. RAC.

5. "*Dear Mr. Rockefeller, I want a Cadilac 1950 black convertible Cadilac. Like the ones I usually see dashing thru the streets of São Paulo. I know I will never have it, by normal ways. I'm just an average guy with no many chances to succeed. I know the A or the H bomb may blow out the world any moment. And I desparately need a Cadilac.*" Carta de Dalton Pinheiro Nogueira a NAR, 20 dez. 1950. Family Collection, Record Group 4, Series: Personal Activities, Box 13, Folder 81. RAC.

6. Gary Gerstle. *American Crucible: Race and Nation in the Twentieth Century*, pp. 242 e ss.

7. Carta de Georgino Avelino para NAR, em 5 dez. 1946. Family Collection, Record Group 4, Series: Personal Activities, Box 10, Folder 70. RAC.

8. Carta de José de Magalhães Pinto para NAR, 29 set. 1971. Family Collection, Record Group 4, Series: Personal Activities, Box 12, Folder 82. RAC.

9. Ibid.

10. Correspondência entre Francisco D'Alamo Lousada e NAR/ Berent Friele, 17 jan. a 15 jun. 1950. Family Collection, Record Group 4, Series: Personal Activities, Box 17, Folder 126. RAC.

11. Telegrama de José Nabuco para Nelson, sobre o Brasil, 4 nov. 1946. Family Collection, Record Group 4, Series: Personal Activities, Box 17, Folder 134. RAC.

12. Carta de Horácio Lafer a NAR, 22 fev. 1951. Family Collection, Record Group 4, Series: Personal Activities, Box 14, Folder 91. RAC.

13. Carta de Assis Chateaubriand para NAR, 2 out. 1946. Family Collection, Record Group 4, Series: Personal Activities, Box 17, Folder 136. RAC.

14. Carta da presidência da Macmillan Company a Berent Friele, out. 1946. Family Collection, Record Group 4, Series: Personal Activities, Box 17, Folder 136. RAC.

15. Carta de Nelson A. Rockefeller a Carlos Martins de Souza, 21 nov. 1951. Family Collection, Record Group 4, Series: Personal Activities, Box 17, Folder 131. RAC.

16. Carta de Nelson para Walder Sarmanho, cônsul-geral do Brasil, 6 nov. 1946. Family Collection, Record Group 4, Series: Personal Activities, Box 18, Folder 145g. RAC.

17. *"Notwithstanding this, I beg to say that your cooperation on behalf our Institute shall give it a sound basis in the States as well as in Brazil, due to your position in your own country and in face of your being a member of a family traditionally known in my country as a real."* Carta de Arnoldo Felmanas para NAR, 10 abr. 1951. Family Collection, Record Group 4, Series: Personal Activities, Box 12, Folder 79. RAC.

18. Resposta de NAR a Arnoldo Felmanas, 2 maio 1951. Ibid.

19. Vasco Mariz. *Heitor Villa-Lobos, compositor brasileiro.* Brasília: Ministério da Cultura/ Fundação Nacional Pró-Memória/ Museu Villa-Lobos, 1977. p. 76.

20. Telegrama de Heitor Villa-Lobos a NAR, 19 jul. 1950. Family Collection, Record Group 4, Series: Personal Activities, Box 14, Folder 91. RAC.

21. Carta de Heitor Villa Lobos a NAR, 12 maio 1951. Family Collection, Record Group 4, Series: Personal Activities, Box 14, Folder 91. RAC.

22. Carta de NAR a Heitor Villa-Lobos, 29 maio 1951. Ibid.

23. Ibid.

24. Carta de Arminda Villa-Lobos a NAR, 30 mar. 1965. Family Collection, Record Group 4, Series: Personal Activities, Box 14, Folder 91. RAC.

25. Ibid.

26. Carta de Eleazar de Carvalho para Flor Paris Brenan, 20 nov. 1946. Family Collection, Record Group 4, Series: Personal Activities, Box 15, Folder 108. RAC.

27. Carta de Flor para Berent Friele, 18 jan. 1947. Family Collection, Record Group 4, Series: Personal Activities, Box 15, Folder 108. RAC.

28. Telegrama de Gustavo Capanema para NAR, 14 dez. 1946. Family Collection, Record Group 4, Box 13, Folder 83. RAC.

29. Carta de Helena Bandeira de Carvalho para NAR, 13 fev. 1951. Family Collection, Record Group 4, Box 18, Folder 145b. RAC.

30. Todas as cartas de pedido de ajuda financeira, com raras exceções, encontram-se no Box 4, Folder 78 a 150. RAC

31. Carta de Athié Jorge Couri para NAR, 9 jul. 1970. Family Collection, Record Group 4, Box 17, Folder 8133. RAC.

32. Carta do Comercial Futebol Clube para NAR, 7 mar. 1960. Family Collection, Record Group 4, Series: Personal Activities, Box 11, Folder 75. RAC.

33. Carta de Homero Cordeiro a NAR e resposta deste, 3 dez. 1952 e 2 fev. 1953. Family Collection, Record Group 4, Series: Personal Activities, Box 11, Folder 75. RAC.

34. Carta do major general C. L. Mullins para NAR, 24 abr. 1952. Family Collection, Record Group 4, Series: Personal Activities, Box 16, Folder 117. RAC.

35. Carta de NAR para o major general C. L. Mullins, maio 1952. Family Collection, Record Group 4, Series: Personal Activities, Box 16, Folder 117. RAC.

36. Carta de Raymundo Bentes Pampôlha para NAR, 13 fev. 1964. Family Collection, Record Group 4, Series: Personal Activities, Box 12, Folder 82. RAC.

37. Carta de Janildo Oliveira da Silva a NAR, 27 jun. 1969. Family Collection, Record Group 4, Series: Personal Activities, Box 13, Folder 89. RAC.

38. Carta de Donald D. Kennedy para NAR, 1 ago. 1946. Family Collection, Record Group 4, Series: Personal Activities, Box 16, Folder 124.

39. Carta Caio Ruy Martins de Almeida para NAR, recebida em 8 jul. 1969. Family Collection, Record Group 4, Series: Personal Activities; Box 12 Folder 82. RAC.

40. Carta Heloisa de Macedo Lins para NAR, recebida em 26 set. 1969. Family Collection, Record Group 4, Series: Personal Activities; Box 11, Folder 72. RAC.

41. Ibid.

42. Carta de Eleonora Roth dos Santos para NAR, 3 out. 1952. Family Collection, Record Group 4, Series: Personal Activities, Box 12, Folder 22. RAC.

43. Bilhete entregue pessoalmente para os assessores de Nelson Rockefeller na portaria do Copacabana Palace,17 jun. 1969. Family Collection, Record Group 4, Series: Personal Activities, Box 10, Folder: 70. RAC.

44. Ibid.

45. Carta de Maria Inês Altobelli para NAR, 15 jun. 1969. Family Collection, Record Group 4, Series: Personal Activities, Box 14, Folder 91. RAC.

46. Carta de Maciel Pinheiro para NAR, 2 fev. 1948. Family Collection, Record Group 4, Series: Personal Activities, Box 1, Folder 86. RAC.

47. Carta de Rita dos Anjos Bizzon para NAR, 19 jun. 1969. Family Collection, Record Group 4, Series: Personal Activities, Box 10, Folder: 70. RAC.

48. Carta de Edgard Teixeira Benevides para NAR, 26 nov. 1970. Family Collection, Record Group 4, Series: Personal Activities, Box 10, Folder 73. RAC.

49. Carta de Victor Hugo Holetz para NAR, 16 nov. 1969. Family Collection, Record Group 4, Series: Personal Activities, Box 4, Folder 79. RAC.

50. Carta de Lidio Solano da Rocha para NAR, 5 dez. 1953. Family Collection, Record Group 4, Series: Personal Activities, Box 13, Folder 90. RAC.

51. Carta dos formandos do Ginásio Secundário e do Colégio Comercial Professor João Machado, de Piumhi, para NAR, 31 out. 1969. Family Collection, Record Group 4, Series: Personal Activities, Box 13, Folder 88. RAC.

52. Carta de Ivonete Lopes Sampaio a NAR, 23 out. 1969. Family Collection, Record Group 4, Series: Personal Activities, Box 18, Folder 145b. RAC.

7. ARTE E CULTURA: RECEITAS PARA A ELITE BRASILEIRA [pp. 340-67]

1. Cf. Serge Guilbaut. *How New York Stole the Idea of Modern Art: Abstract Expressionism, Freedom, and the Cold War.* Chicago: University of Chicago Press, 1985. pp. 3-7

2. Cf. Annateresa Fabris. *Um "fogo de palha aceso": Considerações sobre o primeiro momento do Museu de Arte Moderna de São Paulo.* São Paulo: Museu de Arte Moderna, 2008. p. 41.

3. Apud Serge Guilbault, op. cit., p.106.

4. As formulações foram feitas com base no trabalho de Annateresa Fabris, op. cit., pp. 15-27.

5.Ibid., p. 15.

6. Ibid., p. 21.

7. Regina Teixeira de Barros. *Revisão de uma história: A criação do Museu de Arte Moderna de São Paulo, 1946-1949,* apud Annateresa Fabris, op. cit., p. 17.

8. Lista de obras enviadas no dia 14 nov. 1946 pelo voo 201 da Panam para o Rio de Janeiro. Family Collection, Record Group 4, Series: Personal Activities, Box 145, Folder 1578. RAC.

9. Carta de Assis Chateaubriand a Nelson Rockefeller, 20 mar. 1946. Family Collection, Record Group 4, Series: Personal Activities, Box 14, Folder 100. RAC.

10. Fernando Morais. *Chatô, o rei do Brasil.* São Paulo: Companhia das Letras, 1994. p. 485.

11. Pietro Maria Bardi. "Musées hors des limites". *Habitat,* São Paulo, v. 4, n. 50, 1951, apud Zuleica Schincariol. *Através do espaço do acervo: O Masp na 7 de abril.* Dissertação (Mestrado). São Paulo: Faculdade de Arquitetura e Urbanismo, Universidade de São Paulo, 2000. p. 23.

12. F. A. de Almeida. *O franciscano Ciccillo.* São Paulo: Pioneira, 1976, apud

Rita Alves Oliveira. "Bienal de São Paulo: impacto na cultura brasileira". *São Paulo em Perspectiva*, v. 15, p. 5 jul./set. 2001.

13. Cf. Dalton Sala. "Cinquenta anos de Bienal Internacional de São Paulo". *Revista USP*, P. 125, dez./jan./fev. 2001/2002.

14. Memorando de Carleton Sprague Smith para NAR, 23 jun. 1950. Family Collection, Record Group 4, Series: Personal Activities, Box 148, Folder 1464. RAC.

15. Ibid.

16. Memorando de Carleton Sprague Smith para NAR, 23 jun. 1950. Family Collection, Record Group 4, Series: Personal Activities, Box 148, Folder 1464. RAC.

17. Carta de Ciccillo Matarazzo para NAR, 3 mar. 1955. Family Collection, Record Group 4, Box 17, Folder 132. RAC.

18. Carta de Assis Chateaubriand para Nelson sobre visita de David e convite para inauguração do museu, 22 mar. 1950. Family Collection, Record Group 4, Series: Personal Activities, Box 149, Folder 1471. RAC.

19. Memorando de Carleton Sprague Smith para NAR. Ibid.

20. Ibid.

21. *Diário de S. Paulo*, 2 jul. 1950, p. 1.

22. *Diário de S. Paulo*, 6 jul.1950, p. 1.

23. *Habitat*, São Paulo, v.1, pp. 18-9, out./dez. 1950.

24. *Diário de S. Paulo*, 6 jul. 1950.

25. Memorando de Carleton Sprague Smith para NAR, Ibid.

26. Ibid.

27. *Diário de S. Paulo*, 22 nov. 1952, p. 3.

28. Memorando de Carleton Sprague Smith para NAR. Ibid.

29. Carta de W. Burden para NAR, 2 ago. 1962. Family Collection, Record Group 4, Series: Personal Activities, Box 148, Folder: 1464. RAC.

30. Carta de Niomar Bittencourt para NAR, 13 jul. 1959. Family Collection, Record Group 4, Series: Personal Activities, Box 148, Folder 1465. RAC.

31. Reportagem no *New York Herald Tribune* sobre Niomar Bittencourt, dez. 1959. Family Collection, Record Group 4, Series: Personal Activities, Box 148, Folder 1466. RAC.

32. Carta de NAR para Niomar, 17 dez. 1956. Family Collection, Record Group 4, Series: Personal Activities, Box 148, Folder 1466. RAC.

33. Penny M. von Eschen. *Satchmo Blows up the World: Jazz Ambassadors Play the Cold War*. Cambridge, MA: Harvard University Press, 2004. p. 40.

34. Ibid., p. 13.

35. Theodor W. Adorno. "O fetichismo da música e a regressão da audição". In: Walter Benjamin et al. *Textos escolhidos*. São Paulo: Abril Cultural, 1975. p. 193. (Coleção Os Pensadores)

36. Sugestão do saudoso professor Richard Morse, para quem a música e a cultura americana eram de fácil compreensão "*because you can tap your foot to it*".

37. Cf. David Caute. "The Culture War & Propaganda War and Cultural Treaties". In: *The Dancer Defects: The Struggle for Cultural Supremacy during the Cold War*, p. 540.

38. Serge Guilbaut. *How New York Stole the Idea of Modern Art*, p. 143.

39. Correspondência entre o Museu de Arte Moderna de São Paulo e o Museu de Arte Moderna de Nova York, 6 jul. 1950. Family Collection, Record Group 4, Series: Personal Activities, Box 148, Folder 1466. RAC.

40. Disponível em: <http://www.bienal.org.br/FBSP/pt/AHWS/Publica-coes/Paginas/I-Bienal-de-S%C3%A3o-Paulo---Cat%C3%A1logo---1951.aspx>. Acesso em: 1 nov. 2012.

41. Apud Dalton Sala, op. cit., p. 140.

42. Ibid.

43. Ibid.

44. Carta de Ciccillo Matarazzo para NAR, 19 ago. 1952. Family Collection, Record Group 4, Series: Personal Activities, Box 149, Folder 1478. RAC.

EPÍLOGO: MISSÃO CUMPRIDA? [pp. 369-99]

1. M. Kazin e J. A. McCartin (orgs.) *Americanism: News Perspectives in History of an Ideal*. Chapel Hill: University of North Carolina Press, 2006.

2. Em visita à fazenda de Dionysio Guedes Barretto, noticiada na *Gazeta do Rio Pardo*, 16 nov. 1952, p. 1.

3. Jerome F. Harrington e Bill W. Sorensson. *O desenvolvimento das terras de Cerrado no Brasil: A experiência do IRI*. São Paulo: Agronômica Ceres, 2004. p.16.

4. Ibid., p. 23.

5. Ibid.

6. Apud discurso de Nelson A. Rockefeller durante o almoço oferecido por Souza Leão Gracie, Ministro Interino do Exterior no Palácio Itamaraty. Rio de Janeiro, Brasil, 18 nov. 1946. Family Collection; Record Group, 4, Series: NAR Personal, Sub-Series: Activities, Box 145, Folder 1578.

7. Memorando confidencial de B. Freile para John B. Hollister, 26 ago. 1955. Family Collection, Record Group 4, Series: Personal Activities, Box 88, Folder 664. RAC.

8. Memorando de B. Friele. Family Collection, Record Group 4, Series: Personal Activities, Box 88, Folder 664. RAC.

9. O registro de Friele nessa passagem é o seguinte: "*Garces* [*sic*] *was instructed, in my presence, to draw up a program for discussion in Washington. He asked me to assist and advise Garces* [*sic*] *in preparing for his trip*." Memorando de B. Friele. Family Collection, Record Group 4, Series: Personal Activities, Box 88, Folder 664. RAC.

10. *Diário de S. Paulo*, 11 abr. 1956, p. 1.

11. Pierre Bourdieu. "Dois imperialismos do universal". In: D. Lins; L. Wacquant (Orgs.). *Repensar os Estados Unidos: Por uma sociologia do superpoder*. Campinas: Papirus, 2003. p. 15.

12. *Diário de S. Paulo*, 14 abr. 1956, p. 1.

13. Fernando Morais. *Chatô, o rei do Brasil*, p. 44.

14. *Diário de S. Paulo*, 6 abr. 1956, p. 3.

15. Cartazes da Forjaço (data provável: 1962). Ibec Collection, Box 57, Folder Forjaço. RAC.

16. Stanlei Virgilio. *O despertar da mecanização agrícola, 1948-1960*. São Paulo: Ed. do Autor, [s. d.], p. 15.

17. Johan Dalgas Frisch. *Aves brasileiras, minha paixão*. São Paulo: Dalgas Ecoltc, 2005. pp. 70-1

18. Relatório das atividades de NAR no Brasil, jun. 1969. Family Collection, Record Group 4, Series: Washington, D.C., Box 1059, Folder 130. RAC.

19. Pronunciamento feito em português por NAR quando chegou ao Brasil em jun. 1969. Family Collection, Record Group 4, Series: Personal Activities, Box 154, Folder 1700. RAC.

20. Relatório das atividades de NAR no Brasil, jun. 1969 (Personal and Confidential). Family Collection, Record Group 4, Series: Washington, D. C., Box 121, Folder 995. RAC.

21. Relatório de NAR a Nixon "Personal and Confidential: Brazil". Family Collection, Record Group 4, Series: Personal Activities, Box 101, Folder 790. RAC. Juan Onis, do *New York Times*, afirmou que Nelson tratou de assuntos relacionados aos direitos humanos com o presidente brasileiro, apud James N. Green. *Apesar de vocês: Oposição à ditadura nos Estados Unidos 1964-1985*. São Paulo: Companhia das Letras, 2009. p. 158.

22. Joseph E. Persico. *The Imperial Rockefeller*, p. 104.

23. Gianfranco Caterina. *O regime militar Brasileiro visto desde Washington (1967-78)*. Dissertação (Mestrado). São Paulo: Pontifícia Universidade Católica, 2012. p. 54.

24. Latin America and East Caribean Youth por David Bronheim. Family Collection, Record Group 4, Series: Personal Activities, Box 101, Folder 789. RAC.

25. Correspondências sobre Niomar M. S. Bittencourt, 24 jan. 1969, 6 fev.

1969, 21 fev. 1969. Family Collection, Record Group 4, Series: Personal Activities, Box 14, Folder 87. RAC.

26. Nota de Louise Auboyer para Ann Whitan. Family Collection, Record Group 4, Series: Personal Activities, Box 14, Folder 87. RAC.

27. Ruy Castro. Disponível em: <http://www.digestivocultural.com/ensaios/ensaio.asp?codigo=328&titulo=Vida_e_morte_do_Correio_da_Manha>. Acesso em: 30 set. 2013.

28. Relatório das atividades de NAR no Brasil, jun. 1969. Family Collection, Record Group 4, Series: Washington, D. C., Box 1059, Folder 130. RAC.

29. Ibid.

30. James N. Green, op. cit., p.157.

31. Cf. Horácio González. *A Comuna de Paris: Os assaltantes do céu.* São Paulo: Brasiliense, 1981. p. 75.

32. Relatório das atividades de NAR no Brasil, jun. 1969. Family Collection, Record Group 4, Series: Washington, D. C., Box 1059, Folder 130. RAC.

33. David Douglas Duncan. *Self-Portrait: U.S.A.* Nova York: Harry N. Abrams, 1969. pp. 16-7.

34. Joseph E. Persico, op. cit., p. 104.

35. *O Estado de S. Paulo,* 19 jun. 1969, p. 1.

36. Cf. Robert Dallek. *Nixon e Kissinger: Parceiros no poder.* Rio de Janeiro: Zahar, 2009. p. 508.

37. *O Estado de S. Paulo,* 16 fev. 1979, p. 9.

38. *O Estado de S. Paulo,* 22 fev. 1979, p.45.

Referências bibliográficas e fontes

ARQUIVOS

Arquivo do CPDOC/Fundação Getulio Vargas (Rio de Janeiro)
Arquivo Histórico do Itamaraty (Rio de Janeiro)
Arquivo Nacional do Rio de Janeiro (Rio de Janeiro)
Biblioteca Nacional do Rio de Janeiro (Rio de Janeiro)
Franklin D. Roosevelt Presidential Library and Museum (Nova York)
Library of Congress (Washington, D. C.)
National Archives and Records Administration (Washington, D. C.)
Public Library (Nova York)
The Rockefeller Archive Center (Nova York)

REVISTAS E JORNAIS

Correio da Manhã (Rio de Janeiro)
Diário de São Paulo (São Paulo)
Em Guarda: para a defesa das Américas (Washington, D.C., 1941-45)
O Estado de S. Paulo (São Paulo)
Folha de S.Paulo (São Paulo)
Fortune (Nova York)
Gazeta do Rio Pardo (São Paulo)

A Noite (Rio de Janeiro)
Última Hora (São Paulo)
Vanity Fair (Nova York)

LIVROS

ABREU JUNIOR, João Batista de. *Rádio e formação de mentalidades: Testemunha ocular da Guerra Fria na América Latina.* Tese (Doutorado em Comunicações). Rio de Janeiro: Escola de Comunicações da UFRJ, 2004.

ADORNO, T. W. "O fetichismo da música e a regressão da audição". In: Walter Benjamin et al. *Textos escolhidos.* São Paulo: Abril Cultural, 1975. (Os Pensadores)

ALMEIDA, F. A. de. *O franciscano Ciccillo.* São Paulo: Pioneira, 1976.

AMBROSE, Steph. *Eisenhower, Soldier and President.* Nova York: Simon & Shuster, 1990.

ANDERSON, Benedict. *Nação e consciência nacional.* São Paulo: Ática, 1998.

ARNDT, Richard T. *The First Resort of Kings: American Cultural Diplomacy in the Twentieth Century.* Washington, D. C.: Potomac, 2005.

ARON, Raymond. *República imperial: Os Estados Unidos no mundo pós-guerra.* Rio de Janeiro: Zahar, 1975.

_____. *Pensar a guerra, Clawsewitz.* v. 2: *A era planetária.* Brasília, EDU-UnB, 1986.

AZEREDO, Mauro Mendes de. "Visão americana da política internacional, de 1945 até hoje". In: GUIMARÃES, Samuel Pinheiro (org.). *Estados Unidos: Visões brasileiras.* Brasília: Capes/ Ipri, 2000.

AZEVEDO, Cecília. *Em nome da América: Os corpos de paz no Brasil.* São Paulo: Alameda, 2008.

BANDEIRA, Luiz A. Moniz, V. *Presença dos Estados Unidos no Brasil: Dois séculos de história.* Rio de Janeiro: Civilização Brasileira, 1973.

BANDEIRA, Luiz A. V. Moniz. *Brasil, Argentina e Estados Unidos: Conflito e integração na América do Sul (da Tríplice Aliança ao Mercosul, 1870-2003).* Rio de Janeiro: Revan, 2003.

BASTOS, Pedro Paulo Zahluth; FONSECA, Pedro Cezar Dutra. *A Era Vargas: Desenvolvimento, economia e sociedade.* São Paulo: Ed. Unesp, 2011.

BERLE, Beatrice B.; JACOBS, Travis B. (orgs.). *Navigating the Rapids, 1918-1971: From the Papers of Adolf A. Berle.* Nova York: Harcourt Brace Jovanovich, 1973.

BERMAN, Marshall. *Tudo que é sólido desmancha no ar: A aventura da modernidade*. São Paulo: Companhia das Letras, 1986.

BLACK, Jan Knipper. *United States Penetration of Brazil*. Filadélfia: University of Pennsylvania Press, 1977.

BLUM, J. M. et al. *The National Experience: A History of the United States since 1865*. Nova York: Harcourt Brace Jovanovich, 1977.

BOORSTIN, Daniel J. *The Americans: The Democratic Experience*. Nova York: Vintage, 1974.

_____. *The Image: A Guide to Pseudo-Events in America*. Nova York: Vintage, 1992.

BOURDIEU, Pierre. "Dois imperialismos do universal". In: LINS, Daniel; WACQUANT, Loïc (Orgs.). *Repensar os Estados Unidos: Por uma sociologia do superpoder*. Campinas: Papirus, 2003.

BRESSER PEREIRA, Luiz Carlos. "Getúlio Vargas: O estadista, a nação e a democracia". In: BASTOS, Pedro Paulo Zahluth; FONSECA, Pedro Cezar Dutra. *A Era Vargas: Desenvolvimentismo, economia e sociedade*. São Paulo: Ed. Unesp, 2011.

BRINKLEY, Douglas. "The Man Who Kept the King's Secret", *Vanity Fair*, Nova York, pp. 156-71, abr. 2006.

BROEHL JR., Wayne G. *The International Basic Corporation: Thirteenth Case Study in NPA Series on United States Business Performance Abroad*. Washington, D. C.: National Planning Association, 1968.

BROWNSTEIN, Ronald. *The Power and The Glitter: The Hollywood-Washington Connection*. Nova York: Vintage, 1992.

BUNDY, William P. *A Tangled Web: The Making of Foreign Policy in the Nixon Presidency*. Nova York: Hill and Wang, 1998.

CAMPOS, Roberto. *A lanterna na popa: Memórias*. 2 v. Rio de Janeiro: Record, 1994.

CARONE, Edgard. *A Terceira República (1937-1945)*. São Paulo: Difel, 1976.

_____. *A República liberal. Evolução política (1945-1964)*, v. II. São Paulo: Difel, 1985.

CATERINA, Gianfranco. *O regime militar brasileiro visto desde Washington (1967--78)*. Dissertação (Mestrado). São Paulo: Pontifícia Universidade Católica, 2012.

CAUTE, David. *The Dancer Defects: The Struggle for Cultural Supremacy during the Cold War*. Oxford: Oxford University Press, 2003.

CHATEAUBRIAND, Francisco de Assis. *Aquarela do Brasil*. Rio de Janeiro: Serviço de Documentação DASP, 1959.

CHERNOW, Ron. *Titan: The Life of John D. Rockefeller, Sr.* Nova York: Vintage, 1998.

COBBS, Elizabeth A. *The Rich Neighbor Policy: Rockefeller and Kaiser in Brazil*. New Haven, CT: Yale University Press, 1992.

COHEN, Lizabeth. *A Consumer's Republic: The Politics of Mass Consumption in Post War America*. Nova York: Vintage, 2004.

COHEN, Warren I. *The Cambridge History of American Foreign Relations*. v. IV: *America in the Age of Soviet Power, 1945-1991*. Cambridge: Cambridge University Press, 1995.

COHN, Gabriel. *Petróleo e nacionalismo*. São Paulo: Difel, 1968.

COLBY, Gerard; DENNETT, Charlotte. *Thy Will Be Done. The Conquest of the Amazon: Nelson Rockefeller and Evangelism in the Age of Oil*. Nova York: Harper-Collins, 1995.

COLLIER, Peter; HOROWITZ, David. *The Rockefellers: An American Dynasty*. Nova York: Holt, Rindhart and Winston, 1976.

CORSI, Francisco Luiz. *Estado Novo: Política externa e projeto nacional*. São Paulo: Ed. Unesp, 1999.

COUTINHO, Lourival. *O general Góes depõe...* Rio de Janeiro: Coelho Branco, 1956.

DALLEK, Robert. *Nixon e Kissinger: Parceiros no poder*. Rio de Janeiro: Zahar, 2009.

DALRYMPLE, Martha. *The AIA Story: Two Decades of International Cooperation*. Nova York: American International Association for Economic and Social Development, 1968.

DALY, Karen D. *Candido Portinari: Brazilian Artist as Cultural Ambassador: a Re-Examination of the Library of Congress Murals*. Dissertação (Mestrado). Richmond: Virginia Commonwealth University, 1995.

DUNCAN, David Douglas. *Self-Portrait: U.S.A.* Nova York: Harry N. Abrams, 1969.

ERB, Claude Curtis. *Nelson Rockefeller and United States-Latin American Relations, 1940-1945*. Dissertação (PhD). Clark University, University Microfilms International, 1986.

EVANS, Grahan; NEWNHAM, Jefrey. *The Penguin Dictionary of International Relations*. Londres: [s.n.], 1998.

FABRIS, Annateresa (Org.). *Um "fogo de palha aceso": Considerações sobre o primeiro momento do Museu de Arte Moderna de São Paulo*. São Paulo: Museu de Arte Moderna, 2008.

FERREIRA, Jorge. *Trabalhadores do Brasil: O imaginário popular, 1930-45*. Rio de Janeiro: Fundação Getulio Vargas, 1997.

_____. *João Goulart: Uma biografia*. Rio de Janeiro: Civilização Brasileira, 2011.

FICO, Carlos. *O grande irmão: Da Operação Brother Sam aos anos de chumbo. O governo dos Estados Unidos e a ditadura militar brasileira*. Rio de Janeiro: Civilização Brasileira, 2008.

FONSECA, Pedro Cezar Dutra. *Vargas: O capitalismo em construção (1906-1954)*. São Paulo: Brasiliense, 1989.

FONSECA, Gondim da. *Que sabe você sobre o petróleo?* Rio de Janeiro: Livraria São José, 1955.

FOSDICK, Raymond B. *John D. Rockefeller, Jr.: A Portrait.* Nova York: Harper Brothers, 1956.

FRIED, A. *McCarthyism, the Great American Red Scare: A Documentary History.* Oxford: Oxford University Press, 1997.

FRISCH, Johan D. *Aves brasileiras, minha paixão.* São Paulo: Dalgas Ecoltc, 2005.

GADDIS, John Lewis. *The Cold War: A New History.* Nova York, Penguin, 2007.

GASPARI, Élio. *A ditadura derrotada (O sacerdote e o feiticeiro).* São Paulo: Companhia das Letras, 2003.

GELLMAN, Irwin F. *Good Neighbor Diplomacy: United States Policies in Latin America, 1933-1945.* Balltimore: John Hopkins University, 1956.

GERSTLE, Gary. *Working-Class Americanism: The Politics of Labor in a Textile City, 1914-1960.* Cambridge: Cambridge University Press, 1991.

_____. *Inventing Liberal Traditions in America, 1900-1945.* Paper apresentado à The Catholic University of America, fev., 1992.

_____. *American Crucible: Race and Nation in the Twentieth Century.* Princeton: Princeton University Press, 2001.

GONZÁLEZ, Horácio. *A Comuna de Paris: Os assaltantes do céu.* São Paulo: Brasiliense, 1981. (Tudo é História)

GORDON, John S. *An Empire of Wealth: The Epic History of American Economic Power.* Nova York: Harper Perennial, 2005.

GRAZIA, Victoria de. *Irresistible Empire: America's Advance through Twentieth-century Europe.* Cambridge: Belknap Press of Harvard University Press, 2005.

GREEN, James N. *Apesar de vocês: Oposição à ditadura nos Estados Unidos, 1964-1985.* São Paulo: Companhia das Letras, 2009.

GUILBAUT, Serge. *How New York Stole the Idea of Modern Art: Abstract Expressionism, Freedom, and the Cold War.* Chicago: The University of Chicago Press, 1985.

HAINES, Gerald K. *The Americanization of Brazil: The Study of US Cold War Diplomacy in the Third World, 1945-1954.* Wilmington: SR Books, [s.d.].

HARRINGTON, Jerome F.; SORENSSON, Bill W. *O desenvolvimento das terras de cerrado no Brasil: A experiência do IRI.* São Paulo: Agronômica Ceres/IRI, 2004.

HEALD, Morrel; KAPLAN, Lawrence S. *Culture, Diplomacy: The American Experience.* Westport/ London: Greenwood Press, 1977.

HEFFNER, Richard. D. *A Documentary History of the United States.* Nova York: Penguin, 2002.

HILTON, Stanley E. *O Brasil e a crise internacional, 1930-1945*. Rio de Janeiro: Civilização Brasileira, 1977.

_____. *Oswaldo Aranha, uma biografia*. Rio de Janeiro: Objetiva, 1994.

HIRST, Mônica. *O pragmatismo impossível: A política externa do segundo governo Vargas*. Rio de Janeiro: Fundação Getulio Vargas, Centro de Pesquisa e Documentação de História Contemporânea do Brasil, 1990.

HOFSTADTER, Richard. *The Paranoid Style in American Politics and Other Essays*. Cambridge: Harvard University Press, 1996.

HOGAN, Michael J. *Paths to Power*. Cambridge: Cambridge University Press, 1943.

HUGHES, Robert. *Cultura da reclamação, o desgaste americano*. São Paulo: Companhia das Letras, 1993.

JOSEPH, Gilbert M. *Close Encounters: Towards a New Cultural History of US-Latin American Relations*. New Haven, CT: Yale University, [s.d.]. Xerox.

JOSEPH, Gilbert M.; LEGRAND, Catherine C.; SALVATORE, Ricardo D. (orgs.). *Close Encounters of Empire: Writing the Cultural History of US-Latin American Relations*. Durhan: Duke University Press, 1998.

JOSEPHSON, Emanuel M. *The Truth about Rockefeller, "Public Enemy n. 1": Studies in Criminal Psicophatie*. Nova York: Chedney Press, 1964.

JUNQUEIRA, Mary Ann. *Ao sul do Rio Grande*. Bragança Paulista: Ed. Universidade São Francisco, 2000.

KAZIN, Michael; McCartin, Joseph A. (orgs.). *Americanism: News Perspectives in History of an Ideal*. Chapel Hill: The University of North Carolina Press, 2006.

KAHN, David. *Hitler's Spies: German Military Intelligene in World War II*. Cambridge, MA: Da Capo Press, 2000.

KISSINGER, Henry A. *American Foreign Policy*. Nova York: Norton & Company, 1974.

KRAMER, Michael; ROBERTS, Sam. *"I Never Wanted to be Vice-President of Anything!": An Investigative Biography of Nelson Rockefeller*. Nova York: Basic Books, 1976.

LATHAM, Michael. *Modernization as Ideology: American Social Sciences and the "Nation Building" in the Kennedy Era*. Chapel Hill: The University of North Caroline Press, 2000.

LEARS, Jackson. *Something for Nothing: Luck in America*. Nova York: Viking. 2003.

LEITE, Antonio Dias. *A energia do Brasil*. Rio de Janeiro: Nova Fronteira, 1997.

LIMA, Medeiros. *Petróleo, energia elétrica, siderurgia: A luta pela emancipação. Um depoimento de Jesus Soares Pereira sobre a política de Getúlio Vargas*. Rio de Janeiro: Paz e Terra, 1975.

LINK, Arthur S. *História moderna dos Estados Unidos.* Rio de Janeiro: Zahar, 1965. v. 2.

LINS DA SILVA, Carlos Eduardo. "Puritanismo, individualismo e pragmatismo na resposta americana ao terror". *Política Externa,* v. 10, n. 3., dez./jan./fev. 2001/2002.

LIPOVETSKY, Gilles. *O império do efêmero: A moda e seu destino nas sociedades modernas.* São Paulo: Companhia das Letras, 1997.

MACCANN, Richard Dyer. *The People's Films: A Political History of U.S. Government Motion Pictures.* Nova York: Hasting House, 1973.

MAILER, Norman. *O super-homem vai ao supermercado: De Kennedy ao cerco de Chicago, reportagens clássicas sobre convenções presidenciais nos Estados Unidos.* São Paulo: Companhia das Letras, 2006.

MALAND, Charles. "Dr. Strangelove (1964): Nightmare Comedy and the Ideology of Liberal Consensus". *American Quarterly,* v. 31, n. 5, pp. 697-717, inverno 1979.

MARINHO, Maria Gabriela S. M. C. *Norte-americanos no Brasil: Uma história da Fundação Rockefeller na Universidade de São Paulo, 1934-1952.* Bragança Paulista: Autores Associados/ Ed. Universidade São Francisco, 2001.

MARIZ, Vasco. *Heitor Villa-Lobos, compositor brasileiro.* Brasília: Ministério da Cultura; Rio de Janeiro: Museu Villa-Lobos, 1977.

MCCANN JR., Frank D. *The Brazilian-American Alliance: 1937-1945.* Princeton: Princeton University Press, 1973.

MENAND, Louis. *The Metaphysical Club: A Story of Ideas in America.* Nova York: Farrar, Straus and Giroux, 2002.

MILIBAND, Ralph. *O Estado na sociedade capitalista.* Rio de Janeiro: Zahar, 1987.

MORAIS, Fernando. *Chatô, o rei do Brasil.* São Paulo: Companhia das Letras, 1994.

MORGAN, Ted. *FDR, a biography.* Nova York: Simon & Schuster, 1985.

_____. *Reds: McCarthyism in Twentieth-Century America.* Nova York: Random House, 2004.

MORRIS, Joe Alex. *Nelson Rockefeller, a Biography.* Nova York: Harper & Brothers, 1960.

MOURA, Gerson. *Autonomia na dependência: A política externa brasileira.* Rio de Janeiro: Nova Fronteira, 1980.

_____. *Sucessos e ilusões: Relações internacionais do Brasil durante e após a Segunda Guerra Mundial.* Rio de Janeiro: Fundação Getulio Vargas, 1991.

O PODER da ideia democrática: Um estudo do Rockefeller Brother Funds. Rio de Janeiro: Record, 1963.

OLIVEIRA, Rita Alves. "Bienal de São Paulo: impacto na cultura brasileira". *São Paulo em Perspectiva,* v. 15, jul./set. 2001.

OLIVEIRA, Lucia Lippi. *Americanos: Representações da identidade nacional no Brasil e nos Estados Unidos*. São Paulo: Humanitas; Belo Horizonte: Ed. UFMG, 2000.

PARKER, Phyllis R. *1964: O papel dos Estados Unidos no golpe de Estado de 31 de março*. Rio de Janeiro: Civilização Brasileira, 1977.

PATERSON, Thomas G. et al. "Managing an Extending American Empire". *American Foreign Relations: A History*. Lexington: Heat, 1988. v. 1: *American Foreign Policy since 1900 to 1920*.

PEREIRA, Henrique Alonso de A. R. *O governo Aluizio Alves e a Aliança para o Progresso no RN (1961-66)*. São Paulo: PUC-SP, 2000. Xerox.

PERSICO, Joseph E. *The Imperial Rockefeller: A Biography of Nelson A. Rockefeller*. Nova York: Pocket, 1982.

PHILLIPS, Kevin. *American Theocracy: The Peril and Politics of Radical Religion, Oil, and Borrowed Money in the 21st Century*. Nova York: Viking, 2006.

PIKE, Frederick B. *FDR'S Good Neighbor Policy: Sixty Years of Generally Gentle Chaos*. Austin: University of Texas Press, 1995.

PRUTSCH, Ursula. "Nelson A. Rockefeller's Office of Inter-American Affairs in Brazil". In: CRAMER, Gisela; PRUTSCH, Ursula (Orgs.) *Americas Unidas! Nelson A. Rockefeller's Office of Inter-American Affairs (1940-46)*. Madri: Iberoamericana; Frankfurt: Vervuert, 2012.

REICH, Cary. *The Life of Nelson A. Rockefeller: Worlds to Conquer, 1908-1958*. Nova York: Doubleday, 1996.

RIBEIRO, Edgard Telles. *Diplomacia cultural: Seu papel na política externa brasileira*. Brasília: Fundação Alexandre de Gusmão/IPRI, 1989.

RIVAS, Darlene. *Missionary Capitalist: Nelson Rockefeller in Venezuela*. Chapel Hill: The University of North Carolina Press, 2002.

ROBERTSON, James Oliver. *American Myth, American Reality*. Nova York: Hill & Wang, 1981.

ROCKEFELLER, David. *Memoirs*. Nova York: Random House, 2003.

ROSE, Kenneth D. *One Nation Underground: The Fallout Shelter in American Culture*. Nova York: New York University Press, 2001.

ROWLAND, Donald W. (org.). *History of the Office of the Coordinator of Inter--American Affairs: Historical Report on War Administration*. Washington, D.C.: U. S. Government Printing Office, 1947.

RUIZ MORENO, Isidoro J. *La neutralidad argentina en la Segunda Guerra*. Buenos Aires: Emecé, 1997.

SÁ MOTTA, Rodrigo Patto. *Em guarda contra o perigo vermelho: O anticomunismo no Brasil (1917-1964)*. São Paulo: Perspectiva/ Fapesp, 2002.

SALA, Dalton. "Cinquenta anos de Bienal Internacional de São Paulo". *Revista USP*, dez./jan./fev. 2001/2002.

SALVI, Ana Elena. *"Cidadelas da civilização": Políticas americanas no processo de urbanização brasileira com ênfase na metropolização paulistana dos anos 1950 a 1969*. Tese (Doutorado). São Paulo: Faculdade de Arquitetura e Urbanismo, Universidade de São Paulo, 2005.

SALYSBURY, Harrison E. "Warfare with Folkways". *Saturday Review of Literature*, p. 25, 19 nov. 1960. Apud RICHMOND, Yale. *Culture Exchange & Cold War: Raising the Iron Curtain*. Pensilvânia: The Pennsylvania State University Press, 2003.

SILVA, Claiton M. da. *Agricultura e cooperação internacional: A atuação da American International Association for Economic and Social Development (AIA) e os Programas de Modernização no Brasil (1946-1961)*. Tese (Doutorado). Rio de Janeiro: Casa de Oswaldo Cruz/ Fiocruz, 2009.

STUART, Samuels. "The Age of Conspiracy and Conformity: The Invasion of the Body Snatchers". In: ROBERTS, Randy; OLSON, James S. (Orgs.). *American Experiences*. 2ª ed. Londres: Scott & Foresman, 1990.

SAUNDERS, Frances Stonor. *The Cultural Cold War: The CIA and the World of Arts and Letters*. Nova York: The New Press, 1999.

SCHINCARIOL, Zuleica. *Através do espaço do acervo: O Masp na 7 de Abril*. Dissertação (Mestrado). São Paulo: Faculdade de Arquitetura e Urbanismo, Universidade de São Paulo, 2000.

SCHLESINGER JR. Arthur M. *The Coming of the New Deal*. Boston: Houghton Mifflin, 1959.

_____. *Os ciclos da história americana*. Rio de Janeiro: Civilização Brasileira, 1992.

SCHOULTZ, Lars. *Estados Unidos: Poder e submissão. Uma história da política norte--americana em relação à América Latina*. Bauru: Edusc, 2000.

SELLERS, C. May; MCMILLEN, N. H. "O triunfo da indústria norte-americana". In: _____. *Uma reavaliação da história dos Estados Unidos*. Rio de Janeiro: Jorge Zahar, 1990.

GARFIELD, Seth. "A Amazônia no imaginário norte-americano em tempo de guerra (*Amazonia in the U.S. wartime imaginary*)". *Revista Brasileira de História*, São Paulo, v. 29, n. 57, pp. 19-65, 2009.

SEYMOUR, Martin Lipset. *American Excepcionalism, a Double Edged Sword*. Nova York: W. W. Norton, 1997.

SEYMOUR, Martin Lipset; RAAB, Earl. *The Politics of Unreason: Right Wing Extremism in America, 1790-1970*. Nova York: Harper & Row, 1970.

SHERWOOD, Robert E. *Roosevelt e Hopkins: Uma história da Segunda Guerra Mundial*. Brasília: EDU-UnB, 1998.

SKLAR, Robert. *Movie-Made America: A Cultural History of American Movies.* Nova York: Vintage, 1975.

SOUZA, Sirlei de Fátima de. *Tradição x modernização no processo produtivo rural: Os clubes 4-s em Passo Fundo (1950-1980).* Dissertação (Mestrado). Passo Fundo: Universidade de Passo Fundo, 2003.

STAM, Robert; SHOHAT, Ella. *Crítica da imagem eurocêntrica: Multiculturalismo e representação.* São Paulo: Cosac Naify, 2006.

STEPHAN, Alexander. *"Communazis": FBI Surveillance of German Emigré Writers.* New Haven, CT: Yale University Press, 2000.

SYRETT, Harold C. (Org.) *Documentos históricos dos Estados Unidos.* São Paulo: Cultrix, 1980.

TOCQUEVILLE, Alexis de. "Algumas considerações sobre as causas da grandeza comercial dos Estados Unidos". In: _____. *A democracia na América.* Belo Horizonte: Itatiaia, 1977. Livro I.

TOMKINS, Calvin. *Duchamp, uma biografia.* São Paulo: Cosac Naify, 2004.

TOTA, Antonio Pedro. *O imperialismo sedutor: A americanização do Brasil na época da Segunda Guerra.* São Paulo: Companhia das Letras, 2000.

VARGAS, Getúlio. *A política nacionalista do petróleo no Brasil.* Rio de Janeiro: Tempo Brasileiro, 1964.

VICTOR, Mário. *A batalha do petróleo brasileiro.* Rio de Janeiro: Civilização Brasileira, 1970.

VIDAL, J. W. Bautista; VASCONCELLOS, Gilberto F. *Petrobrás, um clarão na história.* Brasília: Sol, 2001.

VIOTTI DA COSTA, Emilia. "Política de terras no Brasil e nos Estados Unidos". In: _____. *Da monarquia à República: Momentos decisivos.* São Paulo: Brasiliense, 1985.

VIRGILIO, Stanlei. *O despertar da mecanização agrícola, 1948-1960.* São Paulo: Ed. do Autor, [s.d.].

VON ESCHEN, Penny M. *Satchmo Blows Up the World: Jazz Ambassadors Play the Cold War.* Cambridge, MA: Harvard University Press, 2004.

WAGNER, Steven T. "The Decline of Republican Left, 1952-1964". *Research Reports,* Nova York, Rockefeller Archive Center, pp. 14-6, primavera 1998.

WARD, Evan. "Ibec and the Transformation of Consumer Culture in the Americas, 1940-1980". *Research Reports,* Nova York, Rockefeller Archive Center, pp. 1-7, primavera 2004.

WEBER, Max. *A ética protestante e o espírito do capitalismo.* São Paulo: Pioneira, 1967.

WEGNER, Robert. *A conquista do oeste: A fronteira na obra de Sérgio Buarque de Holanda.* Belo Horizonte: Ed. UFMG, 2000.

WEISS, W. Michael. *Cold Warriors & Coup D'Etat: Brazilian-American Relations, 1945-1964.* Albuquerque: University of New Mexico Press, 1993.

WELLES, Benjamin. *Sumner Welles, FDR'S Global Strategist.* Nova York: St. Martin's Press, 1997.

WHIETFILD, Stephen J. *The Culture of the Cold War.* Baltimore: The Johns Hopkins University Press, 1996.

WILFORD, Hugh. *The Mighty Wurlitzer: How the CIA Played America.* Cambridge: Harvard University Press, 2008.

Cronologia

1839 Nasce John Davison Rockefeller (John D. Rockefeller Sênior), avô de Nelson.

1861 Início da Guerra de Secessão (Guerra Civil Americana), que durou até 1865.

1872 Fundação da Standard Oil (Esso).

1874 Nasce John D. Rockefeller Júnior, pai de Nelson.

1882 Primeira iluminação por meio de lâmpadas elétricas em Nova York.

1901 Theodor Roosevelt toma posse como presidente dos Estados Unidos.

1906 Governo americano processa a Standard Oil.

1908 Nasce Nelson Aldrich Rockefeller.

1910 A família Rockefeller compra a propriedade de Pocantico Hills.

1912   Instalação de uma filial da Standard Oil no Brasil.

1913   Woodrow Wilson toma posse como presidente dos Estados Unidos.

1910   Standard Oil monopoliza o mercado de gasolina no mundo.

1913   Criação da Fundação Rockefeller. Em setembro, acontece o massacre de Ludlow — repressão violenta aos operários que atuavam em uma empresa da família.

1915   Fundação Rockefeller destina fundos à Faculdade de Medicina de São Paulo.

1917   Estados Unidos declaram guerra à Alemanha (Primeira Guerra Mundial).

1919   Lei Seca e início de uma sequência de governos republicanos conservadores.

1920   Início do *red scare* ou "medo vermelho".

1928   Início da construção do Rockefeller Center.

1929   Posse do republicano Herbert Hoover, crash da Bolsa de Nova York e início da Grande Depressão.

1930   Nelson Rockefeller gradua-se no Dartmouth College, casa-se com Mary Todhunter Clark e viaja pelo mundo. No Brasil, o movimento iniciado no Rio Grande do Sul culmina na Revolução de 1930. Fim da República Velha.

1932   "Revolução Constitucionalista": São Paulo inicia movimento armado contra o governo central e provisório de Getúlio Vargas.

1933   Democrata Franklin Delano Roosevelt toma posse como 32º presidente dos Estados Unidos, promulga o fim da Lei

Seca, dá início ao New Deal e à política da boa vizinhança. Nelson Rockefeller começa a atuar no MoMA e dedica-se a transações imobiliárias no Rockefeller Center. Nasce Rodnan Clark Rockefeller, o primogênito de Nelson.

1934 Nelson Rockefeller contrata o muralista mexicano Diego Rivera, não concorda com o tema escolhido pelo artista e manda destruir a obra. Viaja a Paris como "estagiário" do Chase Bank. No Brasil, é promulgada a primeira Constituição da República Nova e Vargas é eleito presidente. A Universidade de São Paulo é fundada.

1936 Em dezembro, Getúlio Vargas oferece um banquete ao presidente F. D. Roosevelt durante um encontro no Rio de Janeiro.

1937 Nelson Rockefeller realiza a sua primeira viagem ao Brasil como cidadão comum e faz contato com fazendeiros e homens de negócios, em São Paulo, no Rio de Janeiro e no Nordeste. Ele torna-se o principal executivo do Rockefeller Center, negocia acordo com trabalhadores e garante sindicalização; declara seu apoio ao governo Roosevelt. No Brasil, em novembro, um golpe instaura o Estado Novo — a "ditadura esclarecida", na avaliação de Nelson Rockefeller, feita em 1946.

1938 Criação do Conselho Nacional do Petróleo.

1940 Nelson Rockefeller assume o Office of the Coordinator of Inter-American Affairs do governo Roosevelt.

1941 Em dezembro, o Japão ataca a base americana de Pearl Harbor. Os Estados Unidos entram na guerra contra o Eixo.

1942 A Força Aérea do Exército americano bombardeia Tóquio.

Reunião de chanceleres de países americanos no Rio de Janeiro. O FBI começa a vigiar discretamente o casal Lutero e Inge Vargas. Em abril, festa de aniversário de Getúlio Vargas no Cassino da Urca promovida pelo Office e pelo DIP. Em setembro, Nelson Rockefeller chega pela segunda vez ao Brasil como alto funcionário do governo americano, visita Rio de Janeiro, Minas Gerais e São Paulo, dá início às tratativas de negociar borracha brasileira e implementar um projeto sanitário para Amazônia. Estreia no Brasil o filme *Alô, amigos*, de Walt Disney. O Brasil declara guerra à Alemanha, recusa proposta da Standard Oil para explorar petróleo no território nacional e passa a exportar materiais destinados ao esforço de guerra.

1944   Nelson Rockefeller assume o cargo de subsecretário de Estado para Assuntos Latino-Americanos no governo Roosevelt. Espiões desembarcam de um submarino alemão na Costa Leste dos Estados Unidos.

1945   Em março, Nelson Rockefeller coordena a reunião dos delegados dos países americanos em Chapultepec. Franklin D. Roosevelt morre em abril. Harry Truman assume a presidência dos Estados Unidos e, em agosto, demite Nelson Rockefeller.

1946   Nelson Rockefeller consegue que seu pai doe o terreno para a construção da sede da ONU em Nova York, cria a AIA e o Ibec, viaja pela terceira vez ao Brasil e expõe para autoridades e homens de negócios brasileiros o seu projeto de modernização para o país.

1948   Tem início o programa Ponto IV do governo Truman, e Nelson Rockefeller viaja pela quarta vez ao Brasil. O Ibec se associa à Agroceres para desenvolver a produção de milho híbrido. Inauguração do MAM do Rio de Janeiro e de São Paulo.

1950 Nelson Rockefeller é convidado a participar do governo Truman para ajudar a implementar o Ponto IV; viaja pela quinta vez ao Brasil e dá início a pesquisas para aumentar a produção agrícola na região do cerrado. Inaugura nova ala do Museu de Arte de São Paulo a convite de Assis Chateaubriand.

1950 Getúlio Vargas é eleito presidente do Brasil.

1951 Nelson Rockefeller viaja pela sexta vez ao Brasil e chega para a posse de Vargas como representante oficial dos Estados Unidos. Ocorre a I Bienal do Museu de Arte Moderna de São Paulo.

1952 Nelson Rockefeller é indicado para dirigir a agência Special Committee on Government Organization no governo Eisenhower. Viaja pela sétima vez ao Brasil, inaugura a fábrica Forjaço e visita o Paraná.

1953 Criação da Petrobrás.

1954 Getúlio Vargas comete suicídio. Nelson Rockefeller vai a Genebra com Eisenhower para reunião de cúpula com líder soviético.

1955 Encontro secreto de Berent Friele com Juscelino Kubitschek, Lucas Nogueira Garcez e Renato da Costa Lima, no Rio de Janeiro. Juscelino Kubitschek é eleito presidente do Brasil.

1956 Início da construção de Brasília. Nelson Rockefeller viaja pela oitava vez ao Brasil e se encontra com JK.

1957   O Brasil produz 50 mil toneladas de soja.

1958   Nelson Rockefeller é eleito governador do estado de Nova York e viaja pela nona vez ao Brasil. Inspeciona as pesquisas no cerrado e na Fazenda Cambuhy. Novo encontro com JK.

1960   Jânio Quadros é eleito presidente do Brasil.

1961   John F. Kennedy toma posse como presidente dos Estados Unidos. Jânio Quadros renuncia e seu vice, João Goulart, toma posse como presidente do regime parlamentar.

1962   Início da intervenção americana no Vietnã.

1963   Martin Luther King lidera movimento antirracista e John Kennedy é assassinado. O democrata Lyndon Johnson toma posse e manda mais tropas ao Vietnã, impulsionando a escalada americana na guerra. No Brasil, tentativas do governo João Goulart de fazer reformas de base encontram forte resistência dos setores conservadores da sociedade.

1964   Golpe militar depõe presidente João Goulart. Início da ditadura militar com o governo do general Castelo Branco.

1967   General Costa e Silva toma posse como presidente do Brasil.

1968   Assassinatos de Martin Luther King e Robert Kennedy. No Brasil, promulgação do Ato Institucional nº 5 e endurecimento do regime militar.

1969   Richard Nixon toma posse como presidente dos Estados Unidos. Astronautas americanos chegam à Lua na *Apolo 11*. Em missão conferida pelo governo Nixon, Nelson

Rockefeller viaja pela décima e última vez ao Brasil, em plena ditadura militar. Encontro com o presidente Costa e Silva em Brasília.

1973   Estados Unidos saem do Vietnã sem a "paz com honra", como queria Richard Nixon. Nelson Rockefeller renuncia ao cargo de governador do estado de Nova York, que exercia pela quarta vez consecutiva.

1974   Escândalo de Watergate e renúncia de Nixon. Gerald Ford assume a presidência e convida Nelson Rockefeller para o cargo de vice-presidente da República.

1976   A propriedade da família, Pocantico Hills, é transformada em monumento público histórico.

1977   O mandato de Ford termina e Nelson deixa a vida política.

1979   Morte de Nelson Rockefeller em Nova York.

Créditos das imagens

pp. 38, 48, 56, 58, 70, 87, 173, 191, 204, 243, 246, 252, 253, 274, 275, 287, 289, 293 (abaixo), 351 e 384: Courtesy of Rockefeller Archive Center

p. 51: Everett/Latinstock

p. 54: Gamma-Keystone via Getty Images

p. 62: *Time & Life* Pictures/Getty Images

pp. 102, 105, 106, 108 e 110: Record Group 229 (Records of the Office of Inter-American Affairs). Series AVB. Fotografias tiradas pela OIAA fotógrafo Alan Fisher para documentar a viagem de 1942 de Nelson Rockefeller ao Brasil; Records of the Office of Inter-American Affairs. National Archives at College Park, College Park.

p. 131: Alan Fischer (CIA)

p. 132: © 1944 Disney

p. 139: Arquivo Nacional/ Fundo *Correio da Manhã*

p. 144: Look Magazine e Acme

pp. 150 e 165: CAIA, PA

p. 207: Acervo Jornal *Estado de Minas*/Revista *O Cruzeiro*/Paulo Salomão

p. 234: Acervo Iconographia

p. 241: Courtesy of Rockefeller Archive Center/ Peter Scheier/ Acervo Instituto Moreira Salles

p. 265: *Time & Life* Pictures/Getty Images

p. 269: Fundação Getulio Vargas - CPDOC

p. 271: Acervo Jornal *Estado de Minas*/ Utaro Kanai/ Arquivo *O Cruzeiro*

p. 273: Acervo Jornal *Estado de Minas*/Paulo

p. 276: Cortesia de Ricardo Barretto Ferreira Da Silva

p. 293 (acima): Arquivo/ Agência Estado

p. 348: Folhapress

p. 356: Acervo Jornal *Estado de Minas*/Jean Manzon/Revista *O Cruzeiro*

pp. 362 a 364: Arquivo Histórico Wanda Svevo/ Fundação Bienal de São Paulo

p. 385 (acima): Hans Pennink/Reuters/Latinstock

p. 385 (abaixo): Galit Seligmann/Corbis/Latinstock

Índice remissivo

Os números de páginas em *itálico* referem-se a ilustrações

Abcar (Associação Brasileira de Crédito e Assistência Rural), 250, 372, 376

abstracionismo, 341, 342

Academia Militar das Agulhas Negras, 325

Acampamento Paiol Grande, 328

ACAR (Associação de Crédito e Assistência Rural), 203-4, 249, 376

Accioly, Maria da Rocha Cavalcanti, 32

Acheson, Dean, 278, *279*

"Acordo da Quinta Avenida" (documento), 295

acordos comerciais Brasil-Estados Unidos, 78

Action Program for Free World Strength (documento), 285

açúcar, 236

Adorno, Theodor, 15, 360, 426*n*

aeroportos, 72, 101-2, 111, 169, 215, 226, 248, 260, 264, *274*, 340, 384, 389, 392

AFL (American Federation of Labor), 61

África, 95

Agnew, Spiro, 397

agricultura, 77, 83, 96, 103, 116, 123, 130, 180, 187-8, 190, 192, 194, 199, 209, 211, 214, 235, 237, 239, 242, 244, 249, *253*, 254, 278, 327, 351, 371, 373, 377-8, 387, 391

Agroceres, 238, 240-1, 247, 274, 290, 324, 350, 382

água encanada, 66, 67, 211, 213

Ahl, Frances, 130

AI-5 (Ato Institucional), 389

AIA (American International Association for Economic and Social Development), 180-2, 186-8, 191, 196-7, 203, 207, 221, 234-5, 243, 247, 249-51, *252-3*, 255, 260, 283, 292, 294,

453

304-5, 312-4, 326, 332, 382, 415*n*, 419*n*, 421*n*

Al Capone, 16

Al Neto *ver* Ribeiro Neto, Alfonso Alberto

Alabama, 41, 370

Albany (NY), 172, 294, 305, 337, 384, *385*

Albarracin, Louis, 64, 78, 410*n*

álcool, 24, 28, 37, 40

Aldrich, Abigail (Abby), 37, 39, 41, 45, 52, 57

Aldrich, Nelson, 37

Aldrich, Richard, 383, 421*n*

Aldrin, Edwin "Buzz", 329

Alemanha, alemães, 12-4, 17, 21, 68, 79, 85, 90-1, 95, 107, 134, 141, 145, 147, 152, 154-7, 170, 192, 209, 233, 257, 387, 394

algodão, 72, 77, 78, 83, 236, 261

alimentos, 104, 136, 179, 187, 194, 198, 201, 221, *243*, *253*, 288, 336, 372

Almeida, Caio Ruy Martins de, 329-30, 424*n*

Almeida, Guilherme de, 354

Almeida, Lauro Cardoso de, 112

Alô amigos (filme), 71, 102, 119, 132

Alô! América (programa de rádio), 140

Altobelli, Maria Inês, 333, 424*n*

Alves, Carlos Pinto, 344-5

Alves, Mucia, 345, 347

Amaral, Tarsila do, 343

Amazon Awakens, The (filme), 134

Amazon Development Sanitary Project, 129

Amazonas, rio, 128, 134, 139, 290, 332

Amazônia, 67, 104, 119, 127-31, 134-6, 139, 331-2, 381

América Central, 29

América do Norte, 120, 148, 317, 319, 333

América do Sul, 63-5, 68-9, 71-2, 74, 81, 88-9, 92-3, 95, 97, 107, 128, 136, 138, 142, 160, 200, 257, 340, 371, 414*n*

América Latina, 14, 16-9, 29, 49, 63, 68-9, 71, 76, 79, 89-90, 92-3, 95-8, 103, 120, 122, 132, 137, 143, 145-6, 149, 151, 160, 166, 170, 173-5, 177, 182, 185-6, 190, 195, 233, 240, 255, 258, 266, 270, 278, 302, 350, 371, 382, 388, 395-6, 414*n*, 418*n*

American Brazilian Association Inc., 267

American Coffee Corporation, 72, 113

American International Association for Economic and Social Development, 180, 198, 415*n*, 419*n*

American Petroleum Institute, 36

American standard of living, 213

American Tobaco Company, 29

American way of life, 14, 119, 122, 144, 181

americanismo, 30, 118-9, 127, 146, 176, 180, 194, 200, 228, 332, 369, 382

Americano, Jorge, 111, 114

Amoco, 32

analfabetismo, 136, 178, 337

ancilostomíase, 34

Anderson, Clayton & Co, 72, 77, 83

andiroba, 135

Andrade Filho, Oswaldo de, 347

Andrade, Mário de, 207

Andrade, Rodrigo Mello Franco de, 357

Angkor, 52

Aníbal Benévolo (navio), 105

454

ANL (Aliança Nacional Libertadora), 80

antiamericanismo, 156, 263, 330

anticomunismo, anticomunistas, 18, 44, 182-4, 186, 197, 228-9, 282, 294, 307, 326, 329, 373, 375, 384, 391, 418n

antropologia, 138

Apucarana (Paraná), 247

Aragon, Louis, 342

Aranha, Osvaldo, 103-4, 118, 140, 143, 146, 355, *356*, 375, 410n

Aranha, Zizi, 143

Arapongas (Paraná), 247, *274*

Arara (navio), 105

Araraquara (navio), 105

Araújo, Roberto Assumpção de, 357

Argentina, 78, 118, 141, 145-6, 148-50, 160, 172, 262, 414n

Arizona, 299

Arkansas, 36

Armstrong, Louis, 7, 360

Armstrong, Neil, 329

Arquivo Nacional (Rio de Janeiro), 73, 418n

arroz, 187, 245

arte abstrata, 61, 341, *352*, 353, 360, 365

Arte Degenerada (exposição), 366

arte moderna, 61, 65, 343-6, 349, 353-4, 356, 359, 380, 391

artes plásticas, 195, 228, 339, 341, 356, 391

Artigas, João Vilanova, 347, 363, 366

Artigas, Salvador Toledo, 236

Ascarelli, Túlio, 347

Ásia, 128, 149, 197, 230, 258

Assis (SP), 246

Associação Brasileira de Imprensa, 111, 189, 202

Associação Comercial (São Paulo), 112, 116

Associated Press, 386

Assumpção, Antonio, 236

Assumpção, Luiz, 236

Athayde, Austregésilo de, 189, 354

Ática, prisão de (NY), 310, 396

Atlantic, 32

Atlântico Norte, 13

Atlântico Sul, 109, 192

Attle, Clement, 185

Austrália, 306

Áustria, 91

Automóvel Clube de São Paulo, 114, 116, 208, 271

Autry, Gene, 230

Avaré (SP), 247

Avelino, Georgino, 308-9, 422n

avenida Paulista, 346, 361, 363, 392

Azevedo, Luiz Correa de, 357

babaçu, 78, 135

Baby Face, 16

Bacia Amazônica, 129, 134-5, 290,

Bacia de Tucano (Bahia), 296

Baependy (navio), 105

Bahia, 76, 104, 133, 249, 296

balilas, 83

Bananal (SP), 212

Banco Alemão Transatlântico, 84

Banco Comercial do Estado de São Paulo, 85

Banco do Brasil, 79, 116, 250, 288

Banco do Estado da Guanabara, 311

Banco Industrial Brasileiro, 308

Banco Lar Brasileiro, 348

Banco Mercantil de São Paulo, 236, 272

Banco Moreira Salles, 288

Banco Mundial, 185

Banco Nacional de Desenvolvimento Econômico, 273

Banco Nacional de Minas Gerais, 309

Banco Noroeste, 85

Bandeira, Manuel, 357

Bandeirantes (Paraná), 247

Bando da Lua, 135, 151

Bangkok, 52

Bangladesh, 258

bangue-bangue, filmes de, 127

Baptista, Caio Dias, 215, 236

Bar Harbor, 39

Barbosa, Júlio Caetano Horta, general, 74

Barbosa, Rui, 192

Barbosa, Theodoro Quartim, 236, 247, 271

Barcellos, Ivan, 235

Bardi, Lina Bo, 354

Bardi, Pietro Maria, 345, 352, 425n

Barranquilla (Colômbia), 65

Barretto, Dyonisio Guedes, 276

Barros, Adhemar de, 236, 298

Basie, Count, 292

Batalha de Kursk, 134

Batalha de Riachuelo, 94

Batista, Linda, 141

batistas, 21, 23-4, 31, 33, 43-4, 130, 182, 206, 367

Beans, William, 130

Bebedouro (SP), 246

Belém (Pará), 69, 71, 128, 135, 139, 290, 331

Bélgica, 11, 91

Belgo-Mineira, 313

Belo Horizonte, 103, 247, 249, 251, 290, 305, 373

Beltrão, Hélio, 389

bem-estar, 37, 143, 168, 180, 183, 193-4, 199, 232, 235, 259, 377-9, 414n; ver também welfare state

Benanou, Catherine, 140

Benedict, Ruth, 137-8

Benevides, Edgard Teixeira, 335-6, 424n

Bennett, Wendell C., 138

Berle, Adolf, 162-3, 175-9, 189, 199, 202, 262

Berlitz (escola de línguas), 67

Berrini Jr., Luiz C., 218

Bey, Essad, 336

Bíblia, 335-6

Biblioteca Nacional (Rio de Janeiro), 333

Bienal de São Paulo, 346, 362, 364, 365

biomassa, 33

Birmingham, 41

Bittencourt, Niomar Moniz Sodré, 286, 356-8, 389-91, 426n, 428n

Black Panthers, 397

Black Power, 397

Boas, Franz, 137

Bocaina ver serra da Bocaina

Bolshoi, balé, 366

bomba atômica, 256, 280, 291, 307

bondes, 220

Boones, Daniel, 130

Borba, Emilinha, 141

Borghi, Hugo, 354

Borlaug, Norman, 373

borracha, 13, 118-9, 127-8, 130-1, 153

Bouças, Valentin F., 85, 87, 201, 316

Bourbon, Gabriel de, 212

Boyer, Louise A., 264, 305, 332, 390, 420n, 429n

Braden, Spruille, 172-3, 262

Braker, Milton, 266

Brasília, 172, 323, 372-3, 382-4, *385*, 389

Brazil Builders (catálogo de exposição), 143

brazilian nuts ver castanha do Pará

Brecht, Bertold, 14

Brennan, Flor Paris, 304, 320

Brieger, F. G., 242

Brill, C. B. F., coronel, 215

Brisidio, Antonio de Almeida, 306

British Raj, 258

Brizola, Leonel, 297

Brooks, Clarence, 272

Browne, Byron, 344, 347

Buenos Aires, 71-2, 86, 118, 213-5, 413n

Buffalo Bill, 127

Bulganin, Nikolai, 284

Byington & Co., 231

Byington Jr., Albert Jackson, 231-3, 235, 418n

Byrnes, James, 159-60, 162

Cabo Canaveral, 329

caboclos, 130

cacau, 79, 135

Cadillac (automóvel), 306-7, 315, 332

café, 42, 71, 78-9, 83, 85-6, 113, 118, 188, 236, 239, 245, 261, 278, 281, 290, 304, 351, 355, 387

Caffery, Jefferson, 104

Caibo (Companhia Agrícola e Industrial da Bocaina), 213-4

Calder, Alexander, 344, 347

Califórnia, 14, 28, 31, 128, 299, 319, 324

Calloway, Cab, 292

calvinistas, 23, 33, 69, *207*, 337

Câmara Americana de Comércio, 114, 205, 242, 254, 258

Câmara de Comércio do Estado de Nova York, 112

Câmara de Deputados (EUA), 58

Camargo, Lleras, 151

Camargo, Maria Penteado, 347, 354

Camargo, Mário Penteado, 363

câmbio, 79, 208, 230

Camboja, 52

caminhões, 79, 117, 196, 199, 211, 219, 227, 247, 261

Camp Kieve (Maine), 328

Campinas, 205, 242, 288, 372

Campos, Milton, 247-8, 372

Canadá, 36, 43, 50, 396

Canal do Panamá, 29

Candeeiro (cangaceiro), 32-3

Candido, Antonio, 347, 363

Canover, Willis, 360

Capanema, Gustavo, 105, 321-2, 357, 423n

Capão Bonito (SP), 238

capital privado, 259, 375

Capital, O (Marx), 184

capitalismo, capitalistas, 19, 29, 34, 36, 54-5, 82, 181-3, 186, 198, 231, 273, 281, 341-2, 353, 379, 407n, 417n, 420-1n

Caracas, 65

Carapito (Venezuela), 67

Cárdenas, Lázaro, 76, 175

Cargill Company, 245-6, 290, 350

Caribe, 29, 148

Carolina do Norte, 310

457

Carpentier, Alejo, 264

Carsons, Kit, 130

Carvalho, Daniel de, 196

Carvalho, Eleazar de, 320-1, 423*n*

Carvalho, Flavio de, 354

Carvalho, Helena Bandeira de, 322, 423*n*

Carvalho, Marcelino de, 122

carvão, 22, 34-5, 117, 212, 219

Carver, George Washington, 239

Casa Branca, 92, 96

Casa do Pequeno Jornaleiro, 109, 311

Cassino da Urca, 140

castanha do Pará, 79, 135

Castelo Branco, Humberto de Alencar, general, 298-9, 327

Castro, Fidel, 175

Catão, Francisco Bocaiúva, 272, 378

catolicismo, católicos, 33, 41, 44, 67, 69, 120, 375

Cavalcante, Carlos, 122

Caxambu (MG), 329-30

CBS (Columbia Broadcasting System), 202

CCC (Civilian Conservation Corps), 82-3, 109

Ceará, 140, 194, 335

cédula hipotecária, 208

Centola, Nicolau Mario, 112

Central Park (Nova York), 60

centros urbanos, 22, 215

cereais, 21, 196, 244-6

César, Abelardo Vergueiro, 208

Cézanne, Paul, 210, 349

chá, 26

Chagall, Marc, 344, 347

Chapultepec, 149-50, 255

Chase Bank, 42, 56, 74, 83, 268, 348

Chase National Bank, 64, 279, 286

Chateaubriand, Assis, 72, 189, 206, 208, 210, 270-1, 280, 310, 312, 345-6, 348-50, *352*, 357, 359, 376-7, 380, 383, 423*n*, 425-6*n*, 428*n*

Chevron, 32

Chicago, 216, 378, 395

Chile, 86, 118, 141, 146, 397

China, 255, 257, 397

Chrysler, 171

Church, Frank, 388

Churchill, Winston, 17, 67, 91, *98*, 148, 185

CIA, 121, 203, 237, 282, 284, 359, 371

cinema, 119, 122, 137, 200, 232, 280, 344, 365

"50 anos em 5", 286

City Bank, 183

Civita, Victor, 290

Clark, Eleanor, 64

Clark, Mary Todhunter *ver* Rockefeller, Mary Todhunter ("Todd")

classe média, 80, 198, 200, 221, 229, 260, 340

Clayton, William, 77, 410*n*

Cleveland, 21, 23-4

Clipper (aviões), 64, 71

CMTC (Companhia Municipal de Transportes Coletivos), 219-20

Cobbs, Elizabeth A., 125, 408-9*n*, 412*n*

Coca-Cola, 358

Colepaugh, William Curtis, 12-4

cólera, 191

Collins, Michael, 329

Colômbia, 29, 65, 79, 257

Colorado, 34-5, 43

Colorado Iron and Fuel Company, 35

Comenda Oficial da Ordem Nacional do Cruzeiro do Sul, 190, 264

Comercial Futebol Clube de Ribeirão Preto, 324

Comissão Brasileiro-Americana de Produção de Gêneros Alimentícios, 136

Comissão Conjunta Mista para o Desenvolvimento Econômico, 266

Comissão de Estudos Financeiros e Econômicos dos Estados e Municípios, 85

Comitê Interamericano de Viagens, 120

Companhia das Índias Ocidentais, 26

"comunazis", 15

comunismo, comunistas, 15-6, 18-9, 44, 55, 148-50, 163, 170, 177-8, 182-7, 197, 203, 205, 214, 229, 231-3, *234*, 235, 237, 248, 254, 256-7, 262, 266, 278, 280-2, 284-5, 291-2, 297-9, 302, 307-8, 326-9, 336-7, 339, 341-2, 347, 361, 366, 371, 374-5, 384, 386-9, 391, 397

Confederação Evangélica do Brasil, 323

Confederação Nacional do Comércio, 189, 195

Conferência de Chapultepec, 149, 173, 205

Conferência de Yalta, 149

"Congada" (Mignone), 123

Congonhas, aeroporto de, 111, 215, 226, 238, 260, 392

Connaly, Tom, 150

Conselho Municipal de Saúde da Westchester, 112

Conselho Nacional do Petróleo, 75-6

Constituição americana, 44

Constituição brasileira, 80, 233, 297

Contratador de diamantes, O (Mignone), 123

Cooke, Morris, 124

Copa do Mundo (1950), 355, *356*

Copa do Mundo (1970), 323

Copacabana Palace, 73, 104, 188, 208, 210, 265, 272, 333, 355, 424n

Copacabana, praia de, 107

Corbusier, Roland, 366

Cordeiro, Homero, 324-5, 424n

Coreia do Norte, 257

Coreia do Sul, 257

Correio da Manhã, 170, 188, 356, 389, 416n

Correio Gaúcho, O, 326

Cortez, A. T., 74

"cortina de ferro", 203, 295, 366

Costa e Silva, Artur da, marechal, 334, 386-8, 391, 393

Costa Leste, 11, 24, 39, 51, 99, 128, 155, 282

Costa, Euclides Zenóbio da, general, 154

Costa, Fernando, 111, 113-5, 118

Costa, João, 303-4, 422n

Council of Foreign Relations, 175-6, 414-5n

Council of National Defense, 112

Coury, Athié Jorge, 323

Couto e Silva, Golbery do, general, 398

Crabtree Neck, praia de, 13

Crane, Jay, 64, 92

Crawford, Walter, 313

crédito rural, 199

Creole Petroleum Company, 65-8, 90, 112

Crescinco, 294, 296, 382

Crimeia, 17

Crocketts, David, 130

Cross, Cecil, 272

Cruzeiro, O, 206, 299

csn (Companhia Siderúrgica Nacional), 272, 286

Cuba, 71, 296

cubismo, 61

cultura americana, 30, 44, 127, 138, 200, 427*n*

cultura brasileira, 39, 75, 133, 309

Cuzco, 86

D'Harnoncourt, Renè, *348*, 364

Dacar, 95

Daniels, Paul, 169

Dantas, Roberto de Souza, 235

Dartmouth College, 49, 51

David, Rockefeller, 85

dc-3 (aviões), 135, 149, 235, 238

De Kooning, Willem, 364

debêntures, 208

Degas, Edgar, 210

Del Picchia, Menotti, 355

Delfim Netto, 389

democracia, democratas, 30, 55, 58-9, 68, 103, 136-7, 144, 147, 175, 183, 194, 200, 231-2, 328, 353, 360, 369, 388, 395

Democracia na América, A (Tocqueville), 68

Demophilic Government (Fernando Nobre), 312

Departamento de Defesa Americano, 282

Departamento de Estado Americano, 16-7, 90, 94, 96-8, 104, 120, 123-5, 143, 150, 152-3, 160, 162-3, 168, 171, 174, 184-5, 195, 264, 278, 282, 285, 307, 359, 365

Departamento de Higiene de São Paulo, 33

Departamento Nacional de Estrada de Rodagem, 335

Departamento Nacional de Pesquisas Agropecuárias, 372

desemprego, 55, 81-2, 109, 370

Detroit, 67, 106, 260

Devendorf, George, 272

Dia D, 148

Dia do Presidente (eua), 140

Diário da Noite, 72

Diário de S. Paulo, 170, 245, 271, 343, 349, 354, 417*n*, 419-21*n*, 426*n*, 428*n*

Diários Associados, 208, 270, 345-6, 349, 355

dinheiro, 21, 23, 27, 34, 37, 40, 42, 45, 78-9, 103, 133, 199, 215, 250, 270, 274, 294, 302, 305-6, 322-4, 333, 335, 357, 361

dip (Departamento de Imprensa e Propaganda), 140, 354

Diplomacia (Kissinger), 159

Diretrizes (revista), 237

dislexia, 46

Disney, Walt, 71, 102, 119, 123, 131, *132*, 133-6, 233

Do figurativismo ao abstracionismo (exposição), 346-7

doenças tropicais, 119, 129, 270

Donovan, William J. ("Wild" Bill), 121-2

Doolittle, Jammes "Jimmy", tenente-coronel, 141

Dorsey, Tommy, 228, 374

Doutrina Kubitschek, 292

Doutrina Monroe, 150

Dr. Fantástico (filme), 398*n*

Drake, Edwin, 22
Du Pont Corporation, 29
Duck and Cover (propaganda), 280
Dulles, Foster, 284
Duncan, David Douglas, 394, 429*n*
Dutra, Eurico Gaspar, general, 76, 105, 107, 143, 154, 163, 169, 187, 201, 226, 233, 235-6, 262, 264, 266, 309-10, 313, 321, *351*, 352, 354, 361, 420*n*

...*E o vento levou* (filme), 119
economia americana, 125, 128
economia brasileira, 246, 296, 315, 380
Edifício Chopin, 210
Edison, Thomas, 28
Editora Abril, 290
Egan, W. J. Convery, 202-3, 237
Eighteenth Amendment, 40
Eisenhower, Dwight D., 184-5, 237, 258, 270, 277, 282-5, 291, 295, 325, 371, 375, 397, 416*n*, 421*n*
Eixo, 101, 103, 105, 117-8, 125, 133, 141, 146-8, 153, 192, 203, 240
Eldorado, lenda do, 134
Eleitos, Os (filme), 330
eletricidade, eletrificação, 28, 66, 82, 213, 231, 409*n*
Elington, Duke, 360
elite americana, 49, 51
elite brasileira, 214, 310, 339-44, 376-7
Em Guarda (revista), 144
EMA (Empresa de Mecanização Agrícola), 126, 211, 238, *246*, 247, 260, 272, 288, 290, 350, 380, 382, 412*n*
Embrapa (Empresa Brasileira de Pesquisas Agropecuárias), 372
Emilio Carlos, 354

Emissoras Associadas, 229-30
Empire State, 171, 384
"Enlightened Capitalism" (artigo da *Time*), 198
Ernst, Max, 344
Esalq (Escola Superior de Agronomia Luiz de Queiroz), 124
ESAV (Escola Superior de Agricultura e Veterinária de Viçosa), 136, 238
escola dominical, 43
Escola Livre de Sociologia e Política, 205
esgoto, 66-7, 211, 213, 218-9, 221, 260
Esopo, 347
Espada e o crisântemo, A (Benedict), 137
Espanha, 95
espanhol (idioma), 66
espionagem, 13, 15, 122, 151, 158-9, 162, 237
Espírito Santo, 242, 246, 250
esquimós, 50
Esso, 32, 199, 301, 334-6, 393
estado de bem-estar *ver* bem-estar; *welfare state*
Estado de S. Paulo, O, 112, 170, 395, 398, 411*n*, 429*n*
Estado Novo, 16-7, 75, 81, 104, 176, 198, 217-8, 248, 276, 313, 370, 394, 410*n*
Estado-Maior das Forças Armadas (Brasil), 107
Estado-Maior das Forças Armadas (EUA), 92, 282
estreptomicina, 311
ETA (Escritório Técnico de Agricultura Brasil-Estados Unidos), 250
Europa, 17, 19, 52, 79, 85, 89-91, 95, 112, 122, 129-30, 134, 146, 149,

154-5, 159, 173, 178-9, 184, 197, 203, 230, 233, 254-8, 261, 316, 318, 341-2
Exército americano, 15, 124, 153, 325
Exército brasileiro, 75, 80, 91
Exército Vermelho, 11, 133, 141
Exposição da Arte Degenerada (MoMA), 93
expressionismo abstrato, 341, 360-1, 364
Exxon, 32

Faculdade de Direito do Largo São Francisco, 115
Faculdade de Educação da Universidade Columbia, 45
Faculdade de Medicina de São Paulo, 33
fascismo, fascistas, 82-3, 146, 150, 152, 248, 369
fast food, 198
Fátima, princesa, 354
Fazenda Bodoquena, 289-90
Fazenda Cambuhy, 290, 294, 372
Fazenda da Bocaina, 211
Fazenda Nelson Rockefeller (São Gonçalo do Amarante), 136, 337, 412*n*
Fazenda Santa Cândida, 205-6
Fazenda Santa Helena, *276*
Fazenda Santo Antônio, 190
FBI, 14-7, 153, 158-9, 162, 282, 308, 407*n*, 414*n*
FEB (Força Expedicionária Brasileira), 154
feijão, 136, 198
Feininger, Lyonel, 364
Feira Nacional das Indústrias, 115
Felmanas, Arnoldo, 314-5, 423*n*

Ferraz, Olavo, 276
"Fetichismo da música e a regressão da audição" (Adorno), 360
Fico, Carlos, 297-8, 421*n*
Fields, Dorothy, 7
Filadélfia, 157
filantropia, 27, 31, 33-4, 198, 301, 350
Finlândia, 316
First National Bank of New York, 183
Fitzgerald, F. Scott, 45
Flamengo, aterro do, 356
Flor *ver* Brennan, Flor Paris
Flores, Thompson, 169
Floresta Amazônica, 130
Floresta da Tijuca, 190
Flórida, 71
Florida Special (trem), 64
Flynn, Errol, 95-6, 410*n*
FMI (Fundo Monetário Internacional), 185-6
Fon-Fon (revista), 229
Fonseca, Gondin da, 336
Fontes, João Ferreira, 112
Fontes, Lourival, 354
Fontoura, João Neves da, 266, *279*
Ford Lincoln 1949 (automóvel), 315
Ford Motor Company, 28, 47, 67, 134, 315
Ford, Edsel, 358
Ford, Gerald, 26-7, 397
Ford, Henry, 67, 371
Ford, John, 233
Fordlândia (Brasil), 67, 139, 413*n*
Forest Hill, 24, 40
Forjaço, 272, *273*, 340, 378-9, 428*n*
Fortes, Bias, 290
Foster, Stephen, 230
Foxhall Road (Washington), 99
França, 11, 47, 91, 93, 95, 230, 254

Franco, Afonso Arinos de Mello, 310

Franklin, Benjamin, 199

Frasconi, 347

Frazão, 141

freshman, 49

Friedman, Milton, 37

Friele, Berent, 113, 143, 168, 175, 180, 188, 202, 213-4, 268, 272, 279, 281, 285, 296-7, 304, 310, 312, 314, 318-9, 358, 374, 383, 390-1, 420*n*, 422-3*n*, 427-8*n*

Frisch, Johan Dalgas, 380, *381*, 428*n*

Frischauer, P., 141

frontier, 127, 256

FSA (Farmers Security Administration), 249

fumo, 40

Fundação Rockefeller, 33-5, 52, 56, 67, 73, 87, 205, 326, 408*n*

Fundamental (panfleto batista), 44

fundamentalistas cristãos, 43-4

Fundamentos (revista), 217, 219

futebol, 47, 288, 303, 318, 322, 355

futebol americano, 47

G. B., Alice, 333

gado, 124, 126, 276, 289

Galeão (aeroporto), 292, 389

Galeria Prestes Maia, 343

Gandhi, Mahatma, 52

gângsteres, 16, 82

Garaudy, Roger, 342

Garbo, 294, 340, 382

Garcez, Lucas Nogueira, 247, 277, 364, 374-5, 399

Garcia Lorca, Federico, 319

gasolina, 25, 28, 334, 393

Gates Jr., Thomas S., 236-7

Gates, Bill, 32

Gates, Frederick T., 33

Geisel, Ernesto, general, 398

General Motors, 28, 188, 315, 358

geologia, 76

George, Henry, 235

Georgismo e comunismo (Monteiro Lobato), *234*

Gianetti, Américo, 248

Gil, Gilberto, 330

gilded age, 24

Gillespie, Dizzy, 359

Gillin, John, 138

Gimpel, Erich, 12-6

Goiânia, 323

Goiás, 372

Goldwater, Barry, 299, 318

golpe militar (1964), 272, 298, 308-9, 389

Goodman, Benny, 360

GOP (Grand Old Party), 283, 295; *ver também* Partido Republicano

Gordinho, Antonio Cintra, 236

Gordon, Lincoln, 298, 386

GOU (Grupo Obra de Unificación ou Grupo de Oficiales Unidos), 147

Goulart, João, 286, 296-9, 318, 327, 374-5, 389, 421*n*

governo americano, 84, 89, 91, 95-8, 111, 137, 148, 150, 155, 168, 170, 173, 187-8, 195, 197, 228, 233, 257-8, 266, 270, 281, 302, 315, 359, 369, 374, 383, 396

governo brasileiro, 123, 129, 141, 149, 159, 166, 196, 267-8, 281, 286, 298, 321, 338, 361, 372, 387

graça divina, 21

Graciano, Clovis, 347, 363

Gracie, Souza Leão, 192, 416-7*n*, 427*n*

Grande Aliança, 99

Grande Otelo, 140-1
Grant, Ulisses, 24
Graves, Morris, 347
Greeley, Horace, 193
Greenwich Village, 92
Grenar Agrícola e Comercial s.a., 247
greves, 30, 34-5, 196-7
Griffing, Dad, 188, 209, 211-2
Griffing, John, 136
Grosz, Georg, 344, 347
Gudin, Eugênio, 194
Guerra Civil Americana, 22, 24, 59, 139, 231
Guerra da Coreia, 231, 257, 264, 307, 394
Guerra do Paraguai, 94
Guerra do Vietnã *ver* Vietnã
guerra fria, 176, 182, 186, 233, 257, 283, 297, 366, 418*n*
Guerra, José Moraes, 272
Guilbaut, Serge, 359*n*
Guimarães, Caio Pinto, 206
Guimarães, Pinto, 206
Guinle, Dolores, 271
Guinle, Eduardo, 272
Guinle, família, 189, 272, 321
Guinle, Guilherme, 354
Guinness Book of Records, 32
Gulf, 68
Gunther, John, 336
Gwathmey, Charles, 344

Haeff, *Frau ver* Vargas, Ingeborg Anna Elizabeth Tenn Haeff
Hamlet (Shakespeare), 335
Hammett, Dashiell, 151
Hardy, Ben, 255
Harriman, Averell, 292
Harrison, Wallace, 56, 61, 180, 413*n*

Harrison, Wally, 92, 156, 175
Harrods, James, 130
Hartford Courante of Connecticut, 390
Haussmann, barão, 216
Heilbronner, Leon, 188, 202
hidroelétricas, 125
higiene, 36, 65, 194, 244, 249, *252-3*
Himalaia, 52
Hino Nacional Brasileiro, 318-9
Hinyley, Robert H., 97
hiperatividade, 46
Hitler, Adolf, 12, 15, 90-1, 133, 407*n*
Hofstadter, Richard, 152, 413*n*
Hoje (jornal), 365
Holanda, 11, 91
Holanda, Sérgio Buarque de, 308, 409*n*
Holetz, Victor Hugo, 336, 425*n*
Hollerith do Brasil, 85
Hollywood, 56, 95, 119, 127, 136, 140, 244
Homestead Act (lei), 200, 242
Hoover, Herbert, 58, 85
Hoover, J. Edgar, 16-7, 158, 308, 407*n*, 413*n*
Hopkins, Harry, 82, 92, 96, 99, 128
Hopper, Edward, 364
Hospital Geral de Livorno, 155
Hospital Pérola Byington, 231
Hospitality Department, 189
Hotel Esplanada (São Paulo), 73, 83
Hotel Shoreham (Nova York), 158
Hudgens, Robert, 249
huguenotes, 21
Hull, Cordell, 125, 147-8, 169

Ialta, 17, 185
Ibad (Instituto Brasileiro de Ação Democrática), 298-9

Ibec (International Basic Economy Corporation), 181-2, 186, 190-2, 194, 197, 204, 209-13, 216-7, 221, 234-7, 240, 242, 243, 245-7, 255, 260-1, 272, 274, 283, 287-8, 290, 294, 312-4, 326, 348, 371, 374, 382, 417-9*n*, 421*n*, 428*n*
IBM, 85, 201, 358
Ickes, Harold L., 97
Igreja Batista de Cleveland, 22
Igreja Presbiteriana Independente do Brasil, 323
"Ike" *ver* Eisenhower, Dwight D.
Illinois, 332
iluminação urbana, 22
imperialismo, imperialistas, 29, 33, 67, 80, 84, 182, 190, 199, 237, 254, 258-9, 262, 280, 335, 365-6, 382, 388, 393
Inconfidência Mineira, 192
Independence (avião oficial do presidente americano), 264
Índia, 52, 67, 258
índios, 29, 43, 65, 130, 138, 381
individualismo, 69, 82, 89, 299, 361
indústria automobilística, 67, 277, 296
Indústria de Roupas Regência, 294
industrialização americana, 24, 28, 82
industrialização brasileira, 66, 75, 77-9, 83, 96, 125, 190, 244-5, 268, 270, 277-8, 319
inflação, 145, 387
Inglaterra, 68, 79, 91, 99, 258, 322
Ingram, Jonas H., almirante, 109
Institute of Inter-American Affairs, 136
Instituto Agronômico, 205, 372
Instituto Brasileiro Agronômico do Norte, 129

Instituto Butantã, 208
Instituto de Higiene, 205
Instituto de Nutrição e Doenças do Aparelho Digestivo, 311
Instituto de Pesquisas Tecnológicas, 205
Intentona Comunista, 80
Internacional (hino comunista), 336
International Cooperation Administration, 375
International Development Advisory Board, 255
Iowa, 96, 239
Ipes (Instituto de Pesquisas e Estudos Sociais), 298-9
IRI (Research Institute), 290, 371-3, 427*n*
It's All True (filme), *139*, 140
Itagiba (navio), 105
Itália, 154-5, 230, 254, 298
Ivy League, 49

J.P. Morgan Corporation, 29
Jacaré (jangadeiro), 140
Jacarezinho (Paraná), 126, 238, 240, 246-7, 324-5, 340, 350
Jackson, Dee W., 188, 209, 211-2
Jamieson, Francis A., 180, 188
Jamieson, Frank, 168, 175, 314
Janeway, Eliot, 128
Jango *ver* Goulart, João
Japão, 52, 128, 236
Jararaca e Ratinho (dupla musical), 141
Jari, rio, 290
Jatobá, Luís, 122
Java, 52
jazz, 202-3, 359, 365-6
Jefferson, Thomas, 176

465

Jesus Institute (Juiz de Fora), 323
JK *ver* Kubitschek, Juscelino
João Alberto, 154
Joe Carioca *ver* Zé Carioca (personagem)
Johnson & Johnson, 129
Johnson, Herschel, 352
Johnson, Hugh S., 82
Johnson, Lyndon, 299, 318, 395
Jones, Clarence, 42
judeus, 41, 44, 46
Judson, Arthur, 317
Julliard School, 156-7
Jundiaí, 238
Júnior *ver* Rockefeller Jr., John D.
Jurado, João Artacho, 115
Juventude Hitlerista, 158
Juventude transviada (filme), 307

Kadow, Kenneth J., 180, 188, 202, 209-12, 214, 417*n*
Kane, Joseph, 230
Kanebo S.A., 261
Kaufman, Philip, 330
Kennan, George, 256
Kennedy, Donald D., 328, 424*n*
Kennedy, John F., 295
King, John Caldwell, 129
King, Mackenzie, 35-6, 61
Kissinger, Henry, 159, 284, 291, 297, 397
Klabin, Israel, 354
Knight, coronel, 212
Knox, Frank, 97, 99, 109
Kriegsmarine, 12
Krueg, Arnaldo, 242
Krupp, 157
Krushov, Nikita, 284, 291
Ku Klux Klan, 42, 44

Kubitschek, Juscelino, 173, 250, 285-6, 292, 318, 373-7, 421*n*
Kubrick, Stanley, 398*n*

La Paz, 86
Labrador (Canadá), 50
Lacerda, Carlos, 266, 280-1, 298, 311
Lafer, Horácio, 236, 267, 277, 279, 311-2, 351, 423*n*
lâmpadas elétricas, 28
Lampião (cangaceiro), 32-3, 408*n*
lampiões a gás, 28
Lang, Fritz, 171
látex, 128, 130, 135
latifúndios, latifundiários, 178, 199, 342
Latin American Study Group, 175
Lauro, Paulo, 215
Lavolpe, Sarita, 333
lazer, 213, 221
Le Corbusier, 202, 321
Leal, Newton Estilac, general, 267
Leão, Ivo, 238
Leão, Josias Carneiro, 357
Léger, Fernand, 344, 347
Lei de Segurança Nacional, 80
Lei Seca, 40, 51, 82
leis trabalhistas, 81, 90
Lênin, Vladimir, 55, 344
Lessa, Orígenes, 122
Levi, Rino, 347
liberalismo, 19, 94, 230-1
Life (revista), 394
Lima (Peru), 86
Lima, Negrão de, 389
Lima, Renato da Costa, 247, 272, 286-7, 350, 374, 399
Lima, Roberto Alves de, 115
Lincoln School, 45-7

Lincoln, Abraham, 200

Lindenberg, Charles, 85

Lins, Heloisa de Macedo, 330, 332, 424*n*

lixo, 218

Lloyd Brasileiro, 361

Lobato (Bahia), 76

Lobato, Monteiro, *234*, 235, 256, 343

Lockwood, John E., 180, 188

Londres, 171, 215

Lorca, German, 383

Lord & Thomas (agência de publicidade), 120

Louise (secretária de Nelson Rockefeller) *ver* Boyer, Louise A.

Loureiro, d. Paulo Rolim, 272

Lousada Filho, Francisco, 310

Lousada, Francisco D'Alamo, 310, 422*n*

Lua, voo à (1969), 329-31

Lubomirska, Cecylia, princesa, 212

Ludwig, Daniel K., 290

Luftwaffe, 94

Lunardelli, Geremia, 349, 355

"Lunik 9" (Gilberto Gil), 330

Lupion, Moisés, 238

luta de classes, 379

Luther King, Martin, 41, 370

luz elétrica, 213; *ver também* eletricidade, eletrificação

MacArthur, general, 257-8, 264, 307

Macdonald, Dwight, 342

MacGowan, Kenneth, 119

Machado (MG), 251

Machado, Argemiro de Hungria, 190

Machado, Carlos, 141

Machado, João, 337, 425*n*

Machado, Lourival Gomes, 347

Machine Gun Kelly, 16

Maciel Filho, J. S., 271

Macmillan (editora), 312, 423*n*

Macy's, 92

Magalhães Jr., R., 141

Magalhães, Raimundo, 122

Maia, Prestes, 111

Mailer, Norman, 299, 301, 422*n*

Maine, 11, 13, 39, 49, 328

malária, 67, 135, 291, 332

Malásia, 128

Malfatti, Anita, 354

Maluf, Paulo, 392

MAM (Rio de Janeiro), 355-9, 389, 391

MAM (São Paulo), 346-8, 359, 363, 365, 367

mamona, 78

Man, the girl and a jeep, The (programa americano), 249

Manaus, 135, 290

mandioca, 135-6

Manet, Édouard, 349

manganês, 79

Manhattan, 26, 42, 52, 92, 156, 171, 221, 294, 396

Manifesto dos Mineiros, 248

Mann, Heinrich, 14

Mann, Klaus, 14

Mann, Thomas, 14

Manson, Jean, *356*

Mappin (São Paulo), 83, *84*

Mar Negro, 17

Maracaibo (Venezuela), 65, 67

Maracanã, 355, *356*

Marajó, ilha de, 139

Marcuse, Herbert, 15

Marginal de São Paulo, *224-5*

Mariani, Clemente, 350

Maringá (Paraná), 247

Marinha americana, 12, 15, 109, 111, 117

Marinho, Roberto, 354

Marshall, George, general, 92, 174, 282

Martins, Carlos, 157, 313, 354, 423*n*

Martins, Maria, 157, 161, 163-4, *165*, 166, 354, 413-4*n*

Martins, Nora, 164

Marx, Karl, 184

marxismo, 80

Masp, 307, 310, 312, 346, 348-50, *351*, 352, 355, 357, 359-60, 363-4, 366, 392, 425*n*

Massacre de Ludlow, 35-7, 61

Masson, André, 347

Matarazzo Sobrinho, Francisco (Ciccillo), 345-7, *348*, 349, 354, 357, 359, 361, 363, 365-7, 426-7*n*

mate (chá), 79

materialismo dialético, 184

Mato Grosso, 289, 350, 355

Matsushida Eletronic, 260

Matte Leão, 238

May, Stacy, 256

Maya, Raymundo Ottoni de Castro, 356-7

McCarthy, Joseph, 307-8

McHugh, Jimmy, 7

McKinley, William, 29

McLaughlin, C. V., 97

Médici, Emílio Garrastazu, general, 398

médicos, 33, 129, *131*, 214, 324, 398

meio ambiente, 29, 138

Mello, Eduardo Kneese de, 344, 347, 361

Mello, Teresa Bandeira de, 354

Melo, Anhaia, 115

Melo, Carlos Saboia Bandeira de, 214

Mercado Americano de Valores Mobiliários, 208

mercado americano, 83, 253, 281

mercado brasileiro, 95

mercado mundial, 28

mercado petrolífero, 32

metalurgia, 124-6

Metalúrgica Matarazzo, 346, 348

Metraux, Alfred, 138

Metrópolis (filme), 171

Metropolitan Museum of Art, 53, 112

México, 61, 66, 76, 149, *150*, 159-60, 162, 173, 175, 255

Miami, 64-5, 71, 95, 261, 394

Miami Herald, The, 229, 418*n*

Microsoft, 32

MIG-15 (aviões), 257

Mignone, Francisco, 123

milho, 136, 187, 196, 214, 228, 235, 238-40, *241*, 242, 244-5, 247, *252*, 274, 324, 340, 350, 393

Milliet, Sérgio, 343-4, 347, 363

Minas Gerais, 124, 136, 140, 191, 203, 238, 242, 248, 250, 285, 298, 329, 330, 373

Minas Gerais (encouraçado), 94

mineiros americanos, 35

Ministério das Relações Exteriores (Brasil), 104

Miranda, Carmen, 71, 135, 140, 151

Miranda, Nicanor, 206-7

"missão civilizadora", 127, 199, 369, 376-8

Mississipi, 153, 239

Mississipi, rio, 134

Missouri, 30

mistura racial, 138

Mobil, 32

Moçambique, 306

468

Mococa (SP), 246, 286, 288, *289*, 301, 327, 350

modernização americana, 28

modernização brasileira, 77, 116, 138, 191, 193, 197, 213-5, 238, 260, 277, 302, 369-71, 373, 380, 387

Moisés (patriarca hebreu), 159

Molotov, Viatcheslav, 284

MoMA (Museu de Arte Moderna), 26, 61, 65, 92, 112, 143, *165*, 171, 286, 345, 347, 351, 354, 359, 361, 364

Mont Desert, ilha, 11

Montana, 43

Monteiro, Góes, general, 80, 107, *108*, 109, 163, 262

Monthly Review, 183, 416*n*

Moore McCormack, 358

Moraes, Anna Maria Meirelles de, 323

Moraes, José Ermírio de, 236, 272

Morais, Melo, 206

Morgan, J. P., 371, 415*n*

Moscou, 184-5, 280

Moses, Herbert, 111, 189, 202, 354

Moses, Robert, 216-8, 220-1, *223*, 226, 417*n*

Mota Filho, Cândido da, 111

Mother House of the Holly Child Nuns, The (Inglaterra), 322

Motion Picture Section, 119

movimento operário americano, 30

Mulcahy, P. J., 72

Mullard, 203

Mullins Jr., C. L., general, 325

múmias peruanas, 86

Muro de Berlim, 360

Museu de Arte Moderna (Nova York) *ver* MoMA

Museu de Arte Moderna (Rio de Janeiro) *ver* MAM (Rio de Janeiro)

Museu de Arte Moderna (São Paulo) *ver* MAM (São Paulo)

Mussolini, Benito, 12, 83, 95

Nabuco, Joaquim, 192

Nabuco, José, 211, 214, 311, 357, 399, 422*n*

Nabuco, Maurício, 286

nacionalismo, nacionalistas, 18, 75-7, 79, 81, 85, 89, 95, 145, 175, 190, 199, 230, 234, 237, 262, 267, 270, 280, 347, 354-5, 365-6, 375

Nações Unidas, 150, 159, 168, 184-5, 355; *ver também* ONU

Napoleão III, 216

NASA, 329

Nássara, 141

Natal (Rio Grande do Norte), 81, 95, 101, 136, 170, 327, 338

nazismo, nazistas, 11-3, 15-6, 18-9, 85, 90-1, 93-5, 103, 134, 141, 152, 156-8, 162, 170, 233, 270, 341, 354, 366

NBC (National Brodcasting Corporation), 56, 202, 312, 317

negros, 29, 34, 41, 44, 138, 292, 306, 308, 370, 396

Neves, Arthur, 365-6

New Deal, 60-1, 63, 81-3, 90, 98, 124, 135, 248, 294, 308, 371, 418*n*

New Jersey, 27, 31-2

New York Herald Tribune, 358, 426*n*

New York Planning Comission, 217

New York Skyline (Villa-Lobos), 171

New York Times, The, 31, 39, 262, 266, 360, 419-20*n*, 428*n*

Niemeyer, Oscar, 172-3, 321, 384

Nixon, Richard, 27, 295, 376, 382, 387-8, 390, 393, 395-7, 428*n*

Nobre, Fernando, 312

Nogueira, Dalton Pinheiro, 306, 422n
Nordeste brasileiro, 72, 104, 373
Noruega, 91
Nova Inglaterra, 49, 199
Nova York, 13-4, 21, 23, 26, 28, 31, 42, 44-5, 51-3, 58, 61, 64, 74, 83, 86, 88, 92, 123, 143, 156-8, *165*, 171-2, 180-2, 185, 189, 199, 202, 208, 210-3, 215-6, 218-9, *222*, 226, 240, 282-3, 286, 291-2, 294, 296, 299-300, 309-10, 317-8, 323, 326, 331, 333-4, 337, 341, 345-6, 348, 351, 357-9, 370-1, 377, 380, 382, 384, 392, 396
Novais Filho, 351
Novo México, 43
NPK (adubo), 372
NRA (National Recovery Administration), 61

O'Keeffe, Georgia, 364
Office of Censorship, 15
Office of the Coordinator of Inter American Affairs, 17-8, 99, 103-4, 113, 119-20, *121*, 122-4, 126, 129, 131-2, 136, 140, 142-3, *144*, 145, 152, 156, 166, 168, 172, 174, 180, 186, 189, 202, 208-9, 228, 239, 255, 317, 338, 412-3n
"Oh! Suzana" (canção), 230
Ohio, 396
Oklahoma, 128
Oliveira, Felipe, 195
Oliveira, João Daudt de, 189, 195
"On the Sunny Side of the Street" (Fields & McHugh), 7
ônibus, 46-7, 219, 221, 226, 395; *ver também* transporte
ONU, 151, 172, 186, 255, 257, 321
OPA (Operação Pan-Americana), 292

Open Skies (tese), 284
Opera House (Nova York), 55, 316
Oriente Médio, 255
Orleans, João de, príncipe, 354
Orquestra Sinfônica de Boston, 320
OSS (Office of Strategic Service), 121
Osver, Arthur, 344
OTAN, 151, 255
Ourinhos (SP), 245, 247
Ouro Preto, 140

Pacífico, 43, 143, 173, 350
Pacto de Varsóvia, 151
Palácio da Alvorada, 386
Palácio da Guanabara, 104
Palácio da Liberdade, 290
Palácio das Artes (Trianon), 366-7
Palácio do Catete, 196, 310
Palácio do Itamaraty, 104, 192
Palácio dos Campos Elíseos, 113, 115
Palácio Tiradentes, 146, 265
Palmer, A. Mitchell, 44
Palmgren, Stig, 272
Pampôlha, Raymundo Bentes, 326, 424n
Pan American World Airways, 64, *70*, 205
Panamá, 29, 86, 88
Panasonic, 261
Pantanal, 289
pão, 197
papaia, 135
Paquistão, 258
Paraguai, 94, 355
Paraná, 126, 191, 238, 242, 245-7, 250, *274*, 275, 281, 290, 325, 336, 350, 355
paranoia anticomunista, 44, 291
Paris, 171, 177, 216, 286, 341, 394

Parque Nacional de Tumucumaque (Amazônia), 381

Partido Comunista, 187, 197, 217, 232-3, 235, 299, 321, 342, 365-6, 393

Partido Democrata, 58, 239, 258, 292, 370, 395

Partido Republicano, 270, 283, 291, 295, 297, 299, 304, 318, 380, 394, 398

Pato Donald (personagem), 103, 132-4

Pearl Harbor, 99-100, 122, 146, 152

Peck, Kelso, 206

pecuária *ver* gado

Pedra Branca (Ceará), 335

Pedro II, d., 192

Peg-Pag (supermercado), 287

Peixoto, Ernani do Amaral, almirante, *108*, 109, 154, 188-9

Pelé, 323

Pennsylvania Station (Nova York), 64

Pensilvânia, 22-3

Penteado, Silvio, 354

Penteado, Yolanda, 346-7, *348*, 354

Penteadom Eurico, 157

Peralva, Osvaldo, 389

Pereira, Armando de Arruda, 205, 272

Perón, Juan Domingo, 148, 163, 173

Peru, 86

petróleo, 21-3, 25, 27-8, 32, 44, 48, 65-6, 73-6, 125, 128, 190, 226, 237, 296, 306, 336, 375, 382, 387-8, 409n

"Petróleo é nosso, O" (campanha), 76

Petrópolis, 124, 190, 214

Philips, 203

Pictorial's (revista), 50

Pinheiro, Maciel, 334, 424n

Pinheiros, rio, 218, 220-1, 226

Pinto, Carlos Alves, 347, 363

Pinto, Carvalho, *293*, 294

Pinto, José de Magalhães, 298, 309, 383, 422n

Piracicaba, 124, 242, 372

Pittsburgh, 216

Piumhi (MG), 337, 425n

Pixinguinha, 140

Piza Sobrinho, Luiz Toledo, 399

Plano Marshall, 174, 179, 254, 420n

Pocantico, 26, 39, 41-2, 45, 51-2, 57

Pocantico Hill, 26, 39, 51

Poços de Caldas (MG), 251, 288

Pollock, Jackson, 364

Polônia, 11, 91, 184, 203

Ponta Grossa (Paraná), 336

Pontifícia Universidade Católica de Campinas, 206

Pontifícia Universidade Católica de São Paulo, 323

Ponto IV (política de Truman), 255-6, 258, 266, 268, 277, 283, 290, 420n

porcos, 136, 191, 209, 214, 228, 235, 238, 378

Port of Spain (Trinidad e Tobago), 69

Portinari, Candido, 357

Porto Alegre, 335

Praça Vermelha (Moscou), 184

Prado Jr., Caio, 217

Prestes, Luís Carlos, 80, 187, 197-8, 233

Primeira Guerra Mundial, 28, 59, 82, 89, 91, 127

produtos industrializados, 197

Programa de Melhoramentos Públicos para a Cidade de São Paulo, 215, *216*, 217, 221, 417n

"progressivismo" americano, 30

Propriá (Sergipe), 303

Prospect For America, 291
prosperidade, 82
PSD, 248, 374
PTB, 248, 272, 287, 321, 374-5
pueblos (índios), 43

Quadros, Jânio, 288, *293*, 296
4-S, clubes, 204, 251, *252*, 298
Quebra da Bolsa de Nova York (1929), 51, 58
querosene, 22-3, 25, 28, 30, 32-3
Quinta Avenida (Nova York), 60, 92, 171, 264, 295, 305, 326, 357

racismo, 18, 41, 138, 306
rádio, 12-4, 54-5, 114, 121-2, 137, 140, 143, 170, 189, 202-3, *204*, 229, 260, 301, 316, 360, 377
Radio City Music Hall, 55, *56*, 377
Rádio Cruzeiro do Sul, 231
Rádio Europa Livre, 203
Rádio Mayrink Veiga, 229
Rádio MEC, 318
RAF (Força Aérea Inglesa), 94
Raízes do Brasil (Sérgio Buarque de Holanda), 308
Ramos, Eduardo, 205
Ray, Nicolas, 307
RBF (Rockefeller Brothers Fund), 291
RCA (Radio Corporation of America), 54, 56, 231, 312, 350
realismo socialista, 341, 366
Recife, 17, 72, 77
recursos naturais, 104, 290
red scare, 44, 307
reforma agrária, 80, 84, 178, 231, 242
Reidy, Affonso Eduardo, 356
Reitmayer, John R., 390
Remarque, Eric Maria, 15

Rembrandt, 349
Renoir, Pierre-Auguste, 349
republicanos, 55, 59, 93, 270, 318, 371
responsabilidade social, 69
Revolução de 1930, 195, 248
Revolução Industrial, 22, 76
Revolução Mexicana, 76
"revolução verde", 123, 240, 380
Rhodia, 261
Ribeirão Preto (SP), 324, 333
Ribeiro Neto, Alfonso Alberto (Al Neto), 204, 229-30, 378, 418n
Ribeiro, Abrahão, 343
"Richest of the Rich, Proud of a New Gilded Age, The" (Uchitelle), 31
Rio de Janeiro, 17, 71-4, 76, 78, 81, 83-4, 101, 103, 113-4, 124, 129, 140, 146, 149, 153, 155, 159, 162, 168, 171, 177, 190, 201, 203, 208-10, 212, 229, 232, 236, 250, 255-6, 265, 271, 280-1, 286, 294-5, 305, -6, 315, 317-8, 333-4, 355-7, 359, 376, 389, 392-3
Rio Grande do Norte, 95, 338
Rio Grande do Sul, 124, 191, 242, 250, 305, 374
Rivera, Diego, *54*, 61, 344
Riverside Church (igreja ecumênica), 44
Rizzon, Rita dos Anjos, 334
RKO (produtora de Hollywood), 56, 119, 301
Robertsons, James, 130
Rocha, Glauber, 33
Rocha, Lidio Solano da, 337, 425n
Rockefeller Archive Center, 83, 234, 345, 391
Rockefeller Center (Nova York), 53, 55-6, 61, *62*, 78, 90, 92, 112, 126,

171, 173, 175, 185, 286, 294, 303, 309, 312, 340, 344, 398

Rockefeller Foundation *ver* Fundação Rockefeller

Rockefeller III, John D., 39, 46, 50, 53, 57, 60

Rockefeller Institute for Medical Research (Rockefeller University), 34

Rockefeller Jr., John D., 23, 28, 35, 36, *38*, 41-5, 50, 53, 55, *56*, *58*, 60, 87, 127

Rockefeller Plaza (Nova York), 13, 56, 209, 263, 267, 305, 314, 421*n*

Rockefeller Sanitary Commission, 34

Rockefeller, Abigail (Babs), 37, 39, 60

Rockefeller, David, 18, 36, 39, 55, 236, 286, 289, 301, 315, 348, 358, 372, 421*n*

Rockefeller, família, 27, 44, 59, 75, 170, 183, 333-4, 338

Rockefeller, John D., 21, 23, 25, 28, 31, 34-5, *38*, 50, *58*, 86, *87*, 127

Rockefeller, Laurance, 39, 41, 43, 46, 50

Rockefeller, Mary (filha de Nelson), 350

Rockefeller, Mary Todhunter ("Todd"), *51*, 64, 206, 272, *275*, 350, 358

Rockefeller, Rodnan Clark, 57, *58*, 382

Rockefeller, Steven, 350

Rockefeller, Winthrop, 39, 64, 72

Rodovia Expressa de Anhangabaú (São Paulo), 226

Rodovia Expressa do Sul (São Paulo), 226

Roma, 177

Romano Filho, Afonso, 323

room 5600 (Rockefeller Center), 56-7, 69, 172, 175, 209, 263, 303, 323

Roosevelt, Franklin Delano, 12, 17, 29-30, 58-60, 62-3, 79, 81-3, 85, 89-97, *98*, 99, 103, 105-6, 109, 111, 119, 122, 125, 127-8, 131, 137, 146-8, 156, 158-9, 166, 172, 175, 182, 185-6, 192-3, 196, 239, 249, 270-1, 278, 294, 302, 304, 314, 343, 351, 354, 370-1, 373, 409-12*n*

Roosevelt, Theodore, 29

Roquefeuille (huguenotes), 21

Rosary College (Illinois), 333

Rosemberg, Anna, 61, 62

Rosie (personagem), 106

Rotary Clube de Marília, 323

Rothko, Mark, 364

Rovensky, J. C., 64, 72, 74, 78, 84-5, 92

Ruiz-Guiñazu, Enrique, 146

Ruml, Beardsley, 92, 95, 172, 175

Russell, Bertrand, 49

S.S. Santa Barbara (navio), 86

"Sabemos lutar" (marcha patriótica), 141

Sabre F-86 (aviões), 257

Sacco, Nicola, 44

Saia, Luís, 361

Salamanca, Cristina, princesa, 354

salário mínimo, 61, 80, 82, 331

Salk (vacinas), 311

Salles, Francisco de Almeida, 347, 363

Salles, Walther Moreira, 202, 261, 284, 288-90, 340, 375, 399

Sampaio, Ivonete Lopes de, 337

saneamento, 170, 180, 191-2, 194, 221, 260

Santa Catarina, 250

Santiago (Chile), 86

473

Santos Dumont, aeroporto, 101, 169
Santos Foot Ball Club, 323-4
Santos, Eleonora Roth dos, 332-3, 424*n*
São Carlos (SP), 238
São Francisco, rio, 125
São Gonçalo do Amarante (RN), 337
São Joaquim da Barra (SP), 246
São Paulo, 17, 33, 72, 73, 77-8, 83-5, 103, 111, 113-6, 118, 188, 191, 195, 203, 205-10, 212, 214-5, *216*, 217-8, 220-1, *222-3*, 226-7, 231-2, 236-7, 238, 242, 246-7, 249, 254, 258, 261, 271, 276, 280-1, 286-8, 290, 294, 298, 301, 307, 312, 315, 323, 340, 343-50, *352*, 355, 357, 359, 361, *362*, 363-7, 374-5, 380, 391-4
SAPS (Serviço de Alimentação e Previdência Social), 109
Sarnoff, David, 312, 350
Schlotbarone, 157
Schmidt, Augusto Frederico, 286
Schönberg, Arnold, 14
Sé, Hélio Santo, 334
Seal Harbor, 11, 45, 47
Sears, 358
Secretaria de Educação e Cultura do Rio de Janeiro, 334
Secundino, Antonio, 238, 240, 242, 350, 382, 418*n*
Sedes Sapientiae da Pontifícia Universidade Católica de São Paulo, 323
Segall, Lasar, 354
Segunda Guerra Mundial, 71, 91, 173, 184, 210, 215, 251, 254, 257, 268, 278, 283, 301, 341, 369, 373, 391, 394, 410*n*, 413-4*n*
Semana da Pátria, 104, 319

Senado (EUA), 58, 93, 144, 311
Senegal, 95
Ser humano na encruzilhada, O (Rivera), 54
Sergipe, 303
seringueiras, 67
Serra da Bocaina, 209-10, 212-4, 354, 417*n*
Setúbal, Olavo Egydio, 399
Seviers, John, 130
Shakespeare, William, 335-6
Shell, 68
Shirts, Gary, 135*n*
Shirts, Matthew, 310*n*
siderurgia, 98, 124, 153, 409*n*
"Significado da fronteira na história americana, O" (Turner), 134
Sikorsky S42 B (hidroavião), 65
Silva Sobrinho, José Eugênio da, 380
Silva, Eva da, 334
Silva, Janildo Oliveira da, 327, 424*n*
Silva, José Inácio da, 251
Simões Filho, 363
Simonsen, Roberto, 112, 115, 194
Simonsen, Wallace, 85
Simonson, Warren, 72-3
sindicalismo, sindicalistas, 16, 163, 184
Sioux City (Iowa), 96
Skorzeny, Otto, 12
Smith, Carleton Sprague, 195, 206, 281, 314, 319, 344, 349, 357, 426*n*
Smith, Walter Bedell, general, 282
Smitt, Wilhem, 84
Soares Filho, José Maciel, 272-3
Sobrinho, José Eugênio Silva, 126, 412*n*
soccer, 47
social security, 283
socialismo, socialistas, 15, 18, 27, 44,

81, 91, 230-1, 261, 277, 280-1, 299, 341, 366, 379, 397

Sociedade Amigos da América, 248

Sociedade Anônima Fomento Agropecuário, 238

sociologia, 133, 428*n*

Socony-Vacuun, 60

Sodré, Abreu, 392, 395

Sodré, Nelson Werneck, 366

Sodré, Niomar Moniz *ver* Bittencourt, Niomar Moniz Sodré

soja, 372

sophomore, 49

Special Committee on Government Organization, 282

Spirit of 43, The (filme), 134

Spitzman-Jordan, Henryk A., 209, 212-3, 354

Spremger, Martin, 84

Spruce, 344

ss (Schutzstaffel), 12

Stálin, Josef, 17, 184-6

Stálin, Joseph, 257, 284

Stalingrado, 134, 141

Standard Oil, 24-8, 30-2, 47, 50, 52, 56, 63-5, 68, 72, 75-6, 83, 92, 190, 199, 301, 334-5, 358, 371

Starkloff, G. B., 153

Stettinius, Edward, 16, 148-9, *150*

Stinnes, Hugo, 157

Stinson, Henry L., 97

Stoneville Experiment Station, 239

subdesenvolvimento, 377

Suécia, 355, *356*

supermercados, 287

Sweezy, Paul, 183, 415*n*

Swift Corporation, 29

tabaco, 24, 40

Taft, William Howard, 31

Tanguy, Yves, 344

Tannenbaum, Frank, 175

Tapajós, rio, 67, 134, 139

Tarrytown, 26, 45, 87

Tavares, Hernane, 136, 412*n*

Tchecoslováquia, 91, 203

Teixeira, Cyro Gonçalves, 380

telégrafo, 139

televisão, 280, 301, 312, 316, 350, 377

Telles, Gofredo da Silva, 115

Tellos, Júlio Cesar, 86

Tennessee, 34

Tennessee Valley Authority, 125

Tennessee, rio, 82

Texas, 77, 128

têxteis, 78, 125, 272, 310, 378

thrift, 39

Thyssen, 157

"Tico-tico no fubá" (samba), 135

Tietê, rio, 218, 220-1, 226

tifo, 64

Time (revista), 179, 198-9

Tintoretto, 349

Tocqueville, Alexis, 68-9, 181, 259, 409*n*, 415*n*, 419*n*

Toledo, João Zardetto de, 380

Tóquio, 141

Torres, Ary, 236, 268

totalitarismo, 94, 329, 341

Tracy, Spencer, 301

tráfico de drogas, 324

transporte, 23, 25, 29, 42-3, 116-7, 187, 194, 212, 214-5, 218-9, *222-3*, 245, 276, 286, 338, 361

Tratado de Locarno, 90

Tratado de Munique, 91

Tratado de Não Agressão (Alemanha- -urss), 91

Tratado de Versalhes, 91
Tratado Interamericano de Assistência Recíproca, 151, 174
Três cavaleiros, Os (filme), 119, 132
Trevo, O (publicação dos 4-s), 251, 419*n*
Trianon (São Paulo), 346, 366-7
Tribunal de Segurança Nacional, 80
trigo, 148, 187, 196, *253*
Trinidad e Tobago, 69
Truman, Harry, 14, 148, 159, 182, 185, 235, 255, 257-8, 264, 278, 307
Truslow, Francis A., 268
Tschudy, Arnold, 112, 114
tuberculose, 311
Turner, Frederick Jackson, 127, 134
Turner, H., 71

U.S. Steel, 148
U-1230 (submarino alemão), 11-2
Uchitelle, Louis, 31
UDN (União Democrática Nacional), 248, 267
União Cultural Brasil-Estados Unidos, 112, 205
União Soviética, 80, 91, 99, 133, 147, 149, 151, 177, 184, 186-7, 203, 233-4, 257, 259, 280, 284, 291, 295, 329, 341, 360, 397
Unibanco, 289, 421*n*
United Mine Works of America, 35
United Press, 229
Universidade Columbia, 46, 130, 137, 175
Universidade Cornell, 155
Universidade de Chicago, 37
Universidade de Kent, 396
Universidade de São Paulo, 111, 114, 116, 393

Universidade Harvard, 49, 231, 285, 413*n*, 416*n*, 426*n*
Universidade Princeton, 49
Universidade Yale, 211, 321, 407*n*, 408*n*
Uruguai, 78
USAF (United States Air Force), 264
Usaid (United States Agency for International Development), 372
USIA (United States Information Agency), 285, 359
Usina União Itaiquara, 350

Vale do Paraíba, 260
Van Gogh, Vincent, 210, 349
Vanderberg, senador, 151
Vanzetti, Bartolomeo, 44
Vargas, Alzira, 161, 164, 189, 267, *269*, 414*n*
Vargas, Cândida, 157
Vargas, Darcy, 109, 311, 365
Vargas, Getúlio, 14-8, 75-6, 79-83, 85, 94-6, 103-5, 111, 124, 140-2, 145, 147, 149, 151, 153-4, 156-64, 176, 178, 189, 195, 201, 228, 230, 232, 236-7, 248, 257, 262-3, 266-8, *269*, 270, 272-4, 277-8, *279*, 280-1, 311, 319, 321, 355, 364, 370, 374-5, 377, 409*n*, 413-4*n*, 419-21*n*
Vargas, Ingeborg Anna Elizabeth Tenn Haeff (Inge), 14-6, 151-65
Vargas, Luthero, 152-6, 159-65, 414*n*
Vasconcelos, Edmundo, 311
Veblen, Thorstein, 49
Velásquez, Diego, 349
Veneza, 359
Venezuela, 65-7, 69, 71, 74-5, 90, 97, 409*n*, 417*n*
Ventura, Ray, 141

via expressa Cross-Bronx (Nova York), 227

Viçosa (MG), 136, 209, 238, 242, 249

Victory Garden, 136

Vidigal, Gastão, 116-7, 236, 272, 349

Vieitas Jr., José, 236

Vietnã, 299, 318, 324, 335-7, 394, 397

Villa-Lobos, Arminda (Mindinha), 316, 318-9, 395, 423n

Villa-Lobos, Heitor, 171, 316-20, 395, 423n

Virgilio, Stanlei, 380, 428n

Vitória, rainha da Inglaterra, 67

Voz da América (estação de rádio), 360, 365

Voz Operária (jornal), 365

Waddell, Emmett, 272

Wainer, Samuel, 237

Wall Street, 280, 416n

Wallace Farmer's (jornal), 239

Wallace, Henry, 97, 99, 131, 148, 184, 239

Walters, Vernon, 298

Warshavchik, Gregori, 354-5

Washington, D.C., 74, 99, 147-8, 155, 158, 160, 164, 186, 202, 264, 282, 284, 286, 288, 310, 326, 348, 375

Washington, George, 325-6

Watergate, caso, 27, 397

Weber, Max, 33, 407n

Weiner, Philip, 158, 161

welfare state, 36, 82, 299, 302

Welles, Orson, *139*, 141

Welles, Sumner, 146-7, 413n

Westchester County Board of Health, 57

Whitaker, José Maria, 85

Whitmans, Marcus, 130

Wichan, Hélio Marques, 333

wilderness, 127, 130, 134, 196, 256

Wilson, Woodrow, 30, 36, 59

Wisconsin, 307

Withman, Ann, 390

Withney, Jock, 119

Wyoming, 43

Yellowstone National Park, 43

Yerma (Villa-Lobos), 319

Zaratustra, 393

Zé Carioca (personagem), 102, 119, 132-3

Zhukov, Giorgi K., 184

Zukov, marechal, 284

Zweig, Stefan, 115

ESTA OBRA FOI COMPOSTA PELA SPRESS EM MINION E IMPRESSA EM OFSETE
PELA RR DONNELLEY SOBRE PAPEL PÓLEN SOFT DA SUZANO PAPEL E CELULOSE
PARA A EDITORA SCHWARCZ EM JULHO DE 2014